科研机构
知识产权管理

宋河发◎著

INTELLECTUAL PROPERTY MANAGEMENT
FOR RESEARCH INSTITUTE

知识产权出版社
全国百佳图书出版单位

图书在版编目（CIP）数据

科研机构知识产权管理/宋河发著. —北京：知识产权出版社，2015.4（2023.10重印）
ISBN 978 – 7 – 5130 – 2941 – 4

Ⅰ.①科… Ⅱ.①宋… Ⅲ.①科学研究组织机构—科研管理—知识产权
保护—研究 Ⅳ.①D913.04

中国版本图书馆 CIP 数据核字（2014）第 198788 号

责任编辑：李　潇　　　　　　　　　　　　责任校对：董志英
封面设计：李志伟　　　　　　　　　　　　责任印制：孙婷婷

科研机构知识产权管理

宋河发　著

出版发行：**知识产权出版社** 有限责任公司　　　　网　　址：http://www.ipph.cn
社　　址：北京市海淀区气象路 50 号院　　　　　　邮　　编：100081
责编电话：010 – 82000860 转 8133　　　　　　　　责编邮箱：elixiao@ sina. com
发行电话：010 – 82000860 转 8101/8102　　　　　　发行传真：010 – 82000893/82005070/82000270
印　　刷：北京建宏印刷有限公司　　　　　　　　经　　销：新华书店、各大网上书店及相关专业书店
开　　本：787mm×1092mm　1/16　　　　　　　　印　　张：22
版　　次：2015 年 4 月第 1 版　　　　　　　　　　印　　次：2023 年 10 月第 2 次印刷
字　　数：522 千字　　　　　　　　　　　　　　　定　　价：78.00 元
ISBN 978 -7 -5130 -2941 -4

目　录

第一章 概 论

当今世界，经济科技全球化发展迅猛，各国竞争的核心是知识产权的竞争，知识产权已成为一个国家的核心战略资源。科研机构是国家创新体系的重要组成部分，担负着作出基础性、战略性和前瞻性科技创新贡献的重任。加强科研机构知识产权管理，高水平创造和有效运用知识产权，是实施创新驱动发展战略的必然要求，是提升科技创新效率的重要手段，具有重要的现实意义。

1.1 研究背景

20 世纪以来，一些发达国家相继制定和发布知识产权战略，将知识产权与科技创新、国际贸易紧密结合，加强知识产权国际协调保护，世界知识产权保护呈日益强化和一体化发展趋势。知识产权不仅成为国际竞争力的核心，也成为国际经济政治博弈的重要手段。加强知识产权管理不仅成为许多国家科技和创新政策的重点，也成为许多国家提升知识产权制度效率的重要举措。

目前，我国是一个经济快速发展而科技创新能力仍然较弱的国家，为从根本上解决我国面临的人口、资源和环境问题，增强我国的自主创新能力和竞争力，2006 年 1 月，我国颁布了《国家中长期科学和技术发展规划纲要 （2006 ~ 2020 年）》及配套政策，确立了我国今后 15 年的科技工作指导方针："自主创新、重点突破、支撑发展、引领未来"，确立了我国 2020 年科学技术发展的总体目标："自主创新能力显著增强"、"进入创新型国家行列"，并且特别强调要"实施知识产权战略和技术标准战略"。2008 年 6 月，我国发布了《国家知识产权战略纲要 （2008 ~ 2020 年）》，提出了"激励创造、有效运用、依法保护、科学管理"的方针，制定了"把我国建设成为知识产权创造、运用、保护和管理水平较高的国家"的目标。

2012 年召开的党的十八大提出实施"创新驱动发展战略"，第一次把创新驱动发展作为国家战略。党的十八大报告指出，"科技创新是提高社会生产力和综合国力的战略支撑，必须摆在国家发展全局的核心位置。要坚持走中国特色自主创新道路，以全球视野谋划和推动创新，提高原始创新、集成创新和引进消化吸收再创新能力，更加注重协同创新。深化科技体制改革，推动科技和经济紧密结合，加快建设国家创新体系，着力构建以企业为主体、市场为导向、产学研相结合的技术创新体系。完善知识创新体系，强化基础研究、前沿技术研究、社会公益技术研究，提高科学研究水平和成果转化能力，抢占科技发展战略制高点。实施国家科技重大专项，突破重大技术瓶颈。加快新技术、新产品、新工艺的研发应用，加强技术集成和商业模式创新。完善科技创新评价标准、激励机制、转化机制"。党的十八大报告还特别要求："实施知识产权战略，加强知识产权保护。促进创新资源高效配置和综合集成，把全社会智慧和力量凝聚到创新发展上来"。

2013 年召开的党的十八届三中全会做出的《中央关于全面深化改革若干重大问题的决定》明确提出了知识产权的改革任务："加强知识产权运用和保护，健全技术创新激励机制，探索建立知识产权法院。打破行政主导和部门分割，建立主要由市场决定技术创新项目和经费分配、评价成果的机制。发展技术市场，健全技术转移机制，改善科技型中小企业融资条件，完善风险投资机制，创新商业模式，促进科技成果资本化、产业化"。

近年来，许多国家发布了一系列促进科技发展和创新的战略，出台了一系列新的知识产权政策。2009 年 9 月，美国国家经济委员会、经济顾问委员会和科技政策办公室发布了《美国创新战略——确保经济增长和繁荣》，重点加强基础设施投资，促进市场导向的创新，激励优先领域的突破。美国创新战略特别提出要通过有效的知识产权政策促进支持创造和有效保护知识产权。2011 年 1 月，美国总统签署了《美国 2010 竞争复兴法》，其中一项重要的工作是成立创新咨询委员会。2011 年 1 月，美国通过了新修订的专利法（美国法典第 35 部分）并正式实施，将先发明制改为先申请制。日本 2003 年提出知识产权立国战略之后，不断优化支持创新的知识产权法律制度和政策，加强对中小企业专利申请的政策优惠，重视知识产权政策与创新政策的结合，每年推出新的知识产权推进计划。欧盟积极协调各成员国调整创新政策和知识产权政策，加强知识产权创造、利用和保护，提高创新能力和竞争力。2010 年，欧盟发布《欧洲 2020：创新、绿色增长和就业》报告，提出用"创新、绿色增长和就业"战略替代"里斯本战略"，把知识、创新和绿色增长作为欧盟竞争力的核心，促进欧洲知识产权制度的现代化，制定欧洲专利协定，还提出制定专利许可转让的知识市场政策。

与此同时，随着国际竞争的日趋激烈，美国、欧盟不断发布报告，批评中国的自主创新政策和知识产权政策，针对我国的知识产权指责和诉讼也越来越多，我国面临的国际知识产权保护压力越来越大。我国 2006 年颁布《国家中长期科学和技术发展规划纲要（2006~2020 年）》及配套政策发布以后，美国驻华使馆就开始开展中国自主创新政策和知识产权侵权对美国企业影响的调查，调查涉及美国在华 5000 多家企业。2009 年，美国美中贸易委员会发布《中国知识产权侵权、自主创新政策及其对美国经济的影响》报告，对中国的自主创新政策进行了批评。2010 年 5 月，美中贸易委员会又公开发布了《关于开展 2010 年度自主创新产品认定工作的通知（征求意见稿）》的修改建议，建议取消中国自主创新产品认定中"自主知识产权"以及"进口替代"、"完全自主知识产权"等政策和提法。欧盟中国商会 2011 年 5 月发布了《创新迷途：中国的专利政策如何阻碍了中国创新的脚步》，批评了中国的知识产权政策和扭曲的创新政策。在发达国家的压力下，我国财政部和科技部 2011 年 6 月宣布废止自主创新政府采购的四个文件，在国务院的统一部署下，各省、自治区和直辖市对地方自主创新产品认定政策进行了全面清理。

当前，我国已成为世界第二大经济体，也已成为世界知识产权大国。我国国内居民实用新型专利、外观设计专利、商标申请量已连续多年居世界第一位，我国国内居民发明申请量 2011 年已开始居世界第一位。但是，我国还不是真正的知识产权强国，我国每万人口发明专利拥有量等指标远远低于发达国家，专利转化实施率还较低，世界知名品牌还很少。目前，我国创新型国家建设时间已经过半，已进入攻坚阶段，国家知识产权战略实施已进入关键时期，但我国面临的人口资源环境问题依然严重，产业结构不合理状况依然突出，知识产权对提升我国创新能力和竞争力，促进经济社会发展的激励、保障和服务作用还远没有充分发挥出来。深入实施创新驱动发展战略，建设创新型国家和知识产权高水平国家，对知识产权发展提出一系列新的要求。

科研机构是指有明确研究方向和任务，有一定水平学术带头人和一定数量与质量研究人员，有开展研究工作的基本条件，长期有组织地从事研究与开发活动的机构（成思危，2000）。科研机构一般分为社会公益类研究机构、技术开发类研究机构和社会科学类研究机构三类（陈静、冯国境，2003）。1986 年 3 月，原国家科委颁布的《关于科研单位分类的暂行规定》将社会公益类科研机构分为三类：（1）社会公益事业，如医药卫生、劳动保护、计划生育、灾害防治、环境科学等；（2）技术基础工作，如情报、标准、计量、观测等；（3）农业科学研究工作。科研机构也可分为从事基础研究和应用基础研究的国立科研机构、提供共性技术的行业或部门科研机构，以及为地方经济社会发展提供支撑的地方科研机构三大类。

科研机构还可划分为公共科研机构和非公共科研机构两类。公共科研机构的公共性取决于科研活动服务对象的属性，为解决市场机制不能解决的科技问题的科研机构都应当纳入公共科研机构的范畴。公共科研机构是我国科研机构的主体，是实现社会公共利益的科研机构，主要面向社会提供公共科研服务，具有较强的外部性和公共品性质。

目前，研究所是科研机构有组织从事科研活动的基本单元，我国研究所主要包括五大类型：一是公共基础性科技研究和服务组织；二是重大全局或局部性社会问题研究和科技服务组织；三是利用现有资源和资质从事公共技术咨询服务和社会事务的监测与评价等业务组织；四是区域农林牧副渔业及生态环境领域的基础性、突发性科学研究与技术支持服务组织；五是接受政府委托或具有半官方性质的政策宣传与执行组织（刘亚非，2006）。研究所具有与企业和盈利性科研机构不同的特点，它不以盈利为目的，主要从事研究开发活动，其产出具有显著的外溢性，科研活动具有市场的非竞争性。

科研机构知识产权管理是科研机构建设的重要内容，是支撑科研机构从事研究开发活动的基础工作和重要保障。加强科研机构知识产权管理也是深入实施国家知识产权战略的要求。深入实施国家知识产权战略，必须从战略上重视和加强科研机构的知识产权管理，必须从根本上提高科研机构知识产权管理水平，提升知识产权管理能力，支撑科研机构科技创新能力建设。

在建设创新型国家与知识产权高水平国家，深入实施创新驱动发展战略的大背景下，开展科研机构知识产权管理的理论和实践研究，推动完善科研机构知识产权管理的制度和组织体系，完善知识产权管理的机制和方法，提升科研机构知识产权管理能力，是深入落实创新驱动发展战略的需要，是提高我国自主创新能力，建设创新型国家和知识产权高水平国家的需要，也是有效应对国际激烈知识产权竞争，解决我国人口、资源、环境等一系列问题，保障和促进国家安全和社会公共利益的需要，具有重要的理论与现实意义。

1.2 文献综述

世界知识产权组织认为，知识产权是指发明、文学与艺术作品，标记、名称、图像与商业上使用的设计的思想创造物。知识产权分为两类，一类是工业产权，包括发明（专利）、商标、工业设计和地理标记；一类是著作权，包括文学和艺术作品，如小说、诗歌与戏剧、电影、音乐作品，艺术作品如绘画、照片、雕塑和建筑设计❶。知识产权还涉及包括申请、授权、运用等从产生到灭失的整个过程。科研机构知识产权管理不仅包括各类知识产权的管理，还包括知识产权创造到运用整个过程的管理。现有科研机构知识产权管理研究主要集中于以下几个方面。

1. 知识产权管理概念

知识产权管理是实施知识产权战略的重要工具（M. Reitzig，2004），是为规范知识产权工作，充分发挥知识产权制度的重要作用，促进自主创新和形成自主知识产权，推动知识产权的开发、保护、运营，由专门的知识产权管理人员利用法律、技术等方式所实施的有计划地组织、协调、谋划和利用的活动（蒋坡，2007），是管理者对知识资源的利用、创造、转移、使用进行决策、计划、组织、控制和领导，培育知识创新能力，以创造财富、提高竞争力，促进组织发展的管理活动和过程（潘正琼，2007），是知识产权主体以实现其最佳经济效益，提高核心竞争力为目标，对其拥有的知识产权资源利用法律、经济、技术等手段实施的有计划地组织、协调、谋划和利用的管理活动（田文锦，2009）。知识产权管理是企业、科研机构、高校和个人借以维持其专利、商标、著作权的手段，可以是简单的知识产权权利的维持更新，也可以是为了知识产权投资机会和监测侵权的市场研究（Wisgeek，2010），是指政府机构、高校、科研院所、企业或者其他组织等主体计划、组织、协调和控制知识产权相关工作，并使其发展符合组织目标的过程，是协调知识产权事务的宏观调控和微观操作活动的总和（朱雪忠，2010），是政府机构、企业或者其他组织对知识产权工作加以计划、组织、协调和控制的活动与过程（罗国轩，2007），是一个企业或者其他经济组织乃至国家对其所拥有的知识产权资源进行有效地计划、组织、领导和控制，以实现最佳经济效益和提高国际竞争力的过程（柯涛、林葵，2004），是为了提高企业运营知识产权的水平，强化企业对知识产权的保护，提高其市场竞争力（马静，2010）。

2. 知识产权管理类型

知识产权管理包括管理支撑（知识产权活动战略管理；内部知识产权管理职功能与知识和技能；知识产权防御和实施系统）、创新发展（创意产生，概念选择与原型；知识产权情报与咨询支持）、知识产权资本化（内部知识产权安全；知识产权申请注册；内部知识产权审计与评价；知识产权许可与获取）、外部关系管理（知识产权商业开发与市场化；外部知识产权安全、协议与伙伴匹配；研究风投与创业或分离企业知识产权控股），而知识产权管理结果则包括知识产权产出（内部知识产权资本化产出；外部知

---

❶ http：//www.wipo.int/about－ip/en/.

识产权资本化产出)、外部关系满意度(知识产权对合作伙伴适应度)(Tak – Wing Liu, Kwai – Sang Chin, 2010)。知识产权管理也可分为两个领域的管理,一个是内部知识产权管理,主要是知识产权部门的运作和管理它与其他部门的关系,包括知识产权意识、知识产权保密、知识产权申请、知识产权应用;一个是外部知识产权的管理,主要管理与其他机构知识产权的关系,包括知识产权的诉讼、知识产权信息和知识产权许可(Robert H. Pitkethly, 2001)。

根据管理主体的不同,知识产权管理可分为知识产权工商管理与知识产权公共管理两个板块,前者的管理主体为公司、企业、社会团体等社会"私"主体,后者为国家知识产权行政管理部门(宋伟, 2010)。知识产权管理可分为政府行政部门知识产权管理、企业知识产权管理、事业单位知识产权管理、行业知识产权管理(罗国轩, 2007);可分为知识产权主管部门的知识产权管理(亦即政府行政主管部门的知识产权管理)、企业的知识产权管理和事业单位的知识产权管理(杨志安, 2008);可分为以政府为主体的知识产权行政管理、以企业为主体的企业知识产权管理以及以高等学校、科研院所为主体的知识产权管理(范晓波, 2009)。以实施主体为标准,知识产权管理有宏观的政府知识产权行政管理、中观的行业知识产权管理、微观的组织知识产权管理三个层次之分,其中政府知识产权行政管理既以行业和组织的知识产权管理为基础,又对行业和组织的知识产权管理起指导、协调等作用,行业知识产权管理是沟通政府知识产权管理和组织知识产权管理事务的桥梁,组织是实施知识产权管理的微观主体,是政府及行业知识产权管理活动的直接作用对象(朱显国、杨晨, 2010)。

具体而言,知识产权管理可分为六种类型:(1)政府行政部门的知识产权管理,即知识产权行政管理部门依据相关法律的授权对知识产权进行的接受申请、审查、授权、登记等管理活动;(2)企业知识产权管理,即企业根据自身条件和市场变化情况对其知识产权事务进行管理的相关活动;(3)事业单位知识产权管理,即高等院校、科研院所等事业单位根据自身特点和法律法规,参考市场需求对其知识产权进行管理的活动;(4)行业知识产权管理,即行业协会或组织依据自己的权力范围对知识产权进行相关管理的活动;(5)中介机构的知识产权管理,即知识产权中介机构依法对其从事的知识产权相关事务的管理活动;(6)个人知识产权管理,即个人对自己拥有的知识产权或者相关权利的管理,如作者对其精神权利的管理活动(朱雪忠, 2010)。

按管理的层次划分,知识产权管理可以分为国家层面的知识产权管理、地方层面的知识产权管理以及企业层面的知识产权管理(马海, 2009)。按照管理体制及部门职责,知识产权管理工作可以分为知识产权战略的制定、知识产权制度的建立与执行、知识产权管理人员的配置、生产经营中的知识产权策略指导、知识产权的获得与维护、知识产权的交易、知识产权信息的利用、知识产权纠纷的预防与处理(马静, 2010)。

按照知识产权的客体,知识产权管理可以分为专利管理、商标管理、版权管理和其他知识产权管理,其中其他知识产权管理是如集成电路布图设计权的管理、植物新品种权的管理、地理标志权的管理、商业秘密权的管理、商号权的管理等(罗国轩, 2007)。知识产权管理包括知识产权成果的创造管理、知识产权权利取得管理、知识产权成果的转化与利用管理、知识产权保护与维权管理、知识产权行政管理(朱清平, 2003)。

3. 知识产权流程管理

知识产权申请与授权管理是知识产权管理的主要内容。国家知识产权局出版的《专利代理》《专利审查》等许多文献详细论述了科研机构、高校和企业的知识产权管理，尤其是专利的申请与授权管理。

科研机构进行知识产权管理的目的是为了促进学术界与产业界的紧密结合，其知识产权管理系统主要负责知识产权创造、知识产权组合管理、知识产权评估、竞争性评价、战略决策五个方面的事务，并可以分为三个过程：知识产权创造过程（促进科研、提供外部资源支持）、知识产权保护过程（发明公开、可专利性检索、申请策略）、知识产权商业化过程（市场评估、技术转移）（Jain and Sharma，2005）。

科研知识产权管理流程如下：（1）识别知识产权：从项目计划、研发计划、待发表论文、项目资助方协议和其他合作协议中识别知识产权问题；（2）明确知识产权归属：政府拥有全部权利，或政府所有但项目方可以进行许可，以及是否有传播权等；（3）进行知识产权保护：著作权或工业产权；（4）防止侵犯他人知识产权及维权。（澳大利亚昆士兰州政府，2010）❶。

科研机构知识产权管理工作内容划分为六个方面：知识产权教育与培训、明确知识产权归属、知识产权事务的集中化管理、专业的知识产权组合管理、避免侵犯他人知识产权、有效的技术转移服务。其中，在被诉侵权时，因学术目的科研机构可以享有法律豁免，可以不被判为侵权，这也是科研机构知识产权管理的一个重要特征。技术转移有两个市场模型：一是积极将技术提供和许可给感兴趣的商业伙伴，获取许可收益；二是通过寻找潜在的侵害自身知识产权的有关方，通过谈判确定许可价格以获取收益（Mcdonald，2010）。

知识产权流程管理可以分为知识产权的获取管理、知识产权的维护管理、知识产权的运营管理、知识产权的日常管理和知识产权的国际经营管理（蒋坡，2007）；可以分为管理流程、作业流程和支持流程，与管理流程对应的是知识产权战略管理和知识产权风险内控管理，作业流程涉及知识产权研发管理、知识产权生产和销售管理，而支持流程则对应知识产权人力资源管理、知识产权信息管理等（刘佳，2009）；可以分为知识产权的取得管理、知识产权运营管理以及知识产权保护管理（范晓波，2009）；可以分为知识产权的创造与取得管理、企业知识产权运用管理、知识产权合同管理、知识产权成果管理、企业知识产权资产评估管理、企业知识产权纠纷处理管理和知识产权信息的开发和利用管理（朱显国、杨晨，2010）；可以分为知识产权管理准备、知识产权申请管理、知识产权授权管理、知识产权维护管理、知识产权运营管理和知识产权评价管理（雷星晖、莫凡，2010）；可以分为知识产权管理组织机构建设、知识产权管理制度建设、知识产权管理的运行机制建设、知识产权创造管理、知识产权运用管理、知识产权保护管理（朱宇、黄志臻、唐恒，2011）。知识产权管理可分为以下流程：（1）知识产权取得管理；（2）知识产权利用管理，可细分为知识产权的商品化管理、知识产权的转让管理、知识产权的许可管

❶ Queensland government. Research Management Framework. August，2010 http：//www. communities. qld. gov. au/resources/about/research/research - management - framework. pdf.

理、知识产权的质押管理等；（3）知识产权国际化经营管理，包括知识产权的国际权利化管理、知识产权的国际许可管理、知识产权的国际贸易管理等；（4）知识产权风险管理：主要是为了应对可能的来自各界的侵权行为，从而维护自己的权益；（5）知识产权的日常管理，包括知识产权信息管理、知识产权合同管理、人力资源管理等（汪琦鹰、杨岩合，2009）。也可以分为以下流程：（1）知识产权取得管理，可细分为自主创新过程中的知识产权管理和基于市场交易获得的知识产权管理；（2）知识产权开发管理，也叫知识产权生产管理，是知识产权的产品化过程；（3）知识产权运营管理，分为知识产权转移管理、知识产权扩散管理和知识产权自营管理；（4）知识产权维护管理，主要针对知识产权开发管理、运营管理而进行的技术服务、知识产权保护以及冲突管理；（5）知识产权组织管理，指权利人为了激励知识产权创造，促进知识产权开发、利用和维护而进行的组织构造、人员设置、制度建设和文化建设（王琛、赵连勇，2011）。

目前相对一致的观点是，应将知识产权管理纳入科研机构科技活动的全过程，要实行知识产权的全过程管理（路甬祥，2002）；应把知识产权保护融入科技项目管理的全过程，在项目立项前，为确保项目的新颖性和创造性，应进行国家专利文献检索，提供所涉及技术领域的专利检索报告，在项目研究过程中应进行专利文献的跟踪检索，发挥专利信息的借鉴、启发作用，及时跟踪了解有关领域新的知识产权产生的情况，适时对项目的研究方向、技术路线做出调整和补充，对提出的阶段性研究成果及最终研究成果，适合申请专利的及时申请专利；在项目研究结束或鉴定后及时进行专利保护并实施，对暂时不适合申请专利的，不应放弃管理，应作为技术秘密严格加以保护（陶遵菊、陶遵丽、贺传庆，2005）；必须把知识产权战略贯穿于知识产权的创造、管理、实施和保护的全过程，要组织员工培训，加强人才队伍建设，确立自主创新战略，设立专门管理机构，制定相关的规章制度，加强知识产权转化利用（张云球，2006）；知识产权保护应与科技计划管理并行（郭郓，2006）；要建立查新检索制度、科研成果公开审查制度、专利申请制度和专利管理制度（符颖，2006）。

4. 知识产权奖励与激励管理

知识产权奖励与激励管理是促进科研机构知识产权创造运用的重要手段，不仅包括对科研机构的奖励激励，也包括对发明人或设计人的奖励激励。我国《专利法》《科技进步法》《科技成果转化法》都有知识产权奖励激励的规定，但这些规定不能完全适应科研机构多样化的知识产权奖励激励需要。在职务发明相关的知识产权界定过程中，要探索更加灵活的分配机制，以调动创新者和企业家的积极性，而不是过分强调国家作为创新活动资助主体的权益；如果政府资助产生的创新成果由于知识产权分配纠纷而不能够商品化、产业化，其价值很可能因替代技术的出现而递减为零。在对科研机构进行奖励和激励时要把握好公益性和促进积极性的平衡（路甬祥，2002），要正确处理科研机构社会利益最大化和自身利益最大化的矛盾与度，绝不能因为强调社会利益而限制科研机构自身利益，不鼓励技术的向外转移，但也不能过度强调知识产权归承担单位所有，造成知识的垄断，所以应当区分不同性质的知识产权，采取不同的机制处理这些问题（李文波，2003）。知识产权管理人才一直是我国科研机构知识产权管理的瓶颈，科研院所应建立知识产权培训制度，有计划、有步骤地展开科研人员的培训工作（王凤桐、张青，2004）。

5. 知识产权转移转化管理

知识产权转移转化是知识产权管理研究的重要内容。知识产权管理应当平衡各个利益主体之间的关系，而公共利益属性是科研机构和高校知识产权管理的重要特征，技术转移的策略、转移的对象和转移的收益目标等都要把社会效益放在重要的位置，即使要发起维权诉讼，其首要目标也应当是为了获取和许可专利给社会其他成员使用（Merrill and Mazza，2010）。科研机构和高校的知识产权被认为是公共品，在拥有知识产权上具有很小的优先权利，但其激励架构也会引导他们去申请和保护知识产权，但最关键的问题是企业的识别、吸收和占有公用科学中心开发技术的能力（Beth Young，Nola Hewitt-Dundas，Stephen Roper，2008）。

为激励发明人创造和实施知识产权的积极性，日本和我国台湾地区曾尝试实行过发明人拥有或发明人与雇主共享知识产权的制度，我国湖北化工研究院等也实行过这种共享知识产权所有权的办法，但"实践表明这种法定制度并不可取"，这种制度的后果是容易发生实施后的纠纷，反而不利于知识产权的实施（郑成思，2006），应建立以利益驱动为基础的激励机制，为科技成果的产业化提供条件（顾金亮，2004）。一些学者还研究了美国、日本等国家政府资助项目知识产权制度，提出了促进我国科研机构和高校知识产权实施的思路和措施（包海波，2005）。

6. 知识产权保护管理

知识产权保护管理包括内部管理和外部管理两个方面，内部管理如签订知识产权协议或保密协议，或者在劳动合同中具体列出知识产权保护条款。当前，我国科研机构知识产权保护管理存在的问题主要是内部知识产权流失等问题，少数职工"身在曹营心在汉"，把单位职务成果当作私有成果，未经权利人同意，置单位利益于不顾，在外兼职或当技术顾问，将单位的化学配方、工艺流程、技术诀窍、设计图纸等技术成果提供给兼职、顾问单位，从中捞取个人利益（金德林，2003）。科研机构存在着侵犯或丧失无形知识产权很少受到法律追究，甚至不被意识的现象，因法律界限不清，单位侵犯个人权益或个人侵犯单位权益的现象等；外部保护则主要指科研机构与知识产权司法行政执法机关的合作，保护本单位的知识产权利益，这方面主要涉及侵权调查、提供证据等问题（杨晓慧，2002）。

7. 国家科技计划项目知识产权管理

科研机构知识产权意识薄弱有四种表现：技术成果无形流失、技术失密、科技协作难、科技成果权属纠纷（黄秀英、俞小英，1994）。我国科研机构知识产权管理中存在六大突出问题：（1）普遍存在着过于重视成果获奖和论文发表，轻视对成果的产权保护，使不少发明创造丧失新颖性的现象；（2）存在着项目立题时，只检索研究文献，而不检索知识产权文献，一立题便出现项目已经侵权或低水平重复研究的现象；（3）存在着成果证书很多，企业可转化和投产的很少，难以真正造福于人民的现象；（4）存在着随着人员流动，特别是人才流失，连同知识产权流失的现象；（5）存在着国际领先水平的创新技术却只申请了本国专利，将完整技术无偿奉献给了本国以外的所有国家，知识产权流失速度更快、损失更惨重的现象（杨晓慧，2002）。

我国科研机构知识产权管理存在的主要问题包括，知识产权管理制度不健全，缺乏知识产权管理专门人员，对专利信息的运用不足，在科研管理中如何运用知识产权制度还缺乏系统的策划和具体的更加有效的措施，今后我国关于科研机构知识产权政策的走向是，要以营造创新环境、建立创新机制、提升创新能力为未来政策目标；以推行知识产权战略，加大推进力度为未来政策重点；以强化知识产权管理，推动创新主体能力建设为未来政策重要内容；以强化知识产权服务支撑作用，建立科技创新知识产权中介服务体系为未来政策配套措施❶。我国国家科技计划项目知识产权管理制度不仅存在法律和政策上的不足，而且也是科研机构知识产权管理的薄弱关节。要明确国家科技计划项目各项管理办法和规定中对于知识产权的要求，改革评价体制，对于应用类成果通过市场检验，突出专利作为评价指标的重要作用，完善知识产权管理环境建设，国家投入力量完善知识产权信息工作，加强企业在科技计划项目中的参与广度和深度，发挥企业在国家创新系统中的主体地位，国家科技计划项目立项时考察项目承担方的知识产权管理水平（王明明、程蕾，2006），要制定国家科技计划的知识产权管理政策（袁真富，2007）。

国外科研机构和科研项目层面知识产权管理是由技术转移办公室（TTO）承担的，TTO技术经理（知识产权经理）负责发明、项目、合同的评估，其工作既包括对新发明创造的可专利性评估，也包括专利的市场前景评估。TTO对内联系一线科研人员，为科学家提供知识产权咨询服务，并促成内部各单位之间的合作，对外负责联系专利代理、律师和外部专家，使他们参与到市场评估、专利维权等专业性较强的工作中来；在专利申请过程中，TTO作为发明创造所有者的代表与专利代理保持协作；在获得授权后，负责侵权监测和专利续费管理（WIPO，2012）。还有一些学者研究了美国拜度法案，提出了对我国科技计划项目知识产权管理的思路（陈海秋、宋志琼，2007）。

从现有研究可以看到，知识产权管理是科研机构管理的重要内容，涉及知识产权管理的主体客体、知识产权战略与制度、知识产权申请保护、知识产权转移转化、知识产权奖励激励、知识产权人才培养与队伍建设等方面。但通过分析可以发现现有研究仍存在许多不足之处。一是关于科研机构知识产权管理的研究较为缺乏，尤其是缺乏知识产权战略规划、组织体系建设、转移转化、质量管理和知识产权与科研项目结合的系统研究。没有找到一套适合我国科研机构特点的知识产权管理机制、体系和方法，在知识产权权利归属和转化上没有提出有效的对策。二是现有知识产权管理研究属于理论研究，缺乏实践性和可操作性。

1.3 研究内容

本书的研究目的主要是研究科研机构知识产权管理的基本问题，提出科研机构知识产权管理的方法和措施，以期对我国加强科研机构知识产权管理提供一定的理论与实证参考。本书主要有以下几个方面的研究内容。

（1）研究我国科研机构知识产权发展状况，分析我国科研机构知识产权管理存在的问题，提出我国实施创新驱动发展战略，建设创新型国家和知识产权高水平国家对科研机构知识产权管理的重大需求。

（2）研究美国、欧洲和亚洲主要国家科研机构和高校知识产权管理的特点和规律，提

---

❶ 科技部和经济合作与发展组织（OECD）2004年共同举办的科研机构知识产权战略高层研讨会报告。

出对我国科研机构加强知识产权管理的启示和经验借鉴。

（3）研究科研机构知识产权管理的内涵、功能、类型和基本原则，知识产权管理规范化和监测，明确科研机构知识产权管理研究的边界。

（4）研究科研机构知识产权战略规划管理，重点分析科研机构知识产权战略规划制定的主要内容、原则和方法。

（5）研究科研机构知识产权管理的组织体系建设，包括知识产权组织机构的定位、目标模式、职能、人员配置和知识产权组织机构内部各部分之间的关系，以及知识产权组织机构与外部机构的关系等。

（6）研究科研机构知识产权教育培训管理，以中科院知识产权培训班为例，研究科研机构知识产权培训班的班次、课程、教材和资格考试等。

（7）研究科研机构项目知识产权全过程管理，提出科研机构知识产权全过程管理的概念、特征、管理原则、主要任务、基本流程和考核指标体系，提出加强科研项目知识产权全过程管理的对策措施。

（8）研究知识产权分析的主要内容和工具方法，提出科研项目知识产权分析报告的框架和撰写要求。

（9）研究科研机构知识产权质量与效益问题，研究单项专利和科研机构专利质量的内涵，建立专利质量测度指标体系和从有质量专利识别有效益专利的模型，提出提升专利质量与效益的政策建议。

（10）研究科研机构知识产权转移转化管理，通过问卷调查和理论研究梳理我国科研机构知识产权转移转化的现状和问题，提出促进我国科研机构知识产权转移转化的政策建议。

（11）研究科研机构技术标准与知识产权管理。研究我国技术标准中的知识产权政策，重点研究专利披露政策、专利许可政策、专利池管理政策和专利许可收益分配政策，并针对我国技术标准知识产权管理政策提出相应的政策建议。

（12）研究职务发明权属制度，研究我国职务发明奖励报酬法律法规和政策存在的主要问题，从提升创新效率和激励单位与发明人积极性角度提出了合理的职务发明知识产权权属制度。

（13）研究科研机构知识产权保护管理，通过案例研究科研机构保护知识产权，尤其是在审查、复审和无效程序中保护和通过知识产权和行政司法保护知识产权的方式，提出加强科研机构知识产权保护的对策措施。

（14）研究科研机构知识产权法规政策，面向创新驱动发展战略实施，从科研机构知识产权创造、运用、保护和管理出发，研究现有知识产权政策的现状与问题，提出了构建知识产权政策体系的思路，提出科研机构知识产权创造、运用、保护和管理政策发展的建议。

1.4　特色与创新之处

本书的特色与创新之处有以下几个方面。一是总结了主要国家科研机构和高校知识产权管理的特点和规律，提出了加强我国科研机构知识产权管理的经验启示。二是提出了我国科研机构知识产权管理的概念、特征、功能、分类、原则，提出了科研机构知识产权管理标准化的主要内容和知识产权综合发展指标体系。三是研究了科研机构知识产权战略规划的主要内容，提出了科研机构知识产权战略规划制定的思路。四是研究了科研机构组织机构的定位、模式和职能，提出了完善科研机构知识产权组织体系，培养知识产权管理人才团队和加强能力建设的措施。五是提出了科研机构知识产权教育培训的主要课程、培训内容和考试办法。六是提出了科研项目知识产权全过程管理的概念、原则、任务、流程和主要考核指标，提出了加强科研机构知识产权全过程管理的对策措施。七是提出了科研项目知识产权分析报告的主要框架和知识产权分析的主要内容与工具方法。八是研究了单项专利和科研机构专利质量的内涵和构成，提出了专利质量测度指标体系和提升专利质量与效益的政策建议。九是分析了我国科研机构知识产权转移转化的问题，提出了促进我国科研机构知识产权转移转化的政策建议。十是研究了技术标准中的知识产权政策，提出了加强技术标准知识产权管理的对策建议。十一是从知识产权政策体系构建出发，梳理了我国的知识产权政策和存在的主要问题，提出了我国科研机构知识产权政策的发展方向。

第二章 科研机构知识产权发展状况

科研机构是我国知识产权创造的主体，近年来知识产权申请和授权量增长迅速。但在数量迅速增长的背后，我国科研机构知识产权发展还处于较低水平，不仅存在一系列问题和不足，还面临一系列严峻的挑战。加强科研机构知识产权管理，必须深入分析我国科研机构知识产权的发展状况，必须明确创新发展战略和国家知识产权战略实施对科研机构知识产权管理的重大需求。

2.1 科研机构知识产权发展现状

根据《中国科技统计年鉴（2013）》的数据，2012 年，我国共有 3674 个研究机构，研究开发人员 38.8 万人，研究开发经费支出 1548.9 亿元，研发经费支出中政府拨款 1292.7 亿元。在全部研究机构中，有 710 个中央部门属研究与开发机构，研发人员 30.22 万人，研发经费支出额 1393.18 亿元。其中，中国科学院的研究开发机构达到 107 个，从业人员 5.7 万人，研发经费支出额达到 320 亿元，其中政府拨款 258 亿元。从政府拨款占研究机构研发经费筹集额的比例来看，我国现有科研机构基本上都是政府支持的公共科研机构，因此，本章主要以我国公共科研机构作为研究对象。

1. 专利申请授权

专利与创新有着十分紧密的关系。本书主要检索分析科研机构专利申请量和专利授权量，工具是中国知识产权检索系统，检索策略是逻辑检索，分析的内容包括中科院、行业院所和地方院所发明、实用新型、外观设计专利年度申请分布情况、发明专利授权情况以及主要领域专利分布情况。

（1）中科院专利分布情况。

根据检索，2000～2012 年，中国科学院三类专利申请量从 1553 件增加到 10114 件，其中发明专利申请量从 1105 件增加到 9074 件，实用新型专利申请量从 437 件增加到 996 件，外观设计专利申请量从 11 件增加到 44 件。如图 2-1 所示。发明专利申请量占三种专利申请量的比例稳步提高，2012 年达到 89.45%。2000～2012 年，全院 PCT 专利申请量从 31 件增加到 386 件。

2000～2012 年，中国科学院三类专利授权量从 1263 件增加到 5643 件，其中发明专利授权量从 815 件增加到 4718 件，实用新型专利授权量从 437 件增加到 885 件，外观设计专利授权量从 11 件增加到 40 件。如图 2-2 所示。发明专利授权量占三种专利授权量的比例稳步提高，2012 年达到 83.61%。

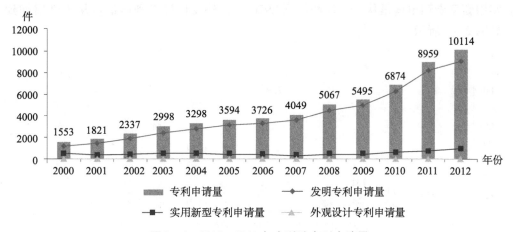

图 2 – 1　2000 ~ 2012 年中科院专利申请量

数据来源：www. cnipr. com（检索日期截至 2014 年 6 月）.

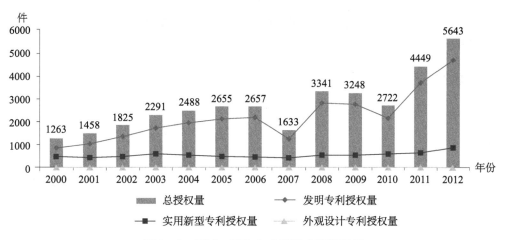

图 2 – 2　2000 ~ 2012 年中科院专利授权量

数据来源：www. cnipr. com（检索日期截至 2014 年 6 月）.

中科院下属公司或中科院与企业共同的专利申请分布反映了中科院与企业的合作情况，以"（中国科学院%/PA or 中科院%/PA）and（%公司/PA or %厂/PA）and 2005/AD"为检索策略检索中国知识产权网中外专利数据库服务平台，检索结果表明，2000 ~ 2012年，中科院下属企业及中科院与外部企业合作的三种专利申请量从 46 件增加到 751 件，其中发明专利申请量从 34 件增加到 629 件，实用新型专利申请量从 12 件增加到 109 件，外观设计专利申请量增加不多，最多的 2008 年、2011 年和 2012 年都只有 13 件。如图 2 – 3所示。

（2）行业院所专利分布。

以 "（%研究院/PA or %研究总院/PA）and（中国%/PA or 国家%/PA or 全国/PA）and （2012/AD）not（%省%/PA or %市%/PA or %自治区%/PA or %县%/PA or %乡%/PA）"为检索策略进行检索，检索结果显示，2000 ~ 2012 年，全国行业科研机构发明专利申请量从 432 件增加到 7202 件，授权量从 407 件增加到 930 件，其中 2009 年达到 1706

件。实用新型专利申请量从 159 件增加到 2926 件，外观设计专利申请量从 1 件增加到 73 件。如图 2 - 4 所示。

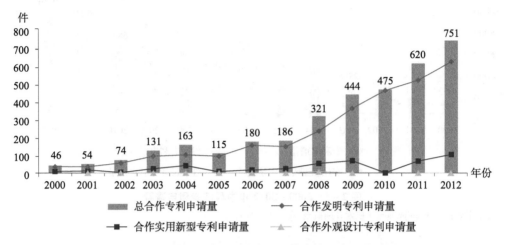

图 2 - 3　中科院下属公司或与企业合作中国专利申请量

数据来源：http：//guest. cnipr. com（检索日期截至 2014 年 6 月）.

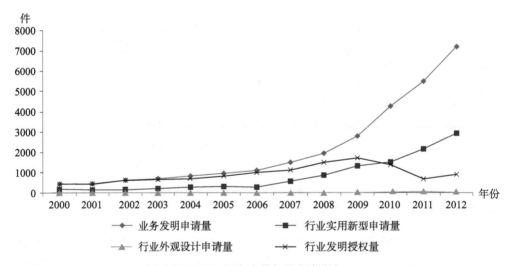

图 2 - 4　行业院所专利申请分布

数据来源：http：//guest. cnipr. com（检索日期截至 2014 年 6 月）.

（3）地方科研院所专利分布。

以 "（%研究院/PA or %科学院%/PA or %研究所%/PA）and 2012/AD and（%省%/PA or %市%/PA or % 自治区%/PA or %县%/PA or % 乡%/PA）" 为检索策略进行检索，检索结果显示，2000～2011 年，我国地方科研机构发明专利申请量从 334 件增加到 5253 件，授权量从 220 件增长到 1475 件，实用新型专利申请量从 229 件增加到 3538 件，外观设计专利申请量从 138 增加到 627 件。如图 2 - 5 所示。

（4）全国科研机构专利分布。

将上述三类科研机构的专利数量进行加总后上可以看到，2000～2012 年，我国全部科研机构三种专利申请量从 2846 件增加到 29733 件，年均增速 21.9%，其中发明专利申请量从 1871 件增加到 21529 件，授权量从 1923 件增加到 15066 件，年均增速 22.8%，实用新型专利申请量从 825 件增加到 7460 件，年均增速 21.7%。外观设计专利申请量不大，从 150 件增加到 744 件。如图 2-6 所示。

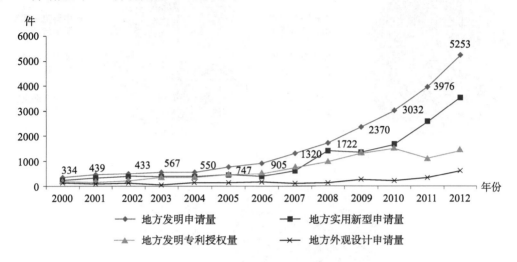

图 2-5 地方科研院所专利申请分布

数据来源：http：//guest. cnipr. com（检索日期截至 2014 年 6 月）.

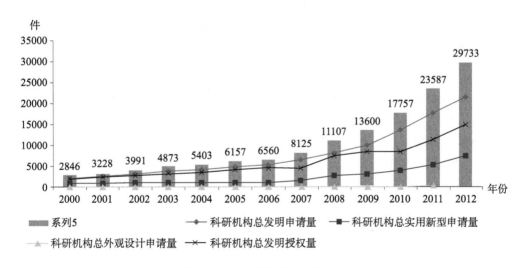

图 2-6 全国科研机构专利分布

数据来源：http：//guest. cnipr. com（检索日期截至 20014 年 6 月）.

从三类科研机构专利数量所占的份额来看，截至 2014 年 6 月 16 日，在全部科研机构发明专利申请量中，中科院占 51%，在全部实用新型申请量中，中科院占 23%，在全部外观设计专利申请中，中科院占 8%。如图 2-7 所示。

2. 商标申请注册

根据对中国商标查询系统的检索（http：//sbj. saic. gov. cn/chaxun/chaxun. asp），截至

2014 年 7 月 27 日，以商标申请人为检索条件，包含"研究院"的商标注册记录有 2345 项，包含"研究所"的有 7846 项，包含"研究总院"的有 32 项，包含"研究中心"的有 900 项，包含"科学院"的有 512 项。

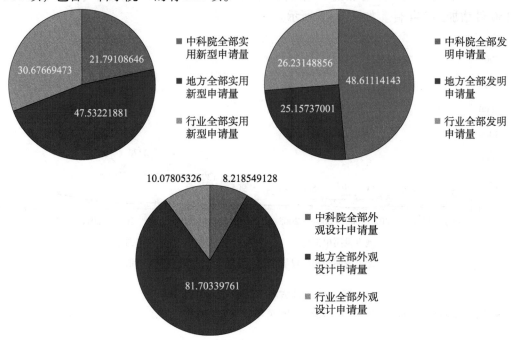

图 2 - 7　全部科研机构专利申请量份额

数据来源 http：//guest. cnipr. com（检索日期截至 2014 年 6 月）.

根据对中国商标查询系统的检索，截至 2014 年 7 月 27 日，以商标申请人为检索条件，包含"中国科学院"和"中科院"的商标申请记录有 148 项。从检索结果看，截至 2013 年 6 月 17 日，中科院（包含下属单位和企业）共申请商标 590 项，授权 454 项，有效商标 379 项。2000～2011 年，中科院商标申请量从 15 件增加到 61 件，授权量从 3 件增加到 34 件。如图 2 - 8 所示。

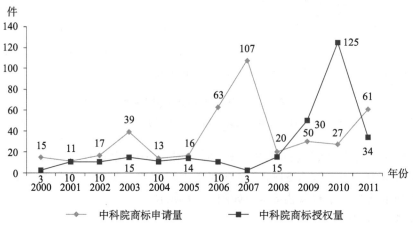

图 2 - 8　中科院商标申请注册量

3. 论文著作

（1）科技论文和科技著作。

科技论文和科技著作也是一种重要的知识产权产出。2000～2012 年，我国被 SCI 收录的科技论文总数从 30499 篇增加到 136445 篇，被 EI 收录的科技论文从 13163 篇增加到 116343 篇。2000～2010 年，中科院国际期刊收论文从 9186 篇增加到 30586 篇，国内发表论文从 10299 篇增加到 12486 篇，科技专著 2000 年为 429 种，2010 年为 358 种。

（2）软件著作权。

为了解科研机构的软件著作权申请登记情况，本书采用的检索工具是中国版权保护中心著作权计算机软件著作权登记公告系统（http：//www. ccopyright. com. cn/servlet/Category），检索策略是简单逻辑检索，检索内容包括全国科研院所软件著作权分布情况，尤其是中科院的著作权登记分布情况。

检索结果表明，自 1992 年实施软件著作权登记条例以来，我国软件著作权登记数量呈显著上升趋势。1992～2012 年，全国软件著作权登记量从 100 件增加到 139228 件，其中中科院计算机软件著作权登记量从 8 件增加到 1001 件。如图 2 - 9 所示。

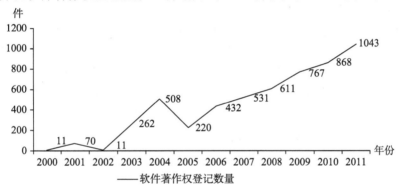

图 2 - 9 中科院软件著作权登记

2011 年，中科院共有 60 个院属单位获得软件著作权登记，较 2010 年的 868 件增长了 20.16%。软件著作权登记公告量前五名的单位为：自动化研究所、软件研究所、合肥物质科学研究院、地质与地球物理研究所和计算技术研究所，公告量均超过 50 件，共计 433 件，占全院登记公告总量的 41.51%。其中，自动化所的软件著作权公告量由 2011 年的 72 件上升为 2012 年的 127 件，增幅达 76.39%，跃居全院首位。

4. 集成电路布图设计

根据对国家知识产权局集成电路布图设计公告的检索（http：//www. sipo. gov. cn/sipo/jcdl），从趋势上看，我国科研机构集成电路布图设计申请量和公告授权量呈不断上升趋势，2004～2011 年，申请量从 11 项增加到 66 项，公告发证量从 7 项增加到 41 项。如图 2 - 10 所示。截至 2011 年，国家知识产权局公告的集成电路布图设计申请专有权申请量 1464 件，发证 1329 项。其中科研机构（含企业科研机构）集成电路布图设计专有权申请 182 项，公告 155 项。在科研机构中，中科院集成电路布图设计专有权申请有 120 项，公告有 80 项，地方科研院所申请和公告只有 1 项（深圳欧点光电技术研究所）。2012 年中科院集成电路布图设计专有权申请 8 项，公告 21 项。

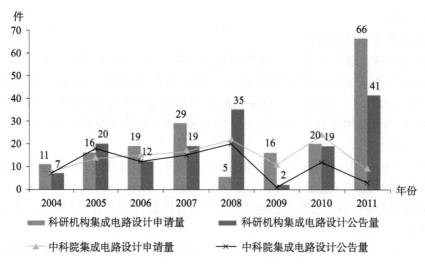

件

■ 科研机构集成电路设计申请量　　　　　■ 科研机构集成电路设计公告量
△ 中科院集成电路设计申请量　　　　　× 中科院集成电路设计公告量

图 2 - 10　科研机构集成电路布图设计专有权趋势

5. 植物品种申请登记

截至 2013 年 6 月 17 日，在国家农业部公告的农业植物品种权中，我国科研机构农业植物新品种申请公告量为 4786 项，其中包含"研究院"的申请公告量有 286 项，包含"研究所"的有 2888 项，包含"研究中心"的有 178 项。授权公告量达到 2087 项，其中包含"研究院"的授权公告 142 项，包含"研究所"的 1293 项，包含"研究中心"的有 98 项。其中，中国科学院农业植物品种申请 63 项，公告 21 项。在行业院所中，"中国农业科学院"申请公告有 173 项，授权公告 72 项，中国水稻研究所申请公告 70 项，授权公告 32 项。我国地方科研机构农业植物品种权有申请公告量和授权公告量分别为 4540 项和 1962 项。

在国家林业局公告的林业植物新品种授权中，中国科学院获得授权 25 项，其中 2002 年 1 项，2003 年 2 项，2004 年 2 项，2006 年 11 项。在申请人中，中科院昆明植物研究所获得授权 17 项，中国科学院华西亚高山植物园 1 项，中国科学院遗传与发育生物学研究所 1 项，中国科学院微生物研究所 1 项。我国行业研究所共获得 32 项林业植物新品种授权，其中国林业科学研究院有 30 项，地方研究所有 82 项。

2.2　科研机构知识产权发展分析

2.2.1　科研机构知识产权发展优势与劣势

经过改革开放 30 多年的发展，我国科研机构知识产权发展迅速，已经具有一定的知识产权优势。

从 20 世纪 80 年代起，我国已相继参加了主要的知识产权国际公约、条约和协定。为适应改革开放的需要，我国制定了《中华人民共和国商标法》《中华人民共和国专利法》《中华人民共和国著作权法》等知识产权法律法规，奠定了中国知识产权法律制度的基本框架。在加入世界贸易组织后，我国对知识产权法律制度和政策进行了全面修改，具备了与世界主要国家一致的知识产权法律制度，符合《与贸易有关的知识产权协议》（TRIPS）的最低要求。2006 年后，为适应创新型国家建设的要求，我国又对知识产权法律进行了全面修改，知识产权对创新的激励和促进作用明显增强。

我国科研机构知识产权管理没有单独的立法，科研机构知识产权管理主要体现在科技部、国家知识产权局等有关部门发布的规章和政策中。例如 2000 年发布的《关于加强与科技有关的知识产权保护和管理工作的若干意见》，2001 年发布的《国家科技计划项目管理暂行办法》，2002 年发布的《关于国家科技计划项目研究成果知识产权管理的若干规定》和 2003 年发布的《关于加强国家科技计划知识产权管理工作的规定》等以及《中长期科学技术发展规划纲要（2006～2020 年）》有关配套政策。尤为重要的是，2007 年修订的《科技进步法》从法律上明确提出将承担国家计划项目形成的知识产权授予承担单位，为科研机构知识产权管理创造了较好的法律和政策环境。

2000～2011 年，我国科研机构三种专利申请量由 2846 件增加到 23587 件，年均增速21.18%，其中发明专利申请量从 1871 件增加到 17682 件，年均增长 10.17%，实用新型专利申请量和外观设计申请量年均增速分别为 18.68% 和 48.08%。2011 年，科研机构发明专利申请量占三种专利总申请量的比例达到 74.97%。2004～2011 年，集成电路布图设计申请量从 11 件增加到 66 件，年均增速 29.17%。1992～2011 年，全国科研机构软件著作权登记量从 100 件增加到 10.93 万件，年均增速 44.52%。从上述数据可以看出，我国科研机构知识产权申请量、授权量或登记量、公告量都有较大幅度增长，尤其是发明专利申请量增长迅速，所占比例也较高，我国科研机构知识产权已具有明显的知识产权规模优势。

但是，我国科研机构目前普遍存在一些突出问题。一是知识产权管理组织体系建设与基础条件建设落后问题。我国大多数科研机构没有专门的知识产权管理机构。根据国家知识产权局的一项统计，我国科研机构有专门知识产权管理部门的仅占 31.3%，没有专门知识产权管理部门而由单位科技处等代为管理占 59.8%，由内部人员兼职管理知识产权的占8.4%（并非真正意义上的技术转移办公室。）而在科研机构知识产权转移组织机构设置上，由单位内部技术转移办公室专门负责专利转移和产业化的占 59.1%，设立创新公司独立市场化经营本单位专利转移和产业化的占 16.5%，委托知识产权经纪公司负责本单位专利转移和产业化的占 24.3%。

二是科研机构普遍缺乏知识产权管理团队。我国大多数科研机构知识产权管理没有形成人才团队，大多数只是专利管理或者专利流程管理人员，缺乏知识产权披露评估、知识产权许可、知识产权法律、知识产权投资等人才构成的团队，而团队是科研机构知识产权管理的基础。

三是科研机构知识产权管理职能与技术转移职能、投资职能相分离。我国科研机构的知识产权管理职能大多数是单独设置的，既没有与技术转移部门相结合，也没有与投资部门相结合。在我国大多数科研机构中，知识产权管理与技术转移职能分属不同的部门，知识产权管理不是面向技术转移的管理，技术转移管理缺乏有效的知识产权管理支撑。知识产权转移转化的最好方式是对它进行投资，尤其是要建立种子期或创业型的投资基金，故我国科研机构知识产权管理的效率较低。

四是知识产权创造的质量和效益不高。我国科研机构知识产权质量总体水平还不高，发明专利平均维持年限仅有 5 年多，专利实施率还较低。我国缺乏专利质量控制的方法和相关政策，科研机构也缺乏识别高质量专利的方法，我国还缺乏从高质量专利到高效益专利的识别方法。

五是科研项目知识产权管理粗放问题。据统计，我国科研机构知识产权管理部门负责研发成果专利申请管理工作的达到 92.1%，但能负责专利授权后市场化工作和负责专利授权后权利维护工作的仅占 50.5% 和 62.1%。我国大多数科研机构知识产权管理由一个人来承担，而且仅仅负责专利等知识产权的申请联系工作，对发明披露评估、知识产权维持与否、知识产权诉讼做得很不够，做的多是"二传手"的事情。

六是知识产权转移转化模式问题。我国科研机构存在的主要问题是知识产权尤其是专利转化实施率不高。以中科院为例，中科院 2011 年三种专利申请达到 9847 件，但通过各种方式实施的只有 326 件（次），2013 年三种专利申请达到 13292 件，但通过各种方式实施的专利只有 1955 件。我国目前促进知识产权转移转化的经营模式存在较大问题。第一是中介思维占据主流。我国的中介机构大多是简单的第三方模式，而这种模式实际上存在严重的经营模式问题。第三方科技中介机构游离于科研、市场和资本之外，与科技创新结合不紧密，与产业和企业结合也不紧密，更缺乏风险投资功能。正是因为存在致命缺陷，美国高校和科研机构在 20 世纪 90 年代开始纷纷抛弃第三方中介模式。第二是转移转化机构普遍缺乏盈利模式。现有多数中介机构缺乏清晰明确的盈利模式，只是简单的"中介"，靠中介费经营而不是靠有效盈利模式的中介机构很难生存。第三是很多知识产权转移转化机构缺乏市场独立性。我国很多部门和地方引导成立的技术转移中心、创业机构、知识产权交易中心、集中管理机构等多是官办机构，机制不活。

七是知识产权管理政策体系化问题。我国知识产权转移转化的政策工具主要包括财政投入、税收优惠、投融资政策和政府采购政策，但目前的政策还存在很多不足。我国对目前急需发展的战略性新兴产业、高技术产业没有实行如软件集成电路产业那样 3% ~6% 的低增值税优惠政策。现行科研机构技术转移额低于 500 万不需要缴纳所得税规定的额度过低（财政部规定，技术转让所得税暂时免征企业所得税）。知识产权转移"财产转让所得"、"特许权使用费所得"应纳个人所得税的负担较高。目前出台的多数金融政策存在可操作性不足问题，虽然出台了促进科技成果转化急需的种子基金和风险投资支持政策、创业引导资金政策，但还存在很多落实问题。我国一直没有出台支持知识产权转移转化的保险和再保险政策。我国一直没有将技术类知识产权等列入政府采购支持自主创新的政策范围，而我国 2011 年废弃自主创新政府采购政策后，政府采购支持自主创新的制度实际上已经失效，无法通过政府采购有效促进知识产权的转移转化。

2.2.2 科研机构知识产权发展机遇与挑战

2006 年以来，我国加大了对科技创新的支持力度，《国家中长期科学技术发展规划纲要（2006~2020 年）》确定了"自主创新，重点跨域，支撑发展，引领未来"的方针和"建设成为创新型国家"的目标，并发布了 60 条配套政策和 78 项实施细则，构建起了较为完善的科技创新政策体系。2008 年发布的《国家知识产权战略纲要（2008~2020 年）》

提出了"支持创造，鼓励运用，加强保护，科学管理"的指导方针，提出了建设成为"知识产权创造、运用、保护和管理水平较高的国家"的目标。之后，我国又制定了专利事业和商标中长期发展战略。近年来，我国又相继制定发布了《国家自主创新能力建设"十二五"规划》《知识产权事业发展"十二五"规划》等一系列涉及知识产权的规划和战略，进一步明确了科研机构知识产权管理的定位、思路和目标。2012 年，我国研究与试验发展（R&D）经费支出 10240 亿元，占国内生产总值（GDP）的比例提高到 1.97%，有力地支撑了科研机构知识产权管理工作的开展。

但我国科研机构知识产权管理也在遇到越来越大的挑战。首先是科研机构知识产权管理复杂性不断提高。当今世界，经济科技全球化迅速发展，国际政治、经济竞争日趋激烈。国际竞争的实质是科技创新的竞争，根本上是知识产权创造运用能力的竞争。为了保持科技创新的领先地位，保持技术竞争优势，美国、日本、韩国、印度等许多国家纷纷制定知识产权战略，美、日、欧不断出台产业发展战略和创新战略，提出一系列新的知识产权政策。2008 年国际金融危机爆发以来，美国经济停滞不前，欧债危机不断蔓延，日本财政赤字居高不下，全球经济衰退日益加深，发达国家不断发布报告，批评中国的自主创新政策和知识产权政策，针对我国的反倾销调查、知识产权指责与诉讼越来越多，我国面临的国际知识产权保护压力也越来越大。在此背景下，如何加强知识产权管理，提升科技创新的效率，从而支撑产业创新能力建设和国际化发展，成为摆在我国科研机构面前的一个重要问题。

其次是经济社会发展对知识产权的挑战。当前，我国已成为世界第二大经济体，也已成为世界知识产权大国。但我国与创新强国和知识产权强国的差距还很大，我国面临的人口资源环境问题依然突出，产业结构仍然还不合理。其主要原因在于知识产权对提升我国创新能力和竞争力，提高经济增长质量的作用发挥还不够。现在，我国创新型国家建设和知识产权较高水平国家建设已进入关键时期和攻坚阶段，迫切需要全面加强知识产权管理，迫切需要发挥科研机构知识产权管理的引领作用和示范作用。

再次是创新驱动发展战略实施对知识产权的挑战。创新驱动发展战略是党的十八大提出的国家战略。创新驱动发展战略的本质是科技创新成果要有效转化为现实生产力。知识产权制度是保障和激励创新的基本制度。目前，我国正处于要素驱动向创新驱动发展转变的关键时期。但我国知识产权制度对创新驱动发展的支撑作用还未充分发挥出来。总体来看，我国科研机构知识产权管理不适应创新驱动发展战略主要表现在四个方面。一是科研机构知识产权体制机制不适应。科研机构知识产权体制机制还不适应创新驱动发展的要求，市场机制对科研机构知识产权创造运用的作用还未完全发挥出来。二是科研机构知识产权质量不适应。重大创新成果少，专利总体质量不高，专利转化实施率较低是最突出的表现。三是科研机构知识产权转移转化不适应。多数科研机构是两级法人结构，缺乏有效的知识产权管理机构、人才团队和能力结构。四是科研机构知识产权基础能力不适应。科研机构知识产权机构建设落后，人才形不成团队，基础条件平台缺乏，转移转化机构缺乏必要的职能。

贯彻落实创新驱动发展战略，发挥知识产权制度支撑创新驱动发展战略实施的作用，必须解决当前影响科研机构知识产权高水平创造和有效运用的体制机制与管理方式中的重大问题，必须创造出一大批高质量、高水平和有国际竞争力的关键核心知识产权，必须大力促进知识产权的实际运用，知识产权不仅要成为科研机构科技创新的工具，更要转化为实际的财富。

2.3　小　结

本章主要分析了我国科研机构知识产权的发展现状，重点分析了科研机构知识产权管理存在的问题和挑战。实施创新驱动发展战略的关键是要充分发挥知识产权制度激励和保障创新的作用，要高水平创造和有效运用自主知识产权。深入实施创新驱动发展战略，建设创新型国家和知识产权高水平国家建设对科研机构知识产权管理提出了一系列重大需求。

一是要求知识产权支撑经济社会发展需要。凡是不符合或不能支撑经济社会发展需求的管理都不是科学的管理。创新型国家和知识产权高水平国家建设要求科研机构知识产权管理必须面向经济社会发展需要，必须将知识产权与经济社会发展紧密结合，必须显著提高知识产权的转移转化效率。

二是要求创造一大批高水平核心知识产权。创新型国家和知识产权高水平国家不仅表现在知识产权研发投入能力强和权利获取能力强，更重要的是掌握一大批能支撑产业发展和国际贸易的关键核心自主知识产权，要掌握一大批高质量的知识产权，知识产权数量和质量能够适应创新型国家建设和创新驱动发展战略实施的要求。

三是要求知识产权要有效转移转化。知识产权创造的根本目的是为了运用，知识产权不仅要成为科研机构参与国际科技竞争的工具，创造和传播知识，支撑创新人才培养，也要能转化为现实生产力，支撑经济和社会发展，将科学和技术成果转化为实际财富。

四是要求知识产权能支撑产业创新发展。科研机构创造的知识产权必须为产业创新和发展提供有力的支撑，知识产权必须符合产业创新需要，提供有效供给。科技机构知识产权要与产业技术标准结合，能影响和支撑产业技术标准实施。还要为产业安全保驾护航，科研机构的知识产权要在我国产业中具有一定的影响力和控制力。

五是要求知识产权管理科学化和规范化。创新型国家和知识产权高水平国家建设要求科研机构和企业、高校的知识产权管理必须摆脱自发、松散、被动的管理模式，而应是主动的管理、协同的管理、高效的管理、科学的管理。科研机构知识产权管理要立足实际，借鉴国外成功经验，要走向科学化、规范化。

第三章　主要国家科研机构与高校知识产权管理

知识产权管理的目的是提升科技创新活动的效率，支撑经济社会发展。科研机构知识产权管理有其自身的发展规律，研究国外科研机构和高校知识产权管理发展规律具有重要意义。主要国家尤其是美、欧、日等更发达国家科研机构和高校在知识产权管理的组织机构、人员队伍、管理制度、管理过程、收益分配政策等方面已经积累了许多成功的经验，对加强我国科研机构知识产权管理具有重要的借鉴作用。

3.1　美国科研机构与高校知识产权管理

美国公共科研机构包括国有国营实验室（GOGO）、国有民营实验室（GOCO）以及联邦资助的 R&D 中心（FERDC）三类。前两者的实验室研究设施所有权归政府，FERDC 所有权则属于民间。三种科研机构中国有国营实验室数量最多，是联邦政府内部和联邦政府部门所属并直接管理运营的科研机构。其他类型的联邦实验室，通常由大学、企业或公益机构代管并受托运营，科研及人事等内部管理都接受委托方的管理。

1980~2000 年，美国共颁布近 20 部知识产权和技术转移相关的法律，其主要内容是促进大学、国家实验室、非盈利机构的知识产权和技术向产业界转移，以促进美国的科技进步与经济发展。

知识产权和技术转移活动的主要参与者是政府实验室、大学、非盈利机构、产业界、技术转移中介机构。如果不考虑中介的作用，知识产权转移主要有大学—政府实验室，产业界—政府实验室，政府实验室—产业界，政府实验室—政府实验室几种关系。技术转移渠道主要有合同研究、合作研究、工作小组、技术许可、研究资助、技术咨询、人员交流、设备利用等。美国 1982 年设立了小企业创新项目（Small Business Innovation Research，简称 SBIR），1986 年设立了合作研究与发展项目（Cooperative Research and Development Agreement，简称 CRADAs），1992 年设立了小企业技术转移项目（Small Business Technology Transfer，简称 STTR）以及大学、国家实验室、企业参与的大型研究集团、科学园区项目。

美国十分重视知识产权的转化利用，1980 年颁布的拜度法案（Bayh‐Dole Act）允许大学等非盈利公共机构和小企业拥有政府资助项目的知识产权。美国 1980 年颁布的《斯蒂文森‐怀特勒技术创新创新法案》以及 1986 年由其改名的《联邦技术转移法》，1998 年的《技术转移商业化法》和 1999 年美国国会通过的《发明家保护法》，2000 年通过的《技术转移商业化法案》等，鼓励建立国家或大学技术转移中心或成果完善化机构，加速产学研合作，简化联邦政府科技成果利用程序，极大地提高了科研机构、大学和产业界知识产权创造和转化利用的积极性。

　　美国公共科研机构知识产权管理政策首先体现为拜度法案。1980 年 12 月 12 日，美国国会通过的拜度法案关于公共科研机构等主要有以下几个方面的政策：（1）联邦政府资助，或以合同、合作方式支持公共的大学、小企业和非盈利组织产生的发明，其所有权归承包者所有。资助合同是指全部或部分由联邦政府支持资金的实验、开发或研究工作的合同；发明是指可以申请专利的发明、发现或任何专利法规定的主题，以及植物新品种；非盈利组织包括符合规定的大学、高等教育机构、非盈利科学研究机构等。（2）承包者有责任以书面形式与教授和职工签订协议，要求其披露发明和转让发明给大学等。（3）大学、小企业和非盈利组织如果有权获得发明创造的权利则可以保留该权利。在任何分合同中要包含专利权条款，要向资助机构报告相关发明，书面选择是否保留专利权的权利，建立教育项目，指导雇员及时公开，要求雇员书面同意保护政府利益的相关发明。（4）大学、小企业和非盈利组织有责任在发明人书面披露后 2 个月内向联邦机构披露新发明，披露后 2 年内必须决定是否保留发明的权利，否则权利归联邦机构。（5）大学、小企业和非盈利组织保留权利，则必须 1 年内申请专利，并于 10 个月内通知联邦机构是否申请国外专利，否则联邦机构可以自己申请国外专利。大学、小企业和非盈利组织必须在说明书中注明政府支持和发明的政府权利。（6）大学、小企业和非盈利组织选择保留权利，必须以美国的名义向政府提供非排他、非可转让、非可撤销和付费在全球实施的确定的许可。大学、小企业和非盈利组织必须定期提交专利运用的报告。（7）任何获得排他权制造产品的企业必须在美国制造该产品，除非提供合理和非成功或者经济不合理的理由。（8）在市场化专利的过程中，应给予小企业（500 人以下）优待，提供将发明应用的相应资源和能力，但也可以向支持研究的大企业进行许可。（9）大学、小企业和非盈利组织不能将所有权转让给第三方，除了专利管理机构。（10）大学、小企业和非盈利组织必须与发明人分享发明许可收益，剩余部分要支持研究教育。（11）在一定条件下，政府可以要求大学、小企业和非盈利组织授予第三方许可，如果发明未能在合理期限内取得实施，如果健康安全、公众使用遇到障碍或者不满足法律要求，政府也可获得发明的权利并自行授予许可（March in Right）（Cogr，1999）。

　　后来经过 1982 年 1 月 12 日管理与预算办公室发布的联邦机构实施拜度法案指南、1983 年总统备忘录政府专利政策、1984 年拜度法案修改、1987 年 3 月 18 日拜度法案相关规定修改，拜度法案精神体现在美国行政法规 37 CRF401 中，并规定了标准条款。CRF37 是由美国联邦注册办公室发布的行政法规，共包括美国专利商标局、版权局、版权费委员会、技术政策助理局长、技术副局长五部分。第四部分包括两部分，401 是非盈利组织和小企业承担联邦政府拨款、合同或合作协议做出发明的权利，404 是政府拥有发明的许可。

　　拜度法案颁布实施以后，美国研究型大学的专利申请量和授权量急剧增长，专利申请量增长了 10 倍，大学和科研机构的教授们纷纷携带科研成果开办公司，许多科研机构和大学建立技术转移办公室，组建包括法律、商务和科学背景的人才团队，大学技术转移经理人协会的成员从 1980 年的 113 个增加到 1999 年的 2178 个，美国每年 30 亿美元的经济收入和 25 万个就业机会就是受益于大学科研机构产生的新技术。1980 年以来，大学和科研机构的发明许可产生了 2200 家新企业。将发明的权利授予承担单位是最重要的商业化措施，实行统一的专利申请和许可程序，以及大学授予排他许可的能力也是技术转移成功的重要因素（Cogr，1999）。但是，专利申请与许可数量的增加也受到其他因素的影响，而不仅仅是拜度法案，比如生物技术的发展。美国最高法院对 Diamond versus Chakrabarty 一案的判决，打开了生物、分子和生物技术申请专利的大门，拜度法案对于科研机构刚开始时的激励作用比长远的作用要大（David C. Mowery，Arvids A. Ziedonis，2002）。

　　但是，拜度法案也产生了一些负面的效果。第一，由于大学和科研机构的唯一目的是拥有所有权后可以向企业进行许可而获得收益，拜度法案实际上向其大大地进行了利益倾斜；第二，许多大学也拥有自己的企业，或者教授们携带知识产权开办新的企业，拜度法案允许他们拥有知识产权所有权的政策会在产业界和大学之间产生冲突，从而导致不公平竞争；第三，该法案的通过也会激励大学、科研机构和企业不从事产生专利较少的基础性研究而转向应用研究，去获得专利许可收益，但是美国的实际数据表明这种情况并未出现；第四，生物领域的发现被申请专利后会影响产品的开发。作为补救措施，美国国立卫生研究院颁布了一个指南，要求不能商业化的方法专利必须向其他科学家证明它以合理条件是可行的。美国专利商标局也修改了生物发现的可专利性指南❶；第五，该法案虽然规定发明人应分享专利许可收益，但对发明人应分的比例规定不明确，发明人与单位之间关于分享收益的纠纷层出不穷；第六，政府介入权（March-in-Right）作用的大小问题，行使介入权的具体措施是什么并不清楚，如果大学和科研机构懈于向企业许可专利技术，政府又没有相应的处罚措施。

　　拜度法案和技术创新法案的实施并没有足够的理由使得实验室的专利申请量增长，然而，激励系统的建立尤其是专利法的实施，以及支持技术转移的内部资源配置等共同刺激了专利申请的增长活动（Albert N. Link，Donald S. Siegel，David D. Van Fleet，2011）。所以，美国科研机构和大学等非盈利组织知识产权管理政策还体现在《技术创新法案》《联邦技术转移法案》《技术转移商业化法案》《发明家保护法》《技术转移商业化法案》等法案中。这些法案的主要思想包括：（1）扩大拥有知识产权所有权政策适用的范围，全面促进技术转移，所有国家项目承包者如盈利和非盈利科研机构、大学、中小企业都可以在一定限制条件下拥有知识产权所有权。（2）承包者必须承担努力对科研成果进行开发和转移的义务，必须定期向政府部门报告发明的使用情况，防止承包者滥用知识产权独占权和在商业应用方面不作为。（3）加强对技术转移实施履行义务的监督和评估，要求非盈利科研机构等必须建立技术转移部门，并保证部门经费、研究人员有责任转移技术。（4）将知识产权创造和转化作为政府部门绩效考核的指标。（5）建立国家或大学技术转移中心或成果完善化机构，加速产学研合作。（6）简化联邦政府科技成果利用程序，提高非盈利科研机构、大学和产业界知识产权创造和转化利用的积极性。美国斯坦福大学技术转移办公室和国家技术转移中心的模式，美国阿贡实验室知识产权投资基金的模式成为许多国家学习的榜样。

---

❶　http：//www.nih.gov/about/NIHoverview.html.

3.1.1 美国国立卫生研究院

美国国立卫生研究院（National Institutes of Health，简称 NIH）建于 1887 年，隶属于美国卫生与人类服务部，是国际著名的医学与行为科学研究机构。该研究机构的目标是鼓励创造性开发和制定创新研究政策，开发、维持和更新人力物力资源，推广医学及相关科学知识，促进科学发展，增强民众和社会的科学意识。为实现上述目标，NIH 开展众多卫生医疗研究项目，涉及人类疾病的起因、诊断、预防和治疗，人类的成长和发展过程，环境污染的生物影响，医疗卫生数据的收集、扩散和交流，医学图书馆的维护与发展及医学图书管理员的培养等❶。

美国国立卫生研究院下设一个院长办公室和 27 个研究所与研究中心，员工人数约为20000 人，其中有 6000 名左右拥有博士学位的科学家。NIH 2012 财年预算为 309 亿美元，其中 80% 用于资助国内外 2500 多家高校、医学院以及其他研究机构的 300000 名科学家和研究人员，只有 10% 的预算用于支持 NIH 内部近 6000 名科学家的研究项目。

NIH 制定了一系列与技术转移相关的政策，推动知识产权转移转化。其中与生物技术相关的政策包括《开发资助研究协议（1994）》《通用生物材料转移协议（1995）》《生物医学研究资源共享（1999）》《研究数据共享办法（2003）》《生物学研究模型共享办法（2004）》《生物学发明许可最佳实践（2005）》《NIH 内部实验室材料转移政策（2010）》等。同时，NIH 还制订纳税人利益保护计划，强调纳税人是医药领域取得显著成果的受益者，因此要确保美国的纳税人生活不断得到改善。2003 ～ 2012 财年 NIH 知识产权与技术转移活动如表 3 - 1 所示。

表 3 - 1　美国国立卫生研究院技术转移活动　　　　　　（单位：件）

	FY 2003	FY 2004	FY 2005	FY 2006	FY 2007	FY 2008	FY 2009	FY 2010	FY 2011	FY 2012
发明披露	400	403	388	367	419	402	353	340	351	352
美国专利申请	382	396	347	309	354	343	300	304	303	300
美国专利授权	86	122	66	93	117	88	110	134	131	130
许可专利	209	276	313	254	264	259	215	226	197	198
许可费用（百万美元）	53.70	56.30	98.20	82.70	87.70	97.20	91.2	91.6	96.90	111.2
合作研发合同（仅 NIH）	84	87	80	51	44	72	77	66	68	93
标准	36	43	39	22	23	33	33	39	40	57
材料	48	44	41	29	21	39	44	27	28	36

来源：NIH OTT. http://ott. od. nih. gov/about_ nih/statistics. aspx.

NIH 的知识产权管理工作主要由技术转移办公室（The NIH Office of Technology Transfer，简称 OTT）负责。其使命是通过管理 NIH 和食品药品监督管理局（Food and Drug Adminstration，简称 FDA）的发明改善公共健康，在公共机构生物医药技术转移和实务中处于领先地位。OTT 根据联邦技术转移法案和相关法律法规设立，主要开展针对 NIH 和

---

❶ http://www. nih. gov/about/NIHoverview. html.

FDA 的发现和发明创造的评估、保护、市场化、许可、监控、管理等活动。此外，OTT 还负责美国国立卫生研究院及美国卫生与人类服务部下属联邦食品药品监督管理局与疾病预防控制中心（CDC）的技术转移政策制定，以及技术转移政策委员会的决策落实工作。OTT 通过保留 NIH 内部实验室的发明创造完成技术转移工作，许可这些发明到企业并保障使用、商业化和公众可得。

NIH 也允许资助的外部机构寻求专利保护和商业化许可。OTT 下设政策部和技术开发与转移部，技术开发与转移部包括癌症科、传染性疾病和医疗工程科、普通内科、监控实施科，以及技术转移服务中心[1]。OTT 现有人员 69 名，多为博士学位，或者法学博士学位，或者拥有 MBA 学位。如图 3 – 1 所示。

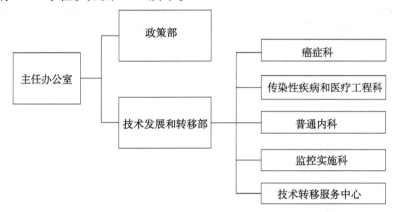

图 3 – 1　美国国立卫生研究院技术转移办公室组织机构（OTT）
来源：NIH OTT. http：//ott. od. nih. gov/about_ nih/organization. aspx.

NIH 技术转移项目的目标是通过建立研究开发与商业化的桥梁，将 NIH 和 FDA 公共投资的内部研究产生的新知识进行应用并进行进一步的研究和商业化，以造福美国人民和国外人民[2]。该项目包括两个部分，一是研究合作；二是 NIH 和 FDA 发明的知识产权获取，通过许可协议将知识产权与相关材料向私营企业转移，以支持发明的开发和商业化。

OTT 位于美国国立卫生研究院总部，在 27 个下属研究所和中心设立有"技术开发协调员"，各研究所和中心的技术开发协调员与技术转移办公室构成互补关系。它们分别负责不同的工作，技术开发协调员和 OTT 负责的工作如表 3 – 2所示。

OTT 技术转移项目的主要过程包括：（1）评估和保护发明，制定合适的专利管理战略；（2）决定对新兴技术的价值提议，是否有医药或科学实用性，吸引资金或合作伙伴能力，以及市场化的能力；（3）实施市场化战略，将技术直接转移到最适合商业化的相关者手中；（4）许可发明；（5）识别合作伙伴；（6）协商协议，管理研究资源包括药物、生物、研究工具和研发合作交流；（7）评估规制和政策环境，决定技术转移的影响。

---

[1]　http：//www. ott. nih. gov/about_ nih/about. aspx.
[2]　The NIH Plan for Accelerating Technology Transfer and Commercialization of Federal Research in Support of High Growth Businesses. http：//www. ott. nih. gov/PDFs/NIH-TT-Plan-2013. pdf.

表 3 - 2　NIH 技术开发协调员与 OTT 职责

NIH 技术开发协调员	OTT 职责
协商协议和使技术开发协调员接触研究所和中心研究项目需要的相应材料与信息以及其他资源	
评估发明披露是否适合开发和商业化目的的需要获得专利权和保护专利权	1. 评估发明披露 2. 保障 NIH 发明的高价值和有商业吸引力的专利申请
1. 协商基础研究及研发项目合作协议，推荐开发和商业化 2. 监视合作协议包括研发合作协议，开展尽职调查和监视研究范围变化 3. 保证研究所和中心根据研发合作协议收到合作伙伴支付的费用 4. 在技术转移政策发展上发挥领导作用	1. 协商和执行许可协议，将 NIH 的专利和其他未获专利权的材料转移到私营企业进行开发和商业化 2. 监视许可协议，开展尽职调查和保障许可费正确支付 3. 管理被许可方支付的许可费，并支付给发明人、研究所与中心

　　为简化许可流程，NIH 实施了 Pay. gov 项目，基于网站允许被许可人通过支票或建立储蓄账户支付许可费。创立了创业许可项目，对创新企业许可药品、疫苗和疗法技术。还创立了针对非盈利机构的许可和产品开发伙伴项目，在低收入地区诊断、治疗疾病防治中起到了重要作用。还使用小企业技术转移基金转移技术，小企业技术转让基金（Small Business Technology Transfer，STTR）旨在资助小企业与研究机构之间的 R&D 合作计划，分两期进行资助，分别是可行性投资和对产品的进一步开发。

　　下属研究机构专利申请费用全部由 OTT 负责，一旦某项技术成功转移转化，OTT 将技术转让费的 15% ~25% 返还给研发机构，但返还上限为 15 万美元。美国法律和 NIH 的政策规定，发明人每年可获得 NIH 收到的许可费，2000 美元及以下的获得全部，2000 ~5 万美元的获得 15%，5 万 ~15 万美元的获得 25% 并封顶。此外，OTT 还拿出部分预算用于资助外部研究人员与大学的合作，资助小型技术公司的创新性项目。技术许可费由 OTT 的许可费收费部门和财务管理办公室管理。

　　截至 2012 年，OTT 已有 25 个产品获得美国联邦食品药品监督管理局批准，其他上百项产品进入市场，技术许可取得了极大成功。到 2012 年，仍然有效的协议有 1136 个。2012 年使用许可获得销售最好的是防治颈椎癌的 Gardasil 疫苗，还有一个是治疗HIV - 1 新型蛋白酶抑制剂 Prezista。2012 年，发明披露 352 个，执行许可 198 个，全部美国专利申请 300 项，合作研发合同 337 个。许可费收益达到 1. 11 亿美元，其中销售获得的许可费 9184 万美元，管理着 803 个许可中的 505 家企业的收入，累计许可费收入达到 11. 81 亿美元。OTT 发起了一个针对创业企业的流水线许可程序，给予 1 年排他选择，2000 美元许可费，也可以转换成长期的商业化许可。2012 年，NIH 的研究所和中心分得许可费 9268 万美元，发明人（1129 人）分得 908 万美元，FDA 分得 53 万美元，IIA（Inter-Institutional Agreements）分得 1805 万美元。❶

---

　　❶ NIH Office of Technology Transfer. ANNUAL REPORT FY - 2012. http：//www. ott. nih. gov/about_ nih/AnnualReport - FY2012. pdf.

OTT 技术许可过程如图 3 - 2 所示。外界先选择感兴趣的技术领域，再从中寻找能够进行许可的特定技术。针对特定技术，外界可以选择所需的许可方式，并与 OTT 许可专员进行沟通联系。许可方式包括商业评估许可（主要用于评估商业潜力）、内部商业使用许可（限于内部作为商业开发活动的工具）、非排他专利许可和排他专利许可，前两个都不能销售或者扩散发明产品。然后，需填写并提交许可申请表，与 OTT 沟通协商许可条款，并提出许可方式（排他性和非排他性许可）要求。如果要求排他性许可，OTT 将告知最终结果。

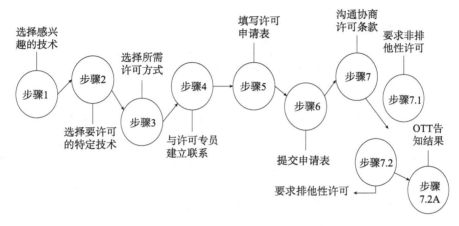

图 3 - 2　OTT 技术许可过程

来源：NIH OTT. http：//ott. od. nih. gov/licensing_ royalties/flowchart_ licproc. aspx.

OTT 对不同技术采用不同的许可方式，仅对专利技术和治疗手段才授予排他性许可，而对多重使用不会给予排他性许可。在许可费用谈判方面，主要考虑如下因素：技术研究阶段、技术品种、产品市场价值与独特性、专利许可广度与市场范围等。

2012 年，NIH 还与 MPEG LA 公司一起建立了专利池 Librassay，在体外听诊和个人药品应用上提供一站式全球专利权许可，其最初的专利池包括大约 400 项来自 NIH、FDA 等美国和外国专利，准备开发听诊产品的入池企业可获得非排他的商业性许可。

3.1.2　美国阿贡国家实验室

阿贡国家实验室（Argonne National Laboratory）是美国第一个国家实验室和最大的科学与工程研究中心之一，也是美国能源部所属最大的研究机构之一，主要开展科学研究和工程化活动。阿贡实验室组织机构包括理事会下设的能源科学与工程化联合实验室，计算、环境与生命科学联合实验室，光子科学联合实验室，物理科学与工程实验室，以及一批研究中心、联合研究所和项目办公室等。❶ 此外，还成立有理事会支撑机构，负责阿贡国家实验室相关的政府事务、教育项目、实验室研发工作、反间谍活动、内部审计、评估等工作。如图 3 -3 所示。

❶　http：//www. anl. gov.

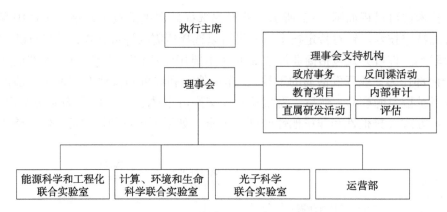

图3-3 美国阿贡国家实验室组织机构

来源：www. anl. gov/Administration/index. html.

截至2012年，阿贡国家实验室拥有员工3200名，包括1200名科学家和工程师，其中3/4拥有博士学位。阿贡国家实验室年预算6.95亿美元，支持超过200个研究项目。阿贡实验室科学研究和工程化活动主要集中在三个领域：（1）能源研究，包括能源储备、替代能源与效率、核能等；（2）生物环境系统研究，整合运用分子规模、水文学、经济学、社会学等计算模型，对区域生态和气候进行评估；（3）国家安全研究，提供关键安全技术，以阻止并缓和潜在大规模骚动与破坏活动。1990年以来，阿贡国家实验室共为600余家企业和几十家联邦机构及其他组织提供了服务。❶

阿贡国家实验室拥有完善的知识产权管理体系。根据拜度法案，阿贡国家实验室与其经营管理单位芝加哥大学1986年共同创建了ARCH开发中心（ARCH Development Corporation）（张轩，1992），负责芝加哥大学和阿贡国家实验室发明成果的商业化，致力于从实验室科研成果中直接寻找具有投资价值的风险项目并予以孵化，成为了全球早期风险投资基金中的典范。按照相关规定，阿贡国家实验室发明专利所有权归属ARCH开发中心，ARCH开发中心还负责专利的转移转化工作。

阿贡国家实验室技术开发和商业化部认为，将研发成果商品化的最好方式是对其投资。1989年，阿贡实验室和芝加哥大学宣布建立8500万美元的风险投资基金，只投资于种子期和早期阶段的具有快速成长为成功企业潜力的先进技术。1992年，ARCH中心分成ARCH风投伙伴和ARCH开发公司两部分，ARCH风投公司从芝加哥大学分离出来成为有效合伙公司，当时管理资本额1.4亿美元，ARCH开发公司则转变为芝加哥大学技术许可和帮助新企业发展的公司。截至2012年，ARCH风投公司有员工18人，由8个管理主任领导，包括4个工作超过25年的发起人，并得到合伙人团队、风险投资合伙人、相关人和技术专家的支持，有限合伙人包括大公司、退休金、大学赠与资金和私人。该公司在全美和全球成功实施了数以百计的风险投资项目，创建了150个新兴公司，建立了7支总额15亿美金的风险投资资金。

在冷战结束后，由于国防预算删减，政府投入经费减少，为了维持研究活动，通过

---

❶ Website of Argonne National Laboratory. www. anl. gov/Administration/index. html.

投资获利支持实验室研究，阿贡实验室开始对研发成果进行创业投资，将研发成果商业化，协助成立新公司以吸引资金。ARCH 开发中心成立了 7 个专门基金，支持新公司建立和发明成果的开发利用。ARCH 开发中心第一投资基金从大学及其他机构、私人投资者等投资伙伴募集到 900 万美元的资金。该基金会于 1990 年帮助建立了第一个公司伊利诺斯超导公司。第二投资基金把原来的 ARCH 投资伙伴从 ARCH 中独立出去，募集到 3100 万美元的资金。ARCH 投资伙伴对第一个创业投资基金仍维持有限合伙人的责任，然而对第二个基金则转变为一般合伙人，负责基金的运作及管理，并获得管理费，第二个基金的其他投资机构及投资人则成为有限合伙人，可以分享投资获得的收益。1989 年、1999 年、2000 年、2003 年、2007 年，ARCH 又分别建立了第三到第七风投基金，管理投资额分别为 1.07 亿美元、1.75 亿美元、3.8 亿美元和 4 亿美元。ARCH 投资伙伴与 ARCH 开发中心存在特殊的探察（scouting）关系，各投资伙伴在芝加哥大学及阿贡实验室内设有办公室，以观察和评估研发成果的商业化价值，并将其作为投资的参考。此外，ARCH 开发中心与阿贡国家实验室及芝加哥大学的协议中有优先了解权（right to first look）条款，即当研究成果完成时，须优先提供 ARCH 开发中心一段时间，基金管理人则可以评估该技术成立新企业的合适性（张圣怡，2001）。

阿贡实验室将成果知识产权至少 25% 的毛收益付给发明人，许可费要超过工资的 10%，如果有剩余则付给大学。在以股票作为收益的情形下，25% 的股份付给发明人，20% 的股份作为 ARCH 中心职员经营管理的奖励，当该年优先股的收益超过 100 万美元时，该收益即作为虚拟风险基金。

但并非全部的专利都由 ARCH 转移转化，1985 年阿贡实验室成立的技术转移中心是由能源部和伊利诺伊州共同出资成立的。如果全部成本由企业支付，则企业可以获得全部知识产权，如果部分支付则获得非排他许可权（Jack M. Holl，1997）。目前，阿贡实验室设立有技术开发与商业化部负责技术转移工作，其愿景是主动工作，采取新技术应用商业化战略，通过许可和创立新企业将技术转为商业使用；其使命是以战略性新兴高影响力技术和形成市场驱动联盟为目标，主动将阿贡实验室的先进技术和独特技术服务交付给产业。技术开发和商业化部还加强与企业的合作，通过与企业签订非公开协议、材料转移协议、许可协议、合作研发协议、获得项目资助、技术服务、使用科技设施等向企业转移技术❶。2000 年以来，共颁发新许可 417 件，开发完成超过 700 项专利，获得 117 个研发项目和 100 项资助，创办 331 个创业企业。

3.1.3　斯坦福大学

斯坦福大学被公认为是世界上最杰出的大学之一，位于加利福尼亚州的帕尔奥托市。2012 年，斯坦福大学拥有 10979 名员工从事教学、学习、研发、服务、企业管理等工作，共有 7 个学院，教授 1900 多人，本科生 6999 人，研究生 8871 人，净资产达到 235 亿美元，外来资助项目 5100 项，研究费用达到 12.7 亿美元，其中 84% 来自联邦政府❷。斯坦

---

❶　http：//www.anl.gov/technology.

❷　http：//facts.stanford.edu/.

福大学技术许可办公室（Office of Technology Licensing，简称 OTL）成立于 1970 年 1 月 1 日，尼尔斯·赖默斯（Niels Reimers）为首任主任。OTL 的信条是"努力将技术转移到全世界"，使命是为社会应用和福利促进斯坦福大学的技术转移，并努力创造效益支持研究和教学。

斯坦福大学制定了专门的知识产权政策和各种许可协议。一是知识产权政策，包括《知识产权手册》《关于许可大学技术的九个要点》；二是与院系相关企业许可的政策，包括《院系关于承诺和利益冲突的政策》《学术理事会成员的外部咨询活动》《院系咨询政策》《院系咨询活动要求和协议概要》《学术理事会成员外部咨询活动》《设立与斯坦福大学相关创业企业的大学投资规定》；三是《材料转移协议（MTAs）》；四是《医疗技术评估协议》。

如其《Board policy》规定，履行大学教学科研职责，或者非临时使用大学资源，全部或部分由教职员工包括学生完成的所有能够申请专利的发明应当及时向大学披露，除非已批准放弃的发明。不管资助资金来自哪里，发明人应当将这些发明的权利赋予大学。大学应当将发明使用费的一部分给予发明人。如果大学不能或者决定不以及时方式申请专利或者许可发明，可以根据与工作相关的合同条款可能性程度再将权利赋予发明人。上述这些政策可以扩展到没有被雇佣的学生、访问学者以及其他没有被大学雇佣的人。政策还额外规定，除了终身教授和雇员及学生，这些规定还扩展到全部的毕业生和博士后人员，参加或者准备参加斯坦福大学研究项目的非雇员，包括访问教授、产业人员等。

斯坦福大学管理程序规定，资助研究办公室负责审查大学授权和合同的条款的条件是否符合大学知识产权与研究开发的政策。技术转移办公室的任务是为社会应用和福利促进大学的技术转移和获得研究与教育的收益；负责管理大学发明报告和许可，发明商业价值评估，专利申请决策，与代理机构合作争取专利权利，与产业的许可合同谈判。全部教授、雇员、学生雇员、毕业生和博士后人员必须签订斯坦福大学专利和版权合同，参与或准备参与斯坦福研究项目的非雇员也必须签订该合同。发明披露是提供发明人、发明事项、产生发明情形和相关活动信息的文件。政府资助项目产生的发明，当技术转移办公室不能或者不保留知识产权权利时，权利应当属于政府，在此种情况下，发明人可以请求并获得资助机构授予的权利，但必须在请求时提供详细的商业化开发计划。

斯坦福大学的许可政策规定，许可分两种方式，一种是独占许可，一种是非独占许可。许可费政策规定，现金收益首先从毛收入中扣除 15% 的管理成本和直接成本，如专利申请费，剩下的收入分为 3 份，其中 1/3 分给发明者，1/3 分给发明者所在的系，1/3 分给发明者所在的学院。对于非独立的直接向副院长、所长报告工作的实验室、研究中心、研究所，应将属于系收益全部或部分的 1/3 给予该实验室、研究中心、研究所，属于学院的则给予研究所。股票收入的 15% 分给 OTL，以弥补办公室的日常行政管理费用，发明者获得剩下股份中的 1/3，其他的股份则由斯坦福管理公司（Stanford Management Company）管理，主要投入 OTL 的研究生奖学金基金中。斯坦福大学许可收益分配监督主要由 OTL 许可员负责。

斯坦福大学 OTL 设立主任办公室，现任主任凯瑟琳·库（Katharine Ku）。截至 2011 年，OTL 从刚成立时的 2 人扩展到 38 人，下设许可经理与许可专员办公室 11 人

（其中许可经理9人，专员2人），许可专员9人、产业合同办公室6人、会计办公室3人、协调办公室2人、行政职员办公室4人、专利申请办公室1人，信息系统办公室1人。如图3-4所示。

图3-4 斯坦福大学技术转移办公室组织结构

OTL每周收到9~10个发明公开，其中50%申请专利，有20%~25%的发明披露能得到许可。该办公室2011年运营预算5400万美元，专利支出7500万美元。2011年，斯坦福大学技术转移办公室已向研究激励基金支付4620万美元，向研究生奖学金支付1530万美元。许可费主要来自大型的发明组合，许可费总收入7670万美元。截至2011年，累计收到发明披露8900项，其中有效发明披露3300件，累计签订3000件许可合同，目前仍有效的许可1000个，许可费总收入累计达14亿美元，在152个公司持有股份，股份折合收益达3.59亿美元，而其平均每年的专利费用为440万美元。许可方式以非排他许可为主，但每年也有大约20项左右的排他许可和10项左右的选择权协议。2012年，OTL受理发明披露504项，产生收益的技术660项，完成许可115个。OTL转移成功的技术有荧光激活细胞分类器（Fluorescence Activated Cell Sorter）、医学影像（Medical Imaging）、FM声音合成（FM Sound Synthesis）、DNA克隆（DNA Cloning）、ADSL（Asymmetric Digital Subscriber Line）、功能抗体（Functional Antibodies）、光波导与组件（Optical Waveguides and Components），以及慢性病自我管理软件、搜索引擎、Google街景技术等。2010年3月，斯坦福成立了一个有104家企业参加的许可协议团体。

斯坦福大学知识产权管理主要经过五个阶段：发明披露—发明技术评估—许可战略（申请专利—市场许可）—市场战略（许可谈判）—维持关系。在发明披露阶段，OTL将技术分配给相应技术领域的许可员，许可员首先要与发明人讨论发明的技术和市场情况，还要咨询OTL的其他人或者产业专家，对发明发展现状、发明人情况、知识产权状况、商业化潜力、许可潜力进行研究。最主要的问题是该发明是否能为大学产生许可收益。在申请专利阶段，要分析许可是否是知识产权许可，是否是著作权许可，发明能否申请专利和能否实施，发明是否已经公开。许可还需得到外部人员如技术专家、专利代理人或专利律师的帮助。在市场战略中，许可一般要考虑是否等待发明公布和获得有关数据，要考虑单个专利或是专利组合，要与企业联系和提供相关信息。其主要步骤为：列出市场内容—列出潜在被许可人名单—联系潜在的被许可人并跟踪。

许可协议主要包括选择性许可、独占许可和非独占许可三种形式，多采用非独占许可方式和入门费加提成方法，如中小企业一般首次仅需付款 5000 到 1 万美元作为入门费，股份份额一般不多于成立公司全部股份的 5%。主要的许可条款包括财物条款和非财务条款，财务条款包括每年最低费用（入门费）、提成比例（按净销售收入或按单位销售产品）、专利成本和创业企业的权益。而非财物条款包括定义、授权、开发阶段和尽职调查规定、保证及补偿、侵权行动、争议解决等。

斯坦福大学 OTL 办公室还开展以下工作支持技术许可：（1）创办企业，向新创企业进行知识产权许可；（2）发明公开，到 2011 年，技术转移办公室许可产生的企业达到 198 个，目前还有 109 个，股票清算收入达到 6.786 亿美元；（3）建立商标实施基金，它来自于院系 OTL 净收益的 1%，2009 年得到了 35.9 万美元，获得了 2624.8 万美元的名称、标志等商标实施许可收益；（4）建立种子基金（Birdseed Fund）。由院长或系主任管理，资金额约 2.5 万美元，支持未许可技术的原型开发或实验。

硅谷的成功和斯坦福大学在硅谷所处的重要地位，使得赖默斯和斯坦福大学首创的 OTL 模式引来了众多高校的仿效，麻省理工学院特意向斯坦福大学请求借调赖默斯一年，指导其毫无起色的技术转移工作，而引入 OTL 模式之后，麻省理工学院的技术转移工作便很快有了起色。加利福尼亚大学伯克利分校和旧金山分校都聘请赖默斯开展技术转移工作，建立了技术转移办公室，他还成为全美大学技术转移经理人协会的主要创办者和美国—加拿大许可执行经理协会的主席。到 20 世纪 90 年代初，美国多数高校都抛弃了技术转移的第三方中介模式，转而采用 OTL 模式。OTL 模式现已成为当代美国高校和科研机构技术转移及知识产权管理的标准模式（宋河发，2013）。

3.2　欧洲科研机构与高校知识产权管理

欧盟在公共科研机构和高校知识产权管理上的政策主要体现在以下几个方面。

一是加大知识产权创造的投入。如德国非常重视知识产权创造，每年在科学研究和科技创新上的投入是全世界比例最高的国家之一，德国《研究和创新协定》主要对象是大学以外的大型科研机构，协定规定科研机构的研究经费每年至少要保持 3% 的增幅。政府直接投入的主要对象是大学、政府科研机构和国家实验室。

二是促进知识产权转化。欧盟制定指南帮助成员国建立公共科研机构知识产权所有权、许可与利用制度，促进公共科研机构知识产权向产业及衍生公司转移。促进公共科研机构和公共、私人合作伙伴知识产权的管理与利用。德国政府鼓励科研机构的发明人设立公司，促进知识产权产业化。德国为促进知识产权应用及产业化，允许企业根据自身需要，招聘大学、科研机构的研究人员作为雇员，或在大学、科研机构设立研究中心、实验室，通过提供科研项目和经费，进行关键领域或者核心技术的研究开发。法国于 1982 年和 1984 年颁布了《科研方针和指导法》与《高等教育法》，明确了公共科研机构和高校在促进科技成果转化、推动产业和经济发展方面的责任，法国公共研究机构纷纷依托国家设立全国技术资源中心网络，向企业特别是中小企业提供技术咨询、技术转移或开展合作开发。法国 1999 年 6 月通过的《促进研究及技术创新法》允许科研和教育人员参与创建创新型企业，并采取减免税收、建立孵化器和启动基金等方法鼓励科研人员以知识产权尤其是专利技术入股企业，鼓励现有企业接受和使用科研人员的知识产权。法国鼓励创新企业使用发明专利，从 1997 年起研究人员以发明专利作为资本入股参与企业的创建和开发，其专利使企业获益的，其利润的征税可延缓 5 年执行。英国也规定，科研机构要与有潜力使用其知识产权的单位和从事知识产权许可的人士建立友好关系。

三是为科研机构发明人提供帮助。德国的科研机构都有专门的实验室管理、财务管理、法律事务律师或专利事务律师，法律事务律师或专利事务律师主要工作就是为发明人和研究机构提供知识产权服务。法国工业产权局专门设立了地方工作部，主要负责对 11 个地方分中心的指导和管理工作，地方分中心根据地方工业和科研机构的密集程度设立，主要是为了方便地方科研机构、各类企业进行知识产权信息咨询和申请专利工作。英国为科研人员提供有关知识产权事务的专业咨询和培训。

四是加强知识产权培训教育。欧盟支持成员国有关知识产权、技术转移的教育和培训活动。欧盟每一个学生尤其是科学、工程及商学院的学生在毕业前都要确保接受过有关知识产权和技术转移的基本教育和培训。英国规定，大学和科研机构的科研人员在其申请知识产权保护措施之前不得泄密，科研人员要熟悉雇主知识产权事务方面的做法和安排，必要时参加有关知识产权的培训或从专利办公室索取相关的培训资料。科研人员要注意做好实验室的研究记录，以此作为鉴定和开发知识产权的重要组成部分。

3.2.1 马普学会

马普学会是德国著名基础研究机构，其前身是 1911 年成立的威廉皇家学会，1948 年 2 月正式命名为马克斯·普朗克科学研究促进会（Max - Planck - Gesellschaft zur Förderung der Wissenschaften，简称马普学会 MPG）。马普学会是独立的非盈利性研究机构，主要从事自然科学、生命科学、社会科学和人文学领域中公众感兴趣的基础研究活动。此外，马普学会还支持新研究领域的开辟活动，与高校开展合作并提供大型科研仪器。

马普学会会员包括约 764 名支持会员、荣誉会员和当然会员，还包括委任的科技会员。通过召开会员大会，选举产生马普学会的理事会成员。理事会是马普学会最高决策和监督机构，决定马普学会下属研究机构的成立和解散、负责研究所所长和成员的任免，以及研究所的预算分配。理事会选举产生马普学会的主席和执行委员会，并负责秘书长的任免。马普学会董事会由执行委员会和秘书长组成。执行委员会为主席提供咨询，并为重大决策进行准备工作。马普学会主席由理事会选举产生，任期 6 年，代表学会行使权利，制定研究政策的指导方针，主持管理理事会、执行委员会和会员大会。马普学会的研究机构下属有 78 个研究所和 3 个附属研究设施（Research Facilities），在生命科学、物理、化学、天文、社会科学、医学、大气科学、数学、经济学等领域开展研究工作，研究所大多不具有独立法人地位。如图 3 – 5 所示。到 2012 年，马普学会拥有 16918 名员工，其中包括 5470 名科学家。此外，还有 21405 名硕士生、博士生、博士后、客座科学家、访问学者等。2012 年，马普学会总收入达 18.27 亿欧元，其中 2.8 亿欧元为项目经费。

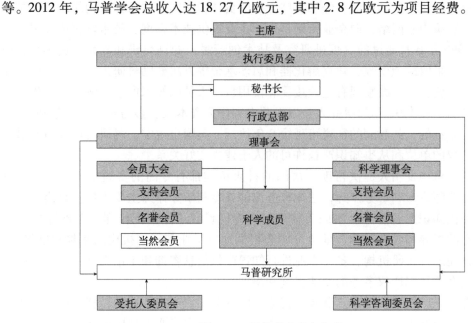

图 3 – 5　马普学会组织机构

来源：http://www.mpg.de/english/aboutTheSociety/aboutUs/organization/index.html.

马普学会成立了全资子公司—马普创新公司（Max Planck Innovation GmbH，简称 MI），负责新思想和新发明的转移转化、发明专利实施，以及研究所在工业应用领域的发展，马普学会通过书面协议形式向该公司授权，全权委托该公司处理知识产权和技术转移事务，全部收益属马普学会所有，马普学会则向该公司支付成本。该公司通过向企业授权以及创办衍生企业，创造了大批新产品和新就业岗位。马普创新公司的前身是 1970 年成立的嘉兴仪器公司（Garching Instrumente GmbH），1993 年更名为嘉兴创新公司（Garching Innovation GmbH）。为强化公司在科学界和产业界的纽带作用，嘉兴创新公司 2007 年更名为马普创新公司。

马普创新公司成员主要是跨领域的科学家、商人和律师，马普学会还成立了由政府部门、科学家和商业界代表组成的顾问团监督公司工作。1979 年以来，公司共管理逾 3500 项发明，完成 2100 项开发协议，大多数产品已进入市场。20 世纪 90 年代以来，该公司成功创建了 107 个衍生企业，其中 50 个获得风险投资，并提供了 2695 个工作岗位。马普创新公司管理 77 个衍生企业，拥有 4 家的股份，马普学会则有 30 家企业股份，其中 13 个为有效股份。2012 年，嘉兴创新公司接到 126 项发明申请，签订了 108 个许可协议，许可收入 2350 万欧元，其中企业销售许可 450 万欧元，建立了 9 个衍生公司，包括发明披露、许可证和专利开发、科学研究收入和专家咨询意见等收入达到 1.08 亿欧元❶。

❶　数据来源：http://www.mpg.de/7300665/Annual_Report_2012.pdf（2013 年 3 月最后访问）。

马普创新公司职员分五种专业类型。第一是不同学科领域的科学家，第二是经济事务专家，第三是法律事务专家，第四是专利事务专家，第五是行政管理事务人员，包括秘书。该公司根据每一个技术转移项目属性的要求临时搭建项目工作团队并确定项目经理。工作团队通常由一名科学家、一名经济专家和一名法律或专利专家组成。

马普创新公司总经理约恩·埃尔塞路易斯（Jörn Erselius）拥有卫生技术背景和 MBA 学位，副总经理乌尔里希·马尔（Ulrich Mahr）主要负责衍生公司和组合管理。专利与许可管理团队 8 人，大部分具有技术背景，其中生命科学专利与许可经理有 4 人，物理、化学、技术和软件专利许可经理 4 人，技术知识产权分析 1 人。创业经理有 5 人，大部分具有商业和技术教育背景。合同和财务管理团队有 3 人，都有律师资格。专利管理团队有 4 人，1995 年专利管理职能从马普学会转移到该公司，其中专利管理 3 人，主要职能包括处理马普学会发明主张，联系专利律师，与专利律师一起完成正式文件，监视期限，核对专利收费票据，披露发明等。专利法与专利管理 1 人，主要是知识产权合同起草、检查和谈判。行政管理有 4 人。马普创新公司还成立了咨询委员会，由来自科学、产业、风险投资和行政领域的 10 人组成。

马普创新公司的定位是科学和产业的伙伴，为马普学会研究所评估技术和申请专利提供咨询与支撑，将马普学会发明转移到产业界，支持在企业的马普学会科学家。其主要业务包括：（1）向马普学会科学家提供日常的技术转移信息；（2）向马普学会科学家提供知识产权问题的咨询；（3）审查马普学会提交的发明申请是否可以进行专利申请；（4）评估马普学会提交的发明申请是否具有潜在商业价值；（5）委托和指导外部专利代理机构进行专利申请事务工作；（6）在世界范围内与产业界接触以建立伙伴关系；（7）联系投资家、职业经理和企业家并建立合作关系；（8）寻找合适的开发基金和风险基金项目；（9）承担马普学会对外的意向性协议与许可协议谈判和协议签署；（10）为马普学会发明家和产业界的合作提供指导性意见和政策文件；（11）负责马普学会专利和许可战略的制定和开拓策略；（12）评估创业公司的创建理念，并协助和辅导制定经营计划和融资方案。

马普学会出台的政策主要有：《发明人指南》《发明披露表格》《知识和技术转移指南》《秘密公开协议》《材料转移协议》《衍生公司指南》《创办企业办法》。《发明人指南》规定，马普学会职工完成的发明通常是基于研究所经验或工作范围内做出的发明，是雇员发明，根据雇员发明法案，马普学会拥有该发明的权利，发明人应当向研究所的管理部门报告发明，并且支持马普学会应用和商业化其发明。创业政策考虑了各方的积极性和需求，在衍生公司创办过程中，明确规定知识产权的拥有和使用，衍生公司和研究所的关系，研究人员可以根据需要借调到衍生公司去工作，但要量化工作时间和成本，衍生公司可以按照正常交易的方式继续使用研究所的知识产权，研究所通常派出董事来参与创业公司的管理，知识产权市场化运作的收益由研究人员、创业公司和研究所共同分享。

马普创新公司为马普学会科学家和商业人士代表提供服务，负责处理技术转让相关事宜，并协调两大团体的关系。此外，马普创新公司还为新公司成立过程中的相关研究人员提供建议，并就这些投资问题进行谈判。马普创新公司还积极进行知识产权转移转化中规章制度的建立，并与全世界相关公司保持密切关系，以挖掘发明中的价值。马普创新公司的主要收入来源为许可转化收入和合同收益。许可收入一半来源于海外，类型多样。马普创新公司与工业界和科学家们之间签订了许多合同，研究人员也可以和其他潜在合作者之间订立合约。

马普创新公司的主要工作流程如图3-6所示。马普学会发明人与马普创新公司电话联系，将研究成果告知MI，同时提供发明公开、附加信息、专利或论文检索等其他信息。MI与马普学会接洽，对容易取得专利的研发成果，推荐专利申请，MI负责申请流程，申请费用由马普学会承担，同时要求发明人提供外加数据和进行再实验，对于不必申请专利的则将发明权授予发明人。而对不推荐专利申请的发明，马普学会以技术秘密进行保护。对于发明专利，MI负责寻找需要该专利技术的公司进行专利许可，或者以直接出售专利的形式获得收益。专利收益由马普创新公司负责分配，研究所和发明人都能按照一定的比例获得收益，其中研究所37%，马普学会32%，发明人30%，马普创新公司1%。

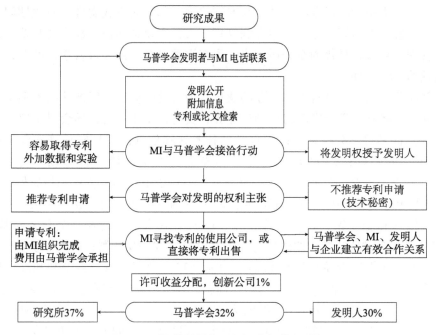

图3-6 马普创新公司知识产权管理流程

来源：Max Planck Innovation GmbH. http：//www. max - planck - innovation. de/en/.

3.2.2 弗朗霍夫学会

弗朗霍夫应用研究促进会（Fraunhofer - Gesellschaft zur Förderung der angewandten Forschung，简称弗朗霍夫学会）是德国最为著名的应用研究机构，也是欧洲最大的应用研究机构，是独立的非盈利机构，基本经费由政府资助，但有70% ~80%的经费来自企业的合同研究。2011年弗朗霍夫学会有下属66个研究所，拥有20236名员工。弗朗霍夫学会研究领域涵盖自适应结构技术、能源技术、信息通信技术、材料和组件技术、纳米技术、高分子表面技术、表面和光电子技术、国防和安全技术、高能陶瓷技术、生命科学技术、微电子技术、数字模拟技术、生产和制造技术、交通和运输技术等领域。弗朗霍夫学会的主要客户主要是工业企业，面向企业需求提供研发等技术服务和组织战略咨询等服务，也面向联邦和各州政府，承担战略性公共研究项目委托研究，经费来源包括政府和国家项目的资助。

联合大会（General Assembly）是弗朗霍夫学会的最高权力机构，定期召开会员大会，选举评议会（Senate）成员，并执行年度报告和财政预算审查、协会章程修改等职责。评议会由弗朗霍夫学会联合大会选举产生，成员来自科技界、产业界和政府，主要负责制定弗朗霍夫学会的研究政策和发展规划，并决定研究所的设立等相关事务。弗朗霍夫协会的管理工作由理事会委任的执行委员会承担，包括 1 名主席和 3 名委员，4 位成员中包括两位知名科学家工程师、一位有商业经验的人士和一位有政府工作经验的人士。此外，还成立有科技咨询委员会，作为学会的咨询机构，为执行委员会提供科技和战略咨询服务。承担具体科研工作的是 66 个研究所，如图 3－7 所示。

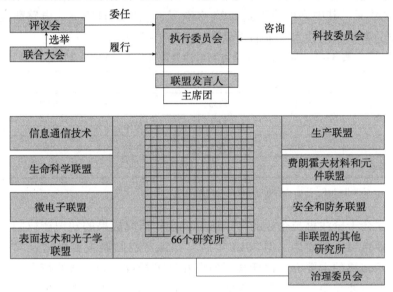

图 3－7　弗朗霍夫学会组织结构

来源：http：//www. fraunhofer. de/en/about－fraunhofer/structure－organization/；Statute of Fraunhofer Gesellschaft（Revised version 2010）.

弗朗霍夫学会的研究经费分为竞争性资金和非竞争性资金两大部分。非竞争性资金主要包括欧盟和政府投入的科技事业基金，以及联邦国防部等部门下拨的专项资助。竞争性资金则主要来自合同研究，例如公共部门的招标课题和企业研发合同等。弗朗霍夫学会的研究经费主要为竞争性资金，例如 2005～2009 年，合同研究经费占弗朗霍夫协会营业收入的 85%以上，2011 年高达 11.01 亿欧元。弗朗霍夫学会各研究所所长均由所在地的大学教授担任，而且许多所长都曾经担任一些大企业的董事或研究开发部的主任。弗朗霍夫学会研究所的大多数技术和专业人员都是合同制人员，学会为每位新职员提供一份为期 3～5 年的定期合同。弗朗霍夫学会建立了完善的评估体系，对下属研究所进行有效监督。评估方式主要包括：年度报告审查、科研绩效评估和研究项目成果综合评价。此外，每 5 年还对研究所进行一次综合评估，主要指标包括：既定战略规划的完成情况、重点课题的实施进度、科研人员的整体素质与结构、科研设施的装备水平与利用率、经费总额中竞争性资金比例、竞争性资金中企业研发合同的比例、申请和取得专利的数量、客户的分布结构与服务满意度、技术成果转移的数量和收益、经费支出的范围和科研辅助系统的服务质量等。此外，考虑到弗朗霍夫学会应用研究为主的导向，研发成果多面向产业界，在产出指标中，论文数量仅作为参考指标，知识产权相关指标是关注的重点。弗朗霍夫学会将评估结果作为今后发展规划调整和资源分配的依据，也作为对研究所人事任免和职工薪资水平的重要依据。

弗朗霍夫学会一直是德国前 10 位最大的专利申请机构之一。在管理人事与法律事务委员会的指导下，弗朗霍夫学会的法律事务与合同部下设专利与许可处负责知识产权管理工作。2011 年弗朗霍夫研究所申请了 494 件专利，总的有效专利权和申请达到 6130 件，其中 2860 项专利授权企业应用，开发合同超过 2800 项，创办衍生企业 150 家，来自企业的收入 5.31 亿欧元，其中许可费收益 1.25 亿欧元，主要来自于集成电路研究所和数字媒体研究所开发的音频编码技术成果的贡献❶。如表 3 - 3 所示。

表 3 - 3 　弗朗霍夫学会专利申请与许可收入 （2008 ~ 2012）

年　　份	2008	2009	2010	2011	2012
有效专利与专利申请	5015	5235	5457	5657	6103
发明披露	691	687	702	671	696
专利申请	566	563	520	500	499
许可费收入（百万欧元）	83	78	93	125	117

来源：Fraunhofer Gesellschaft. Fraunhoferq Annual Report 2012.

弗朗霍夫学会十分注重与企业的合作研究，合作研究成果的知识产权归弗朗霍夫学会所有，合作企业可以无偿使用，但 2013 年后，知识产权归属主要根据合同进行约定。弗朗霍夫学会技术转移的主要方式包括合同研究和许可授权，创小新的衍生企业也成为学会知识产权收入的重要来源。通过创办新的衍生企业，弗朗霍夫学会将先进技术进行成功转移，以便运用知识产权获得更大收益。弗朗霍夫学会还建立有风险投资项目，通过支持衍生企业和创业企业，从而最大化技术转移收益，创建弗朗霍夫研究机构与私人企业的协作网络，推动研究所内部商业文化和企业家精神的培育。

弗朗霍夫学会在政府支持下创建了德国专利中心，其主要任务是为弗朗霍夫学会研究所提供专利服务以及为其他未设专利服务部门的高校、校外科研机构、自由发明人服务。主要服务内容包括咨询、用于专利申请、保护和转化的无息贷款、协助寻找合作伙伴、许可证转让等。对于经审查确定具有经济应用前景的科研成果和发明，该中心可以提供无息贷款，并规定只能用专利收益还贷，以减轻专利申请给科研人员或发明人带来的经济风险。对于得到无息贷款的成果，该中心负责进行市场推介，帮助寻找许可证使用单位，开展许可证使用条件谈判，起草许可证使用合同。作为报酬，该中心收取许可收益的 25%，发明人获得 20%。专利中心下设知识产权管理办公室、核电子工程办公室、表面工程和光子制造办公室、生命科学办公室、专利战略及应用办公室和许可办公室等，负责不同的专利事务，如图 3 - 8 所示。该专利中心的主要职能包括：（1）代表学会处理专利事务；

---

❶ Fraunhofer Gesellschaft. Fraunhoferq Annual Report 2007.

（2）维护学会知识产权利益；（3）负责技术转移谈判；（4）为研究项目提供战略咨询；（5）通过培训提高职员的意识等。

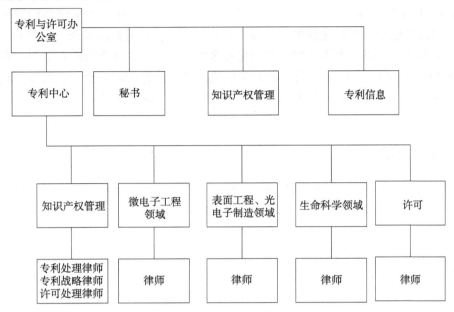

图 3 - 8 弗朗霍夫学会知识产权组织结构

来源：弗朗霍夫学会内部资料。

此外，为促进知识产权的商业化应用，弗朗霍夫学会于 2007 年开发了专利投资组合分析系统，以协调发明专利使用过程、确保技术诀窍和知识产权的系统运用，并促进成果导向的知识产权管理的商业化❶。该分析系统旨在系统增强单个专利的未来市场潜力，通过关注能够带来巨大经济收益的专利，对知识产权的潜在商业价值进行挖掘。该分析系统的战略管理的核心是特定的专利投资组合管理，使得研究所能够根据市场因素和未来潜在收益对专利进行布局。该系统建立了一个两维矩阵来确定研究所内部不同业务单元的相对位置，并建立了一套指标体系对其进行评估。例如，引入基于市场吸引力等外部因素来评估潜在商业价值指标，引入开发实力等内部质量因素来评价专利群创造许可收益的能力。这种关注专利战略过程的分析视角，为研究所提供了建立开拓市场为导向的专利投资组合的支撑。弗朗霍夫学会对专利投资组进行定期评审，通过与目标组合的比较，帮助研究所识别外部市场条件的变化和对新技术发展的需求，并对现有专利投资组合进行改进。

2009 年，弗朗霍夫学会在研究所实施了结果导向的知识产权管理系统，其主要工具是战略过程，针对市场潜在需求支持研究所组织和开发专利组合，并取得了极大成功，通过分析专利组合，对低吸引力专利族提出降低成本的建议，并加快有吸引力专利族的申请与开发利用。通过该系统已有 20 个研究所通过加强合同研究之外的知识产权许可开辟了新的收入来源。例如 MP3 一直是弗朗霍夫专利许可收益的重要技术，其收益的大部分又用于投资与知

---

❶ Fraunhofer Gesellschaft. Fraunhoferq Annual Report 2007.

识产权相关的研究，弗朗霍夫学会的前瞻基金支持具有市场前景的高价值专利组合。

2011 年，为加强技术转移和衍生企业发展，弗朗霍夫学会执行委员会发起了一个 4D（Discovery，Defined，Develop，Deploy）的先导项目，主要目标是系统评估能够可持续获得许可收益或者创建衍生企业的单个产品创意的市场性，和用弗朗霍夫学会的基金开发并市场化这些创意。这是一个集成的、结构化和多阶段的过程，每个阶段都运用"现有技术方法（State - of - the - Art）"进行专业化和优化，最后由管理团队提出是否建立衍生企业的结论。一般情况下，开始阶段有 40 个产品创意，执行委员会最后选择 7 个作为先导项目进行支持。

3.2.3 牛津大学

牛津大学（University of Oxford）是一所在世界上享有顶尖大学声誉和巨大影响力的知名学府，是位于英国牛津市的公立大学，建校于 1167 年，为英语世界中最古老的大学，在英国社会和高等教育系统中具有极其重要的地位。牛津大学有 80 个皇家学会会员，100个英国科学院院士。牛津大学有 1600 多名学术人员，4100 多名研究与研究支撑人员。牛津大学学生数量超过 22000 人，包括 11832 名本科生和 9857 名研究生。牛津大学是世界一流的学术机构，拥有 38 个学院和 6 个永久学术场所（hall）。外部研究资助和合同是最大的研究经费来源，2001 ~ 2012 年，共收入 10. 16 亿英镑，其中外部研究经费达到 4. 09 亿英镑。

1988 年成立的 ISIS 创新有限公司是牛津大学全资拥有的技术转移公司，主要任务有三，一是帮助牛津大学科研人员商业化其知识产权，包括申请专利、许可和创办衍生企业；二是管理牛津大学咨询事务；三是向企业提供全球范围公共和私有部门技术转移和创新管理的专家意见与建议。ISIS 公司分为三个部门，一是负责技术转移的部门，有 38 人，主要职责涵盖知识产权、专利、许可、衍生公司、天使投资人网络（ISIS Angels Network）、牛津发明基金（Oxford Invention Fund）、牛津挑战种子资金（Oxford University Challenge Seed Fund）、ISIS 软件孵化器（ISIS Software Incubator）。天使投资网络代表大学介绍投资人和风险投资家，投资牛津大学衍生企业感兴趣的投资机会。ISIS 公司代表大学管理牛津大学挑战种子资金，为大学技术加速向市场转移提供金融支持，总额达到 300 万英镑。ISIS 与大学开发办公室联合发起的牛津发明基金作为牛津思想库（Oxford Thinking）的一部分，总额达到 300 万英镑。软件孵化器通过提供专业技术和商务建议，支持大学职工和学生发展软件商业企业，允许他们开发产品和发展贸易。二是咨询部门，有 7 人。ISIS 管理咨询部门帮助牛津大学科研人员识别和管理咨询机会，帮助客户联系世界一流的牛津大学跨学科研究基础。三是牛津创新团体。ISIS 运行牛津创新团体，其是一个将企业、投资人、政府和大学科研人员与发明家结合在一起的领先的创新论坛，为企业了解牛津科研开辟了一个窗口。创新团体 1990 年成立，2010 年有 175 家企业加入，每家交年费 6800 英镑。四是企业部门，有 21 人。ISIS 向企业提供全球范围公共和私有部门技术转移和创新管理的专家意见和建议。加上支撑部门的 15 人和亚洲分布的 2 人，总员工人数达到 83 人，其中 MBA 获得者 14 人，博士学位获得者 42 人。ISIS 组织机构如图 3 - 9 所示。

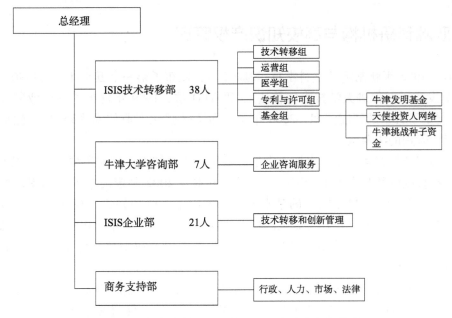

图 3 - 9　牛津大学 ISIS 创新公司知识产权组织结构

ISIS 创新公司的主要业务包括知识产权许可、新公司建立、咨询顾问及服务合同。ISIS目前平均每周提出一项专利申请，每6~8周分立出一个公司。公司管理1320件专利及申请，330件许可，有20多位项目经理。2012年，ISIS 接收到了356个发明披露，提交了100项专利申请，完成了113个技术许可交易，共创办衍生公司80家。ISISI 的收入比2011年增长了21%，达到840万英镑，其中技术转移达到640万英镑，咨询收入190万英镑，ISIS 企业收入160万英镑，ISIS 还从学校获得了250万英镑资助。

2012年，ISIS 向牛津大学和科研人员返还530万英镑的收入，比上年增长10%，为大学提供5个新创衍生企业的股份，总价值300万英镑，投资285万英镑保护大学的知识产权，帮助科研人员获得跨国资助440万英镑。还帮助利物浦大学、格兰菲尔德大学促进其技术转移。建有4个国际技术转移平台，其中一个在中国常州。

牛津大学知识产权许可收益分配政策主要是：净收入在7.2万英镑以下的，研究人员分61%，大学分9%，部门分0%，ISIS 公司分30%；在7.2万英镑以上，72万英镑以下的，研究人员分31.5%，大学分21%，部门分17.5%，ISIS 公司分30%；在72万英镑以上，研究人员分15.75%，大学分28%，部门分26.25%，ISIS 公司分30%。知识产权许可净收益的分配如表3-4所示。

表3-4　牛津大学 ISIS 创新公司收入分配

净收入	研究人员（%）	大学（%）	部门（%）	ISIS 公司（%）
7.2 万英镑以下	61	9	0	30
72 万英镑以下	31.5	21	17.5	30
72 万英镑以上	15.75	28	26.25	30

3.3 亚洲科研机构与高校知识产权管理

日本在 1995 年就制定了《科学技术基本法》，发布了第一个五年计划（1996 ~ 2000）。1998 年又发布了《促进大学技术转移法》，即 TLO 法，1999 年发布了《产业复兴特别措施法》，制定了日本的拜度法案，2000 年又发布了《强化产业技术法》，这些法律成为日本知识产权管理的主要法律。

由于知识产权权属制度，再加上大学、科研机构对知识产权的重要意义认识不足，日本过去专利授权的数量大大低于美国。所以，日本在 2002 制定发布了《知识产权战略纲要》，提出了"知识产权立国"的基本方针，推出了 100 项知识产权政策。为落实该方针，日本 2003 年又颁布实施《知识产权基本法》，成立了内阁知识产权战略本部，此后每年制订和发布知识产权战略推进计划。日本《知识产权战略》十分重视知识产权创造，鼓励科研机构、大学和企业开展创造性研究开发，积累和有效利用其知识产权，不断完善知识产权制度，为科研人员、中小企业申请专利等提供资助，提供良好的知识产权服务。同时，日本还注意充分发挥民间的科研力量，促进公立和民间科研机构的合作。

2004 年以前，日本科研机构、大学和企业职务发明申请权归属科研人员个人，而且还将国立科研机构受民间委托开发完成发明的知识产权优先给予委托企业。1998 年 5 月，日本制定颁布了《促进大学技术转移法》，推进大学科技成果向企业转移机构即 TLO 的设立，政府从制度与资金方面对 TLO 予以支持。此后，日本建立了近 50 个 TLO，其中多数属于大学，一部分属于国立科研机构。有影响力的如日本国立产业技术综合研究所的 AIST Innovaions、名古屋工业科学研究所的 CHUBU TLO、东京大学尖端技术孵化中心 CASTI、京都科技园区的 Kansai TLO、东京工业大学 TLO、庆应大学 TLO、早稻田大学 TLO、关西地区 TLO、东京电机大学 TLO 等。日本文部科学省和经济产业省对共同承认的 TLO 可给予最高达 3000 万日元的年度资助（资助年限不超过 5 年）和上限为 10 亿日元的贷款担保。资助费用可用于科技成果的收集、评估、调查、信息加工、收集、传播，以及技术指导、技术转移等，但不包括专利申请及专利代理等费用。1999 年 10 月，日本政府颁布《产业复兴特别措施法》，对承认的 TLO 实行专利费和专利审查费三年减半收费的政策。2000 年的《强化产业技术法》则进一步支持大学 TLO 的发展，TLO 可以免费使用大学的研究实验设备和设施。

日本 TLO 的主要功能包括：获取知识产权；选择创新成果并申请专利；许可谈判、收取并分配许可费；组织产学研合作活动，为大学或科研机构确定未来研究方向提供咨询；孵化专利技术，为新创企业提供支持；提供创业辅导，开展技术咨询；支持大学创意团体发展。日本对 TLO 的评价不仅包括专利申请量，而且也包括专利许可数量、许可费收入、许可产生的产品数量、支持成立的具有商业前景新创公司的数量等。

2004 年，日本发布了《强化大学改革法》，实行国立大学法人化改革，大学拥有了法人地位，但大学必须设立相应的专业机构来管理知识产权，如成立知识产权本部或者知识产权中心，部长通常由大学常务副校长兼任。2004 年，日本将职务发明成果专利申请权和专利权由发明人拥有转归大学和科研机构所有，技术转移迅速发展。2004～2008 年，日本专利申请量由 5085 件增加到 6980 件，2005～2008 年，许可数量由 1056 件增加到 1319 件，许可费收入由 10.7 亿日元增加到 12.54 亿日元。

日本大学的技术转移办公室主要通过合同转移大学的知识产权，与大学合作的共有权利的企业可获得排他权且不用支付许可费。日本还通过设立技转移事务所、设置专利情报信息数据库、对科研人员进行知识产权培训、鼓励科研人员申请专利等方式，进一步加大对大学、科研机构知识产权管理和科技成果向产业界转移的支持。日本把知识产权作为研究成果评价的重要条件，学校把教师申请专利数量和质量作为衡量其科研水平的主要考核指标之一。为激励科研人员获取专利，日本还在法律中明确规定科研人员应占有专利许可收益的份额，日本大学和科研机构向企业转移知识产权获得的收益分为三部分，一部分返还给发明人，一部分返还给发明人所在系，一部分返还大学。

3.3.1 东京大学

东京大学成立于 1877 年，是日本第一所国立大学，也是日本顶尖的研究型大学。2011 年 1 月，东京大学拥有 10 个学部，15 个大学院（研究科），13 个研究所和 13 个大学中心。东京大学拥有科研和管理人员 7672 人，固定项目人员 2313 人，外国科研和管理人员 402 人，本科和研究生共计 28798 人。院系包括法、医、工、文、理、农、经济、教育和药学学科，研究生院包括法律、政治、医学、工程、人文社会学、理科、农学、生命科学、经济、艺术与科学、教育、药学、数学科学、前沿科学和两个与信息技术有关的交叉学科。

东京大学目前的知识产权转化主要由产学合作总部（简称 DUCR），东京大学技术转移办公室（简称 TOUDAITLO）和东京大学优势资本株式会社（简称 UTEC）三部分负责。其中 DUCR 负责知识产权管理，TOUDAI TLO 负责专利申请和技术转移，UTEC 负责支持风险投资，支持新创公司。

1998 年 3 月，东京大学就成立了校外技术转移公司—尖端技术孵化中心（the Center for Advanced Science and Technology Incubation，简称 CASTI）。CASTI 负责经营学校知识产权和发明人拥有的专利。CASTI 是东京大学部分教师自发成立的股份有限责任公司，公司的所有股东均为东京大学教师。由于设在校外，公司运作灵活，所有工作人员均从企业界招聘。2004 年，东京大学将 CASTI 更名为东京大学技术转移公司 TOUDAl TLO，是东京大学全额资助的公司。其经营哲学是"将东京大学的知识通过与产业的联系回报社会"，现有资本 2000 万日元。

东京大学 TOUDAI TLO 主要通过专利许可、签订材料转移协议、软件开发等产业可用的著作权许可、技术咨询等将科研成果转化到企业，既转移大学的专利，也转移发明人的专利，还转移共有权利的专利。在接到大学的发明报告后，选择有商业化前景的发明，然后将这些有市场前景的发明许可到企业，企业要有能力提升早期阶段的发明价值和进行进一步的商业化开发。东京大学 TOUDAI TLO 主要进行以下领域的技术转移：药品发现、抗体药物、生殖医学、诊断、图像、研究工具、医疗设备等。对于研究人员来说，TLO 是将发明获得权利、市场化和许可的代理机构，对于企业来说，是帮助企业寻找技术信息，组织与研究人员会议并进行合同谈判等的机构。TOUDAI TLO 是建立东京大学技术与产业界桥梁的机构，目的是提供"一站式"知识产权服务，目前共有员工 21 人，其中顾问 2 人，主任 1 人，第一组 4 人，第二组 5 人，运营支撑组 4 人，联络组 3 人，办公自动化组 2 人。如图 3 – 10 所示。

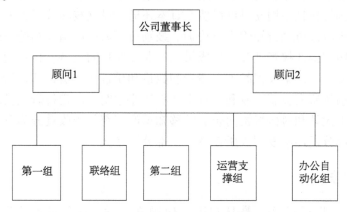

图 3 – 10　东京大学技术转移公司组织结构

东京大学 TOUDAI TLO 技术转移的流程是，首先科研人员要向东京大学的大学企业关系办公室披露其发明，由大学企业关系办公室再向东京大学的技术转移公司披露该发明，技术转移公司调查该发明是否可以申请专利，如果认为需要补充有关信息，还要求科研人员进一步评估该发明的可专利性和市场情况，如果可以申请专利则请求大学企业办公室批准，如果大学企业办公室决定申请，则由技术转移公司委托外部知识产权服务机构撰写专利申请文件，办理专利事务，并与相关企业联系向企业进行许可。如图 3 – 11 所示。

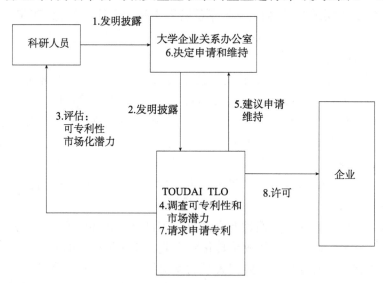

图 3 – 11　东京大学技术转移流程

2004 年大学法人化改革后，东京大学专利申请量有了较大幅度的增长。东京大学 TLO 2010 年接收到的发明公开 648 件，申请国内专利 426 件，国际专利 431 件，签订技术转移合同286件，收益21.18亿日元。截至2011年，共许可技术2191件，收入41.5亿日元❶。转移成功的技术有人工细胞组织（3D细胞共培养系统）、人造血管、细胞纤维、稳定表达高效诱骗RNA的能抑制特定Microrna的Mirna新抑制剂、体外神经网络制造方法、分析膜蛋白阵列、细胞处理板、快速多基因单活生动物大脑神经元标签、类风湿关节炎的治疗/预防剂（肽）。

东京大学的收益分配政策是：专利许可费由企业交付给TOUDAI TLO，在扣除保护权利和其他必需的费用之后，再由产学合作总部按照大学的内部条例进行分配，其中30%归大学所有，30%归发明人所在的研究所或实验室所有，40%归发明人所有❷。

3.3.2　奈良科学技术院

奈良科学技术院（Nara Institute of Science and Technology，简称NAIST）创建于1991年，是日本一所国立科研机构和研究生大学❸。奈良科学技术院只提供研究生教育，涉及信息科学，生物科学和材料科学三大领域。至2014年3月，从NAIST毕业的硕士达6249名，博士1180名。据日本原经济贸易和工业部的大学评选结果，NAIST综合得分在日本全国最高，平均每名员工获得的科研项目数量、科研经费、大学创业企业数量、专利实施收入（11万日元）等方面均名列日本全国第一。

NAIST的知识产权管理工作主要由知识产权部和产政学合作中心负责。2003年，NAIST就成立了知识产权部。2004年，为了促进政府部门与企业间的合作，又成立了产政学合作中心，以开展联合研发、委托研发、技术转移等工作，并主要通过技术许可和创办公司等形式充分开发和利用其创新成果。

为了有效管理科技成果的知识产权，NAIST建立了知识产权集中管理与运用系统，它由电子知识产权管理系统、内部规章制度和一系列基础设施构成。其中，知识产权部作为知识产权工作的核心部门，主要负责管理知识产权的内外部合同，以及知识产权的披露、申请、维持、利用等相关活动。

产政学合作中心主要负责推动与企业、政府等外部机构的合作，以促进前沿基础研究成果的转化和应用。该中心的一大宗旨是提高研究人员的产业意识，关注研究成果的产业应用价值，促进经济社会发展。中心目前设主任1名、副主任2名，设有管理委员会和发明评估委员会，并设有创新事务部、TLO部（技术转移部），和产政学合作办公室三大部门。其中，创新事务部负责新兴产业发展、知识产权管理及创新教育，TLO部负责科学技术学院知识产权的调研、评估、获取与技术转移工作，产政学合作办公室负责知识产权事务性工作的支撑和管理，并支持产政学合作活动。

产政学合作中心的两名副主任中的1名是教授兼专利代理师，另一名由学术事务部主任担任。创新事务部的1名经理和3名协调人（coordinator）均由副教授、教授担任，另有2名员工。TLO部经理由教授担任，协调人由1名专家和1名负责合同谈判的副教授担

---

❶　Takafumi Yamamoto. University – industry collaborations in Japan.

❷　http：//www.casti.co.jp/en（2013年3月20日最后访问）.

❸　http：//www.naist.jp/en/（2014年5月12日最后访问）.

任。产政学合作办公室包括 1 名主任和 1 名副主任以及 4 名员工。该机构产政学合作中心还拥有一支多达 40 人的庞大顾问团队，主要由教授、讲师、专利代理师、律师等构成，还聘有来自英国、德国、新加坡、瑞士等具有学术或企业背景的外部专家 11 名。如图 3-12 所示。

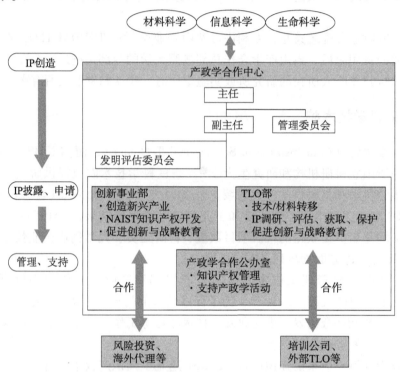

图 3-12　奈良先端科学院知识产权管理组织结构

NAIST 知识产权管理的一大特色是主要领导亲自负责知识产权工作。在学校层面，NAIST 设有知识产权委员会，委员会主席由校长担任，成员包括由校长指派的委员会执行主任、知识产权部主任、研究生院院长，以及其他校长指定成员。知识产权委员会的功能主要是基于各项管理制度，审议知识产权部做出的有关 NAIST 介入职务发明专利权申请的各项决策，并监督对发明人反对意见的批复决议等。

NAIS 通过不断转化其科技成果，逐渐形成了一个高效的知识创造循环，即从知识的创造、专利的取得、成果的商业化到下一轮知识的再创造。NAIST 的科技成果转化收入为学院的发展提供了源源不断的研究资金支持，同时也为研究人员提供了充分的薪酬激励，大学将发明的创造与应用纳入绩效考核，并从成果转化收入中提取部分用于奖励科研人员。

NAIST 的知识产权管理制度主要由以下几个部分构成：（1）科技成果管理，主要涉及研发过程中成果的处理，包括知识产权、实验材料等有形资产等；（2）职务发明管理，主要涉及职务发明的报告、奖励和保密制度；（3）实验材料管理；（4）许可交易的管理，包括技术转移和与企业或其他机构合作研发成果的知识产权协议等。

对于科研人员完成任务过程中形成的研发成果，科研人员应向知识产权部报告，并提交其知识产权价值的评估信息，报告是否应作为知识产权加以保护。如果认为成果具有知识产权价值，则以自发、独立、匿名的方式在知识产权部的协助下申请保护。同时，知识产权部在项目负责人的授权下，对该发明是否属于职务发明创造，以及 NAIST 官方是否介入后续的申请活动做出评估。评估结果经由负责人反馈给发明人，如果 NAIST 官方决定介入，则发明人应当向项目负责人提交转让协议，并向知识产权部提供专利申请相关材料。发明人也可以在得到通知后 20 天内向项目负责人提出反对意见，该负责人经知识产权委员会审议后应通知发明人有关知识产权申请权归属的决定。如果 NAIST 官方不介入后续申请，则默认该发明创造的专利申请权被退回发明人。

对于获取了职务发明专利等知识产权的情形，则必须给予发明人一定补偿（Compensation），补偿分为三个部分，各部分的标准为：（1）专利申请补偿，每个专利申请补偿 6000 日元；（2）许可补偿，为专利许可收益的 40%；（3）转让补偿，为专利转让收益的 40%。如果有两个或更多的发明人，在非特别约定的情况下默认各发明人的贡献相当，补偿应当在各发明人之间平均分配。

由于实现了知识产权的集中管理，NAIST 对于其拥有的知识产权的许可遵循两个原则：一是有偿使用原则，除个别不打算产业化的专利外，NAIST 对外许可使用其专利都要收费。二是打包许可原则，为了有效促进科研成果的产业化，NAIST 提供一系列知识产权的打包集成许可，并包括技术秘密（Know-how）等资料。对于由 NAIST 和公司或其他组织共有的知识产权，由于 NAIST 不参与商业交易，共有知识产权的公司或组织使用共有知识产权的，NAIST 将与其签订协议，以合理的价格许可使用。

NAIST 秉持"为地方企业等机构培育新技术的种子"的宗旨，积极参与公司等组织尤其是与中小企业的合作项目，促进区域经济发展，带动地方就业增长。其主要活动形式有：（1）开展科技咨询；（2）参与地方信息与观点交流活动；（3）积极参访企业等其他机构；（4）与地方政府、研究机构、关西经济联合会等经济组织建立合作；（5）举办论坛、会议、展会等，展示项目成果。（6）通过中间人与产业部门及其他领域的伙伴开展合作。

NAIST 坚持对教育和研究有益的原则，还开展了许多与企业的联合研发活动。对于联合研发任务，NAIST 与企业分担直接经费支出，但是相关实验设备归 NAIST 所有。企业在支付直接成本的基础上，对于每名派遣到 NAIST 的研究人员还要额外支付 42 万日元。对于联合研发成果的专利权，其通常由学院和企业共享，但是对于学院或企业特有的发明，仍然归单方所有。对于共有专利，如果企业承担了所有的经费开支，包括申请费，则企业享有独占协商权，即企业可以在申请过程中选择独占或者非独占该专利，但是独占的年限只有 3 年，3 年之后 NAIST 才可以将该专利许可给其他单位使用。对于选择独占的，企业还应当与 NAIST 签订许可协议，并支付全部或部分独占许可费；对于非独占许可，企业无需支付许可使用费，但是 NAIST 有权将该发明独立许可给第三方使用，同时，专利申请等费用由双方根据各自专利比重共同承担。NAIST 还接受企业的委托研发。委托研发的费用由委托方全权承担。委托研发成果的专利权一般归 NAIST 所有，企业享有独占协商权，可以选择 3 年独占该专利或非独占，但无论是否独占，企业都应当向 NAIST 支付许可实施费。

NAIST 还建立了自身的创新网络（NAIST Innovation Network，NIN），以支持学生和研究人员将发明创造产品化和商业化。NIN 的运作主要由学生志愿者组织，通过举办研讨会等形式促进信息沟通，主要内容有：（1）创新工作室活动，通过邀请企业家、有创业经历的个人、技术领域的专家做讲座，提供技术创业所需的技能培训；（2）通过邮件名录促进信息交流，NIN 会给参与者们发送邮件，传播最新的技术、商业信息，参与者名录中主要是日本与外国的专家顾问，包括技术创业家、普通创业者和研究人员。同时，NIN 还开放参与者名录申请，只需要提供姓名、背景、参与理由，即可共享 NIN 的交流信息。

3.4　小　结

本章梳理了主要国家科研机构和高校知识产权管理的组织机构、人员队伍、管理制度、管理过程、收益分配政策等，得到如下启示。

一是建立适合需要的专业化知识产权管理机构。欧洲科研机构和高校一般建立了独资公司，管理知识产权管理与技术转移。美国科研机构和高校建立了内部技术转移办公室或技术许可办公室管理知识产权和技术转移。日本通过内部技术转移办公室和外部投资公司管理知识产权和技术转移。

二是采取知识产权职能、技术转移管理职能和投资职能合三为一的集中管理模式。主要国家科研机构和高校集中管理知识产权和技术转移，涵盖发明披露评估、知识产权申请维持、技术转移和知识产权投资等事务。集中管理知识产权的优势是便于执行统一的政策和标准，便于监督和控制知识产权的整个流程。只有熟悉技术和市场情况，能进行充分的分析和评估，才能做好技术转移工作。将知识产权转化的最好方式是对其投资，国外科研机构和高校知识产权管理部门普遍具有投资职能。此外，国外科研机构和高校还普遍建立了与企业的合作网络。

三是知识产权权属制度是从根本上调动科研机构、高校和个人知识产权转移转化积极性的基本制度安排。美国国会 1980 年通过的拜度法案是通过明确知识产权权属促进知识产权管理和转移转化的里程碑式制度，对许多国家产生了重要影响。国外科研机构下属研究所一般不是独立的法人单位，研究人员完成的发明创造属于职务发明创造，政府资助和企业合同研究形成的知识产权都属于科研机构，但知识产权被视为各研究所的资产，除非经评估认为不值得申请保护的发明而将知识产权申请权授予发明人个人。对于企业委托的合同项目形成的知识产权，这些科研机构和高校也拥有所有权，但授予企业免费的普通许可使用权或优先的选择权，而且企业也还要承担知识产权保护和对发明人补偿的相关费用。这种权属安排不仅有利于保障委托企业的利益，而且也有利于科研机构支撑产业的发展。

四是职务发明人收益分配一般为知识产权收益的 30%～40%。主要国家科研机构和高校的发明人获得收益不是一种奖励，不仅获得收益比例一般较高，而且还是一种法律和政策规定的权利。欧洲机构一般为扣除成本后收益的 1/3。美国对于成功转移转化的技术，将根据法律政策规定把技术转让费的 15%～25% 返还给各下属研究所或院系，但返还上限为 15 万美元，发明人一般会获得最高 25% 左右。东京大学在扣除保护权利和其他必需的费用之后，由产学合作总部按照大学的内部条例进行分配，其中30%归大学，30%归发明人所在的研究所或实验室，40%归发明人。

五是知识产权质量较高。合理的与技术转移和投资结合的管理流程使得知识产权申请和维持具有较强的针对性，也大大提高了知识产权的质量，大幅度降低了知识产权申请量和资金浪费。马普学会每年申请专利50项左右，弗朗霍夫学会每年只申请700件左右专利，斯坦福大学每年专利申请量仅为800件左右，东京大学也仅有700件左右，但其有效专利和许可实施的专利所占比例很高。

六是人才队伍是做好知识产权管理和技术转移的关键。主要国家科研机构和高校知识产权管理机构都建立了由有科技背景专家、有企业背景专家和知识产权律师组成的人才团队。国外科研机构和高校的知识产权人员大多是复合型人才，拥有本领域的技术背景，又拥有知识产权、专利、经济管理或投资等方面的学位。每个机构人员一般超过30人，且经历丰富，实务能力强。知识产权管理人员深入科研机构和高校研究开发第一线，发掘可转移的有价值技术，并进行价值评估、市场分析、许可谈判和投资等。

第四章 科研机构知识产权管理理论基础

科研机构知识产权管理承担着促进科研机构高水平创造和有效运用知识产权的重要使命。科研机构知识产权管理具有知识产权管理的一般规律和特征，应体现科研机构公益性的特征，具有与企业知识产权管理不同的特殊性。加强科研机构知识产权管理，必须深入研究科研机构知识产权管理的基本理论，必须明确科研机构知识产权管理的特殊内涵、职能定位和管理原则，必须建立目标导向的知识产权管理规范和监测评价体系。

4.1 科研机构知识产权管理理论

知识产权是一种私权，这种私权是未经权利人许可对任何制造、销售、许诺销售、进口行为的禁止权。但是，社会发展的基本原则之一是公平，这种私权不应违反社会的公平原则，知识产权制度必须保持知识产权私权与社会公共利益的平衡。为了使知识产权权利人和社会公共利益之间保持平衡，知识产权制度又设计了许多原则以保障这种平衡。科研机构一般是指公共科研机构，其使命是为了实现社会公共利益。科研机构生产的产品有公共品属性，如果公共领域的科技成果没有知识产权保护，至少一半的基于大学专利的新产品不会被开发出来（Beth Young，Nola Hewitt - Dundas，Stephen Roper，2008）。所以，许多国家制定了本国的拜度法案，将财政资助项目形成的知识产权授予承担单位。在这种制度安排下，科研机构和高校拥有知识产权有可能使得其成为利益团体，并与企业进行竞争，因此有必要进一步坚持利益平衡原则，以利益平衡原则导引科研机构知识产权管理。

1. 知识产权保护宽度与保护期限原则

任何知识产权均有保护的宽度和长度，宽度是指保护的范围，长度是指保护的期限。知识产权保护宽度尤其是专利保护宽度主要是指专利在某一技术领域所占权利的范围大小。对于发明和实用新型专利来说，专利宽度实际上就是其独立权利要求所圈定的范围。我国专利法规定，专利权利要求应当清楚和简要。按照权利要求撰写的一般原则，权利要求应当记载发明的必要技术特征，这种必要技术特征是共有技术特征和区别技术特征的综合，如果独立权利要求记载了不必要的附加技术特征，则专利保护范围过小，不利于保护权利人的利益。专利权人侵占公共利益的情形主要有两种，一是独立权利要求少记载了必要技术特征，除了难以达到发明目的和效果外，会扩大专利的保护范围而使权利人侵占公有技术领域；二是独立权利要求的必要技术特征数量不变，但技术特征更上位或抽象，这种上位也会扩大专利的保护范围。所以，专利法对两种情形进行了限制性规定，第一种情况不能授予专利权或者允许通过无效宣告途径予以救济，以维护公共利益，对于第二种情形，则规定权利要求必须在"简要"的同时要"清楚"。

知识产权不同于有形财产权的一个重要特点是，知识产权有保护期限的限制，虽然不同类型知识产权的保护期限不同，但必须给予知识产权一定的保护期限，限制知识产权权利人的权利。知识产权到期或者权利人提前放弃权利后，知识产权则进入公有领域，任何人均可以使用该知识产权而不视为侵权，有利于知识产权的扩散，有利于社会福利的增加。目前，有很多学者研究了专利的最优保护期限问题，其中最著名的是诺德豪斯（Nordhaus）1962 年的研究，他通过权利人和社会利益之间的平衡计算出专利的最优保护期限为 17 年。现在的知识产权制度采用一刀切的方式规定知识产权的保护期限，如发明专利保护 20 年，实用新型和外观设计专利为 15 年，著作权保护期为著作权人终身加其死后 50 年，商标权保护期为 10 年并可续展，植物新品权保护期为 15 年到 20 年，集成电路布图设计专有权保护期为 10 年。但是，从既能激励发明创造又能维护社会利益平衡的角度看，不同的知识产权应当需要不同的保护期限，例如医药类专利权可能需要更长的保护期才能使权利人收回投入的巨大成本，电子技术类专利由于技术更新较快，长的保护期限反而无助于激励创新。

2. 知识产权强制许可原则

知识产权强制许可也是一种促进知识产权私权和保障社会公共利益的重要原则。根据我国专利法规定，专利强制许可主要分为三类情况：（1）促进专利权实施的强制许可，"发明和实用新型专利权人之专利权被授予之日起满 3 年或申请之日起满 4 年，无正当理由没有实施专利或者是使其专利不充分的，国务院专利行政部门根据具备实施条件的单位的申请，可以给予实施发明或者实用新型专利的强制许可"，强制许可有利于防止专利权滥用行为，有利于促进专利的实施，有利于促进社会公平和科技进步；（2）保障出现紧急或非常情况时保护公共利益的强制许可，"在国家出现紧急状态或者非常情况时，或者为了公共利益的目的，国务院专利行政部门可以根据国务院有关主管部门的申请，可以给予实施发明或者实用新型专利的强制许可"。专利法还特别规定"流行病的出现、蔓延导致公共健康危机的构成所属国家紧急状态"，"预防流行病的出现、控制流行病蔓延或者如医治流行病人，属于为了公共利益"；（3）交叉许可强制许可，"一项取得专利权的发明或实用新型比前已经取得专利权的发明或实用新型具有显著的经济意义的重大技术进步，其实是由依赖于前一项发明或者实用新型的实施的，国务院专利行政部门可以根据后一专利权人的申请，可以给予实施前一发明或者实用新型专利的强制许可"。这是一种针对交叉专利而颁发的强制许可，该规定有利于促进技术进步，尤其是改进发明的实施。

《集成电路布图设计条例》第二十五条也能规定了强制许可原则。"在国家出现紧急状态或者非常情况时，或者为了公共利益的目的，或者经人民法院、不正当竞争行为监督检查部门依法认定布图设计权利人有不正当竞争行为而需要给予补救时，国务院知识产权行政部门可以给予使用其布图设计的非自愿许可。"

3. 知识产权权利用尽原则

知识产权的权利用尽也称权利穷竭和首次销售原则，是指知识产权权利人将含有知识产权的产品首次合法置于流通渠道以后，权利人的一些或全部排他性权利因此而用尽。专利法规定"专利权人制造、进口或者经专利权人许可而制造、进口的专利产品或者依照专利方法直接获得的产品售出后，使用、许诺销售、销售或者进口该产品的"不视为侵犯专利权。

由于我国在创新能力上与发达国家还有较大差距，为了有利于从国外进口我国目前尚不能制造或者制造能力不足的专利药品等专利产品，有利于保障我国社会公共利益，促进技术进步，我国还允许"平行进口"，也就是当专利权人制造或者经专利权人许可而制造的专利产品或者依照专利方法直接获得的产品是在国外售出时，允许进口到我国。

4. 反知识产权滥用原则

垄断是知识产权的基本属性之一，知识产权垄断实际上包括合法垄断和滥用两部分，合法垄断是指知识产权权利符合法律规定而产生的垄断，超出法律规定，如专利权超过三性规定产生的垄断属于专利权利滥用，商标权超过商标法规定的权利属于商标权利滥用。目前，我国已颁布《反垄断法》，其中第五十五条规定"经营者滥用知识产权，排除、限制竞争的行为，适用本法"。2006 年颁布的《国家中长期科学和技术发展规划纲要（2006 ~ 2020年)》配套政策虽然有所体现，"要注意防止滥用知识产权制约创新"，但《反垄断法》颁布后缺乏对知识产权滥用情形、构成要件、处罚办法和救济途径的明确法律规定。2012 年以来，国家工商行政管理总局牵头起草的《关于知识产权领域反垄断执法的指南》开始征求意见，知识产权领域反垄断主要是反"利用知识产权排除、限制相关市场竞争"，涉及包括滥用市场地位的情形、许可中违背交易人意愿的附加交易条件、搭售行为等。

5. 知识产权例外原则

为了维护公共利益，专利法规定了四种使用专利权而不视为侵权的行为：（1）在专利申请日前已经制造相同产品、使用相同方法或者已经作好制造、使用的必要准备，并且仅在原有范围内继续制造、使用的；（2）临时通过中国领陆、领水、领空的外国运输工具，依照其所属国同中国签订的协议或者共同参加的国际条约，或者依照互惠原则，为运输工具自身需要而在其装置和设备中使用有关专利的；（3）专为科学研究和实验而使用有关专利的；（4）为生产经营目的使用或者销售不知道是未经专利权人许可而制造并售出的专利产品或者依照专利方法直接获得的产品，能证明其产品合法来源的，不承担赔偿责任。

《集成电路布图设计条例》也规定，下列行为可以不经布图设计权利人许可，不向其支付报酬：（1）为个人目的或者单纯为评价、分析、研究、教学等目的而复制受保护的布图设计的；（2）在依据前项评价、分析受保护的布图设计的基础上，创作出具有独创性的布图设计的；（3）对自己独立创作的与他人相同的布图设计进行复制或者将其投入商业利用的。

6. 知识产权救济原则

为了维护公共利益，知识产权法律设立了救济原则。知识产权救济原则主要是包括知识产权异议或撤销、知识产权复审、知识产权无效宣告、知识产权诉讼等。

如我国《商标法》第三十条规定，"对初步审定公告的商标，自公告之日起三个月内，在先权利人、利害关系人认为违反本法规定的，或者任何人认为违反本法规定的，可以向商标局提出异议"。《集成电路布图设计条例》第二十条规定"布图设计获准登记后，国务院知识产权行政部门发现该登记不符合本条例规定的，应当予以撤销，通知布图设计权利人，并予以公告。"

我国《专利法》第四十五条规定了专利无效程序"自国务院专利行政部门公告授予专利权之日起，任何单位或者个人认为该专利权的授予不符合本法有关规定的，可以请求专利复审委员会宣告该专利权无效"。《商标法》第四十四条规定,"已经注册的商标,违反本法规定的,或者是以欺骗手段或者其他不正当手段取得注册的,由商标局宣告该注册商标无效;其他单位或者个人可以请求商标评审委员会宣告该注册商标无效"。《植物新品种保护条例》第三十七条规定,"自审批机关公告授予品种权之日起,植物新品种复审委员会可以依据职权或者依据任何单位或者个人的书面请求",对不符合本条例有关规定的植物新品种,"宣告品种权无效"或"更名"。

4.2 科研机构知识产权管理概念

知识产权首先是一种智力成果或商业标示,更是一种依法取得的民事权利。根据世界知识产权组织知识产权的分类,结合我国实际,科研机构知识产权可分为三类,一类是创造类知识产权,主要包括专利权、植物新品种权、著作权、科学发现权以及民间文学、民间文艺的专有权和表演艺术、语音、广播的表演权。标示类知识产权则包括商标权、地理标记专有权。还有一类是与反不正当竞争有关的权利,如技术秘密专有权。科研机构知识产权类型如图 4-1 所示。从不同的角度看,科研机构知识产权管理的类型也不同。

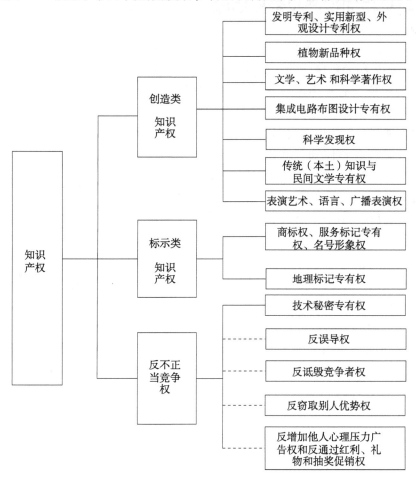

图 4-1 科研机构知识产权分类

知识产权管理是一种围绕加强知识产权创造、运用和保护而开展的系统性、策略性活动，其重点不仅是以权利为核心的权利义务关系，也是知识产权资源的配置和有效运用。知识产权管理不仅是指知识产权的取得、保护和运用等日常工作，更为重要的是对以知识产权创造与运用为核心的社会关系的调控和运营。

本书认为，科研机构知识产权管理可以分为广义和狭义两种概念。广义的科研机构知识产权管理是指在特定的环境下，为达成知识产权创造、运用和保护活动的最佳目标，对科研机构所支配的知识产权进行有效计划、组织、领导和控制，以促进知识产权体系高效率运行的一种综合性活动。广义概念体现了科研机构知识产权管理的基本职能。

而狭义知识产权管理则是指科研机构为提高知识产权创造、运用和保护能力，通过制定战略规划、政策措施，建立组织机构与配备人员，开展关系协调与控制冲突等，优化知识产权资源配置而进行的包括知识产权信息检索、必要知识产权引进、知识产权研发、知识产权申请授权与维持、知识产权集成、知识产权转化实施和知识产权有效保护等的综合性、系统性活动。狭义概念则体现了科研机构知识产权管理的主要任务。

4.3 科研机构知识产权管理功能

知识产权创造、运用、保护和管理是相互独立又衔接的四个环节，知识产权创造和运用主要涉及科研机构的科研活动，保护主要涉及知识产权行政和司法的职能，而管理主要涉及科研机构的自我管理。知识产权保护和管理贯穿于创造、运用的整个环节，而知识产权管理则涉及知识产权创造、运用和保护三个方面，知识产权管理在整体知识产权工作中处于核心的地位。从知识产权管理角度看，知识产权的创造、运用和保护离不开对知识产权的有效管理。科研机构知识产权管理的功能主要表现在激励创造、促进运用、强化保护三个方面，最终体现在提高科技创新的效率上。如图 4-2 所示。

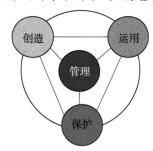

图 4-2 知识产权管理关系图

1. 激励创造功能

知识产权创造是知识产权管理的重要起点，知识产权创造主要包括知识产权研发创造、知识产权权利获取和知识产权保护范围拓展等三个方面。知识产权创造过程实际上是发明创造和权利创造的过程。知识产权研发创造是指以创造知识产权为目标的研究开发活动。权利获取是指国家知识产权主管部门针对特定智力成果和经营性标记授予权利人在特定时期、地域内专有权或者独占权的活动，而且还包括国际知识产权权利的获取。知识产权管理激励创造的功能主要表现在激励科研机构依靠知识产权捕捉技术机会，选择正确的研究开发方向和研发路线，开展知识产权战略布局，形成具有知识产权的创新成果。为发挥激励知识产权创造功能，科研机构知识产权管理应以知识产权战略规划、知识产权政策制定与实施为手段，充分运用知识产权法律制度，全面实施科研项目知识产权全过程管理，创造出更多的创新成果和高质量高效益的在国内外有效保护的知识产权。

知识产权管理可以调动科研机构知识产权创造的积极性，创造出更多和高质量的知识产权，从而有利于提高科研机构的自主创新能力。通过知识产权管理，科研机构可建立合理的知识产权奖励与利益分配制度，从而调动知识产权创造者即科研人员的积极性。通过对研发及生产、采购、销售、人才培养等环节知识产权工作的有效管理，可以进一步整合和发挥科研机构中人、财、物、信息等资源优势，促进高水平知识产权的产出。尤其是对于能力弱的科研机构，通过有效的知识产权管理，可以查找差距和不足，有针对性地增强自主创新能力。

有效的知识产权管理能产生激励科研机构创新的"倒逼"机制。在知识产权管理过程中，可以发现同行的优势和自身的劣势，从而明确科技创新努力的目标和方向。由于他人知识产权的存在，为避免知识产权侵权所带来的法律风险和经济损失，科研机构将"被迫"进行原始创新、集成创新和改进创新。他人的后续创新行为也会对科研机构形成潜在压力，从而推动其创造更多的知识产权和更高质量的知识产权，从而有利于科研机构形成一个鼓励创造的良性循环机制。

2. 促进运用功能

近年来，随着我国知识产权事业的快速发展，知识产权更多地融入经济社会发展的主战场，科研机构、高校、企业和政府都越来越重视知识产权的运用。知识产权运用是科研机构知识产权创造和保护的目的，也是科研机构知识产权管理的目标，科研机构知识产权管理水平的高低直接影响着其知识产权运用能力的高低。

知识产权管理促进运用功能表现在科研机构能依靠知识产权创造新的产品和许可市场，从而创造新的价值。科研机构知识产权运用主要包括利用知识产权制度强化创新管理与提高竞争力的知识产权制度运用和知识产权转化为生产力的商业化运用两个方面。知识产权商业化运用又包括知识产权转移扩散、知识产权创业和知识产权产业化三个方面。商业化是科研机构知识产权管理的最终目的，构建专利池或专利组合和制定自主知识产权技术标准是有效运用知识产权制度提升科研机构自主创新能力和竞争力的有效途径，也是实现商业化的重要手段。知识产权管理促进知识产权运用的关键是通过将自主知识产权尤其是专利纳入技术标准和专利池、专利组合中对产业产生影响力和控制力并实现商业化。

知识产权商业化运用的基础是必须拥有一批有效的知识产权。有效的知识产权是知识产权创造的最重要部分，更是知识产权运用的前提。而有效知识产权的基础是知识产权的质量和维持策略。知识产权运用还包括面向市场需求集成知识产权，开发有竞争力的知识产权产品，尤其是与技术标准结合的必要专利组合覆盖的标准产品，这是知识产权运用的有效形式。

企业是知识产权商业化运用的主体。知识产权运用是企业经营管理活动中的重要环节，在经营管理中具有重要地位。科研机构知识产权运用主要包括知识产权的自我实施和对外的转让或许可实施，还包括知识产权价值评估、知识产权许可合同签订、知识产权许可收益分配等。通过科研机构知识产权管理，不仅能够提高企业经济效益，也能提高科研机构自身的经济效益。

3. 强化保护功能

知识产权保护是国家司法机关和行政机关根据法律规定对知识产权权利人的合法权利进行的保护，主要包括知识产权司法保护和行政执法保护两个方面。知识产权制度将智力成果设为财产权加以保护，赋予权利人一定期限内的排他权，是整个知识产权制度的核心，也是知识产权战略实施的基础。整体而言，知识产权管理可以降低科研机构的知识产权风险，提升科技创新的效率，维持科研上的领先地位，也可以为被许可企业建立有效的防御网络。

科研机构知识产权管理加强保护方面的功能主要体现在三个方面，一是科研机构通过制定人员聘用、合作研究、外出学习、出国交流、权利归属等内部管理措施保护知识产权。二是科研机构利用知识产权司法与行政途径通过积极应对指控诉讼、主动发起指控诉讼保护知识产权。三是科研机构通过主动调查、监测侵权、主动取证、发出警告、自行协调解决等措施保护知识产权。

通过知识产权管理强化知识产权保护，科研机构首先要建立完善的知识产权保护制度和政策，制定和完善人员聘用、合作研究、外出学习、出国交流、权利归属等方面的政策措施，掌握知识产权合同签订技能，保护自身知识产权权益。二要掌握知识产权行政司法保护的技能，敢于利用司法和行政途径保护知识产权。三要增强自我保护能力。科研机构要主动积极加强对本领域国内外知识产权的监测，发现侵权行为或迹象时要及时调查取证，必要时要委托律师发出警告函，主动保护自主知识产权。

4. 资源配置功能

知识产权管理的一项重要功能就是能够实现知识资源的优化配置。通过资源的优化配置来最终达到资源的有效利用，从而实现经济和社会效益的最大化。

加强知识产权管理有利于科研机构充分利用科技创新资源来实现其发展目标。在研究立项阶段，科研机构通过有效的知识产权管理能充分利用知识产权信息资源，不仅可避免项目重复立项，避免重复研究，而且提高科技创新的针对性，提高科技创新投入的科学性，有利于在战略高度布局有价值的知识产权。在研究开发阶段，能充分运用知识产权信息资源，不仅可以避免重复研究，可少走弯路，而且也可掌握同行或竞争对手的创新情况，不仅可以避免同质竞争，而且可以开拓新的技术路线。在科技成果推广阶段，受知识产权保护的科技创新成果内容通过各种载体向社会公布，成为新的知识产权信息，增加了社会有用知识的总量，还可为社会合理利用产生新的价值。在科技创新成果商业化阶段，发明创造成果进入市场，在给权利人创造物质财富的同时，也增加了全社会物质财富的总量。

强调资源配置功能，就是要在加强知识产权管理的过程中，科研机构要充分利用知识产权资源尤其是信息资源，进行有效地信息分析利用，从而在更高的起点上进行创新。赋予科研机构知识产权管理的资源配置功能就是要使科研机构充分掌握和利用知识产权创造、获取、维持及运用各个环节的知识产权资源，使知识产权资源的获取与利用贯穿科技创新的全过程。强调资源配置功能，必须要使科研机构掌握资源配置的方法，在人力、财力、物力资源等资源有限的情况下，充分发挥现有资源的作用，提高投入产出效率，从而创造出重要的创新成果，形成竞争优势，以实现预期的发展目标。

4.4　科研机构知识产权管理分类

　　管理分为三级，一级是监督工人工作，管理重点是组织效率、过程适应性和知识技能的竞争力；在中间管理层次，管理重点则包括组织绩效、产品或工艺创新和变化的适应；最高层次的管理则包括将科研机构与市场机会和竞争结合、资本与战略、适应外部世界，和组织设计与变革（Naowarat Cheeptham，Panuwan Chantawannakul，2001）。知识产权管理系统主要包括知识产权组合管理、知识产权检索、培训材料、客户管理（W. M. Wang，C. F. Cheung，2011）。如图 4 - 3 所示。知识产权管理工具主要包括检索工具、管理工具和评估工具（Oliver Gassmann，Nicole Ziegler，Frauke Ruether，Martin A. Bader，2012）。

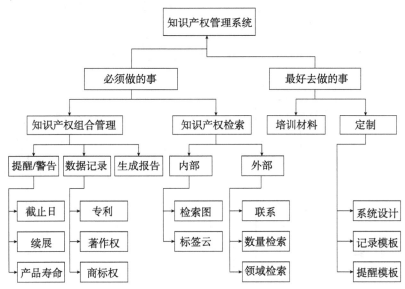

图 4 - 3　知识产权管理系统

　　由于知识产权涉及不同的类型，根据知识产权的分类，科研机构知识产权管理大致可从四个方面进行分类。（1）从管理的主体上看，科研机构知识产权管理可分为国家科研机构的知识产权管理、行业科研机构的知识产权管理和地方科研机构的知识产权管理。（2）从管理知识产权的对象（客体）出发，科研机构知识产权管理可分为专利管理、商标管理、著作权管理和其他知识产权管理。（3）从管理的阶段出发，科研机构知识产权管理可分为知识产权的申请管理、知识产权的运用管理、知识产权的维持管理等。（4）从管理涉及的政府职能看，科研机构知识产权管理包括知识产权创造管理、知识产权资产管理、知识产权人力资源管理、知识产权合同管理等。

　　科研机构知识产权管理包括以下要素：（1）管理主体。知识产权的管理必须要有一定的主体来进行。科研机构知识产权管理主体是具有法人地位的科研机构。（2）管理制度。制度是科研机构进行知识产权管理的依据，制度的好坏直接关系到知识产权管理的成效，主要包括知识产权法律法规，科研机构知识产权管理的制度政策等。（3）管理方式。科研机构对知识产权进行管理，要采用一定的方式、方法。方式、方法的好坏是知识产权管理工作成功与否的关键，是能否提高科研机构创新能力和竞争力的重要因素。（4）管理目标。知识产权管理的目标是指科研机构对知识产权管理所预期的目标，它一般可以分为近期、中期和远期目标。但是，其最终的目标只有一个，那就提高科研机构的创新能力和竞争力。（5）管理措施。科研机构知识产权管理的措施是指科研机构对知识产权采取的组织、计划、控制等手段。

科研机构知识产权管理职责或任务主要包括：（1）知识产权战略与规划管理，目的是为了明确科研机构知识产权发展的思路，主要任务是制定科研机构的中长期知识产权战略或规划。通过战略规划管理理清科研机构知识产权发展的现状与问题，提出知识产权发展

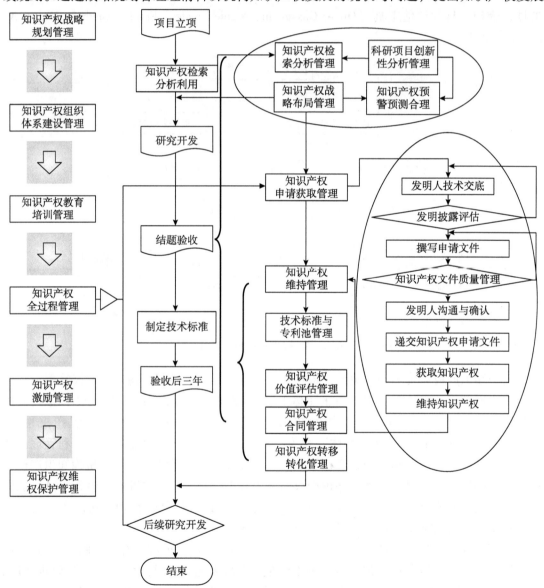

图 4 - 4　科研机构知识产权管理职能

的重点任务保障措施。（2）知识产权组织体系建设管理，主要包括建立科研机构的知识产权管理机构，明确知识产权管理机构的人员配置和职能，建立知识产权申请维持、转移许可和投资等各个组成部分的人才管理团队。（3）知识产权教育培训管理，主要是根据科研机构知识产权发展战略或规划的要求，有组织地开展面向管理人员或科研人员的知识产权培训和教育，让科研人员明白知识产权的重要性，掌握知识产权的基础知识，了解知识产权申请保护的重点，尤其是专利申请技术交底书的准备和知识产权转移转化中的方式方法。（4）知识产权检索与分析管理，主要是面向科研项目管理的需要撰写知识产权检索分析报告，明确知识产权现状和研发的重点，有目的地开展知识产权战略布局，为知识产权转移转化奠定基础。（5）知识产权创造获权与维持管理，主要包括发明创造披露评估、知识产权申请文件撰写、知识产权权利获取、知识产权权利维持等。（6）知识产权组合管理，包括各类知识产权的组合管理，既包括申请方式的组合，也包括权利的组合。主要是面向技术标准和产品的专利池或专利组合构建，和基于技术标准的专利布局。（7）知识产权转移转化管理，主要是科研机构对知识产权自行实施、转让和许可以及技术服务等方式的管理。涉及合作谈判、合同签订、许可方式、收益分配等。（8）知识产权保护管理，主要包括科研机构自身保护知识产权或者通过行政司法途径保护自主知识产权的管理活动。（9）知识产权激励管理，是指为激励知识产权创造运用，制定有效的知识产权政策，激励职务发明人和单位的管理活动，重点是知识产权收益分配的政策制定。此九个方面共同构成科研机构知识产权管理的整体。如图 4-4 所示。

4.5　科研机构知识产权管理原则

科研机构具有不同于盈利性机构的公益性特征，科研机构知识产权管理也应当体现出公益性的特点。要体现科研机构知识产权管理的公益性，首先应当坚持知识产权制度的基本原则，如权利用尽原则、禁止反悔原则、强制许可原则、遗传资源披露原则等，来保障知识产权私有权利与公共利益的平衡。为体现公益性，科研机构知识产权管理外还应当坚持以下原则：

1. 职务知识产权原则

科研机构拥有的知识产权一般是职务知识产权，专利法等法律对职务知识产权的权属和实施进行了明确规定。为了保障科研机构和发明人的知识产权权利，专利法提出单位优先的原则。为了保障科研机构的知识产权权利，《专利法》规定："执行本单位的任务或者主要利用本单位的物质技术条件所完成的发明创造为职务创造发明，职务创造申请专利的权利属于单位，申请被批准后，该单位为专利权人"。职务发明是包括：（1）在本职工作中作出的发明创造；（2）履行本单位交付的本职工作之外的任务所作出的发明创造；（3）退休、调离原单位后或者劳动、人事关系终止后 1 年内作出的，与其在原单位承担的本职工作或者原单位分配的任务有关的发明创造。本单位包括临时工作单位。本单位的物质技术条件是指本单位的资金、设备、零部件、原材料或者不对外公开的技术资料等。

但是专利法也遵守单位与发明人或设计人合同约定原则，"利用本单位的物质技术条件所完成的发明创造，单位与发明人或者设计人订有合同，对申请专利的权利和专利权的归属作出约定的，从其约定"。有合同约定，按照合同的规定，可以是职务发明创造，也可以是非职务发明创造，也可以是共同申请专利的发明创造。

为了促进合同约定发明创造尤其是共有专利权的实施。第三次修改后的《专利法》还遵从共有专利权人可单独实施的原则。专利申请权或者专利权的共有人对权利的行使有约定的，从其约定。没有约定的，共有人可以单独实施或者以普通许可方式许可他人实施该专利，但获益后应合理在共有人之间分配。申请人在专利申请被授予专利权后即为专利权人，专利权可以由两个以上的权利人共同共有或按份额共有。

但是，我国目前的知识产权法律法规只是原则上做出了职务知识产权优先、遵循合同约定和共有专利权人可单独实施专利的规定，实际上还不是很具体。由于发明人处于被聘用的地位，加上关于职务知识产权的明确规定，采用合同约定知识产权归属或共享知识产权的情况很少发生，这些规定并没有真正保障职务发明人的利益，并没有从制度上真正调动职务发明人知识产权创造运用的积极性。我国 2010 年发布的《中关村国家自主创新示范区规划纲要（2010～2020 年）》提出允许职务发明人拥有知识产权转化实施的分红权，但该政策只是允许发明人可以分享实施知识产权企业的收益权，不是知识产权的制度性安排，并不是真正意义上的权利，而且该政策目前仅仅局限于北京中关村等国家自主创新示范区。

2. 知识产权转化实施原则

政府财政资金支持科研机构进行研究开发的主要目的在于公共科研活动具有公益性特征，科研机构投入研究开发经费和研发人员从事科技创新活动的根本目的是支撑经济社会发展，知识产权是科技创新成果的产出形式和重要保障，而不是科技创新的目的。创造知识产权的目的是为了应用，是为了产生实际的经济价值和社会价值。因此，科研机构知识产权管理必须面向经济社会发展需要，面向实际的经济应用。不能产生价值的知识产权，不能获得应用的知识产权不仅会造成科技创新活动的浪费，也会产生不必要的垄断，从而扭曲创新市场。国内外众多科研机构知识产权管理的经验已经证明，除了其他知识产权外，专利等技术类知识产权的管理应当面向转移转化。因此，美国在 20 世纪的 80 年代制定了拜度法案，将联邦政府资助、合同或者拨款形成的知识产权授予大学、小企业和非盈利组织，并相继颁布了《技术创新法案/联邦技术转移法案》《国家技术转移促进法案》《发明人保护法》《技术转移商业化法》以及行政法规来促进技术转移。

为了促进科研机构知识产权的转移转化，我国 2000 年开始学习美国拜度法案的做法，发布了《关于加强与科技有关的知识产权保护和管理工作的若干意见》，该意见第一次提出，"除以保证重大国家利益、国家安全和社会公共利益为目的，并由科技计划项目主管部门与承担单位在合同中明确约定外，执行国家科技计划项目所形成科技成果的知识产权，可以由承担单位所有"；"执行国家科技计划项目所产生的发明权、发现权及其他科技成果权等精神权利，属于对项目单独或者共同作出创造性贡献的科技人员"，改变了过去国家科技计划项目形成的知识产权归承担单位持有的规定。为了进一步明确国家计划项目知识产权的归属，从根本上激励知识产权转移转化，科技部 2002 年发布的《关于国家科技计划项目成果知识产权管理的若干规定》取消了"合同期约定外"的要求，提出"科研项目研究成果及其形成的知识产权，除涉及国家安全、国家利益和重大社会公共利益的以外，国家授予科研项目承担单位"，将知识产权权属全部授予承担单位。2003 年，科技部还发布了《关于加强国家科技计划知识产权管理工作的规定》，对项目的知识产权权属问题做出进一步规定，"确保国家科技计划项目成果的知识产权权属清晰"。最为重要的是，2007 年我国颁布的新《科技进步法》第二十条规定，"利用财政性资金设立的科学技术基金项目或者科学技术计划项目所形成的发明专利权、计算机软件著作权、集成电路布图设计专有权和植物新品种权，除涉及国家安全、国家利益和重大社会公共利益的外，授权项目承担者依法取得"。

与美国拜度法案相比，我国有关知识产权法规政策在促进国家计划项目知识产权的规定上还存在一些不足。一是《科技进步法》规定的知识产权不包括实用新型专利权、外观设计专利权、商标权、技术秘密专有权，如果承担国家计划项目资金形成的这些知识产权承担单位进行处置的话则属于违反国有资产管理法规的行为。二是利用财政性资金设立的科学技术基金项目或者科学技术计划项目并不能涵盖全部的财政支持项目。而美国则涵盖联邦政府拨款、资助、合同或合作方式的项目。我国科研机构和高校等自立的项目不在此列，国家用预算形式拨款由科研机构和高校从事科研活动形成的知识产权不在此列。三是项目承担者都可以获得知识产权，不完全符合公共财政的基本原则。而美国规定只有小企业、大学和非盈利组织才可以获得知识产权所有权，大企业以及盈利性大学与科研机构不能获得知识产权所有权。四是国家介入权不足。美国《拜杜法案》规定，大学等有责任在发明人书面披露后两个月内向联邦机构披露新发明；披露后两年内必须决定是否保留发明的权利，否则权利归联邦机构。而且要求大学等的雇员书面必须同意保护政府利益的相关发明。大学等必须在说明书中注明政府支持和发明的政府权利。五是对知识产权的转化实施规定不具体。美国拜度法案规定较为详细，如果大学等选择保留申请专利的权利，必须以美国名义向政府提供非排他、非可转让、非可撤销和付完费在全球实施的确定许可。大学等必须定期提交专利运用的报告。任何获得排他权制造产品的企业必须在美国制造该产品，除非提供合理和非成功或者经济不合理的理由。在专利市场化的过程中，应给予小企业优待，小企业应有将发明应用的相应资源和能力，但也可以向支持研究的大企业进行许可。六是对承担单位和发明人利益的保障不足。我国虽然有专利法一奖两酬的规定，但奖酬的比例一般较低，承担单位必须按照过去长期实行的收支两条线的规定将知识产权转移转化的收益收归财政部门。而美国要求大学等必须与发明人分享发明许可收益，剩余部分要支持研究教育。七是对产业发展支持不足。美国法案规定，除了专利管理机构，大学等不能将所有权转让给第三方，只能以许可方式许可企业使用，从而使其他企业也可以获得许可。

3. 知识产权普通许可原则

科研机构公益性表现在为全社会提供科学知识和技术成果的责任和使命上。体现科研机构知识产权公益性的一个原则是知识产权的免费或优惠许可原则。由于公共科研机构的经费大部分来自于纳税人，公共科研机构不应当再从知识产权转移转化中获得收益。无论是财政性项目形成的还是自立项目形成的知识产权，科研机构如果通过转移转化获得收益则必然不符合公益性的要求。因此，获得政府资助的公共科研机构应当免费或优惠向社会提供知识，包括知识产权。

但科研机构的公益性并不意味着科研机构不能获得知识产权收益。因为知识产权运用是拉动知识产权高水平创造，提升科研创新积极性的重要目的。公共科研活动虽不能像企业等盈利机构那样以利润最大化为目的，但科研机构知识产权管理可以在坚持公益性的同时，实现自身的知识产权利益，这就要求科研机构要在自身利益和社会公共利益之间寻求恰当的平衡。如果通过知识产权转移转化获得收益有利于激励科研创新活动，有利于调动发明人的积极性，科研机构的知识产权转移转化活动就应当得到鼓励。世界主要国家科研机构和高校知识产权管理的经验也证明，知识产权转移转化是推动科研机构科技创新的重要推动力，是激励职务发明人创新积极性的重要途径。限制知识产权转移转化，就不会有高水平的知识产权创造，也不会有高水平的科技创新活动。

由于科研机构的公益性，科研机构一般不应当以自行实施、转让知识产权所有权的方式进行知识产权的转移转化。科研人员也不应当既当研究员又当企业家，即使是科研人员兼职，虽然可能有利于科技成果和知识产权的转移转化，但并不符合科研机构公益性的特点。国外经验表明。科研机构可以以较低的许可费许可科研人员创办企业，但科研人员创办企业的必须辞去研究职务。尤其是对于应用类和开发类公益性科研机构来说，它们承担着为产业发展提供技术尤其是产业共性技术、甚至关键核心技术的重任，如果允许自行实施知识产权或者采取转让方式实施知识产权，就会使得获得知识产权所有权的企业控制技术，从而影响整个产业的发展。国外科研机构一般要控制知识产权所有权，即使企业委托研发项目形成的知识产权，企业也只能获得普通许可权。美国拜度法案也要求承担联邦资助项目的大学等机构形成的知识产权要进行转移许可，而且不能以转让方式向第三方转移，企业只有提出明确理由的才能获得独占许可权。

我国正在修改的《科技成果转化法（草案）》规定，"利用财政性资金设立的科研机构、高等学校具有实用价值的职务科技成果未能适时实施转化的，科技成果完成人在不变更职务科技成果权属的前提下，可以根据与本单位的协议进行该项科技成果的转化，并享有协议规定的权益。正在论证的《职务发明条例（草案）》也规定，"国有企事业单位自职务发明获得知识产权之日起三年内，无正当理由既未自行实施或者作好实施的必要准备，也未转让和许可他人实施的，发明人在不变更职务发明权属的前提下，可以根据与单位的协议自行实施或者许可他人实施该知识产权，并按照协议享有相应的权益"。由于我国科研机构的公益性，发明人实施财政性科技成果的知识产权应当是非排他的普通许可权，而不能是所有权。

因此，从上述意义说，我国科研机构应当积极开展知识产权普通许可活动，而不是自行创办全资公司实施知识产权，虽然这种方式有利于知识产权转化而且能够获得较高的收益，但却是另一种形式的知识产权所有权转让，会对产业创新发展产生不利影响。即使没有在合理时间内实施的知识产权也不应当将所有权转让给发明人，那样会导致财政性经费形成的知识产权变为私权，也会对产业创新发展产生不利影响。知识产权普通许可应当是市场决定的许可，但也可以是低价格的许可、优惠的许可甚至是免费的许可，也应当是不可再转让的许可。通过免费或优惠方式许可知识产权不仅能使企业更容易获得科研机构的知识产权，也可以使科研机构对产业创新发展的支撑作用显著增强。

目前，我国知识产权法律和政策在知识产权许可上一直缺乏有效的促进措施。从科研机构的实际情况来看，我国科研机构拥有大量知识产权，而且大多数知识产权是有一定市场价值和创造性的知识产权，对国计民生起关键核心作用的独立的知识产权不可能很多，知识产权往往需要集成打包才能起到作用。将科研机构自身的知识产权尤其是专利进行集成，与他人的必要专利构成专利池或专利组合，向企业进行一站式许可不仅是促进知识产权转移转化的有效途径，也是科研机构的重要职责，但是我国科研机构和企业目前都缺乏这种知识产权综合集成的能力。

4. 知识产权有限放弃原则

知识产权本质上是一种财产权，垄断权是财产权衍生出来的权利。作为知识产权权利人，科研机构有禁止他人未经许可的制造、销售包括许诺销售、进口等实施知识产权的权利。但是由于科研机构的历史使命和责任，科研机构知识产权管理不能像企业那样将知识产权作为谋取最大化利益的工具。科研机构的知识产权应当在保护知识产权私权的同时，要考虑社会公共利益，支撑经济社会发展。这就要求科研机构知识产权管理要以国家利益最大化为目标，在需要保留知识产权权利的时候要坚决保留，在需要放弃知识产权权利的时候要适时放弃。

保留和放弃知识产权权利不能随意而为，既不能不加思索地全部把知识产权维持，也不能由于疏忽将重要的知识产权权利放弃。保留和放弃知识产权权利一定要经过充分的评估，要保留的知识产权应当是对国民经济发展、社会进步和国家安全具有重要意义的专利，尤其是对整个产业发展具有重要作用的基础性专利、对技术标准实施形成有重要影响的必要专利，进入专利池或专利组合的专利，要通过缴纳申请审查维持费或者年费等方式维持知识产权申请或知识产权有效。但保留知识产权并不是不许可企业使用，科研机构拥有知识产权的所有权，但仍然应通过非排他许可方式许可企业使用，企业获得的是知识产权的使用权。

放弃知识产权所有权是指科研机构将知识产权的权利全部放弃而供全社会无偿使用。放弃知识产权要分三种情况，一种是放弃技术进步不大或市场价值不大的知识产权，这种知识产权没有进一步垄断的必要，可以转让给企业，也可以通过不缴纳年费放弃权利。二是放弃一些实用性存在问题的知识产权，这种知识产权可能无法实施。三是放弃权利稳定性存在问题的知识产权，尤其是存在被无效宣告风险的专利。当然，科研机构也可以通过合同约定名义上放弃一些知识产权，将知识产权转让给国内企业使用，以应对跨国公司的知识产权打压，在企业使用完后再将知识产权转让回来。

放弃知识产权所有权必须进行充分地评估，必须履行相应的审批手续。评估知识产权是否需要放弃，一要评估该知识产权技术的先进性、成熟性、权利的稳定性，以及自身价值的大小。如果专利技术的先进性、成熟性不足，或者专利技术已经进入衰退期，这样的知识产权应坚决放弃；如果由于文件撰写不当或存在较大的被无效宣告的可能性，容易造成权利不稳定的知识产权，也应放弃。二要评估该知识产权对产业发展的重要性、支撑作用大小和控制力大小。如果对产业创新或社会发展是基础性、关键性或者核心的专利，则应坚决维持；如果知识产权对未来产业发展能够产生较大支撑作用或者能够产生较强的控制力要坚决维持。三是要评估该知识产权在技术标准和市场销售产品中的地位和作用。如果知识产权是构成技术标准的必要专利，是市场中销售产品可能造成侵权的专利，则不能放弃。

5. 知识产权组合管理原则

知识产权组合原则是指知识产权申请人在申请知识产权保护时，选择不同类型知识产权保护方式，以最佳保护创新成果，使知识产权价值最大化。对于科研机构来说，知识产权组合分析原则主要是选择各类型知识产权保护方式的原则。

一般说来，科研机构知识产权组合管理应考虑三个主要因素：（1）科技成果的类型；（2）知识产权市场价值大小；（3）知识产权组合管理的成本。对于科研机构来说，新颖性、创造性和实用性以及不同创造性成果的类型是进行组合分析的关键。首先，应考虑科技成果的"三性"。一是要考虑创造性成果的新颖性，只有有新颖性的成果才有必要进行知识产权保护，通过检索国内外文献，缺乏新颖性成果不应也不能取得知识产权权利。二是要考虑创造性的大小，如果创造性大则应进行知识产权保护，如果创造性较小，则没有必要进行保护，创造性较小的可直接公开进入公有领域，让创造性成果为社会所用。三是要考虑实用性，如果创造性成果能够在工业上制造和使用并能产生有益的效果，首先应考虑申请技术类知识产权的保护，技术类知识产权包括专利权、集成电路布图设计专有权、计算机软件著作权和技术秘密专有权等，没有工业实用性但有理论价值的可以考虑取得著作权保护，著作权保护力度很小，垄断性较弱，但有利于促进科技进步。

其次，应当考虑保护的成本大小。申请、维持、代理、年费等保护成本是知识产权保护必须付出的代价，也是一个沉重的负担，必要申请专利保护的一定要申请专利保护，不必要申请专利保护的可以采取其他方式，例如公开技术或采用技术诀窍进行保护。并不是所有的技术成果都应采取专利保护的方式，专利一般具有法律稳定性的特点，垄断性较强，技术秘密稳定性不强，但实施发明时离不开，两者结合既能充分保护发明创造又能降低保护成本，所以，知识产权组合管理应当充分考虑专利权与技术秘密专有权的组合，技术秘密专有权既包括完成产品开发需要与专利技术结合使用的隐含技术，也包括能够嵌入专利技术方案而没有嵌入的技术诀窍。对于那些产品或方法发明中必不可少的、不适于公开技术内容或细节，专利保护效果不好的技术应当不申请专利，尽量用技术秘密方式进行保护。对于那些适合申请专利的属于专利整体技术方案而又可分离出来的技术，加入专利技术方案或是实施例中使专利技术效果特别好，但不纳入发明之中而又不影响发明实际效果并能够实现发明目的技术诀窍也应尽量用技术秘密方式进行保护。

在知识产权组合中，根据 Ernst（2003）等的研究，专利组合分析主要包括公司层面的专利组合分析，技术领域层面的专利组合分析、专利发明人的组合分析和专利、市场一体化组合分析四种分析方法。专利组合管理实际上是专利申请组合管理和实施许可组合管理的统称。如果结合技术标准，专利组合可以构成专利池。专利申请组合管理又包括三个层次的含义，一是不同种类专利的选择，二是同一套技术体系不同专利的选择，三是专利权利要求的选择。

首先是不同类型专利的组合。发明专利保护期长、经过实质审查，但费用较高，审查周期长，实用新型和外观设计专利授权快，但保护期短，法律稳定性不如发明专利。但是，对于科研机构来说，重大的原创性发明、改进发明、组合发明或用途发明应当申请发明专利保护，而只有技术含量稍低并有必要申请保护的技术才申请实际用新型和外观设计专利保护。

其次是同一套技术体系中专利的组合，同一技术体系是指在市场能够销售的产品或实际生产制造过程中使用方法的技术构成的体系，一般情况下，应当申请一个涵盖整个体系的专利，这个专利保护的范围最宽，根据这个专利再申请可拆分为子技术系统的产品或方法的专利，产品或方法的专利必须是在市场销售或实际生产制造中不能再少或再简化的部件或步骤，全部专利申请应构成一个系统。此时，专利权利要求选择的关键在于凝练出能够实现发明目的，达到技术效果的必不可再少的必要技术特征，必要技术特征既包括与现有技术共有的技术特征，也包括创新的区别技术特征。在专利独立权利要求中，必要技术特征数量的多少应以能否完成发明目的，实现发明效果为标准，如果发明目的或发明效果内容较多，独立权利要求必要技术特征过少，很可能不能实现发明目的和效果，如果独立权利要求必要技术特征过多，则专利保护范围过小，不利于权利保护。

三是不同类型权利要求的组合。专利法要求专利权利要求应当"简要""清楚"。"简要"是指权利要求技术特征应当是必要的，而不是可有可无的，更不是无端增加的。"简要"是指独立权利要求的必要技术特征应当概括，这种概括是主要技术特征的概括，而不是技术参数、指标等本身的列举，在不影响"清楚"情况下，"简要"并不限制将技术特征向上位概念的靠拢，而上位概念的必要技术特征能使专利保护范围更宽。权利要求的组合一是独立权利要求的组合，二是独立权利要求与从属权利要求的组合。存在多项权利要求的专利一般是包括装置、制造方法甚至用途的专利，装置、制造方法和用途独立权利要求能从多方面保护专利的技术方案，但其写法必须以解决说明书所称的技术问题、实现发明目的、达到技术效果为标准，其本质上应当是一致的。独立权利要求与从属权利要求的组合必须在划定保护范围的同时将范围内的技术点进行充实，从属权利要求的写法和多少要以能够达到对抗他人的改进发明和组合发明为目标，并以得到说明书支持为标准。在独立权利要求与从属权利要求撰写中，应注意防范的一个问题是共有技术特征过多，共有技术特征过多也会使专利保护范围过小，不容易防止他人侵权。还要防范多余指定不必要的技术特征，根据禁止反悔原则，多余指定会使专利保护范围较小，也不容易对抗侵权。

4.6 科研机构知识产权管理标准化

在我国科研机构知识产权管理能力普遍较低的情况下，为提高科研机构知识产权管理能力和水平，有必要制定科研机构的知识产权管理规范。

我国 2013 年 3 月 1 日发布了《企业知识产权管理规范》（国标 GBT 29490 - 2013），该标准是我国首部企业知识产权管理国家标准，其主旨是提高企业知识产权管理能力。该规范的制定以企业知识产权管理体系为标准化对象，旨在指导企业建立科学、系统、规范的知识产权管理体系，帮助企业全面落实知识产权战略，积极应对知识产权竞争态势，有效提高知识产权对企业经营发展的贡献水平。该规范包括九个章节，主要包括企业知识产权管理规范的范围、规范性引用文件、术语和定义、企业知识产权管理体系、管理职责、资源管理等内容。2013 年 11 月 27 日，国家认证认可监督管理委员会、国家知识产权局印发了《知识产权管理体系认证实施意见》。

我国科研机构知识产权管理规范制定应主要包括以下内容。第一部分是引言，主要阐明规范科研机构知识产权的事情，主要包括过程方法、实施原则、影响因素。其中过程方法主要是计划、实施、检查和改进的 PDCA 方法。实施原则主要包括使命引领、领导负责、全员参与、全程管理。

第二部分是正文，主要是对实施规范的要求。包括范围、引用、术语定义、管理体系、管理职责、资源管理、科研项目管理、过程管理、审核与改进。此部分应包括以下主要内容。

一是术语定义。应包括科研机构、科研项目、发明创造、知识产权、背景知识产权、项目知识产权、职务发明、第三方、转让、许可等概念。

二是管理体系。知识产权管理体系要用体系文件、程序文件、制度文件、外来文件、记录文件等表现所要求的管理过程和管理内容，体系文件应包括知识产权方针、知识产权手册和本规范要求形成文件的程序和记录。程序文件为规定管理程序的文件。制度文件为包括项目立项、验收和验收后主要阶段的科研机构知识产权管理制度。外来文件为来自科研机构外部和对知识产权管理产生影响的法律法规、政策文件、行政决定、司法判决等。知识产权管理文件是科研机构实施知识产权管理的依据，发布前应得到审核和批准；文件更新后在发布前，应重新审核、批准；文件中相关要求应明确、清楚；要保证文件记录的完整性；应按文件类别、秘密级别进行管理；文件应易于识别、取用和阅读；因特定目的需要保留的失效文件，应予以标记。

三是管理职责。科研机构管理职责主要包括最高管理者、管理者代表、管理评审、管理机构、项目组、知识产权监督机构五个方面。最高管理者是科研机构知识产权管理的责任人，其职责包括批准与发布科研机构知识产权方针，确保符合相关法律法规和政策要求，与本单位使命和战略相适应，并得到全体人员的理解和执行；批准管理体系，并使管理体系在内部得到有效运行。

最高管理者可在最高管理层中指定一名代表，使其具有以下方面的职责和权限：确保知识产权管理体系的建立、实施；向最高管理层报告知识产权管理绩效和改进需求；确保全体人员（包括临时聘用人员、访问人员和研究生）对知识产权方针和目标的理解；落实知识产权管理体系运行和改进需要的各项资源的落实；确保知识产权内部与外部沟通的有效性。

管理评审是管理者代表对知识产权管理体系适应性和有效性的定期评审，评审输入应包括知识产权方针与目标、科研机构定位与战略规划计划、知识产权资源投入、知识产权风险评估信息、科技和知识产权发展态势等；评审输出应包括知识产权方针和目标改进建议、知识产权管理体系改进建议、资源需求与配置建议。

管理机构是科研机构专门的知识产权管理机构，应配备专业的专职或兼职知识产权工作人员，或委托专业的服务机构代为管理，使其具有以下方面的职责和权限：制定知识产权发展战略规划或计划，建立知识产权管理绩效评价体系，管理考核科研机构知识产权管理工作，负责知识产权日常管理工作。

　　项目组知识产权管理应包括课题组长及项目知识产权联络员的职责。项目组长是承担科研项目的知识产权管理责任人，经单位授权代表单位管理项目知识产权，应组织编制项目知识产权管理文件和对内报告文件、对外报告文件；在项目启动时，应组织参加项目人员接受知识产权培训，使其知晓知识产权要求；应确保和承担单位知识产权管理部门的顺畅沟通；应向单位最高管理层提交项目知识产权报告。项目组应设立知识产权联络员，协助项目组长管理项目知识产权，应组织开展知识产权检索分析；应与科研人员对接，及时挖掘知识产权申请；应与单位知识产权管理部门对接，及时披露可申请知识产权的发明创造；应与代理机构对接，协助科研人员和单位知识产权管理机构把控知识产权文件撰写质量；应与外部机构对接，协助知识产权管理部门等转移转化知识产权；应为项目提供知识产权咨询。

　　知识产权监督机构应由单位管理部门代表、科研人员代表、政府部门代表和企业代表组成。主要职责是评估科研机构知识产权管理的绩效，为科研机构重大知识产权管理决策提出建议。

　　四是资源管理。资源主要包括人力资源、基础条件、财务资源和信息资源四类。在人力资源方面，科研机构应明确知识产权工作人员的任职条件，并采取适当措施，确保从事知识产权工作的人员满足相应的条件，知识产权工作人员包括知识产权管理人员、知识产权专员等。知识产权专员是经过培训和认定的具有知识产权管理基本知识和技能的专门管理人员。知识产权管理人员应有明确的知识产权管理岗位职责、任职条件和权利义务，应有必备的资源保障。应组织开展知识产权教育培训，培训要包括下述内容：组织科研人员按业务领域和岗位要求开展知识产权培训；组织对中、高层管理人员进行知识产权能力提升培训。知识产权教育与培训包括知识产权法律法规、知识产权申请审查复审无效实务、知识产权检索分析利用、知识产权管理与经营。对全体人员要通过劳动合同、劳务合同等方式进行管理，约定知识产权权属、保守秘密条款；明确职务发明创造完成人享有的权利和请求救济的途径；必要时，还应约定竞业禁止和补偿条款。对新入职员工加强知识产权管理，应包括：对新入职员工进行适当的知识产权背景调查，以避免侵犯他人知识产权；对于研究开发、产品线等与知识产权关系密切的岗位，应要求新入职员工签署知识产权声明文件。对离职、退休、毕业的人员进行相应的知识产权事项提醒；涉及知识产权的人员，应签署知识产权协议，披露相关知识产权信息，必要时要签署保密协议。要编制形成文件的程序，明确全体人员知识产权创造、保护和运用的奖励和报酬事项；明确员工造成知识产权损失的责任承担。

　　基础条件主要包括工作场所及知识产权管理体系运用的软硬件设备，如仪器设备、管理软件、数据库、计算机和网络设施等。要编制形成文件的程序，明确软硬设备管理办法中涉及的知识产权事项，避免侵犯他人知识产权，保护本单位的知识产权。

　　在财务资源方面，应设立知识产权经常性预算费用，以确保知识产权管理体系的运行：用于知识产权申请、注册、登记、维持、检索、分析、评估、诉讼和培训等事项；用于知识产权管理机构运行；用于知识产权奖励报酬；有条件的科研机构可设立知识产权投资基金。

　　在信息资源方面，应编制形成文件的程序，建立信息收集渠道，及时获取所属领域、竞争对手的知识产权信息；对信息进行分类筛选和分析加工，并加以有效利用；在对外信息发布之前进行相应审批；有条件的可建立知识产权信息管理系统和信息数据库，并有效维护和及时更新。

五是科研项目知识产权管理。主要包括科研项目立项、验收和转移转化三个阶段的知识产权管理。在科研项目立项前应进行必要的知识产权分析，包括知识产权检索分析、科研项目创新性分析，进行知识产权预警预测，提出知识产权战略布局建议，提出项目能否立项和调整优化的建议。在项目验收时，应进行必要的知识产权分析，包括知识产权检索分析、科研项目创新性分析、知识产权预警预测分析、知识产权战略布局分析、知识产权申请与权利获取分析、知识产权维持分析、技术标准与专利池分析、知识产权价值评估分析、知识产权合同分析、知识产权实施许可分析，评价知识产权产出，提出项目能否验收的建议。在项目验收后转移转化阶段，包括知识产权维持分析、技术标准与专利池分析、知识产权价值评估分析、知识产权合同分析、知识产权实施许可分析，提出知识产权转移转化绩效的建议。

六是过程管理。主要包括获取、维护、运用、保护四个方面。获取知识产权，应编制形成文件的程序，根据科研项目知识产权目标，制定知识产权获取的工作计划，明确获取的方式和途径；在获取知识产权前进行必要的检索和分析；保持知识产权获取记录；保障职务发明创造研究开发人员的署名权和相关知识产权权利。

维护知识产权，应编制形成文件的程序，建立知识产权分类管理档案，进行日常维护；开展知识产权评估；知识产权权属变更；知识产权权利放弃；有条件的可对知识产权进行分级分类管理。

运用知识产权，包括实施、许可和转让，应编制形成文件的程序，应促进和监控科研机构转让或许可的知识产权实施，有条件的科研机构可评估知识产权对实施知识产权的企业产品销售的贡献；在知识产权许可和转让前，针对企业作为受让方分别设定调查内容，进行评估。二是知识产权投资融资，在投资融资活动前，应对相关知识产权开展尽职调查，进行价值和风险评估。三是标准化，参与标准化工作应满足下述要求：参与标准化组织前，了解标准化组织的知识产权政策，将包含专利和专利申请的技术方案向标准化组织提案时，应按照知识产权政策要求披露专利信息和许可条件，应遵守公平、合理且无歧视原则；牵头制定标准时，应组织制定标准工作组的知识产权政策和工作程序，遵守公平、合理且无歧视原则构建专利池或专利组合，建立专利池或专利组合管理机构，开展联合许可，并将许可收益在相关权利人之间分配。四是联盟及相关组织，参与或组建知识产权联盟及相关组织应满足下述要求：参与知识产权联盟或其他组织前，应了解其知识产权政策，评估参与利弊；组建知识产权联盟时，可围绕核心技术建立专利池或专利组合，开展专利合作，但应遵守公平、合理且无歧视的原则。

保护知识产权，包括风险管理、争议处理、合同管理和保密四个方面。风险管理应编制形成文件的程序，加强知识产权风险的识别、评测和防范；采取措施，避免或降低科研、办公等设备及软件侵犯他人知识产权的风险；定期监控可能涉及他人知识产权的状况，分析可能发生的纠纷及其损害程度，提出防范预案；有条件的科研机构可将知识产权纳入风险管理体系，对知识产权风险进行识别和评测，并采取相应风险控制措施。争议处理，应编制形成文件的程序，及时发现和监控知识产权被侵犯的情况，适时运用行政和司法途径保护知识产权；在处理知识产权纠纷时，评估诉讼、仲裁、和解等不同处理方式对科研机构的影响，选取适宜的争议解决方式。在知识产权合同管理中，应对合同中有关知识产权条款进行审查，并形成记录；知识产权委托外部业务应签订书面合同，对前景知识产权、项目知识产权权属、知识产权申请维持、复审无效与诉讼、知识产权保密、侵权调查与鉴定、违约责任等进行约定；在进行委托研发或合作研发时，应签订书面合同，约定前景知识产权、项目知识产权权属、知识产权许可及收益分配、后续改进知识产权的权属和使用、知识产权申请维持、复审无效诉讼、知识产权保密、侵权调查与鉴定、违约责任等；承担涉及国家重大专项等政府类科技项目时，应了解科技计划或项目有关知识产权管理规定，并按照要求进行管理。在保密方面，应编制形成文件的程序，明确涉密人员，设定保密等级和接触权限；明确可能造成知识产权流失的设备，规定使用目的、人员和方式；明确涉密信息，规定保密等级、期限和传递、保存及销毁的要求；明确涉密区域，规定客户及参访人员活动范围等。

七是审核与改进。应确保研发活动、软硬件设施符合知识产权有关要求；应确保知识产权管理体系的适应性；应持续改进知识产权管理体系，确保其有效性。内部审核应编制形成文件的程序，确保定期对知识产权管理体系进行内部审核，满足本规范的要求。应根据知识产权方针、目标与检查分析结果，制定落实和改进措施。

4.7　科研机构知识产权综合评价

随着国家知识产权战略的深入实施，越来越多的科研机构和高校、企业开始认识到知识产权管理对创新能力建设的重要性，加强了知识产权管理的考核，但一直缺乏一套公认的知识产权综合评价指标体系，尤其是面向科研机构知识产权管理的综合评价指标体系。葛仁良（2006）提出了包含投入、产出、运营、保护和效益五个模块的专利综合评价指标体系；郭利平（2007）构建了包括知识产权资源供给、知识产权环境、知识产权应用和知识产权贡献度在内的知识产权经济测度指标体系；Tak - Wing Liu，Kwai - Sang Chin（2010）提出了包括知识产权申请注册、许可和商业化在内的知识产权管理绩效评价体系；深圳市政府还建立了一套包含创造能力、管理水平、保护力度、运用成果、环境建设五个方面指标的知识产权综合指数。为进行综合测度，王正志（2011）建立了一套包含四个一级指标和 80 个四级指标的中国知识产权指数指标体系。中科院创新发展研究中心（2010）《2009 中国创新发展报告》从专利创造、运用、保护和管理四个方面建立了知识产权能力评价指标体系。国家知识产权局知识产权发展研究中心（2013）建立了一套包括创造、运用、保护、管理和环境的专利实力指标体系，宋河发（2013）建立了不同知识产权之间的当量关系和不同类型科研机构知识产权不同环节指标的权重，构建了包括知识产权创造、运用、保护和管理的能力指标体系。为了引导科研机构加强知识产权管理，本书从知识产权能力建设角度出发，构建了科研机构知识产权综合发展评价指标体系。

4.7.1　知识产权能力分析

知识产权一般包括知识产权研发投入、知识产权研究开发、知识产权申请、知识产权授权、知识产权扩散转化、知识产权商业化、知识产权产品社会应用几个环节。但主要集中于创造、运用、保护和管理四个环节。

实际上，从知识产权创造运用过程、政府职能设置和便于推进科研机构知识产权管理角度看，知识产权创造、运用、保护和管理涵盖了科研机构知识产权工作或能力建设的全部方面，任何知识产权工作归根结底可以纳入这四个范畴。虽然知识产权保护涉及知识产权创造和运用的整个过程，而管理涉及创造、运用和保护的全部，但这四个方面构成一个有机整体，离开任何一个方面，知识产权工作体系就会不完整。知识产权综合评价指标体系应当而且只能从这四个方面进行构建，科研机构以至高校和企业知识产权综合评价或者能力监测指标体系是包括知识产权创造、运用、保护和管理四个方面能力的评价指标体系。

4.7.2 科研机构知识产权当量关系

科研机构具有以下几个特点，研究成果具有公共产品属性，服务对象为国家和全社会，研究工作具有非盈利性，主要承接政府部署的科研任务以及企业委托的科研任务。根据科研机构从事科研工作的类型，科研机构主要分为基础类、应用类、开发类和软科学类等四大类型。但四类科研机构由于所从事科研工作的类型差异，在功能定位上也有很大的区别，知识产权产出类型各不相同。

基础研究是指以揭示规律，探明或建立理论为主要目的的科学研究，基础类科研机构的知识产权产出以著作权为主，表现为学术论文、学术著作、科学发现，而专利、商标等知识产权相对较少。应用研究是指为获得新知识而进行的创造性研究，主要针对某一特定目的或目标，是为了确定基础研究成果可能的用途，或是为达到预定的目标探索应采取的新方法（原理性）或新途径，应用研究类科研机构的知识产权综合评价对象主要是著作权和专利权，也会有一部分集成电路布图设计和植物新品种。开发指利用从基础研究、应用研究和实际经验所获得的现有知识，为产生新的产品、材料和装置，建立新的工艺、系统和服务，以及对已产生和建立的上述各项作实质性改进而进行的系统性工作，开发类科研机构成果形式主要是专利权、技术秘密专有权、具有新产品基本特征的产品原型或具有新装置基本特征的原始样机等实用性、集成性较强的科技成果。软科学是自然科学与社会科学相互结合的交叉科学，针对决策和管理实践中提出的复杂性、系统性课题，为解决各类复杂社会问题提出可供选择的各种途径、方案、措施和对策，软科学类科研机构成果形式主要是著作权（包括论文、专著）、商标权，以及少量的专利权。

不同类型科研机构承担的任务不同，目标导向不同，产出的知识产权类型也不同，采用同一种知识产权评价方法尤其是权重对不同类型科研机构进行评价，显然有失公平。为促进公平，在整体意义上，应依据不同类型科研机构知识产权的产出特征，确定发明专利权、实用新型专利权、外观设计专利权、商标权、科技论文、专著、植物新品种权和集成电路布图设计专有权等不同类型知识产权的当量关系，为知识产权综合评价奠定基础。

首先从对创新的贡献角度通过专家打分法获得科研机构不同类型知识产权的当量关系。通过匿名方式征询相关专家意见，进行统计、处理、分析和归纳，并客观综合多数专家经验与主观判断，最后形成针对类型知识产权的当量关系描述。当然，针对某具体的知识产权，其价值和得分肯定是不同的，但从科研机构知识产权总体上看，如果知识产权数量达到一定规模，各类知识产权总量就具有可以相比较的特征，总体不仅会掩盖单个知识产权的差异，也使得同类科研机构不同类型知识产权之间具有可比性。例如，以基础类科研机构为例，知识产权当量关系计算公式如下所示：

$$B_i = \frac{\sum_{i=1}^{n} B_{ij}}{\sum_{i=1}^{m} \sum_{j=1}^{n} B_{ij}}$$

其中，B_i 为基础类研究所第 i 类知识产权的当量，B_{ij} 为基础类研究所中第 j 个专家对第 i 类知识产权当量的打分。

本书选取中科院知识产权研究与培训中心和中科院创新发展研究中心主要成员为专家群体，这些专家长期从事知识产权和创新政策研究，对研究所知识产权情况较为熟悉。共发放问卷13份，回收13份，回收率为100%，每份问卷先由专家通过层次分析法（AHP）确定不同类型科研机构知识产权的当量关系，然后通过对每份问卷上专家对各类科研机构各类知识产权的当量关系打分情况进行汇总，并运用加权评价方法，最终确定不同类型科研机构的各类知识产权的当量关系，如表4-1所示。

表4-1 各类科研机构知识产权当量关系

知识产权类型	基础类科研机构	应用类科研机构	开发类科研机构	软科学类科研机构	科研机构整体
发明专利权	12	23	24	8	16.75
实用新型专利权	6	15	19	4	11.00
外观设计专利权	3	10	13	2	7.00
商标权	4	6	11	10	7.75
SCI、SSCI、EI论文	36	16	9	33	23.50
科技专著与软件著作权	25	14	6	39	21.00
植物新品种权	7	8	6	2	5.75
集成电路布图设计专有权	7	8	12	2	7.25
合计	100	100	100	100	100.00

由结果可知，不同类型科研机构的知识产权类型不同，不同知识产权的重要性不同，例如基础类科研机构发明专利权的作用只有开发类的一半，其当量关系为12∶24，而基础类科研机构论文的重要性要远远超过开发类科研机构，其当量关系为36∶9。

4.7.3 科研机构知识产权发展评价方法

1. 科研机构知识产权评价指标体系

科研机构知识产权评价指标体系主要包括知识产权创造、知识产权运用、知识产权管理和知识产权保护四个子指标，如表4-2所示。

表4-2 科研机构知识产权发展评价指标体系

一级指标	二级指标	三级指标	代码
知识产权创造能力 C	知识产权研发创造	知识产权申请量	C_{11}
		单位研究开发经费产生的知识产权数量	C_{12}
	知识产权权利获取	知识产权授权量	C_{21}
		知识产权申请通过审查率（非驳回率）	C_{22}
	知识产权保护范围拓展	国际知识产权数量	C_{31}
		单位国际知识产权申请保护国家数量	C_{32}
知识产权运用能力 U	知识产权运用基础	有效知识产权数量	U_{11}
		有效知识产权数量占过去5年授权知识产权数量的比例	U_{12}
	知识产权制度运用	参与专利池数量	U_{21}
		自主专利占专利池数量比例	U_{22}
		制定国家和国际技术标准数量	U_{23}
		专利进入国家和国际技术标准数量占全部有效专利数量的比例	U_{24}
	知识产权商业化运用	知识产权许可实施数量	U_{31}
		单件实施许可知识产权产生的税后利润	U_{32}
知识产权保护能力 P	知识产权保护措施	制定知识产权保护政策措施（人员聘用、合作研究、外出学习、出国交流、出现风险、签订合同）	P_1
	知识产权司法与行政保护	通过行政与司法途径保护知识产权（应对指控、主动应诉、提起诉讼、获取收益）	P_2
	知识产权自我保护	主动保护自主知识产权（侵权监测、侵权调查、主动取证、提出警告、解决争议）	P_3
知识产权管理能力 M	知识产权制度与战略	知识产权管理制度与战略（中长期发展规划或战略、5年规划、专项行动计划）	M_1
	知识产权组织机构与人员	知识产权组织机构与人员（知识产权管理机构，转移转化机构、投资机构或基金，企业网络；知识产权律师、代理人的人员团队，知识产权教育培训）	M_2
	知识产权管理	知识产权管理（知识产权管理系统、专门资金；知识产权创造、获权、维护、运用环节管理；知识产权检索分析、战略布局、专利池构建与技术标准开发、价值评估、实施许可管理）	M_3

（1）知识产权创造。

实际上，知识产权创造不是单纯的研究开发活动，还包括权利形成，知识产权创造应包括知识产权研发创造、知识产权授权创造和知识产权保护范围拓展创造三个方面。知识产权研发创造主要是指研究开发活动创造知识产权。知识产权权利获取也是知识产权创造能力的重要方面，主要是经过知识产权行政许可部门审查、审批、注册、公告等行为确定的由行政许可的垄断权利活动。知识产权保护范围拓展反映了国外知识产权的布局和创造情况，数量越多表明创造的知识产权权利越多，覆盖范围越大，获取的垄断势力和可能的收益就会越大，但过大也会造成负担过重。所以，知识产权创造子指标包括知识产权研发创造、知识产权获得授权和知识产权保护范围拓展三个三级指标。研发创造指标主要由知识产权申请量和单位研究开发经费产生的知识产权数量两个指标构成。授权创造主要由知识产权授权量和知识产权申请通过审查率（非驳回率）两大指标构成。保护范围拓展主要由国际知识产权数量和单位国际知识产权申请保护国家数量两个指标构成。

（2）知识产权运用。

知识产权运用主要包括利用知识产权制度提高竞争力的知识产权制度运用和知识产权转化为生产力的商业化运用两个方面。但两个方面的基础是科研机构必须拥有一批有效的知识产权。构建专利池或专利组合，制定自主知识产权的技术标准是运用知识产权制度提升竞争力的主要方面。知识产权商业化运用是知识产权运用的主要方面，而商业化运用主要目的是获得知识产权产生的税后利润，这是知识产权创造的主要目的，也是投资人投资知识产权的主要目的。所以，知识产权运用子指标包括知识产权运用基础、知识产权制度运用、知识产权商业化运用三个三级指标。知识产权运用基础主要由有效知识产权数量和有效知识产权数量占过去 5 年授权知识产权数量的比例两个指标构成。知识产权制度运用主要由参与专利池数量、自主专利占专利池数量比例、制定国家和国际技术标准数量、专利进入国家和国际技术标准数量占全部有效专利数量的比例四个指标构成。知识产权商业化运用主要由知识产权许可实施数量、单件实施许可知识产权产生的税后利润两个指标构成。

（3）知识产权保护。

知识产权司法和行政保护是一种正式保护，主要是科研机构通过行政与司法途径保护知识产权应对他人知识产权侵权或权属纠纷的指控，积极主动到庭参加诉讼，针对他人的知识产权侵权行为主动提起诉讼，最后通过应诉和诉讼能保护自己的利益和获得实际收益，将有可能造成的知识产权损失降低到最小。知识产权自我保护是科研机构主动保护自主知识产权的行为，包括对全球知识产权侵权情况的监测，自我调查和取证，确定侵权行为发生时采取警告措施，最后能够解决相应的问题，避免通过行政和司法途径的高资金成本和时间成本。由于科研机构无法影响知识产权司法和行政保护，其知识产权保护主要是自身的主动的保护。所以，知识产权保护子指标包括知识产权保护措施、知识产权司法与行政保护、知识产权自我保护三个三级指标。其中知识产权保护措施主要包括研究所是否在人员聘用、合作研究、外出学习、出国交流、出现风险和签订合同时采取有效知识产权保护措施。知识产权司法与行政保护主要包括研究所是否通过应对指控、主动应诉、提起诉讼、获取收益等行政与司法途径对知识产权进行保护。知识产权自我保护主要指研究所是否能够通过侵权监测、侵权调查、主动取证、提出警告、解决争议等主动保护知识产权。

（4）知识产权管理。

知识产权管理主要包括科研机构知识产权战略与制度制定、知识产权组织机构建设和人员配置，开展知识产权管理三个方面，主要目的是提高知识产权工作的效率。其中知识产权制度与战略或规划能力主要包括研究所是否制定五年或中长期知识产权发展规划与战略；知识产权机构建设与人员配置主要包括研究所是否建立有知识产权管理机构，建立包含知识产权管理职能的转移转化与产业化机构以及是否建立有知识产权投资机构或基金，是否建立企业网络，人员配置包括是否建立有包含知识产权律师、代理人等的知识产权人员团队，是否开展知识产权教育培训。知识产权管理涉及是否建立知识产权管理数据库与资金等基础条件，是否涵盖知识产权创造、获权、维护、运用环节，是否开展科研项目知识产权全过程管理。科研项目知识产权全过程管理是指科研机构是否开展知识产权检索分析、战略布局、专利池构建与技术标准开发、价值评估、实施许可管理等活动。

2. 知识产权综合评价

（1）评价方法。

科研机构知识产权综合测度采用三步法，第一步是通过专家打分法，确定四级和三级指标权重。第二步是根据四级指标权重，计算三级指标，并根据三级指标权重计算二级指标指数。第三步是根据四个二级指标指数，计算一级指数科研机构知识产权综合指数。在计算知识产权综合指数时，需要对四级指标进行数据归一化整理，确保每个四级指标数值在 $0 \sim 100$ 之间。以知识产权创造为例，知识产权创造指数 C 主要包括知识产权研发创造指数 C_1、知识产权获得授权指数 C_2 和知识产权保护范围拓展指数 C_3。

知识产权研发创造指数 C_1 计算方法为：

$$C_1 = \frac{W_{11}}{W_{11} + W_{12}}C_{11} + \frac{W_{11}}{W_{11} + W_{12}}C_{12}$$

其中，W_{11} 和 W_{12} 分别为知识产权申请量 C_{11} 和单位研究开发经费产生的知识产权数量 C_{12} 的权重。

知识产权确权指数 C_2 计算方法为：

$$C_2 = \frac{W_{13}}{W_{13} + W_{14}}C_{21} + \frac{W_{13}}{W_{13} + W_{14}}C_{22}$$

其中，W_{13} 和 W_{14} 分别为知识产权授权量 C_{21} 和知识产权申请通过审查率 C_{22} 的权重。

知识产权保护范围拓展指数 C_3 计算方法为：

$$C_3 = \frac{W_{15}}{W_{15} + W_{16}}C_{31} + \frac{W_{15}}{W_{15} + W_{16}}C_{32}$$

其中，W_{15} 和 W_{16} 分别为知识产权申请保护国家数 C_{31} 和单位知识产权或保护国家数 C_{32} 的权重。因此，知识产权创造能力指数 C 的具体计算方法为：

$$C = (W_{11} + W_{12}) \times C_1 + (W_{13} + W_{14}) \times C_2 + (W_{15} + W_{16}) \times C_3$$

其中，$C = W_{11} + W_{12} + W_{13} + W_{14} + W_{15} + W_{16}$

（2）知识产权综合指数。

知识产权创造是知识产权运用的前提，知识产权保护和知识产权管理力都会影响知识产权创造和运用。知识产权管理涉及知识产权创造、运用和保护三个方面，通过知识产权管理，有利于加强知识产权保护，促进知识产权创造和运用。在四个子指标中，某一方面指标较强不一定导致知识产权综合指数高，只有四个方面指数都较高，知识产权综合指数才会高，但任何一方面较弱都会导致知识产权综合指数低，四个方面指数都低，则知识产权综合指数必定低。因此，应将知识产权创造、运用、保护、管理指数进行指数相乘求得知识产权综合指数。本文提出的知识产权综合指数 IPR 计算方法如下：

$$IPR = C^{\alpha} \times U^{\beta} \times P^{\gamma} \times M^{\vartheta}$$

其中，$\alpha, \beta, \gamma, \theta$ 分别为知识产权创造指数 C、知识产权运用指数 U、知识产权管理指数 M 和知识产权保护指数 P 对知识产权综合指数的贡献率，且 $\alpha + \beta + \gamma + \theta = 1$。

（3）知识产权综合指数计算公式。

知识产权综合指数四级和三级指数权重采用专家打分法确定。权重和贡献率确定共发放问卷 13 份，回收 13 份，回收率为 100%。通过每份问卷上专家对各类研究所知识产权创造、知识产权运用、知识产权管理和知识产权保护对知识产权综合指数的贡献率打分情况进行汇总，并运用简单加权评价方法，最终得出不同科研机构的知识产权综合指数指数中二级指标的贡献率。通过对四级指标和三级指标权重打分情况进行汇总，并运用加权评价方法，最终得出不同类型知识产权三级和二级指标的权重。不同类型科研机构知识产权创造、知识产权运用、知识产权管理和知识产权保护对知识产权综合指数的贡献率也通过专家打分法确定。四级到二级指标体系权重如表 4 - 3 所示。根据专家打分汇总，二级指标中知识产权创造指数贡献率为 0.32，知识产权运用指数贡献率为 0.27，知识产权保护数贡献率为 0.20，知识产权管理数贡献率为 0.21。所以，科研机构知识产权综合指数测度公式为：

$$IPR = C^{0.32} \times U^{0.27} \times P^{0.21} \times M^{0.20}$$

表 4 - 3　各类科研机构知识产权综合评价三级指标体系

指　标	基础类	应用类	开发类	软科学类	整体
知识产权申请量	17.40	16.47	20.21	19.92	18.50
单位研究开发经费产生的知识产权数量	25.45	12.38	10.85	9.58	14.56
知识产权授权量	16.34	17.78	13.33	16.94	16.10
知识产权申请通过审查率（非驳回撤回率）	14.71	11.51	17.36	9.580	13.29
国际知识产权数量	13.41	14.37	7.31	12.44	11.88
单位国际知识产权申请保护国家数量	12.68	11.83	19.58	10.88	13.74
有效知识产权数量	13.34	12.18	11.51	15.14	13.04
有效知识产权数量占过去 5 年授权知识产权数量的比例	13.41	11.10	10.91	13.99	12.35
参与专利池数量	12.16	11.1	11.15	13.38	11.95
自主专利占专利池数量比例	9.66	10.36	10.22	8.82	9.76
制定国家和国际技术标准数量	10.41	11.2	10.63	9.552	10.45
专利进入国家和国际技术标准数量占全部有效专利数量的比例	10.91	10.11	10.91	10.34	10.57
知识产权许可实施数量	10.29	11.1	11.03	9.734	10.54
单件知识产权许可收入 有效知识产权对应的科技成果转化取得的利税	10.03	11.89	11.51	9.489	10.73
制定知识产权保护政策措施	36.52	30.77	28.16	38.27	33.43
通过行政与司法途径保护知识产权	32.17	34.82	37.54	32.17	34.18
主动保护自主知识产权	31.3	34.41	34.3	29.56	32.39
知识产权管理制度与战略	40.27	30.87	29.45	32.9	33.37
知识产权组织机构与人员	30.09	33.33	33.82	31.14	32.10
科研项目知识产权全过程管理	29.65	35.8	36.73	35.96	34.54

首先按照测度指标体系获得各三级指标数据。根据有关统计年鉴和数据库得到数据。对于某些年份缺失的数据，采取两端平均或过去 2~3 年平均增长率弥补的办法弥补，由于数据可得性问题，有效知识产权数量采用当年和前 2~3 年授权数量之和代替。第二步，对于研究开发投入、许可费收入等与费用有关的数据进行平减，平减指数采用国家统计局公布的定基价格指数，以 1978 年为 100。第三步，设定各指标的最大最小标杆值。最大标杆值一是根据实际情况设定，一是参考指标序列中的最大数据并考虑未来五年的增长情况设定。在设定最大值后，指标序列值根据下述归一化公式计算：

$$x_i^* = \frac{x_{ij}}{B_{i\max}} , (i = 2006, \cdots, 2012 ; j = 1 , \cdots, 16)$$

第四步，根据专家调查得到的三级指标权重，将归一化处理后的三级指标数值乘以相应权重，得到各二级指标数值，根据上述计算公式可得到一级指标指数。

4.8 小 结

本章研究了科研机构知识产权管理的基本理论，重点研究了科研机构知识产权管理的内涵特征、主要功能、主要分类和管理的基本原则，研究了科研机构知识产权管理标准化和综合评价指标体系。

由于科研机构的公益性，科研机构应当努力促进知识产权的转移转化，但不应成为通过知识产权转移转化谋利的机构。因此，科研机构知识产权管理应体现职务知识产权原则、知识产权转化实施原则、知识产权普通许可原则、知识产权有限放弃原则和知识产权组合管理原则。

科研机构知识产权管理主要包括知识产权战略与规划管理、知识产权组织体系建设管理、知识产权教育培训管理、科研项目知识产权全过程管理、知识产权激励管理、知识产权维权保护管理等方面的内容。目前，加强科研机构知识产权管理最重要的是要改变落后的知识产权管理体系，完善知识产权职能，建设知识产权管理人才团队，强化知识产权管理能力建设，最重要的是要加强科研机构科研项目的知识产权全过程管理，通过知识产权检索分析为科研项目知识产权战略布局和转化实施提出建议，从而提升科技创新的效率。

知识产权管理标准化和综合评价是提升科研机构知识产权管理能力和水平的重要途径。制定科研机构知识产权管理标准一方面要参考已经发布的《企业知识产权管理规范》，另一方面也要面向科研机构的特殊性，要解决科研机构面临的突出问题。不同类型知识产权作用不同，不同类型科研机构知识产权的作用也不同，知识产权创造、运用、保护和管理的地位也不同，但不同类型知识产权之间存在一定的当量关系。科研机构知识产权综合评价要有利于科研机构知识产权能力建设，要有配套的政策措施。

第五章　科研机构知识产权战略规划管理

制定科学的科研机构知识产权战略规划是科研机构知识产权管理的重要任务，是加强科研机构知识产权管理不可或缺的环节。制定具有长远指导意义并具有可操作性的战略规划，有利于科研机构弄清知识产权发展的形势与环境，有利于发现自身知识产权发展的问题与不足，有利于明确科研机构知识产权管理的重点和任务，有利于采取有效的措施提升知识产权管理的水平。

5.1　知识产权战略与管理

战略是一种决定全局或对全局具有决定性影响的谋划，战略包括三方面的含义：（1）运用政治、经济、心理和军事的力量最大支持采取和平和战争政策的科学与艺术；（2）军事指挥官在优势环境下与敌人战斗的科学与艺术；（3）精心的计划或方法：聪明的计谋；（4）设计或利用计划或计谋或达成目标的艺术❶。战略主要包括战略环境、战略思想、战略目标、战略任务和战略措施等要素或内容。开放和互联的战略将带给尝试新方法的人意想不到的利益（John Palfrey，2012）。

战略管理是管理者为制定组织的战略而做的工作，战略管理涵盖所有的基本管理职能 - 计划、组织、领导和控制（Stephen P. Robbins and Merry Coulter，1997）。战略管理过程是一个包含六个步骤的过程，一是识别组织当前的使命，目标和战略；二是进行外部环境分析，包括机遇和威胁；三是组织内部分析，包括优势和劣势分析；四是制定战略，包括企业战略、竞争战略和职能战略，分别由组织的高层、中层和基层管理者负责；五是实施战略；六是评估结果（Stephen P. Robbins and Merry Coulter，1997）。

目前，知识产权战略已超越知识产权法律的矛与盾，是一个战略性资产，柔性和创造性是能够获利的知识产权长期战略的关键（John Palfrey，2012）。从知识产权中获取价值具有商业上成功的必要性，知识产权管理的核心是获取知识产权价值（Robert Shearer，2007），知识产权管理不仅仅是管理专员的事情，需要高层介入和决策的干预。将知识产权战略与企业战略结合在一起的有效做法是开发创造、保护与开发知识产权组合的新战略（Reitzig，2004）。

知识产权战略的目的在于建立并维持基于知识产权的持续竞争优势（Webster，2008）。知识产权战略在理论上应该贯穿整个"知识产权价值链"——即从研发部门无形

---

❶　http：//www. merriam - webster. com/directory/strategy（2012 年 5 月 20 日）.

资产的生产到专利和法律部门知识产权的保护，最终到律师、品牌专家和许可证专家对知识产权的应用（John Palfrey，2012）。

知识产权战略是高级管理者用来管理和开发知识产权资源的策略，知识产权战略需要帮助回答这样的问题：如何利用知识产权来获得和保持竞争优势？知识产权如何影响组织结构等（Reitzig，2007）。知识产权战略是运用知识产权保护制度，为充分维护自己的合法权益，获得与保持竞争优势并遏制竞争对手，谋求最佳经济效益而进行的整体性筹划和采取的一系列策略和手段。知识产权战略是基于对自身条件、竞争环境和发展趋势的分析而制定的综合运用知识产权的各种形式和保护手段，保证自身利益的总体方案和实施步骤（李立，2001）；是指运用知识产权及其制度的特点去寻求市场竞争有利地位的战略（吴汉东，2008）。知识产权战略的内涵涉及知识产权法和商业战略两个领域，一般可将知识产权战略定义为"单独运用知识产权或者把知识产权同其他资源进行整合，来实现的战略目标"（Pitkethly，2001）。

知识产权战略管理也包括上述四项基本的管理职能，战略性知识产权管理主要包括制定目标、评估人力资源、评估知识产权资源、评估知识产权实务、研究竞争环境、开发知识产权管理计划和实施计划等步骤，主要包括总体战略、专利战略、商业秘密战略、商标战略和著作权战略（Michael A. Gollin，2008）。

知识产权战略包括知识产权的获取和产生、知识产权的保护、知识产权的应用与执行三个维度（Reitzig，2007）；应采用"产品市场措施"、"持续创新"以及"法律政策"保护其知识产权，知识产权战略实质上是市场战略、技术战略以及法律战略的组合（Narayanan，2000）。评价知识产权战略应包括定性和定量两大类指标，定性指标包括经营战略、技术战略、信息战略、国际战略和法律业务战略五个战略方向（斋藤优，1990）。知识产权战略有八个类型：定义知识产权商业模式、定位盈利性知识产权、创造和获取知识产权、知识产权实验、准备和处理知识产权、组合管理、诉讼、收益（Bill Meade，2010）。专利战略管理一般包括以下步骤：（1）现有专利周边设计；（2）工业标准参与；（3）技术领域技术趋势研究与引用；（4）技术突破与破坏性技术；（5）技术路线图实践；（6）战略组合扫描与建立实践；（7）需求的再确认、合理化或者货币化。

5.2　科研机构知识产权战略管理

科研机构知识产权战略是研究机构为提升自主创新能力，获取和保持竞争优势的总体性谋划，是一个具有全局性和长远性的谋划。一般的战略或规划都包括形势与任务、总体思路、战略重点与重大任务、政策举措、规划实施等几个方面。科研机构知识产权战略主要由包括战略目标、战略定位、战略重点、战略措施、实施策略、战略步骤和战略评估组成。

5.2.1　知识产权战略环境分析

科研机构知识产权战略环境分析主要是战略或规划的形势与任务分析，主要是分析面临的国内国际知识产权形势，分析科研机构知识产权面临的机遇、挑战和自身的优势劣势，提出实施知识产权战略规划的突出问题和重大需求，从而明确知识产权战略规划的重要性、必要性和紧迫性。制定科研机构知识产权战略，首先要弄清楚科研机构知识产权战略的环境状况，开展环境分析，主要包括内部的优势和劣势分析，外部的机遇与挑战分析。通常的环境分析多采用分析 SWOT 分析法（也称道斯矩阵）即态势分析法。该方法是20 世纪 80 年代初美国旧金山大学的管理学教授韦里克提出，经常被用于战略制定、竞争对手分析等。主要包括分析科研机构知识产权的优势（Strength）、劣势（Weakness）、机会（Opportunity）和威胁（Threats）。优劣势分析主要是着眼于科研机构自身的知识产权实力及其与竞争对手的比较，而机会和威胁分析将注意力放在外部环境的变化及对科研机构知识产权管理的可能影响上。如图 5 - 1 所示。

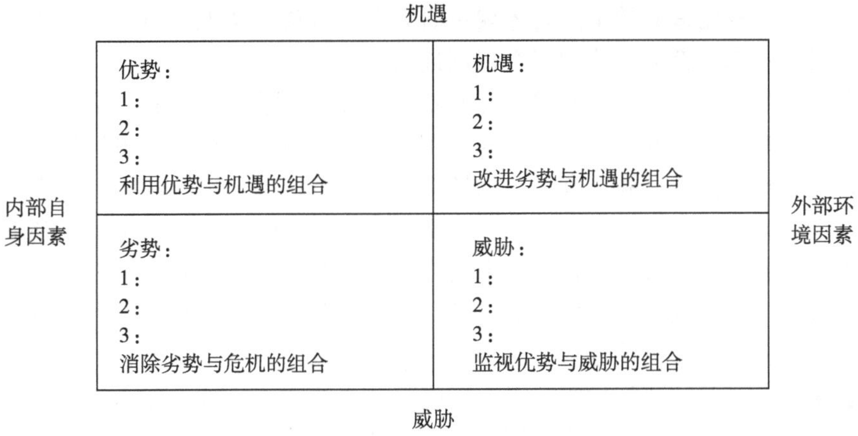

机遇

内部自 身因素	优势： 1： 2： 3： 利用优势与机遇的组合	机遇： 1： 2： 3： 改进劣势与机遇的组合	外部环 境因素
	劣势： 1： 2： 3： 消除劣势与危机的组合	威胁： 1： 2： 3： 监视优势与威胁的组合	

威胁

图 5 - 1　知识产权战略环境分析

优势分析主要从知识产权创造、运用、保护和管理等四个方面分析科研机构的优势，首先要进行知识产权尤其是专利检索，弄清同行或竞争对手是哪些机构及其知识产权情况。具体包括知识产权尤其是专利的数量和质量，知识产权组织体系与人才队伍建设，知识产权运用与效益，知识产权应对侵权能力，知识产权管理与科研项目管理结合情况等。由此可以分析出本科研机构知识产权管理工作在国际同类科研机构的地位，分析出科研机构在某一技术领域的优势。

劣势分析应主要从知识产权创造、运用、保护和管理等四个方面分析，通过分析国际同类科研机构的知识产权情况，分析本科研机构知识产权的地位，具体在哪些方面哪些技术领域存在劣势，并找出主要的几个劣势，如知识产权管理能力较弱，知识产权转移转化能力较弱，缺乏专业知识产权人才和团队等。

机遇分析主要是找出对科研机构知识产权发展具有较大影响的机遇或机会。机遇一般是指世界科技发展、世界其他国家经济发展，以及本国或本单位的重大政策或战略。可以从科技革命和产业革命，国际金融危机或债务危机入手，分析本领域技术的可能发展趋势，分析未来市场的可能发展趋势，分析未来知识产权与创新政策的动向与趋势等，从而找出本科研机构知识产权发展的机遇。

威胁分析主要从外部分析入手，应分析经济科技全球化背景下的全球创新要素流动和国际贸易不平衡等带来的威胁，如人才流失问题、反倾销调查问题、知识产权保护国际压力问题等。还应分析科技革命和产业革命的可能方向，国外主要科研机构的重大知识产权举措及其不利影响。除此之外，也要分析国家政策和市场可能会有的不利变化。

5.2.2 知识产权战略选择

当前，从创新过程来看，科研机构主要的知识产权战略有以下几个：

（1）知识产权创造战略。知识产权创造主要表现为研究开发投入量和知识产权申请的数量与质量上。要加大知识产权创造的数量，必须加大研究开发投入，尤其是人均科技人员的研究开发投入。知识产权创造还表现在知识产权的质量和知识产权创造的效率上，知识产权质量尤其是专利质量首先表现为专利发明创造性的大小，常用发明专利数量所占的比例表示。知识产权创造的效率主要体现在研究开发人员效率上，研究开发人员的收入水平、研究开发管理水平都会影响知识产权创造的效率。

（2）知识产权申请战略。知识产权申请战略主要表现在将能申请专利保护的技术都申请专利等保护，在相关技术领域大量布局专利等知识产权。知识产权申请战略不仅能够通过获取知识产权形成技术垄断，有利于保护自己的研发成果，也能够阻碍他人就同样的发明创造申请专利和对自己产生不利影响。知识产权申请战略不一定是最优的战略，申请专利与否首先要对研究开发成果是否适于申请专利进行分析，分析其创造性和未来市场价值的大小，如果创造性大且市场价值大则应及时申请专利，创造性较小或者市场价值小则有些可直接向社会公开。在申请专利时还要分析是否可以保留技术诀窍，如果去掉技术诀窍之后仍能够实现发明目的达到发明效果，则应将技术诀窍作为技术秘密。知识产权申请战略还包括对知识产权文件质量的管理策略，知识产权申请战略要求必须有良好的制度和机制保障文件撰写的质量。

（3）知识产权运用战略。知识产权运用能力往往是科研机构最缺乏的能力。从科研机构的性质看，科研机构还应承担将研发成果转化为生产力的任务，科研机构必须高度重视知识产权运用战略。知识产权运用战略最重要的是要将专利转移到企业或者自己将专利转化实施。由自身性质决定，科研机构不能也不应成为企业的控制者和管理者，自行实施知识产权所创办的企业是衍生企业，在一定时间后也应转移到外部。除了体制机制和政策原因外，科研机构也要加大专利技术工程化和中试的投入力度，要加强工程（技术）研究中心、工程实验室、中试基地、试验工厂等工程化条件的建设，提高技术的成熟度、集成度和配套性，也要积极与种子基金、创新基金、风险投资企业建立紧密联系，支持专利等自主知识产权的创业和商业化，最好自己具有投资职能。

对于不同战略环境的组合，可以采取不同的战略措施。如图 5-2 所示。

（1）进攻型战略。进攻型战略也称为扩张型战略、发展型战略、成长性战略或增长型战略。从科研机构发展的角度来看，任何成功的科研机构都应当经历一定时间的发展型战略实施期。只有进攻型战略才能不断扩大科研机构的知识产权规模，使科研机构的知识产权实力不断增长。科研机构知识产权发展型战略的核心是研究开发和相关经费投入的持续稳定增长，只有持续稳定增长的研发经费才能保障知识产权创造数量的增长。只有持续稳定增长的科学事业费和科研基础条件建设费才能保障建立一支结构合理和具有较高素质的知识产权管理人才队伍。

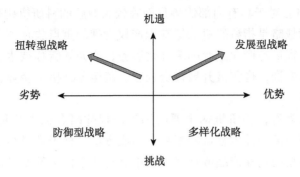

图 5 - 2　科研机构知识产权战略选择

（2）扭转型战略。对于外部机会大但内部存在劣势的科研机构，应当采取扭转型战略，转变发展战略方式，要利用外部机会克服自身的劣势。例如，1997 年以前，我国许多科研机构普遍缺乏研究经费，科研人员流失严重，知识产权创造能力受到很大削弱。尤其是 2000 年我国专利代理机构改制后，大多数科研机构下属的专利代理机构进入社会，代理人离开科研机构，科研机构知识产权管理能力下降很多。1998 年在中科院的带领下，我国开始实施知识创新工程，科研机构的经费得到了有效保障，科研人员的激励问题也得到了较好解决。2000 年我国加入世界贸易组织，国内外专利申请量呈爆炸式增长态势，但多数科研机构缺乏知识产权管理人才和团队，知识产权管理工作与实际科研工作需求存在巨大差距。采用扭转型战略，必须从抓抢机遇入手大力提升科研机构自身的知识产权管理能力。当前以生命科学为核心的新科技革命及其产业革命已见曙光，我国提出在 2020 年要建设成为创新型国家与知识产权创造、运用、保护和管理较高水平国家，这些都是科研机构知识产权发展的重大战略机遇，而我国许多科研机构知识产权体制机制还存在很多问题，知识产权管理能力仍很落后。我国科研机构必须克服自身劣势，采取扭转型战略，努力适应新科技革命和国家战略需求。

（3）防御型战略。防御型战略是科研机构为应付外部威胁，采取一些措施保护和维持现有知识产权工作状态的一种战略。防御型战略的目的是降低被他人攻击的风险，减弱任何已有的竞争性行动所产生的影响，加强自身的竞争优势，捍卫本单位最有价值的创新资源和创新能力不丧失。带来威胁的原因一是经济形势变化，如宏观经济不景气，缺乏有效的知识产权需求，科研机构不得不紧缩研发经费，不得不尽量少申请专利，而仅对特别重要的技术进行专利保护。二是国家政策变化，比如国家在 1994 年科技体制改革，"稳住一头，放开一片"的大背景下，大量科研人员下海经商。2000 年专利代理机构改制，大多数专利代理人离开科研机构，科研机构知识产权工作不得不采取防御型战略。三是遇到强有力竞争对手的挑战，尤其是其他科研机构或高校、企业可能发起知识产权无效请求或侵权诉讼，尤其是针对企业化管理或者转制的科研机构或科研机构的下属企业，科研机构自身知识产权数量不多，质量不高。四是科研机构领导者缺乏对市场需求变化的敏感性，采取保守的知识产权发展思路。采取防御型战略并非不能在一些技术领域采取进攻型战略，如组建核心知识产权管理团队，采取科研项目知识产权全过程管理，研发竞争对手的替代技术或竞争技术。

（4）多样化战略。对于具有内部优势且面临较大威胁的科研机构来说，应当采取多样化战略。多样化经营战略是指科研机构把知识产权管理的重点放在多个技术领域研发与知识产权许可上，或者提供与产业配套的多样化服务，比如既转移技术，进行技术许可，也开展技术服务、技术咨询，也积极开展投资入股，甚至创办衍生企业，还积极参与知识产权拍卖、集中管理等。

从专利保护过程来看，科研机构主要的知识产权战略有以下 5 种：（1）核心专利战略。核心专利是指制造某个技术领域的某种产品或提供某种服务必须使用的核心技术所对应的专利。核心专利指的是在产品或技术发展中具有核心作用的专利，核心专利与必要专利、基本专利的概念并不相同。核心专利一般都是必要专利，但必要专利不一定都是核心专利。基础专利一定是核心专利，但核心专利不一定是基础专利。必要专利是指专利产品制造或标准实施时必然会造成侵权的专利，基础专利是指比较接近基础科学和基础理论而实用性有待进一步开发的专利。核心专利不是一个专利法意义上的概念，而是一个文献统计学意义上的概念。通常利用专利被引证次数、专利的同族专利数量以及诉讼数量、许可数量等来判断是否是核心专利。核心专利是实施专利战略的基础，一个科研机构拥有的核心专利越多，它的创新能力和未来市场竞争力也就越强。

（2）专利网战略。专利网战略是指围绕基本专利和核心专利构筑专利网，从而形成交叉局面的战略。针对国内外基本专利，大量申请改进专利，提供更新更好的产品或服务，主要竞争对手制造新产品或提供新服务在必须实施基本专利的时候就要实施改进专利。针对国内外核心专利，大量申请构成产品或服务的交叉或组合专利，将自主专利权利覆盖产品或服务的主要零部件，使主要竞争对手实施核心专利制造产品或提供服务时必须实施交叉专利。华为技术公司在起步阶段就较多采用了专利网战略，申请了大量基于国外路由器技术的改进专利和组合专利，形成了一定范围和优势的专利网，从而逐渐形成交叉局面，外国公司不但不能发起专利诉讼，而且还要开展合作。

（3）专利转让许可战略。专利许可不仅是科研机构的重要职责，也是科研机构获取市场利益和支持产业发展的重要手段。当前，国外许多科研机构如美国标准院、美国国立健康院、德国马普学会、弗朗霍夫学会等都积极实施专利许可战略，他们不仅组建专业化的知识产权管理队伍，制定了一系列专利许可政策，建立投资基金促进专利许可。一些跨国公司也加大了专列许可战略的力度，如飞利浦是一家知名的跨国企业，在生产制造高端电子电器和装备的同时，也在积极对外开展专利许可。据国家知识产权局备案的专利许可合同登记统计，荷兰皇家飞利浦电子股份有限公司 2010 年采用普通方式向我国 24 家企业颁发了共 332 个普通许可证。一些企业如高智发明主要是以知识产权许可生存的企业，而不是以生产制造生存的企业。专利许可战略涉及科研机构专利许可能力建设问题，只有拥有知识产权管理或技术许可人才的机构才能有效实施专利许可战略。专利许可战略还涉及专利许可的方式，如果是权利转让或独占许可，被许可人的垄断能力强，许可价格往往较高，普通许可价格较低，但普通许可容易造成恶性竞争。单项专利许可方式简单，简便易行，专利池许可有利于入池者免费实施他人专利，被许可人可以降低交易成本，但制度设计较为复杂。

（4）专利诉讼战略。专利诉讼是专利运用的重要内容，主要包括专利侵权诉讼、专利复审无效诉讼、专利纠纷诉讼等几个方面。专利诉讼战略是运用专利制度保护自身知识产权利益的策略。为保护自身权益、促进专利实施或者获得实际收益，科研机构主动跟踪和搜集国内外的专利侵权证据，及时向可能的侵权者提出侵权警告，向知识产权行政与司法机关提起诉讼请求，保护自身权益。科研机构按照法定程序向专利复审委员会提出复审请求，保护其重要的专利权利，或者发起无效宣告程序，针对可能影响科研机构未来市场的专利宣告他人专利权无效，打破其威胁和影响，确保自己的技术和市场优势地位。专利诉讼也包括专利权属纠纷、专利合同纠纷等诉讼，科研机构通过诉讼主动保护属于本单位的知识产权权益。专利诉讼战略不一定是实际发生的诉讼活动，通常是一种威胁姿态。通过专利诉讼威胁，使得潜在侵权者等不敢轻易侵权。因此，科研机构应在其知识产权制度和战略规划中提出专利诉讼战略。我国的科研机构在专利诉讼战略方面做得还很不够，一些企业侵犯科研机构的专利权，一些科研机构的科研人员将职务发明专利私自实施，一些科研机构毕业的学生将本属职务发明的知识产权带到其后来的工作单位并申请专利，等等，这方面的诉讼案件很少。专利诉讼战略的核心是要有诉讼能力，诉讼能力的关键是要有高水平的知识产权管理人才，这些人才能监测国内外市场上的潜在侵权信息，能够找到合适的专利律师制定合理的策略进行诉讼，通过诉讼能获得实际收益。

（5）混合型专利战略。混合型专利战略是综合了进攻型、防御型和跟进型等多种模式的战略模式。事实上，各种战略模式之间是可以转换的，但改变的难易程度是不同的。比如，防御型专利战略向进攻型专利战略方向的改变要难于后者向前者的转向，这是因为，采取进攻型专利战略需要投入更多的资源（周勇涛、朱雪忠、文家春，2009）。

科研机构根据科研发展阶段和任务目标，一般会对知识产权战略模式做出选择。一般而言，科研机构是以创造高水平知识产权，占领科学技术发展制高点为目标的，因此，一般都选取"进攻型"知识产权战略模式。然而，由于现代科学技术发展速度越来越快，周期越来越短，复杂性越来越高，一些科研机构由于经费限制或者其他原因，也会采取"跟进型"模式，通过不断跟进现有技术，进行渐进式创新。大多数科研机构知识产权战略并不明显区分为"进攻型"或者是"防御型"战略，而往往采用兼具"进攻型"、"跟进型"和"防御型"特点的战略模式，即"混合型"战略模式。

5.2.3　知识产权战略规划总体思路

总体思路是科研机构知识产权战略规划的灵魂，主要是确定知识产权战略规划的指导思想、战略重点、基本原则、战略目标等重大问题，为知识产权战略任务和措施指明方向和提供指导。总体思路一般包括指导思想、指导方针、基本原则、战略重点和总目标四方面。

1. 指导思想

科研机构知识产权工作的指导思想统领整个战略规划，是战略规划的灵魂，需高度概括和明确战略规划的理论基础、战略主线、战略重点、原则方针和战略目标等重大问题。我国发布的《国家中长期科学和技术发展规划纲要（2006～2020年）》《国家知识产权战略纲要（2008～2020年）》《全国专利事业发展战略（2011～2020年）》《国家知识产权事业发展"十二五"规划》和诸多规划与战略都提出了明确的知识产权指导思想。我国国家层面的知识产权战略规划指导思想的依据基本上都是邓小平理论、"三个代表"重要思想和科学发展观,这是我国改革开放以来思想理论创新发展的三个里程碑,是任何战略规划都不能偏离的理论基础。党的十八大提出"实施创新驱动发展战略",第一次将创新驱动发展作为国家战略,特别提出"完善知识创新体系,实施国家科技重大专项,实施知识产权战略,把全社会智慧和力量凝聚到创新发展上来"。党的十八届三中全会通过的《中央关于全面深化改革若干重大问题的决定》更加明确提出,"加强知识产权运用和保护,健全技术创新激励机制,探索建立知识产权法院"。今后一段时期,无论国家还是地方,无论科研机构或是高校和企业都应当将创新驱动发展战略作为知识产权战略规划的指导思想,都应当体现加强知识产权运用和保护的要求。

指导方针是指导思想的核心,是用最简明的语言概括知识产权战略规划的一组对仗性文字。《国家中长期科学和技术发展规划纲要(2006~2020年)》提出的"自主创新、重点跨越、支撑发展、引领未来"方针,《国家知识产权战略纲要(2008~2020年)》提出的"激励创造、有效运用、依法保护、科学管理"方针,均为战略规划的任务实施提供了不能偏离的根本性指针。中国科学院2007年夏季党组会发布的《中国科学院关于进一步加强知识产权工作的指导意见》提出的指导思想是"鼓励创造,重视保护,加强转化,创新管理"。中科院2012年发布的《中科院知识产权"十二五"推进计划》提出,继续坚持"鼓励创造,重视保护,加强转化,创新管理"的知识产权工作指导思想,为今后一段时期中科院知识产权发展指明了方向和路径。

2. 战略主线

战略主线是战略规划的核心和实现战略目标的主要路径,坚持主线不动摇才能保障战略规划不偏离总目标。偏离战略主线就有可能难以完成战略规划的任务,也难以实现战略总目标。一般的战略主线是能力建设,科研机构知识产权战略的主线应当是知识产权的创造、运用、保护和管理能力的建设,其中最重要的是知识产权运用和保护能力的建设。

3. 基本原则

基本原则是战略规划的基本要求和保障,也是战略任务完成和实施措施的基础。指导思想中提出的基本原则需要展开阐述,要明确每个原则的基本内涵和手段,为战略规划的重点任务和实施提供基本要求。基本原则应当根据实际知识产权战略规划的要求确定,不同层级战略规划的原则也应不同。如《全国专利事业发展战略(2011~2020年)》提出了"立足国情与面向世界相结合""政府推动与市场调节相结合""权利保护与维护公共利益相结合""全面推进与分类实施相结合"四项基本原则。《国家知识产权事业"十二五"发展规划》则提出五项基本原则,一是坚持把促进知识产权与经济融合作为主攻方向,二是坚持把服务经济发展方式转变作为出发点和落脚点,三是坚持把全面推进知识产权保护作为重要基础,四是坚持把统筹兼顾、共享发展作为基本方法,五是坚持把加强知识产权能力建设作为关键环节。

4. 战略目标

战略目标是对科研机构知识产权战略规划总体要达到状态的高度概括,指明了知识产权战略规划的方向和状态,一般包括总体或长期目标、中期目标和短期或近期目标。知识产权发展的总体目标是知识产权战略规划各种任务措施完成时的状态,短近期目标是知识产权战略实施应达到的阶段性状态。知识产权战略规划也可以提出短期和中长期目标，一般战略规划的短期目标的实现时间为 5 年，而中长期战略规划目标实现时间一般 10 年到 20 年。确定知识产权战略规划的目标要注意确定定量目标和定性目标，没有定量目标的战略或规划很难考核，一些无法用数字定量确定的目标只能用定性目标，但定性目标应该是在某个时间点达到的静态状态。科研机构知识产权战略规划应采用定性和定量相结合的方式制定目标，但定性目标不应是动作性或过程性语言。

《国家中长期科学和技术发展规划纲要（2006～2020 年）》提出的 2020 年科学技术发展的总体目标是"自主创新能力显著增强"，"进入创新型国家行列"。《国家知识产权战略纲要（2008～2020 年）》，提出的总目标是建设成为知识产权创造、运用、保护和管理水平较高的国家，《全国专利事业发展战略（2011～2020 年）》的总目标是"将我国建设成为专利强国"。科研机构知识产权战略规划的总目标可以设定为在某一时间成为知识产权创造、运用、保护和管理能力强的科研机构，或者"知识产权强院"、"专利强所"等。

中国科学院 2007 年夏季党组会发布的《中国科学院关于进一步加强知识产权工作的指导意见》提出的目标包括四个方面：（1）大力提高知识产权质量，继续保持数量较快增长，全院专利申请量年均增长速度达到 8% 以上，其中发明专利所占比例提高到 90%，每年申请外国专利达到 200 件以上，部分进入国际标准；（2）建立畅通高效的知识产权转移转化机制，形成与社会紧密结合的知识产权运营模式，全院知识产权收益达到 20 亿元以上；（3）建立全院知识产权全过程管理的工作系统与规范，健全院所两级知识产权管理工作机制，实现从传统的成果管理为主向知识产权全过程管理为主的转变；（4）建立院所两级知识产权研究与培训体系，提升科技与管理骨干知识产权保护与运用的意识与能力，提升院所两级知识产权战略、策划与运营能力，4 年内全院接受培训的人员总数达到 1 万人次以上。

中科院知识产权"十二五"推进计划提出的知识产权工作总体目标是："继续坚持'鼓励创造，重视保护，加强转化，创新管理'的知识产权工作指导思想，以促进科技创新成果转化为现实生产力为目标，以完善管理制度体系、加强人才队伍建设、提高知识产权质量、促进知识产权应用为重点，充分发挥知识产权在科技创新中的引导和激励作用，努力提高知识产权创造、运用、保护和管理的水平和能力，逐步建成符合我院定位、与'创新 2020'发展要求相适应的知识产权工作管理机制和工作队伍。在不断提升科技创新能力的同时，深化开放合作，为国家社会经济发展提供重要的支撑"。

"十二五"期间，结合"创新 2020"和院属单位"十二五"规划的"一三五"重点，通过完善管理运行机制，建设专业化队伍，提高知识产权质量，加强支撑能力建设，努力推进转化应用等主要举措，实现目标有五：一是完善知识产权管理机制，建立健全院属单位知识产权工作规范。二是加强知识产权人才队伍建设，逐步建立一支 500 人左右、以专业化的知识产权管理与转移转化核心人才为骨干、以知识产权专员及专职管理人员为基础的，同时具有科研基础和知识产权运用能力的专业化知识产权队伍。三是大力促进知识产权的创造产出，科学策划各类知识产权有机结合，有效保护科研成果，注重知识产权国际保护，国际专利申请量年均增长率不低于 10%。四是知识产权转化应用效果逐步提升，新增知识产权应用合同金额年均增长率不低于 10%，为国家战略性新兴产业的培育发展和传统产业的优化升级提供支持。五是进一步加强产学研合作，联合推进部分重要技术标准的研究、制定和采用。

5. 动力机制

科研机构知识产权战略规划在总体思路里也可以提出知识产权战略的重点和动力。总体思路里提出的重点与后面的重点工作是相应的，但应明确精炼，应抓住要害。科研机构知识产权战略规划的动力来源主要是知识产权体制机制改革和知识产权文化建设。体制包括政府组织体系和法律制度与政策，机制主要指的是激励保障约束机制，政府引导与市场机制，和决策、执行与监督机制等。对于科研机构来说，知识产权发展战略规划应当包括消除影响和阻碍知识产权发展的组织体系建设和相关政策方面的问题，以市场机制为基础建立起有效的知识产权发展机制。知识产权文化建设主要是通过建设载体、加强宣传、评选先进等方式培育和弘扬知识产权文化。在科研机构中，知识产权文化建设尤为重要，科研机构的知识产权文化应包括"尊重知识，崇尚创新，重视应用，诚信守法"四个方面的内容。尊重知识指的是尊重科学规律，尊重他人的知识劳动成果，崇尚创新指的是要不断地创新，不断地创造出更多高水平和高质量的知识产权，重视应用指的是创造的知识产权必须有应用价值，著作权应当有利于传播科学思想和知识，培养人才，专利和专有技术成果要面向国家战略需求，要能应用于产业发展。诚信守法指的是要尊重事实，遵守法律，要实实在在搞科研，实实在在搞创造。

5.2.4 知识产权战略规划任务措施

战略任务措施是针对要解决的问题和需求而提出的对策，是战略规划最重要的部分，是实施战略或规划的关键环节，一般会包括重点任务和主要工作措施。知识产权战略规划的任务措施是根据战略重点实现战略规划目标的主要手段。知识产权战略规划一般会在重大任务中部署各种具体的计划或工程，计划和工程主要是明确要干什么，怎么干的问题，但计划是具体的计划，而工程可以是非实体的工程。比如《国家知识产权战略纲要（2008～2020年）》提出了国家知识产权战略的五个重点，一是完善知识产权制度，二是促进知识产权创造和运用，三是加强知识产权保护，四是防止知识产权滥用，五是培育知识产权文化。《中国科学院关于进一步加强知识产权工作的指导意见》主要提出四项重点工作。一是优化完善知识产权创造和应用的激励机制，主要包括改革知识产权创造的激励办法、落实知识产权收益分配政策、实行鼓励知识产权与标准制定结合的政策、优化研究所评估评价体系、设立全院专利金奖。二是建立"院级指导、所级操作"知识产权管理及支撑服务体系。主要包括设立中国科学院知识产权管理委员会、设立中国科学院知识产权办公室、健全研究所知识产权管理组织、建立重大项目与重要方向项目"知识产权专员"制度、组建中国科学院知识产权运营部。三是加强知识产权战略研究与规划工作。主要包括组织开展知识产权战略研究、研究制订知识产权战略规划、提升院知识产权管理的信息化水平。四是加强知识产权培训。主要包括全面开展科研和管理人员的知识产权培训、加强所局级领导干部的知识产权培训、保证知识产权培训工作的质量。

《中科院"十二五"知识产权推进计划》提出了三项知识产权工作重点。一是建立完善院属单位知识产权管理体系。二是建设一支专业化的知识产权工作队伍。三是逐步提升知识产权质量和运用效果。

在重点任务基础上，中科院"十二五"知识产权推进计划又提出了五项知识产权工作举措。

第一部分是建立完善知识产权工作体系。知识产权工作体系建设共包括三个方面的内容。一是制定推行院属单位知识产权工作规范。二是规范重大科研项目知识产权全过程管理。制定《中国科学院重大科研项目知识产权管理办法》。三是强化政策导向，完善奖励激励机制。（1）加大对植物新品种的激励力度。继续实行院所两级匹配原则对职务发明人与团队予以奖励的制度，加大对植物新品种的激励力度：对每件植物新品种保护、国际登录的新品种（组合）和省级植物新品种审定院奖励1万元；对每件国家级植物新品种审定院奖励3万元。要求院属单位不低于1∶1匹配奖励。（2）加大对标准制修订工作的支持力度。鼓励院属单位参与国内外技术标准活动，主持或参与制修订国际、国家或行业标准，满足国家科技、经济和产业战略的需求，加强科技对于我国社会经济发展的支撑作用。具体支持方案如下：对于主导（第一起草单位）制修订并批准发布的每项国内技术标准（国家标准、行业标准）的团队奖励2~3万元；对于主导（第一起草单位）制修订并批准发布的每项国际技术标准（ISO、IEC、ITU）的团队奖励3~5万元；对于承担全国标准化技术委员会（TC）秘书处工作的挂靠单位每年资助运行补贴10~15万元；对于承担全国标准化技术委员会分技术委员会（SC）秘书处工作的挂靠单位每年资助运行补贴5~10万元。

第二部分是制定实施知识产权人才计划。人才计划实施包括三个方面的任务。一是加强知识产权人才培养。统筹利用研究生院、中国科学技术大学、院知识产权研究与培训中心以及国家知识产权局等各种资源，系统开展集中培训、院所联合培训、学历教育、转化管理运营等专项培训。建立长期稳定的知识产权人才选派和海外培养机制，加大选派参加海外深入学习培训、挂职实习等多种途径培养的力度，每年遴选若干知识产权管理运营人才，支持其参加境外培训及赴国外进修，继续加强知识产权专员的培养。二是引进知识产权高端人才。有重点地考察一批国内外知识产权管理运营高端人才，积极引导院属单位根据本单位切实需要引进高端知识产权人才，并按照市场化机制制定高端知识产权人才的薪酬待遇。三是完善知识产权用人机制。制定《中国科学院重大科研项目知识产权专员制度暂行办法》，明确知识产权专员服务于重大科研项目的工作机制、工作职责、任职资格、聘任管理和考评机制等重要事项。选取应用类战略先导专项和重大科研装备研制项目等进行科研项目知识产权专员试点，开展科研项目知识产权全过程管理。逐步建立合理的知识产权专员评估考核与绩效分配机制，完善晋升机制，拓展知识产权专员的发展空间。

第三部分是完善院知识产权支撑服务体系。一是知识产权信息服务中心建设。（1）加强知识产权信息资源基础建设，提升数据加工水平，构建面向战略先导专项的重点领域知识产权专题数据库，完善信息支持与发布机制；（2）提升知识产权信息分析服务能力，加强知识产权信息分析理论方法研究以及工具开发，通过实战应用不断提升信息分析服务质量；（3）充实信息服务人员队伍，建立一支具有一定规模的知识产权信息分析与服务队伍；（4）加强知识产权信息资源检索、分析方法与工具在全院科研机构的推广普及，有效引导院属单位培育与提升知识产权信息利用水平。二是知识产权研究与培训中心建设。加强知识产权战略、管理与政策研究，服务我院知识产权宏观决策和战略管理。继续开展多层次、大范围的各级知识产权培训，加大对院属单位领导、管理人员和科研人员的知识产权培训力度。到 2015 年对全院院属单位的主管所级领导和科研、知识产权主管处室负责人完成一次轮训；对全院高技术领域主要科研人员分学科领域进行培训；特别对承担院战略先导和重大项目的主要科研骨干进行知识产权培训。三是知识产权法律咨询平台建设。建立"院知识产权法律咨询服务平台"，面向全院科研机构开展专业的知识产权法律知识普及和咨询等服务。

第四部分是构建知识产权转移转化体系。一是发展知识产权运营服务机构。提升"深圳中科院知识产权投资有限公司"运营服务功能，国科控股在"深圳中科院知识产权投资有限公司"和"中国技术交易所"等已有基础上完善院知识产权运营服务平台。二是畅通知识产权转移转化渠道。充分利用好我院已有的育成中心、孵化中心及技术转移中心等技术成果转化平台功能，拓宽我院科研成果信息发布与推介渠道，搭建院属单位与国内产业界的深度合作平台。三是落实知识产权转移转化政策。引导院属单位根据国家有关法律法规，制定相应管理办法，确定规范透明的知识产权转移转化的收益分配制度、决策流程和相关岗位责任，落实对知识产权创造人员、知识产权管理人员和技术转化人员的奖励和收益分配。

第五部分是试点探索，实现重点突破。（1）选取重大科研装备研制等项目作为试点，开展科研项目知识产权全过程管理。（2）继续推进知识产权二次开发试点，大力促进知识产权转化实施。（3）鼓励院属单位开展标准化工作，总结经验并在相应领域的院属单位进行推广。

5.2.5 知识产权战略规划战略实施

科研机构知识产权战略规划的实施主要是保障措施和考核要求等。保障措施是保障科研机构知识产权战略规划实施所需要的相关组织和人、财、物等的对策措施。政府层面知识产权战略规划的政策措施主要包括财政、税收、金融、采购、人才、土地以及竞争、贸易等政策工具，科研机构知识产权战略规划的政策措施主要包括经费投入政策、金融支持政策、人才保障政策等。

组织保障是推进知识产权战略规划实施的体制保障，包括知识产权组织体系建设和知识产权职责划分，组织体系建设一般是设立领导机构和日常办事机构，职责划分主要是对相关单位的职责进行明确。一些战略规划还要求建立组织协调机制，明确知识产权战略规划实施中的职责。《国家知识产权事业发展"十二五"规划》就提出"充分发挥国家知识产权战略实施工作部际联席会议的作用，加强规划实施的统筹协调、监测评估"。为保障知识产权工作的开展，中科院 2007 年夏季党组会《中国科学院关于进一步加强知识产权工作的指导意见》提出建立"院级指导、所级操作"知识产权管理及支撑服务体系，设立中国科学院知识产权管理委员会，履行对全院知识产权工作宏观领导职能，设立中国科学院知识产权办公室，负责全院具体知识产权工作，健全研究所知识产权管理组织。

科研机构知识产权战略规划的经费投入政策主要是对知识产权活动给予经费投入的政策，主要用于弥补知识产权市场失灵问题。如激励知识产权申请、激励知识产权运用的奖励政策，激励科研机构知识产权管理能力建设的经费投入政策，激励知识产权检索分析、专利与技术标准结合、知识产权保护的资助或补贴政策等。

金融政策主要是投融资政策，包括信贷、保险、风投等政策。科研机构知识产权战略规划的投融资政策主要是用经费投入手段支持科研机构对知识产权的投资和引导融资的能力。例如《国家自主创新能力建设"十二五"规划》提出"加快建立和完善知识产权质押贷款、风险投资等投融资政策。鼓励采用和推广具有自主知识产权的技术标准。建立健全技术产权交易市场"。

人才是科研机构知识产权战略规划实施的保障，需要什么样的人才和如何选拔使用人才通常是知识产权战略规划的重点。科研机构知识产权战略规划中的人才政策最重要的是开展人才培训，组建人才团队。

时间进度控制主要是根据知识产权战略规划的总目标确定的重要时间节点安排，重要的时间节点应对应相应的阶段目标，战略规划要根据阶段目标核算工作量，安排合理的时间进度，并根据时间进度划分科研机构的阶段任务。我国目前很多国家和地方知识产权战略规划都把 2020 年作为目标时间点，把 2015 年作为中间时间点。科研机构知识产权战略规划也可以将 2015 年作为近期时间点，把 2020 年作为目标时间点并设置不同的时间进度。

考核奖惩是推进科研机构知识产权战略规划实施的必要手段。考核要对科研机构知识产权战略规划实施的目标实现、时间进度、工作绩效进行评估，要制定明确的考核指标体系，通过考核找出问题和不足，以不断完善战略规划，并推进战略规划的顺利实施。奖惩首先要公开标准，要根据考核评估结果进行，要能够及时激励先进，惩戒后进。目前，我国一些科研机构制定了知识产权发展战略或规划，但缺乏必要的考核和奖惩办法。

5.3　小　结

本章从知识产权战略管理的概念、原则、分类、功能出发，研究了科研机构知识产权管理的主要内容，提出了科研机构知识产权战略规划制定的思路。科研机构知识产权战略应当包括形势与环境分析、战略选择、重点任务、主要保障措施等内容。

制定知识产权战略不仅要包括知识产权战略规划的主要要素，重要的是要制定具有可操作性的知识产权政策措施，并将知识产权战略规划落实到实处。"十三五"期间是我国创新型国家和知识产权高水平国家建设的攻坚阶段，也是深入实施创新驱动发展战略的关键时期，必须加强统筹谋划，解决影响制约知识产权与经济社会发展不紧密的突出问题，必须深入推进科研机构知识产权的发展。科研机构知识产权"十三五"战略规划研究应主要包括五个方面的内容。

一是科研机构知识产权体制机制与基础条件建设。应主要包括科研机构知识产权组织机构建设研究，激励知识产权创造运用的机制改革，知识产权集中、孵化、二次开发机构等基础条件建设、知识产权权属与处置等。

二是科研机构知识产权人才队伍建设。应主要包括知识产权人员管理制度，知识产权培训课程设置与培训方式、知识产权学历教育、知识产权与技术转移人员能力建设等。

三是科研机构科研项目知识产权管理。应主要包括科研机构知识产权管理标准化，科研项目知识产权全过程管理理论、方法、考核指标和相关政策等。

四是科研机构知识产权运用模式。应主要包括科研机构知识产权转移转化机构功能定位、经营模式、人才团队和能力建设，科研机构育成和孵化机构经营模式，专利组合经营机构模式等。

五是科研机构知识产权管理政策。主要包括知识产权创造运用奖励政策、知识产权转移转化投融资政策、失效专利处置政策、知识产权创业引导资金政策、知识产权创业担保与保险政策、知识产权发展综合评价考核政策、提升知识产权质量和效益政策等。

六是科研机构知识产权保护制度。应主要包括自身主动保护和通过委托中介机构保护两方面，涵盖知识产权保密制度建设、知识产权保护流程管理、知识产权合同规范等。

第六章 科研机构知识产权组织管理

职能合理的知识产权组织管理体系是科研机构开展知识产权管理的基础条件，建立适应发展需要的知识产权管理人才队伍是科研机构知识产权管理的基本保障，培养高水平的知识产权管理能力是科研机构知识产权管理的基本要求。加强科研机构知识产权组织管理必须明确科研机构知识产权管理的组织机构设置和职能设置，必须明确知识产权管理人才队伍的规模和知识结构，必须明确知识产权管理能力要求和和能力建设途径。

6.1 科研机构知识产权组织管理

组织是人们为了实现共同的目标而形成的一个协作系统。组织管理是通过建立组织结构，规定职务或职位，明确责权关系，以使组织中的成员互相协作配合、共同劳动，有效实现组织目标的过程。组织机构的设置取决于其功能定位。定位不仅决定着组织架构设置，也决定着组织各部分之间的关系，以及组织人员的配置和活动的开展。

科研机构知识产权组织是科研机构从事知识产权管理活动以实现其目标的一套职位系统。科研机构知识产权组织管理是科研机构为达成知识产权创造、运用和保护活动的最佳目标，优化知识产权组织的权利结构、组织规模、沟通渠道、角色设定以及成员观念、态度和行为的活动，是寻求知识产权高效率运行的一种综合性活动。

科研机构知识产权组织管理具有以下特征：（1）它有一个明确的目标，即提升知识产权工作效率，提升知识产权创造运用能力；（2）它必须有一批水平高、能力强、结构合理、团结协作的知识产权人才团队；（3）它必须有一个明晰的知识产权发展战略或规划，必须有一套确定的知识产权管理制度来引导和规范知识产权组织的发展；（4）必须有明确的职能，如知识产权管理、技术转移和知识产权投资职能。

因此，科研机构知识产权组织管理主要包括四个方面内容。（1）根据科研机构组织特点、外部环境和目标需要划分工作部门，设计组织机构和结构，如专利部、许可部、投资部、企业部等；（2）确定实现科研机构组织目标所需要的知识产权管理职能，并按专业化分工的原则进行分类，按类别设立相应的部门或工作岗位，如知识产权申请获取维持、知识产权许可、知识产权投资；（3）规定科研机构组织结构中的各种职务或职位，明确各自的责任，并授予相应的权力，尤其是各类许可专员的权力；（4）制定规章制度，建立和健全横向和纵向组织结构中的各种关系。

科研机构知识产权组织管理的目标主要是：面向国家重大需求，面向世界科技前沿，面向国民经济建设主战场，优化组织机构设置和职能，提升知识产权管理效率和知识产权创造运用能力，支撑科研机构创新能力建设。

6.2 国外科研机构知识产权组织管理

6.2.1 国外科研机构知识产权管理组织机构

国外科研机构和高校知识产权管理的机构大致分为三类（宋河发，2013）。一类是欧洲科研机构和高校下属设立的管理知识产权和技术转移的独资公司，主要有德国的马普学会嘉兴创新公司（Max Planck Innovation GmbH）、弗朗霍夫学会的德国专利中心，牛津大学的 ISIS 公司。马普学会嘉兴创新公司下设专利与许可部门、创业管理部门、合同与财务部门和行政管理部门，公司成立有董事会。● 德国弗朗霍夫学会德国专利中心专门设立了知识产权管理部门，而知识产权管理部门又包括专利战略律师组、专利处理律师组和许可处理律师组，这些小组人员分别深入到各类技术领域的研究所中。● 牛津大学 ISIS 创新公司分为三个部门，一是负责技术转移的部门，主要职责包括知识产权、专利、许可、衍生公司、种子资金、天使投资人网络。二是专题咨询服务部门。三是商业资讯部门，主要从事技术转移和创新管理。

二是美国的技术转移办公室或技术许可办公室。美国国立健康研究院（NIH）技术转移办公室（OTT）下设政策部和技术开发转移部，技术开发转移部下设癌症科、传染性疾病和医疗工程科、普通内科、监控实施科，以及技术转移服务中心。OTT 在 27 个下属研究机构均设立有"技术发展协调员"。● 美国阿贡（Argonne）国家实验室与其经营管理单位芝加哥大学共同创建的 ARCH 开发中心，负责实验室发明成果的获取与管理，还成立有专门支持新公司建立和发明成果开发利用的基金会和虚拟风险基金。斯坦福大学技术许可办公室（OTL）下设许可合作与许可联络人部、产业合同办公室、协调部，以及财务、行政与信息系统等支撑部门。2010 年 3 月，斯坦福成立了一个有 104 家企业参加的许可协议团体。●

三是日本的内部技术转移办公室和外部投资公司。东京大学目前的知识产权管理主要由产学合作总部 DUCR、东京大学技术转移机构 TOUDAITLO 和东京大学优势资本株式会社 UTEC 三个机构负责。其中 DUCR 负责产学研合作管理，TOUDAI TLO 负责专利申请和技术转移，UTEC 负责支持风险投资、支持新创公司。日本奈良先端科学院 2003 年成立了知识产权部，2004 年成立了产政学合作中心，知识产权部主要负责管理知识产权的内外部合同，以及知识产权的披露、管理、维持、利用等相关活动。政学合作中心主要负责推动与企业、政府等外部机构的合作，以促进大学的前沿基础研究成果的转化和应用。该中心包括创新事务部、TLO 部（技术转移部），以及产政学合作办公室三大部门，其中创新事

● http：//www.mpg.de.（2012 年 12 月访问，下同）.

● http：//www.fraunhofer.de.

● http：//ott.od.nih.gov.

● http：//otl.stanford.edu/.

务部负责新兴产业发展、知识产权管理及创新教育，TLO 部负责知识产权的调研、评估、获取与技术转移工作，产政学合作办公室负责知识产权事务性工作的支撑和管理，并支持产政学合作活动。中心拥有一支多达 40 人的庞大顾问团队。

6.2.2 国外科研机构知识产权组织管理模式

知识产权管理模式是指知识产权管理的基本方式。美国、欧洲、日本的科研机构和高校多采取知识产权、技术转移管理职能和投资职能合三为一的集中管理模式，一般设有专门的知识产权和技术转移机构管理知识产权，负责发明披露、知识产权申请维持和技术转移等事务。

在集中管理模式下，美、欧、日的管理模式又有差别。欧洲多采取全资子公司的模式管理知识产权，德国马普学会和弗朗霍夫学会知识产权分别由嘉兴创新公司和德国专利中心管理。美国主要采取 OTT 或 OTL 管理模式，美国 NIH、Argonne 国家实验室、斯坦福大学等大学科研机构 20 世纪 90 年代以来抛弃了技术转移的第三方模式，转而采用 OTT 或者 OTL 模式，这种模式现已成为当代美国科研机构和大学技术转移与知识产权管理的标准模式。美国 Argonne 实验室的 ARCH 开发中心成立有专门基金会和虚拟风险基金，牛津大学 ISIS 创新公司下属的技术转移部门成立有专门的种子基金组。日本科研机构和高校基本上采取了美国的 OTT 加校外投资公司的混合模式。如东京大学分别成立了知识产权、技术转移和投资公司，技术转移机构 TOUDAI TLO 负责专利申请和技术转移，优势资本株式会社 UTEC 主要对东京大学的知识产权进行投资，其股东包括大学和数位教授，是一个独立的经营性企业。此外，这些国外科研机构和高校还建立了与企业的合作网络。

6.2.3 国外科研机构知识产权管理人员

主要国家科研机构和高校知识产权管理机构都建立有一支由有科技背景专家、有企业背景专家和知识产权律师组成的人才团队。知识产权管理人员大多是复合型人才，拥有本领域的技术背景，又拥有知识产权、专利、经济管理或投资等方面的学位。每个机构人员一般超过 30 人，且经历丰富，实务能力强。知识产权管理人员深入科研机构和高校研究开发第一线，发掘可转移的有价值技术，并进行价值评估、市场分析和许可谈判等。

马普学会嘉兴创新公司有员工 36 人，其中专利与许可管理团队有 7 人，大部分具有技术背景，其中生命科学专利与许可经理有 4 人，技术知识产权分析 1 人；创业经理团队有 5 人；合同和财务管理团队有 3 人；专利管理团队有 4 人。弗朗霍夫学会总部的专利与许可办公室统管知识产权管理工作，德国专利中心有 60 人，其中科学家 35 人。牛津大学 ISIS 创新公司有员工 76 人，技术转移部门有 36 人，咨询部门 6 人，主要开展咨询工作，企业部门 15 人，主要从事技术咨询与创新管理；还在香港成立有 2 个人的亚洲分部。美国 NIH OTT 共有职工 63 人，其中主任办公室有 15 人，多数是许可费协调员、市场协调员、项目分析专家，下属的政策部有 3 人，技术开发转移部本部 3 人，技术开发转移部下属的癌症科 11 人，传染性疾病和医疗工程科 9 人，普通内科 9 人，监控实施科 7 人，技术转移服务中心 6 人。除服务中心外，其他科室人员多数是许可和专利应用经理。斯坦福大学 OTL 有职工 35 人，其负责许可工作的许可员有 8 人，高级许可员 4 人，普通许可员 3 人，版权许可员 1 人。东京大学技术转移公司 TOUTAI TLO 共有员工 21 人，其中顾问 2 人，主任 1 人，第一组 4 人，第二组 5 人，运营支撑组 4 人，联络组 3 人（宋河发，2013）。日本奈良先端科学技术学院政学合作中心两名副主任一名是教授兼专利代理师，另一名由学术事务部主任担任。创新事务部的 1 名经理和 3 名协调人均由副教授、教授担任，另有 2 名员工。TLO 部经理由教授担任，协调人由 1 名专家和 1 名负责合同谈判的副教授担任。产政学合作办公室包括 1 名主任和 1 名副主任，以及 4 名员工。中心还拥有一支多达 40 人的庞大顾问团队，主要由教授、讲师、专利代理师、律师等构成。同时聘有来自英国、德国、新加坡、瑞士等包含学术、企业背景的外部专家 11 名。

6.3　国内科研机构知识产权组织管理

科研机构知识产权管理组织体系建设受到三方面因素的制约。首先，科研机构知识产权管理组织体系应服从于该科研机构知识产权管理目标和战略。不同的战略和管理目标往往要求建立不同的组织结构，一旦科研机构决定采取某一种战略，就必须选择正确的组织体系来实施战略。

总体来看，我国科研机构知识产权的组织体系建设还不健全，大部分研究机构没有设立专门的知识产权管理部门和专门的技术转移管理部门，很多科研机构的知识产权管理人员没有接受过专门的培训或者具有相关从业经验，很多知识产权办公室还不是真正意义上知识产权管理机构或技术转移办公室。科研机构一般只有 2 ~ 3 名知识产权管理人员，而且很多是"兼职"管理知识产权。根据国家知识产权局的一项统计，我国科研机构建立专门知识产权管理机构的达到 31.3%。这些机构有些是专门的知识产权办公室或产业化办公室来管理知识产权工作，如中科院计算技术研究所、中科院大连化学物理研究所；有的将两者合并设立为统一的知识产权与产业化办公室，如中科院自动化所。计算所的知识产权办公室和技术转移办公室都受技术发展处领导，知识产权办公室主任兼任技术发展处副处长，两个办公室职能有重叠，但各有分工；自动化所在科技处下设立了知识产权与产业化办公室，负责从知识产权申请、授权到产业化的全过程管理。我国科研机构现行的知识产权管理机构设置主要是以下三种形式：

1. 两级法人管理机构

我国大部分科研机构都设有专门的知识产权管理部门。如中科院知识产权管理机构为两级法人管理机构，在院级层面，设立有知识产权管理委员会❶，履行对全院知识产权工作的宏观领导职能，主要包括，贯彻国家知识产权战略；指导院属各单位知识产权工作；审议有关知识产权的战略、规划、制度、重大政策和措施；协调知识产权管理工作中的重大问题。下设中国科学院知识产权办公室，作为日常办事机构，挂靠计划财务局（现为科技促进发展局）。中国科学院知识产权办公室的主要职能是，贯彻落实中国科学院知识产权管理委员会的工作部署；组织开展知识产权战略研究与规划制订；组织开展知识产权管

---

❶ 2013 年中科院进行院机关体制改革后不再存在，目前尚未恢复。

理制度、负责院知识产权管理培训和宣传工作；负责对研究所知识产权管理工作的检查与考核；协调知识产权转移转化活动中涉及的重大问题。同时，在中科院科技政策与管理科学研究所设立中科院知识产权研究与培训中心，主要负责全院知识产权研究和知识产权培训工作，在国家科学图书馆设立中科院知识产权信息中心，主要负责知识产权信息搜集和检索分析工作，在中科院国科控股公司成立知识产权投资公司，主要负责知识产权运营转化，在中国科学院大学设立知识产权法律咨询服务平台，主要负责知识产权法律事务的咨询工作，如图6－1所示。

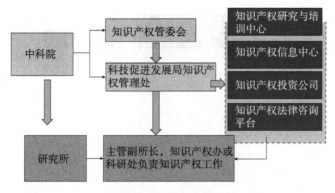

图6－1　中科院知识产权组织机构图

中国农业科学院科技成果转化局负责知识产权管理，设有农业知识产权中心❶，2007年6月正式成立，主要开展农业知识产权研究和指导工作。该中心是一个由国内外相关研究机构和专业人员组成，主要从事农业知识产权相关问题研究的学术机构，旨在通过调查研究、交流合作、教育培训，促进学科发展、提供决策支持、增进国际合作、加强人才培养、推动信息共享。其主要职能包括：（1）开展基础理论、政策制度、方法工具、信息数据、案例素材等方面的调查研究；（2）推进信息交流、人员互访、共同研究、协作网络构建等形式的交流合作；（3）致力于学科建设、讲座培训、研修考察、宣传普及等途径的教育培训。该中心设有顾问小组和学术委员会，下设制度研究组和数据挖掘实验室。其中制度研究组下设植物品种保护研究组、农业专利、商标、地理标志研究组和遗传资源、传统知识研究组；数据挖掘研究组下设农业知识产权数据库研究组、信息分析与数据挖掘研究组和数据共享与信息传播研究组。

2. 技术转移办公室

上海生科院知识产权与技术转移中心于2007年4月正式成立，前身是"知识产权与产业化中心"，是按照美国技术转移办公室模式建立起来的知识产权管理机构。该中心从专利申请开始介入，通过对发明的专利性和商业价值评估、培育以及专利申请的全过程管理，为科学家的发明获得高质量专利直至找市场，实现专利的许可转让。中心负责中间全部商业过程，包括鉴别、培养、保护、转化有价值的专利。2010年，中科院国科控股、上海国盛集团等共同投资成立了以上海生科院知识产权与技术转移中心为依托的院外企业－上海盛知华知识产权服务有限公司，生科院知产中心主任任公司总经理。目前，该公司下

❶　http：//www.ccipa.org/html/zxgk/zxjj/.

设项目评估部、法务部、专利与合同部等专业部门，其中项目评估部又分为生物、机械、化学等组。现有人才团队23人，总经理1人，副总经理3人，分别为行政、技术许可与市场推广、业务发展、战略合作副总经理，其中21人拥有生命科学等领域博士学位，获得专利代理人资格者2人，6人拥有海外留学经历。其主要经营模式是为委托单位提供专业化的全过程知识产权与技术转移管理服务（托管），包括从发明披露到成功转化的全过程。自成立以来，上海生科院已与国内外领先企业达成了多宗技术转移合作交易，合同金额已达上亿美元。❶上海生科院知识产权人才能力结构如图6-2所示。

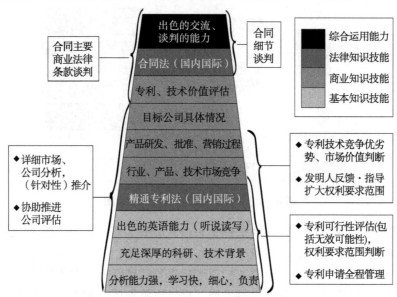

图6-2 中科院上海生科院知识产权人才知识结构

3. 知识产权办公室

目前，我国大多数科研机构设立的知识产权办公室属于科研管理处或技术发展处，一般有4~5人，能够承担起主要的知识产权管理工作。如中科院计算所在技术发展处设立有知识产权办公室。技术发展处是计算所为实现技术转移和孵化所设立的专门机构，是技术转移工作的规划者、监督者、协调者和服务者。技术发展处下设知识产权办、技术转移办。知识产权办主要负责包括专利分析与专利策略、知识产权管理、专利技术许可政策、标准策略与推进及与知识产权密切相关的合同审查和法律事务等工作，其职能贯穿科研选题立项-研发中期-形成科研成果-技术转移全过程。中科院计算所知识产权管理组织机构如图6-3所示。

4. 科技处管理知识产权

中科院大连化学物理研究所2008年成立了知识产权管理委员会，由所主管领导负责全所知识产权工作，主管所领导通过知识产权办公室具体履行管理和服务职责，构建了研究室和研究组知识产权专员密切联络和互相配合的工作平台。知识产权管委会每年至少召

---

❶ http：//www.sinoipro.com/about.aspx? id=56.

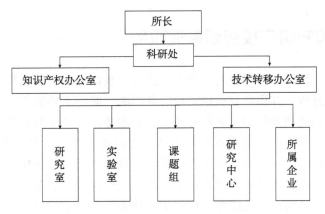

图 6 – 3　中科院计算所知识产权管理组织结构

开两次会议，总结上一年度工作并评优，制定本年度工作计划，跟踪督促落实本年度计划的执行和完成情况，及时发现问题，讨论解决方法并积极落实。该所知识产权管理机构有三个管理处室。(1) 科技处，其主要职责是在科研计划行政管理框架下，围绕创新科技政策和制度，通过科技项目规划和计划，组织各级科研团队创造出更多的专利技术和科研成果。(2) 知识产权办公室，其主要职责是围绕大连化物所已有核心专利技术，介入重大和重点科技开发项目，通过建立专利发明人、科技处行政主管和企业/公司投资方的合作关系，评估项目技术和商业价值，参与项目开发和商业化合作，签订合作合同，促进科技成果的工程化开发和商业化。知识产权办公室挂靠科技处管理，设立主任一名。主要负责专利申请与维持、技术合同签订、科技奖励、技术转移、国防专利等工作，有专职知识产权管理人员 4 人，拥有中科院知识产权专员 12 人，其中专利代理人 2 人，博士研究生学历 8 人，拥有所级知识产权专员 56 人。(3) 经营性资产管理委员会，其主要职责是技术转移过程中无形资产作价入股设立的高新技术企业/公司代表股东行使股权评估、审核和监管管理，使之保值增值。设立了管理会计两名，参与对无形资产投资的咨询、评估和监管工作。

　　科技处、知识产权办公室和经营性资产管理委员会的职能关系是：科技处组织科技项目形成知识产权，是知识产权管理的上游活动，突出的是行政计划管理职能；知识产权办公室主要对重大或重点企业合作项目的知识产权进行技术转移的"点对点"协调服务，参与合作方式洽谈和拟定合作合同并管理项目，为所领导决策提供审核性意见，突出协调开发服务职能；经管委主要对无形资产投资企业/公司代表股东行使股权管理，突出行使股权监管职能。

　　但是，根据一项调查，我国有 8.4% 的科研机构既没有专门的职能部门管理知识产权，也没有在科研机构中设立知识产权管理组织，而是由内部人员兼职管理知识产权。科研机构一般在科研处设立有知识产权管理岗位，或者指定科技处工作人员兼职或专职管理知识产权工作。一般情况下，这些知识产权管理人员还负责知识产权的申请维持和技术转移工作，还要负责或参与整个科研机构科研项目的策划、组织、立项、结题等管理工作，甚至科技计划和统计，信息上报、国际国内学术交流等工作。

6.4　科研机构知识产权组织管理职能

近年来，随着知识产权意识和管理能力的提高，我国许多科研机构在知识产权管理方面已经取得了显著进步，知识产权机构定位逐渐明确，职能不断完善。以中科院计算所为例，其知识产权管理机构定位为主要作好两方面的服务：一是为科研服务。通过引导改变科研人员的习惯，指导科研人员利用专利文献，在研究工作开始之前进行专利文献检索；转变科研人员传统思维，对研究工作要有明确的专利规划，对是否申请专利，申请什么样的专利提出明确的思路；在战略层面考虑全所的知识产权规划、布局，为研究所的学科发展方向提供建议。二是为产业化服务。作好重要技术、有商业前景技术的专利申请和转化工作，提高发明创造的质量。专利代理人撰写专利申请后交由发明人确认，再由知识产权办把关专利申请文件的质量。计算所知识产权办的主要职能包括：项目立项之前的专利文献检索分析、项目实施过程中的监控、专利价值评估与分级分类、优选高水平专利代理机构和专利代理人、对知识产权转移转化提供全程支持。

国外的科研机构和大学知识产权组织管理职能一般有三个。一是面向技术转移的知识产权管理，主要包括发明披露评估、专利申请维持、与代理机构的沟通合作。二是技术转移管理，主要包括建立企业网络，建立知识产权许可人员与技术研究组的联系，开展知识产权许可。三是知识产权投资管理，主要包括建立各类投资基金，引导社会资本投入知识产权的转移实施。由此可以发现，我国大部分科研机构知识产权管理机构功能还较单一，即使一些科研机构按照国外 OTT 模式建立的具有知识产权管理和技术转移职能的知识产权管理机构也仍然缺乏投资职能，许多科研机构的知识产权管理职能附属于科研管理职能，知识产权管理职能很不完善，只是作为发明人和代理机构之间联系的桥梁，缺乏发明披露评估职能，缺乏知识产权组合职能，缺乏知识产权战略布局职能。

在科研机构知识产权战略规划指导下，科研机构知识产权管理机构的设立应充分考虑各种因素的影响，确定知识产权管理的基本职能，合理配置人财物等各种资源，以实现科研机构知识产权管理的目标。根据对国外科研机构知识产权管理经验的研究，结合我国科研机构管理实践，本书认为，科研机构知识产权管理机构应主要采用职能制结构。知识产权组织应呈扁平化，内部层级不多，通常二到三级，第一级可以为知识产权办公室或技术转移办公室或者技术转移公司，下面至少要设立知识产权申请维持管理、知识产权许可管理和知识产权投资管理三个组，必要时还应设立知识产权法律事务管理和知识产权信息管理部门。知识产权管理职能至少要包括知识产权申请维持管理、技术许可管理、知识产权投资管理职能，必要的时候还要包括知识产权合同管理职能、知识产权信息化职能、企业网络管理职能、代理机构管理职能等。

知识产权申请维持管理组主要处理、申请和维持事项，知识产权许可管理组主要负责知识产权发明披露知识产权转移活动，知识产权法律事务管理组主要负责知识产权各类合同和法律事务，知识产权投资管理组主要负责知识产权风险投资、知识产权股权管理等，而且这三个部门是有机合作的，而不是相互分割的。如图 6 - 4 所示。

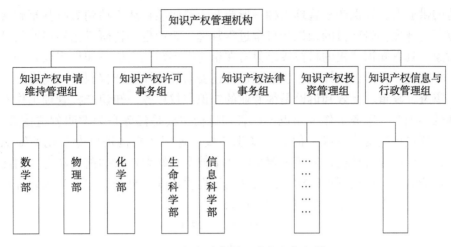

图 6-4　知识产权管理内部组织机构

在知识产权组织机构中，知识产权办公室主任一般由科研机构主管领导担任，主管领导负责知识产权工作可以有利于将知识产权管理与科研管理紧密结合，提升科技创新的效率和产出效益，也有利于人财物各种资源的调拨和配置，为知识产权管理提供有效支撑。在主管领导的领导下，知识产权办公室负责整个科研机构知识产权工作，制定科研机构知识产权战略规划，建立知识产权信息管理系统，设立知识产权专项资金，开展知识产权转移转化活动等。

各知识产权管理部门都分别由较强能力和较高水平的知识产权管理人员组成，这些人员一般应具有专利代理人资格，技术转移师资格或者律师资格。而且各个部门的工作人员都要成为联络员，应分别深入不同学科领域外挖掘发明创造。他们要跟踪相关技术领域内的重点重大项目，主要参与以下工作：①为发明创造披露和申请专利进行评估；②实行科研项目知识产权全过程管理，在项目立项、验收时提供独立的知识产权检索分析报告，提供知识产权战略布局指导，提高科研项目的创新效率；③提出知识产权转移转化方案，签订知识产权转移转化合同；④管理知识产权投资基金，对知识产权转化进行投资，管理知识产权投资形成的股权；⑤处理知识产权申请、变更、交费、失效等相关事务，处理知识产权纠纷；⑥建立企业家网络，入网企业具有知识产权转移的优先选择权。

6.5　科研机构知识产权组织关系

在知识产权管理过程中，知识产权管理机构不仅应与研发部门紧密合作，还应与自然资源、知识产权保护部门和企业进行合作，而且它还应当是科研机构知识产权教育的中心，其建立应有利于研发部门获得企业资助，有利于完善标准和提高收入，尤其是有利于增进大学与产业研究人员的联系，有利于保护自己的知识产权（Naowarat Cheeptham，Panuwan Chantawannakul，2001）。

一般情况下，科研机构不仅是知识产权管理机构的领导机构，也是知识产权管理机构发明创造的供应者，知识产权管理机构一般要介入科研项目从立项到验收甚至到转化实施的整个过程，开展科研项目的知识产权全过程管理。企业也是科研机构知识产权管理机构的服务对象，具有知识产权的科技成果只有在企业得到转化实施，知识产权管理机构的工作才算基本完成。科研机构知识产权管理机构还要与外部知识产权服务机构合作，知识产权申请、审查、复审、无效和诉讼是很专业的知识产权事务，知识产权管理工作不能替代此专业性的知识产权服务工作，知识产权管理机构主要是任务是为发明创造挖掘、评估、转化实施、质量控制提供支撑，但需要知识产权代理服务机构提供专业化的知识产权服务。此外，知识产权管理机构还要了解国际科学技术和知识产权的前沿动态，国际科技前沿动态不仅能为知识产权管理机构掌握最新成果提供依据，也能为知识产权管理机构制定知识产权战略规划提供依据。如图 6 - 5 所示。

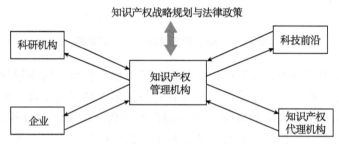

图 6 - 5　科研机构知识产权合作关系

知识产权管理机构是联系科研与市场的桥梁和纽带。如果没有知识产权管理机构，科研机构仍然可以通过与外部服务机构合作保护知识产权。但缺乏知识产权管理机构，科研机构知识产权转移转化必然会存在着较大的交易成本。这种交易成本可以看做是一系列制度成本，包括信息成本、谈判成本、契约成本等。良性运转的知识产权管理机构应能够有效整合各种资源，降低知识产权从科研领域向产业界转移的交易成本，促进知识产权的转化实施。

6.5.1　知识产权管理机构与产业界关系

1. 合作现状

科研机构与产业界的联系从来没有像今天这样密切。科研机构已经成为为企业和社会提供知识的重要来源。产学研合作不仅已成为科研机构将知识产权向产业界转移的重要途径，也成为科研机构获取科研经费的一个重要渠道。通过调查发现，我国产学研合作往往以科研机构和高校为主导，企业主导地位还没有真正建立起来，还没有充分发挥企业市场需求对知识产权创造的主要引导作用，知识产权转移转化率不高。产学研合作计划多以政府主导为主，多数属于"拉郎配"，或者为争取国家科研经费而凑起来的合作关系，科研机构与企业建立长期稳定产学研合作关系和开展实质性深入合作的还比较少，取得成功的则更少。

2. 合作方式

通过产学研合作促进知识产权转移转化是知识产权管理机构的一项重要职能。知识产权管理机构与产业联系的主要合作方式有五种。一是科研机构已经获得专利权或申请了专利等知识产权，对企业进行知识产权转让或许可，并收取转让许可收入。二是通过知识产权入股联合建立公司方式转化知识产权，获取股权收益。三是接受企业委托研究任务开展研发合作，根据合同约定确定研发成果形成知识产权的归属，由企业以拥有知识产权或者以独占或普通许可方式转化实施知识产权。四是接受国家科研任务，与企业、高校或其他科研机构一起组建研发团队，构建创新联盟，研发成果形成的知识产权由企业实施。五是科研机构加入企业参加的专利池或专利组合，并获得一部分专利池、专利组合的许可收益。

3. 合作问题与原因分析

科研机构和企业的思维方式、价值取向的差异，是造成产学研合作不能深入进行的重要原因。研究人员追求的是学术成就和科学共同体的认可，而企业追求的是实际应用和利润最大化，它们之间存在着根本的分歧。所以，很多研究成果不能在现有生产条件下实施，或者实施后的市场前景不好，这些成果企业都不会认可。

二是科研机构的创新能力不足，科技成果供给不足，不能满足企业需求和市场需求。由于供给不足，企业对引进技术产生需求，并产生对引进技术的依赖。我国很多的科技成果是国家战略、规划、工程、计划甚至是领导人指示的产物。但国家战略需求并不是市场需求，二者还存在较大的差距。

三是企业创新能力弱。科研机构的成果多是在实验室条件下的，到转化成产品还有很长一段路要走，需要很多中间研发，工业化设计等步骤，研发成果不能直接转化成产品。我国企业的研发能力普遍还比较弱，很多中小企业不具备将实验室成果发展到工业生产的水平，这也是很多很好的成果不能实现转化的重要原因之一。

四是产学研合作机制存在问题。我国产学研合作无论政策和机制上都没有从根本上解决产学研合作中知识产权权利创造和分享问题。实际上，知识产权是产学研合作的最基本保障，也是影响各方研发投入积极性的激励因素。然而，由于对知识产权、转化收益等合作成果的分享缺乏明确可操作的规定和实践探索，加之对协议的履行缺乏有效地监管，知识产权权利分配和利益分配问题已经成为我国产学研合作效果不佳的重要原因之一。

6.5.2　知识产权管理机构与代理机构关系

（1）现状与问题。

知识产权代理服务水平是影响科研机构知识产权管理水平的重要因素之一。知识产权管理机构与知识产权代理等服务机构主要是委托代理关系。研究人员要准备技术交底书，填写发明披露表，在提出申请知识产权要求后，知识产权管理部门要评估其申请或技术转移的可能性，并委托知识产权代理机构安排代理人撰写知识产权申请文件。代理人经与研究人员沟通交流，形成知识产权申请文件，再经知识产权管理部门审核同意后，向国家知识产权局、商标局等部门递交申请。知识产权管理工作开展时间较长的科研机构一般都会与一个或几个固定的代理机构建立比较稳定的合作关系。通过长期合作，代理人对本技术领域有比较深入的了解，与研究人员的沟通也比较畅通。

到 2013 年，我国专利代理机构发展到 1000 多家，执业专利代理人达到 8950 人。我国专利代理机构 2000 年前后进行了市场化改制，国有机构目前只有中国国际贸易促进委员会专利商标事务所及下属企业中国专利代理（香港）有限公司、中国商标事务所等。中科院从 1984 年开始陆续培养了 85 名专利代理人才，建立了 15 个专利事务所。但 1998 年改制后这些专利代理人全部流向了社会，到目前为止全院有专利代理人资格的知识产权研究与管理人员只有 7 人。

通过调研发现，我国科研机构的专利质量普遍不高，主要有三个方面的原因。一是不代理。目前仍然有相当一部分科研机构采取内部知识产权管理人员撰写专利申请文件而不是委托外部知识产权代理机构服务的方式。二是代理费过低。由于很多科研机构专利申请的目的主要是为了考核验收，支付的代理费较低，如相当一批科研机构专利代理费只有3000 元左右，与 10 多年前标准差不多。加上现有很多代理机构竞争激烈，代理费低价，很多资深代理人根本不亲自撰写专利，大多数专利文件由刚毕业的学生撰写，或者交由河北、江苏等一些所谓的知识产权基地撰写，这必然影响专利代理的质量。三是很多科研机构知识产权管理人员缺乏评估专利质量的能力。相当一部分知识产权管理人员能力不足，不能有效把关和提升专利申请质量。

（2）知识产权代理人选择。

选择好的知识产权代理人是保障专利申请质量和授权成功与否的重要因素。由于知识产权代理人水平不高或者代理人选择不当，给申请人造成巨大损失的情况屡见不鲜。特别是科研机构的很多成果具有很强的专业性和前瞻性，对代理人的相关专业知识要求较高，合适的代理人的选择就显得至关重要。选择知识产权代理人，主要应从工作态度、服务质量等方面来考虑，当然也要考虑代理费用高低、撰写速度和从业经验。从业经验丰富，或者时间要求比较紧的项目，费用自然比较高，但最基本原则是要满足质量要求。

为了有效保障专利质量，华为技术公司就建立了专利代理人的考核指标体系，一般会根据代理人撰写案件的质量决定下年是否聘用该公司和该专利代理人提供服务。其发明专利申请代理费用标准也较高，一类案子一般超过 2 万元，但要求专利代理人必须撰写出高质量的文件，对于初步撰写完成的文件，如果因为发明创造本身存在问题而决定不申请专利的，仍支付一定标准的代理服务费，用于补偿代理人的劳动，但撰写质量差的专利代理人将很难再拿到华为技术公司的案子。日本东芝公司和中国移动通讯公司为了提高专利质量，不仅委托高水平的代理公司撰写专利申请文件，还专门委托另外一家专利代理公司负责审核专利文件撰写的质量。

6.5.3 知识产权管理机构与政府部门关系

科研机构与政府部门的联系主要涉及两方面的内容。一是与知识产权主管部门的联系，主要是知识产权合作，寻求政府部门的支持。另一方面是与地方政府部门的联系，通过与地方政府部门沟通与合作，寻求知识产权转移转化的途径，并通过有效的技术转移促进当地经济社会的发展。

科研机构虽然是公益性机构，但其知识产权保护是不会有比企业或者个人更大的优势的。建立和维持与政府部门的良好关系，对科研机构知识产权管理和发展的重要性不言而喻。但与企业相比，特别是某些大型的跨国公司相比，我国许多科研机构缺乏"公关"意识，很少有科研机构主动与知识产权主管部门建立联系，主动向知识产权主管部门介绍自己的研发情况、专利申请、布局情况，主动向政府部门了解国家知识产权战略、法律法规方面的动态，寻求知识产权主管部门支持指导，培训科研与管理人员，利用行政手段保护自身知识产权，大多数科研机构与政府主管部门的联系主要是为了取得资助。

与政府合作规模和社会影响较大的是中国科学院。为落实中科院2007年夏季党组会的精神，中科院2008年与国家知识产权局签署了知识产权合作协定书，2010年又进行了全面修改。国家知识产权局和中科院在知识产权数据库和科学数据库上实行相互开放，国家知识产权局支持中科院的知识产权研究和培训工作并取得了较大成绩。目前，中科院将与国家知识产权局签订第三轮知识产权合作协议，主要内容将涵盖：（1）知识产权信息资源利用，包括共享科学和专利文献信息资源与数据、加强知识产权信息分析研究与合作、加强重大科研项目/领域知识产权战略分析研究三个方面。（2）建设知识产权人才队伍，包括进一步共享培训资源、加强人才交流与合作两方面。（3）推进科研成果知识产权的管理、保护和转化。共同开展知识产权管理运营及法律事务方面的合作与交流，就国际科技合作和科技成果转化中的知识产权问题、国际知识产权法律信息等方面共同开展研究，重点关注的问题包括战略性技术领域、重大科研项目的专利布局、专利池构建、专利国际保护、国际科技合作、科技成果转化及主要国家和国际知识产权法律等方面。

经过多年探索与发展，中科院还与省市级政府形成了稳固的合作关系，对促进中科院科技成果转化，推动地方经济发展起到了重要作用。中科院设立专门的院地合作局（现改为科技促进发展局）研究区域经济社会发展的科技需求，制定院地合作规划与战略，统筹协调与国家创新体系各单元合作联合的有关工作，统筹协调中科院促进成果转化与产业化工作。目前，中科院下设12个分院，新建深圳先进技术研究院等研究机构12家，新建厦门城环所育成中心等29家平台型技术转移机构，新建中国科学院国家技术转移中心北京、沈阳、长春、上海、合肥、广州、成都、兰州技术转移中心等8家中介型技术转移机构和甘肃白银产业园等8家科技创新园。原院地合作局设立了东北京津合作处、东部合作处、中南部合作处和西部合作处，分别负责合作区域的省、自治区、直辖市的院地合作工作，具体包括研究制定区域内院地合作规划与战略，负责联系合作区域内分院以及技术转移中心的工作，负责合作区域内院地合作重要项目的实施，负责合作区域内院层面合作活动的组织实施；以院地合作为平台，促进投资企业的社会化改革等。

6.6 知识产权管理机构人才队伍建设

目前，我国科研机构中专门从事知识产权工作的高水平人才仍很少，大多数没有形成人才团队，往往是科技管理人员一人多职，或者在科技处设立专职或兼职知识产权管理岗位。在我国科研机构知识产权管理人员中，既懂技术又懂知识产权，还懂管理和市场的复合型人才更是缺乏，即使知识产权管理人员很多也缺乏专利代理人资格或律师资格，以及实际从业经历。现有高校知识产权人才培养体制和课程设置主要面向法学，对复合型人才的培养重视不够。现有科研机构知识产权培训大多仍停留在提升意识层面，而对知识产权能力的培养还不足。调查还发现，我国科研机构知识产权管理人员大多为行政管理人员出身，具有专业技术背景或知识产权职业资格的人员来管理知识产权管理的情况还不是很普遍。这种知识产权人才队伍建设状况不能适应科研项目知识产权全过程管理的需要，也不能适应创新驱动发展战略实施的需要。

以中科院为例。经过培训，该院已初步建立起了一支知识产权人才队伍，但知识产权人才队伍整体上仍不能适应"创新2020"和创新型国家建设的需要。通过调查，仍然有超过50%的院属单位没有通过考试的院知识产权专员，即使最多的大连化物所也只有几名通过考试的院知识产权专员，与国外科研机构和高校30～70多人的知识产权管理队伍有较大差距。现有知识产权管理人员的知识产权管理能力仍不高，知识产权分析、知识产权诉讼和转移转化谈判能力尤其不足。获得资格的院知识产权专员只是具备了一定的知识产权知识和能力，但大多数院知识产权专员并没有进入课题组开展实际的知识产权分析工作。由于缺乏涉及知识产权专员职业发展、薪酬待遇、工作职责等制度和政策，院知识产权专员与科研项目实际还处于两张皮阶段。

不同类型的研究机构，应该建立符合自身特点的知识产权管理组织机构和人才团队。科研机构知识产权人才配置主要包括以下几方面。一是人才队伍的教育背景。知识产权管理人员都应当具有本领域的科技知识背景，并应当了解相关的法律和条约（Naowarat Cheeptham, Panuwan Chantawannakul, 2001）。二是要形成合理的能力结构。主要是知识产权申请维持、知识产权许可、知识产权投资、知识产权合同等能力，团队规模20～30人。三是职业资格。科研机构知识产权申请维持和许可管理人员大部分应获得专利代理人资格或有技术背景的律师资格甚至技术转移师资格，申请维持管理和许可管理人员应派驻到课题组，知识产权投资管理人员一般应具有工商管理硕士学位。

6.7 小 结

本章研究了国外主要国家科研机构高校和我国科研机构知识产权管理的组织机构设置、管理模式和人才队伍建设。提升科研机构知识产权管理水平，首要的是要完善知识产权组织体系，设立相应的知识产权部门，培养知识产权管理人才团队，形成合理的能力结构。为此，本章提出了我国科研机构知识产权组织管理的思路。

一是支持设立技术转移办公室。鼓励和支持具有条件的应用开发类和技术开发类科研机构设立内部技术转移机构，并将知识产权管理和技术转移管理全面融合，并支持增强知识产权投资职能，主要面向技术转移以市场化方式管理和运营知识产权。两级法人管理模式的科研机构，应试点建设以专业片和区域知识产权与技术转移集中管理机构，统筹管理所属研究所的知识产权和技术转移活动，逐步形成类似OTL、OTT那样的专业化知识产权组织机构，集中管理机构要采取科研机构投入为引导，研究所和企业共同投资的多元化股份结构。在此基础上，应建立知识产权投资基金，院级层面应设立知识产权投资引导基金，通过前期资助、贷款贴息、股权退出等方式支持OTT，OTC知识产权投资基金的发展。

二是加强知识产权管理机构与产业的联系。支持科研机构和高校建立面向企业的知识产权转移网络，进入网络的企业具有转让许可科研机构知识产权的优先权，具有获得科研机构知识产权投资基金支持的优先权。在一定的时间内可以独家评估是否需要许可和是否开始许可，谈判选择权一般三个月，如果在一定时期内与入网企业在友好诚信基础上没有达成许可协议，才可以将该知识产权许可给第三方。科研机构还要通过多种方式如俱乐部、论坛、展览会等加强与企业的联系、交流和对接。

　　三是建立知识产权管理人才团队。目前，我国科研机构知识产权人才队伍建设应以引进知识产权人才和培养在职知识产权人员能力为主，偏重应用的科研机构应该设立专门的机构管理知识产权，由一位主管领导分管，并至少设有 2~3 名具有一定专业背景和知识产权相关知识的人员从事知识产权管理工作，协助主管领导落实院级知识产权管理任务，作好本科研机构的知识产权管理和成果转化工作。而专利申请量比较小的偏重基础理论研究的科研机构，则根据情况设立至少 1 名知识产权管理人员，负责专利管理，以及著作权、商标管理等。长期来看，应用开发或技术开发类国立科研机构、行业科研机构和地方科研机构，都应建立包括知识产权申请维持、知识产权许可、知识产权投资、知识产权合同等知识产权管理人才团队，规模 30 人左右。人才团队大多数应具有理工教育背景，申请维持和许可人员大部分应获得专利代理人或有律师资格人员，投资人员应具有工商管理硕士学位，知识产权许可人员应常驻到课题组。

第七章 科研机构知识产权培训管理

知识产权管理人才队伍是科研机构知识产权管理的根本要素。知识产权教育培训是科研机构培养知识产权管理人才的重要途径，是知识产权管理能力建设的重要环节。面向科研机构科技创新需要，建设高水平知识产权管理人才队伍，必须从知识产权管理能力建设出发，建立知识产权培训课程体系、教材体系和考试考核制度。

7.1 知识产权培训机构

我国科研机构建立专门知识产权培训机构的还不多，主要有中科院知识产权研究与培训中心、上海科学院上海知识产权培训中心，国家知识产权局中国知识产权培训中心也开展了大量涉及科研机构的知识产权培训项目。

1. 中国科学院知识产权研究与培训中心

该中心正式成立于 2009 年，挂靠中国科学院科技政策与管理科学研究所，下设知识产权法律研究部、知识产权战略管理研究部和知识产权培训部三个部门。中科院知识产权研究与培训中心主要任务和职责包括：开展知识产权法律制度、战略、管理与政策研究，开展知识产权相关理论、方法和实证研究；开展中科院知识产权重大任务研究，支撑相关知识产权决策；开展知识产权国内外学术交流；开展中国科学院各层次知识产权培训，组织全院知识产权专员考试；建设知识产权研究与培训系统和平台，支撑院知识产权网研究培训内容建设；承担和国家及其他单位委托的知识产权研究与培训任务。

中科院知识产权研究与培训中心自成立以来，按照"面上普及与重点提高相结合"的原则，积极开展知识产权培训工作，为中科院培养了一大批知识产权人才，有力地支撑和促进了全院的知识产权工作。中心面向中科院院属单位的实际需求，组织知识产权课程与教材开发，针对不同层次和不同对象设计知识产权培训课程，形成了相对固定和独具特色的知识产权培训课程体系，完成了《科研机构知识产权管理》《技术转移中的知识产权管理》等教材讲义开发并投入培训班使用。截至 2013 年年底，该中心共完成了面向知识产权分管所级领导、管理骨干和知识产权专员等包括集中普及型、专题提高型和院所联合培训班 75 期，共培训 7300 余人次，其中院内集中培训 33 次，培训 2100 余人次；组织知识产权专员执业资格考试 6 次，选拔了 168 名中科院知识产权专员，奠定了全院知识产权管理的人才基础，初步形成了一支具有扎实知识产权知识基础和较强实务能力的知识产权人才队伍，为中科院落实"率先行动计划"，开展重大项目和重要方向性项目知识产权全过程管理奠定了坚实的人才基础。

2. 上海知识产权培训中心

该中心成立于 1997 年 3 月，隶属于上海科学院，主要从事国内外知识产权培训、知识产权专业技能和执业资格的培训、专利再创新培训，以及专利代理中介服务、企业咨询、产品（技术）包装和知识产权战略研究等。该中心依托上海科学院 40 个科研院所及中心的技术、人力资源方面具有强大的优势，是上海科学院系统的主要培训业务平台。

该中心主要培训领域包括四个方面：（1）职称类公需知识产权培训班。主要开展上海市专业技术人员知识产权公需科目继续教育培训工作，培训教材为国家人事部和国家知识产权局共同组织编写的《知识产权公共教程》，经考试合格，颁发上海市专业技术人员继续教育单科合格证书。（2）知识产权岗位技能培训。主要开展上海市专利工程师资格考试培训，包括上海市专利工作者培训、知识产权岗位技能培训、国内外专利数据库检索及其应用培训、企业专利诉讼维权培训等。（3）创新方法 TRIZ 理论及应用培训。面向科研院所及科技企业进行技术创新难点实施内训，培养掌握创新方法及技能的管理人员及科研人员，组织创新方法专题沙龙，开展面对面交流。（4）其他公开课培训。

3. 中国知识产权培训中心

该中心是隶属于国家知识产权局的事业单位，是唯一由国务院批准的国家知识产权专业人才培训机构，是世界知识产权组织（WIPO）知识产权国际培训合作伙伴，是人力资源和社会保障部国家级专业技术人员继续教育基地。主要承担全国高层次知识产权专业人才的培训任务，为从事知识产权工作的在职人员提供系统、规范、有效的知识产权专业培训，并利用多样的培训方式向全社会普及知识产权知识。

该中心国内面授常规培训项目主要包括知识产权行政管理部门培训、企事业单位知识产权培训、领导干部知识产权培训、司法机关知识产权培训项目、知识产权相关问题研讨、教育系统知识产权培训、研究生培养、西部地区知识产权培训等。该中心承担建设的中国知识产权远程教育平台累计培训量超过 50 万人次。该中心每年承办多期由国家知识产权局举办的知识产权国际研讨班，初步形成了既有学位教育又有在职培训，既有面授又有网络的国际培训体系。

7.2 知识产权培训考试管理

1. 中科院知识产权专员资格考试

2009 年，为规范管理中科院知识产权专员资格考试工作，中科院制定发布了《中科院知识产权专员执业资格考试暂行管理办法》，该办法共有 12 条。

该办法规定，中国科学院知识产权办公室负责考试管理工作，中国科学院知识产权研究与培训中心负责组织实施。执业资格考试采取统一命题、统一考试办法，每年举行一次。命题范围以当年发布的《中国科学院知识产权专员执业资格考试大纲》为准。考试主要包括以下四个科目：（1）《知识产权法律、法规和政策》；（2）《专利申请、审查、复审与无效》；（3）《知识产权检索利用与知识产权分析报告撰写》；（4）《知识产权战略、管理与经营》。其中前两科闭卷笔试，后两科开卷笔试。每科考试时间为 150 分钟。

该办法规定，考试报名人员原则上限于中国科学院直属机构正式聘用人员且有普通高等院校本科及以上学历。参与考试出题、审题和组织管理的人员不得参加考试。考生拥有国家知识产权局颁发的《专利代理人资格证书》可以免考《知识产权法律法规、政策》《专利申请、审查、复审与无效》两科。单科考试成绩 3 年内有效。通过规定的 4 科考试者，由中国科学院知识产权办公室颁发《中国科学院知识产权专员执业资格证书》。

2. 上海市专利管理工程师资格考试

上海市知识产权局和人事局 2006 年发布了《上海市专利管理专业工程技术人员任职资格暂行办法》。该办法将专利管理专业工程技术人员任职资格分为助理工程师、工程师和高级工程师 3 个级别，专利管理助理工程师采取直接聘任的办法，专利管理工程师资格通过考试方式取得，专利管理高级工程师资格通过考试和评审相结合的方式取得。专利管理工程师应具备独立承担专利管理岗位工作的能力，能制定专利工作计划和管理办法并组织实施，承担与专利相关的管理工作；专利管理高级工程师应具备专利信息分析、专利资产评估运作、专利战略制定与运用、专利预警及涉外纠纷应对等高级专利管理岗位工作的能力，除了可以承担专利管理工程师相应工作外，还应指导专利管理工程师开展工作。

该办法规定，理工科及相关专业大学专科毕业，从事专业技术或专利管理工作满 4 年或聘任助理工程师满 4 年；理工科及相关专业大学本科毕业，从事专业技术或专利管理工作满 5 年或聘任助理工程师满 4 年；理工科及相关专业硕士研究生毕业，从事专业技术或专利管理工作满 2 年；理工科及相关专业博士研究生毕业，从事专业技术或专利管理工作的可申请参加专利管理工程师资格考试。理工科及相关专业大学本科毕业及以上学历，并按规定评聘工程师职务满 5 年；理工科及相关专业博士研究生毕业，评聘工程师职务满 2 年考试合格者，可在两年内申请参加高级工程师资格的评审。

该办法规定，专利管理工程师资格考试合格者，颁发上海市人事局统一印制的《中级专业技术职务资格证书》；专利管理高级工程师资格考试合格者，发给相应的考试合格通知，并经评审通过者，颁发上海市人事局统一印制的《高级专业技术职务资格证书》。专利管理专业工程技术人员取得《中级专业技术职务资格证书》，即取得工程师任职资格；取得《高级专业技术职务资格证书》，即取得高级工程师任职资格。用人单位可以根据工作需要，对取得证书的专利管理专业工程技术人员聘任工程师和高级工程师专业技术职务。

此外，重庆市发布了专利管理工程师、江苏省发布了知识产权专业工程师资格考试管理办法。

7.3　知识产权培训考试大纲

目前，我国涉及科研机构知识产权管理人员的资格考试大纲主要包括两部分，即知识产权法规政策、专利检索、申请、审查与复审无效。由于科研机构的特殊性，科研机构知识产权人员资格考试大纲还应当包括知识产权分析利用、知识产权管理与运营。

7.3.1　知识产权法律法规与政策

考试要求：掌握知识产权的基本知识，我国知识产权的法律制度体系，掌握知识产权相关政策。掌握我国现行的专利权法律制度、著作权法律制度（含计算机软件法律制度）、商标权法律制度的基本内容；对集成电路保护法律制度、植物新品种保护法律制度、不正当竞争及商业秘密法律保护和其他知识产权法律保护制度有基本的认识。掌握知识产权国际保护的含义和意义，了解我国参加的主要知识产权国际条约的基本内容，了解专利国际申请的基本程序。考试内容包括：

1. 基本知识。主要包括：（1）知识产权的概念、特征和范围。（2）知识产权的主体、客体。（3）知识产权法的概念、体系及其地位。

2. 我国知识产权法律体系。主要包括：（1）我国知识产权法律体系：我国知识产权制度发展历史，我国知识产权法律的制定，我国知识产权法的修订与完善，我国知识产权制度的主要特点。（2）我国知识产权保护体系：行政保护与司法保护双轨制，我国知识产权行政与司法机构，审理专利案件的人民法院及其管辖权。

3. 专利权法律制度。主要包括：（1）专利的概念和特征。（2）专利权的主体：发明人或设计人，发明人或设计人的单位，受让人，外国人。（3）专利权的客体：发明，实用新型，外观设计，专利法不予保护的对象。（4）授予专利权的条件：新颖性，创造性，实用性，不得与他人在先取得的合法权利相冲突。（5）授予专利权的程序：专利的申请，专利申请的审批，专利的复审和无效宣告。（6）专利权的内容：独占实施权，实施许可权，转让权，标示权，专利权人义务，专利权的期限。（7）专利权的限制：强制许可，不视为侵犯专利权的行为。（8）专利侵权行为：专利权的保护范围，专利侵权行为。

4. 著作权法律制度。主要包括：（1）著作权的主体：作者，继受人，外国人和无国籍人，合作作品的著作权人，汇编作品的著作权人职务作品的著作权人，原件所有权转移的作品著作权归属，作者身份不明的作品著作权归属。（2）著作权的客体：作品的概念，作品的种类，著作权法不予保护的对象。（3）著作权的内容：发表权，署名权，修改权，保护作品完整权，使用权，许可使用权，转让权，获得报酬权。（4）著作权的限制：合理使用，法定许可使用，著作权的保护期限。（5）邻接权：邻接权的概念，出版者的权利，表演者的权利，录制者的权利，播放者的权利。（6）著作权侵权行为：著作权侵权行为的概念，承担民事责任的著作权侵权行为，承担综合法律责任的著作权侵权行为。（7）计算机软件著作权：软件著作权的客体和主体，软件著作权的内容，软件著作权的期限和限制，软件著作权登记，侵犯软件著作权行为及法律责任。

5. 商标权法律制度。主要包括：（1）商标权的取得：取得商标权的途径，商标注册的原则，商标注册的条件，商标注册程序。（2）商标权的内容：专用权，许可权，转让权，续展权，标示权，禁止权。（3）商标权的消灭：注册商标的注销，注册商标的撤销。（4）商标侵权行为：商标侵权行为的概念，商标侵权行为的表现形式，商标的合理使用。（5）驰名商标的保护：驰名商标的概念，驰名商标的认定，驰名商标的特殊保护措施。

6. 商业秘密的法律保护。主要包括：（1）反不正当竞争法：反不正当竞争的适用范围和基本原则；（2）商业秘密：商业秘密的概念，商业秘密的保护，侵犯商业秘密的行为，侵犯商业秘密的法律责任。

7. 其他知识产权的法律保护。主要包括：集成电路布图设计权、植物新品种权、地理标志权、企业名称及商号权、发现权、科技成果完成人权益的法律保护。

8. 知识产权的国际保护。主要包括：（1）知识产权国际保护：概念，基本原则；（2）知识产权国际保护组织：世界知识产权组织，世界贸易组织；（3）主要知识产权国际条约：伯尔尼公约，巴黎公约，马德里公约，世界知识产权组织公约，与贸易相关的知识产权协定；（4）专利国际申请程序。

9. 科技法规中的知识产权保护。（1）知识产权归属。知识产权类型、实施与国家介入权；（2）知识产权转化。专项资金，金融、税收、质押与金融支持；（3）知识产权转化。政府采购，知识产权与技术标准结合；（4）知识产权的使用。使用地域与审批；（5）职务成果与发明。概念、类型；（6）知识产权奖励。约定奖励，与未约定的类型与比例。

10. 知识产权政策。（1）知识产权政策。概念，分类；（2）知识产权政策体系。创造政策，运用政策，保护政策，管理政策；（3）科技创新政策中的知识产权政策。财政投入政策，税收政策，投融资政策，政府采购政策，认定验收政策；（4）贸易中的知识产权政策。反垄断政策，技术进出口管理政策，技术标准中的知识产权政策，美国"337"调查政策。

7.3.2　专利审查、复审无效与诉讼

考试要求：掌握专利申请到授权整个审查流程各阶段所需递交的文件、交纳的费用和期限要求等程序知识；会撰写符合专利法律法规要求且能够最大限度保护本单位发明创造的专利申请文件；能够正确答复专利审查、复审、无效中的各种意见。掌握专利纠纷的种类及解决途径，专利侵权的行为和侵权判定的原则、方法，侵犯专利权应承担的法律责任。专利申请权、专利权纠纷的概念、种类，专利纠纷的处理方法，专利侵权赔偿计算方法，能够运用相关知识分析和解决专利纠纷问题。

国内专利申请。主要包括：（1）专利申请：专利申请的概念，专利申请程序的概念，发明专利申请的程序，初审和实审的启动，初步审查和实质审查的内容，实用新型和外观设计专利申请的审查程序，实用新型和外观设计初审的审查内容。（2）专利申请文件：发明和实用新型专利申请，一份完整发明或实用新型申请文件应包括的内容，请求书、说明书、权利要求书、摘要等，发明与实用新型申请文件的区别，各种文件的作用。外观设计专利申请，完整外观申请应包括的内容（请求书、外观设计图或照片）及各申请文件的作用。（3）专利申请程序：专利申请的手续，专利申请的受理，专利申请的公布与公告，期限的种类，期限的计算方法，期限的管理，期限的延长，耽误期限时专利费用的管理。委托专利代理机构，要求优先权，要求不丧失新颖性宽限期，请求实质审查，请求提前公布，专利申请的撤回，著录项目的变更，请求恢复权利，请求中止，办理文件副本，办理实用新型专利检索报告。

涉外专利申请。主要包括：（1）涉外申请：涉外专利申请的概念、法律依据和条件。中国人申请国外专利的途径，直接申请和 PCT 国际申请，两种途径的优劣对比。涉外申请的保密审查。（2）PCT 申请：《专利合作条约》（PCT）的产生和发展，PCT 内容简介，PCT 申请的特点、程序，我国加入和利用 PCT 的情况，PCT 申请国际阶段的程序，PCT 国际申请进入国家阶段的期限、手续，PCT 申请进入国家阶段的实质审查原则，实质审查所涉及的内容和审查要求，PCT 费用与缴纳。

专利申请文件的撰写。主要包括：（1）专利文件撰写准备：撰写前的准备工作，理解发明的技术方案，对现有技术进行检索，找出最接近的现有技术，跟发明人进行讨论，确定发明目的（要解决的技术问题）和保护范围。（2）专利文件撰写：权利要求书的撰写，独立权利要求和从属权利要求，产品权利要求与方法权利要求，权利要求书撰写的形式要求和实质要求，撰写权利要求书的主要步骤，如何撰写保护范围较宽的独立权利要求。说明书的撰写，说明书的五大组成部分及各部分的作用，说明书撰写的形式要求和实质要求，说明书的充分公开与保留技术诀窍。摘要的组成及撰写要求。附图的绘制要求，需要作为附图的说明书部分。（3）特殊领域专利文件撰写：涉及计算机程序申请文件的撰写，含计算机程序的发明专利申请能被授予专利权的条件，权利要求和说明书撰写的特殊要求。化学领域专利申请文件的撰写，化学领域专利的特殊要求，不授予专利权的化学申请主题、化合物及组合物权利要求和说明书的撰写。生物领域专利申请文件的撰写，生物材料的保藏、生物专利申请文件形式上的特殊要求、实用性要求、权利要求和说明书的撰写。（4）外观设计专利文件撰写：使用外观设计产品的名称要求，外观设计图或照片的绘制要求，外观设计简要说明的撰写要求，外观设计专利申请应注意的问题。

专利申请的初步审查。主要包括：（1）初步审查基本内容：初步审查的范围和内容、地位和作用、初步审查应遵循的原则。初步审查程序中审查意见的答复，发明、实用新型形式缺陷的补正，外观设计图或照片及简要说明的补正。（2）发明专利申请初步审查：发明专利申请初步审查的任务、范围、原则，请求书、说明书、权利要求书、说明书附图、说明书摘要的初步审查内容和要求，分案申请和涉及生物材料申请的初步审查内容和要求，委托专利代理机构、指定代表人、要求优先权、不丧失新颖性的公开、实质审查请求、撤回专利申请声明、著录项目变更等相关文件和程序的审查内容和要求，明显实质性缺陷审查的内容和要求。（3）实用新型专利申请初步审查：实用新型专利初步审查的范围，不同于发明专利初步审查的特点，审查要求和原则，说明书、说明书附图、权利要求书、说明书摘要、补正文件的审查，不授予实用新型专利权申请的审查，对实用新型专利保护客体的审查，单一性审查的内容和要求，分案申请审查的内容和要求，要求优先权的审查内容和要求，先申请原则的审查内容，实用新型创造性审查标准。（4）外观设计专利申请初步审查：外观设计专利申请的初步审查，对使用外观设计产品名称的要求，对图片或照片的要求，对简要说明的要求，对成套产品的外观设计专利的审查，对外观设计保护客体的审查——外观设计必须以产品为载体，外观设计必须以产品的形状、图案为对象，外观设计必须富有美感，外观设计必须适合工业上应用，外观设计必须是一种新的设计。

专利实质审查。主要包括：（1）实质审查的基本内容：实质审查程序及其基本原则，新颖性的概念、审查原则和基准，对优先权的审查，对同样发明创造的处理，创造性的概念、审查原则和基准，开拓性发明、组合发明、选择发明、转用发明、用途发明和变更要素发明的创造性判断，审查创造性时应注意的问题，实用性的概念和审查原则、审查基准，单一性的概念和审查原则，分案申请的审查，涉及计算机程序的发明专利申请的审查，涉及汉字编码方法及计算机汉字输入方法的发明专利申请的审查，化学领域发明专利申请的审查。（2）实质审查意见答复：实质审查程序中审查意见的答复，审查意见的理解分析，针对缺乏权利要求新颖性、创造性、保护范围不清楚、说明书公开不充分等实质性问题的答复，意见陈述书的撰写。

专利复审和无效。主要包括：（1）专利复审：专利复审委员会的任务，审查原则，回避制度，口头审理的有关规定。设置复审程序的目的，复审的启动，复审的原则，复审决定的类型。（2）专利无效：设置无效程序的目的、程序；审查原则，无效审查的启动，无效请求证据的提交，无效审查中对权利要求书的修改，无效宣告请求审查决定的类型，宣告无效的效力。（3）意见答复：对复审通知书的答复，对无效宣告请求审查通知书的答复和对无效宣告请求书的答辩。

专利纠纷处理与诉讼。主要包括：（1）专利行政复议：专利行政复议的概念，现行法律、法规的规定，专利行政复议的主体、机构、受案范围，提起专利行政复议的期限。专利行政复议的提起、受理，专利行政复议决定，专利行政复议后的程序。（2）专利民事纠纷：专利民事纠纷的种类（专利侵权纠纷、专利权属纠纷、专利合同纠纷），专利行政纠纷的类型和特点。民事纠纷的解决途径：自行协商、向法院起诉（管辖、时效）、请求管理专利工作的部门处理或调解（管辖、时效）。（3）专利行政纠纷：行政纠纷的解决途径：向法院起诉（受案范围、管辖、时效）、请求行政复议（范围、管辖、时效）。专利行政诉讼中应注意的问题，包括法院审理专利行政案件的原则，法律依据，专利行政诉讼中的第三人，关于实用新型专利创造性水平的判断。外观设计无效行政案件，外观设计的无效审查，在无效审查中，外观设计与实用新型可否相互作为对比文件。（4）专利侵权：专利侵权行为，侵犯专利权行为的法律特征，直接侵犯专利权的行为，间接侵权的概念，间接侵权的特征，间接侵权的表现形式。专利权的限制，法定不侵犯专利权的行为，强制许可实施行为（未充分实施的强制许可、根据紧急状态或非常情况及公共利益目的的强制许可、为公共健康目的的强制许可，交叉专利的强制许可），在发明专利临时保护期内的实施行为，专利申请公开前的实施行为。不视为侵犯专利权的几种行为（专利权用尽，先用权，在临时过境的交通工具上使用专利的行为，非生产经营目的的使用，为行政审批目的对药品或医疗器械专利的使用），防止专利权滥用。发明和实用新型专利权保护范围的确定，专利侵权判定的原则。外观设计专利保护范围的确定，外观设计专利侵权诉讼中应注意的程序和实体问题。侵犯专利权的法律责任：停止侵权，赔偿损失，消除影响，刑事责任。赔偿额的计算。（5）专利申请纠纷：专利申请权纠纷的概念、种类，专利权归属纠纷的概念、种类，专利归属纠纷与专利申请权纠纷的区别，职务发明创造与非职务发明创造的概念，判断职务发明与非职务发明的法律依据，认定标准，发明人或者设计人的概念、认定标准，法律法规政策关于职务发明人奖励与报酬的规定，合作开发产生专利的权利归属，共有专利权的法律特征。（6）专利假冒：假冒他人专利的概念，假冒他人专利行为与侵犯专利权行为的区别，假冒他人专利的法律责任。（7）专利诉讼程序：请求确认不侵犯专利权，专利申请阶段的权利保护，权利冲突和重复授权的应对。侵犯专利权的诉讼时效：一般诉讼时效，专利侵权的诉讼时效，临时保护期使用费的诉讼时效，诉讼时效的中止与中断，连续实施的侵权行为的诉讼时效。专利侵权诉讼的一般举证责任，方法专利侵权的举证责任。专利侵权诉讼中的临时措施：诉讼前停止有关行为、诉讼中及诉讼前的财产保全、诉讼中的先予执行。反诉专利权无效的概念、特点，中止与不中止侵权诉讼，对以反诉为手段拖延侵权诉讼行为的对策，专利权无效对在先生效判决的效力，实用新型专利检索报告的效力。专利侵权诉讼中的鉴定。

7.3.3　知识产权检索与分析

考试要求：掌握专利文献的基本知识、中国专利文献和美国、日本、欧洲等主要国家和地区的专利文献相关知识；掌握专利检索的基本方法，能够从几种常用的专利检索系统中查找需要的专利文献。掌握科研项目专利检索和分析的方法；能够通过知识产权分析为科研项目决策提供依据。掌握商标、科技论文集成电路、软件著作权、植物品种等知识产权的检索与分析方法。

专利文献基本知识。主要包括：（1）专利文献基本概念，专利文献概念，作为公开出版物的专利文献应包括内容，专利信息概念，专利文献信息的特点，专利单行本概念，专利单行本基本内容 。（2）专利文献种类，专利单行本产生来源，不同专利保护客体产生专利文献类型，专利审查制度及审批程序产生专利文献类型，WIPO ST. 16 标准主要内容，WIPOST. 3 标准主要内容。（3）专利文献编号，专利编号内容，申请号概念与内容，文献号概念与内容，WIPO 标准申请号编号，主要国家申请号编号，WIPO 标准文献号，主要国家文献号编号。（4）专利文献著录项目，著录项目的概念，著录项目中的专利信息：技术信息，法律信息，外在信息。（5）专利文献特殊信息，专利引文概念与类型，专利引文的类型，专利引文的作用；专利族概念，同族专利概念，基本专利概念，专利组的类型，同族专利的作用

各国专利文献。主要包括：（1）中国专利文献专利申请公布文件，申请审定公告文件，专利授权公告文件，中国专利申请号、文献号，专利号，中国专利文献著录项目，中国专利公报。（2）美国专利说明书的主要构成，美国专利文献编号体系；日本专利说明书的主要构成，日本专利文献的编号体系；欧洲专利说明书的主要构成，欧洲专利文献的编号体系；PCT 国际申请说明书的主要构成和国际申请文献编号体系。

国际专利分类表。主要包括：（1）国际专利分类，国际专利分类概述，国际专利分类表结构与内容，国际专利分类原则与规则及分类方法，国际专利分类表的结构。（2）国际专利分类表使用，发明技术主题的分类方法，多重分类与混合系统。

专利信息检索。主要包括：（1）专利信息检索，专利信息检索概念，专利信息检索线索，专利信息数据库，专利信息检索软件，专利信息检索种类，专利信息检索策略，专利信息分析的基本方法。（2）专利技术主题检索，专利技术主题检索概念，专利技术主题检索分析，专利技术主题检索要素与表达式，专利新颖性检索方法、创造性检索方法，同族专利检索及解析方法，专利法律状态检索方法，专利技术主题检索步骤。

常用专利信息检索系统。主要包括：（1）中国专利信息检索系统，中国专利检索系统（CPRS），国家知识产权局网站专利信息检索系统。（2）国外专利信息检索系统，美国专利商标局专利检索系统，美国专利商标局专利法律状态检索系统。欧洲专利局 esp@ cenet 和 epoline 专利检索系统。日本专利局专利检索系统，日本专利局法律状态检索系统。世界知识产权组织专利申请信息检索等。

其他知识产权检索。主要包括：中国商标检索、中国计算机软件著作权检索、中国集成电路布图设计检索、中国植物新品种检索。世界知识产权组织其他知识产权检索。

PROQUEST检索系统。德温特（DII）检索系统。

知识产权分析报告撰写基础。主要包括：知识产权分析报告的概念与类型、知识产权分析报告撰写的主要原则、知识产权分析报告结构与主要内容。

专利技术分析。主要包括：（1）专利信息分析，专利信息分析的概念，专利信息分析的作用，专利信息分析的对象：技术信息、经济信息、法律信息。（2）专利基本分析。主要包括：专利地图的概念，专利技术主题（关键词）分析，专利分类号分析，专利申请国别分析，专利申请人分析，专利发明人分析，专利申请日分析，专利授权日分析，申请人地址分析。（3）专利技术分析。专利技术生命周期分析，技术功效矩阵分析、技术优势指数分析，技术依赖性分析，技术宽度分析，专利影响分析，核心专利分析：布拉福德定律、专利引用，专利法律状态分析。

科研项目创新性分析。主要包括：科研项目研究目标分析、科研项目主要技术指标与参数分析、科研项目技术路线分析、科研项目所要解决的关键问题分析、科研项目可能的创新成果分析、科研项目能否立项和验收建议。

知识产权预测预警分析。主要包括：未来专利申请量预测、未来专利申请结构预测、现有知识产权法律稳定性分析、科研项目知识产权风险分析、专利预警方法与分析。

知识产权战略布局分析。主要包括：技术功效矩阵分析、创新方式分析、研发投向分析、研发路线调整分析。

知识产权申请与获权分析。主要包括发明披露评估、科研项目知识产权布局状况分析、知识产权价值分析、知识产权质量分析、国外知识产权布局状况分析。

知识产权维持分析。主要包括：知识产权价值分析、知识产权法律状态分析、知识产权维持方式分析。

技术标准与专利池分析。主要包括：技术标准与知识产权关联性的概念与类型，必要专利与必要权利要求的概念与特征，专利池与专利组合的概念与特征，技术标准专利池构建方法，技术标准专利池许可政策与收益分配。

知识产权价值分析。主要包括：价值评估的成本法、市场法、收益现值法概念，知识产权价值评估方法，评估参数选择分析。

知识产权合同分析。主要包括：知识产权合同的概念和类型，知识产权合同的主要内容，知识产权合同注意事项分析。

知识产权转移转化分析。主要包括：知识产权转移转化的概念和方式，知识产权转移转化项目可行性研究，知识产权合同执行分析，知识产权转移转化许可收益方式分析，知识产权收益分配分析。

7.3.4 知识产权战略管理与经营

考试要求：掌握美、日、欧主要发达国家及部分发展中国家知识产权战略的特点和主要措施，掌握主要国家公共科研机构、高校与企业知识产权管理的做法和措施。掌握科研机构组织机构建设管理、战略规划管理、质量效益管理、科研项目知识产权全过程管理技术标准与专利池管理、知识产权保护管理、知识产权转移转化管理的概念、主要流程和方法；能够利用知识产权全过程管理知识与技能为科研项目管理提供服务。

主要国家知识产权战略。主要包括：（1）外国知识产权战略与管理：美国的知识产权战略与政策，欧盟的知识产权政策，日本的知识产权战略与政策，韩国的知识产权战略与政策，印度的知识产权战略与政策。（2）中国国家知识产权战略与政策：中国国家知识产权战略的概念，中国国家知识产权战略的目标、重点和主要政策。

主要根据科研机构和高校知识产权管理。主要包括：（1）国外科研机构知识产权管理：德国马普学会嘉兴创新公司知识产权管理，弗朗霍夫学会知识产权管理，美国国立健康研究院知识产权管理。（2）国外高校知识产权管理：美国斯坦福大学技术转移与知识产权管理，美国大学技术转移师协会，英国牛津大学技术转移与知识产权管理，日本东京大学技术转移与知识产权管理，日本奈良先端科学技术院大学技术转移与知识产权管理。（3）国外知识产权管理经验教训：知识产权管理机构设置，知识产权管理模式，知识产权管理的权属制度、收益分配制度，知识产权管理流程，知识产权管理人才队伍建设。

科研项目知识产权全过程管理。主要包括：（1）基础知识，科研项目知识产权全过程管理的概念、特征、目标、主要环节、管理任务，不同类型科研项目知识产权全过程管理任务，不同环节知识产权全过程管理任务。（2）管理任务，科研项目立项知识产权全过程管理的主要任务，科研项目结题验收知识产权全过程管理的主要任务，科研项目验收后三年知识产权全过程管理的主要任务。（3）考核验收，科研项目知识产权全过程管理的考核指标，推进科研项目知识产权全过程管理的主要政策措施。

知识产权管理标准化。主要包括：（1）科研机构知识产权管理标准化的概念，科研机构知识产权管理标准的主要内容，知识产权管理的目标、功能定位、组织模式的标准化。（2）知识产权创造、运用、维持、运用、保护、合同、保密管理，知识产权立项、研究开发、采购、生产、销售等环节的标准化管理，知识产权管理工具、环境的标准化管理，知识产权标准化管理的审核与改进。

知识产权经营。主要包括：（1）技术经营基础知识，技术经营的概念，技术的三阶段评价法，知识产权价值评估的主要方法：市场法、重置成本法、收益现值法。（2）知识产权转移转化机构：国家技术转移中心，大学科技园，科技企业孵化器与加速器，国家工程（技术）研究中心，高校科研机构产业化或技术转移机构。（3）知识产权转移转化法规政策，《科技进步法》《科技成果转化法》《专利法》激励知识产权转移转化的权属政策，激励知识产权转移转化的奖励和报酬政策，高新技术企业奖励股权和期权政策，中关村国家自主创新示范区分红权政策，《职务发明保护条例》，无形资产投资的国有资产审批、评估与保值增值政策。（4）科技成果转化，科技成果转化的主要形式，科技成果转化的影响因素，科技成果转化中知识产权的归属，科技成果奖励，科技成果信息报告，科技成果计价方式，知识产权项目可行性研究，无形资产投资政策，无形资产投资登记流程，无形资产评估管理。

7.4 知识产权培训班课程设计

科研机构知识产权培训一般包括主管知识产权的领导，知识产权管理骨干和科研人员三个层次。每个层次承担的任务不同，知识产权培训的课程也有所不同，有宏观的有操作性的，有提高意识的，有提高能力的。知识产权培训班的方式不同，其课程设置也不同，有普及型的，也有提高型的，有会议型的，也有网络型的。

7.4.1　普及培训班

集中型知识产权培训班是普及型培训班，也称会议型培训班，将参加培训人员集中到一起，由培训专家面对面授课。科研机构集中型知识产权培训班的课程主要有三种类型。

1. 知识产权分管领导培训课程

该课程旨在使科研机构知识产权分管领导全面把握国际国内知识产权制度的发展趋势和热点问题，掌握国家知识产权战略的基本内容和要求，深入了解与知识产权相关的法律法规知识，了解我国知识产权获取、保护和管理中的核心环节和关键问题的实务操作，加深对知识产权制度的理解和认识，进一步扩展知识产权知识，提高知识产权战略管理和决策的能力和水平。

（1）知识产权法律制度与战略。主要涵盖专利、商标、著作权等知识产权重要原理原则、法律制度。中外主要国家知识产权战略与实施。

（2）知识产权与科技创新。主要涉及科技创新与知识产权关系、知识产权与技术标准、知识产权与自主创新、知识产权与创新驱动发展战略实施关系。

（3）科研项目知识产权全过程管理。主要涵盖科研项目知识产权全过程管理的概念、特征、目标、主要环节、管理任务，不同类型科研项目知识产权全过程管理任务，不同环节知识产权全过程管理任务。

（4）知识产权保护。主要涉及知识产权行政调处、行政执法、边境保护、专项行动等行政保护内容，涉及复审无效与诉讼、知识产权侵权判定标准、相关案例等司法保护内容。

（5）知识产权转移转化。主要涉及知识产权转移转化的组织机构、制度与政策、知识产权价值评估、合同与谈判、投融资等内容。

（6）科技合作与知识产权管理。主要涉及国际国内科技合作中的知识产权归属、知识产权收益分配等。

（7）国家科技计划中的知识产权管理。主要涉及国家财政项目管理中的知识产权问题，包括计划项目知识产权信息披露义务、知识产权成果的转移转化义务，完成人知识产权保护义务等。

（8）我国知识产权管理案例。主要为国内优秀科研机构和知名企业知识产权管理案例。

2. 知识产权管理骨干培训课程

该课程旨在使科研机构知识产权管理骨干系统掌握知识产权法律法规基本知识，了解运用知识产权的实际技能，熟悉我国知识产权行政和司法保护的法律规定及程序，深入了解知识产权战略的基本内容，全面了解知识产权管理工作的性质和职责，提高运用知识产权的能力，具备从事知识产权管理工作的知识和能力。

（1）主要国家知识产权战略及其实施。主要涉及美、欧、日、韩等国家的国家知识产权战略，包括知识产权战略的制定、主要战略政策与措施、知识产权战略的实施，以及各国知识产权战略的发展趋势与重点。

（2）知识产权法律与政策。主要包括著作权制度、专利法制度以及商标法制度在内知识产权制度产生与发展，以及著作权法、专利法及商标法的基本概念、基本原理和基本制度；重点涉及专利权、商标权和著作权等主要知识产权的获取方式、权利保护、侵权构成及责任承担形式，其他重点国家知识产权法律的基本情况。知识产权的创造、运用、保护和管理政策。

（3）知识产权行政与司法保护。主要涉及知识产权行政调处、行政执法、边境保护、专项行动等行政保护内容，涉及复审无效与诉讼、知识产权侵权判定标准、相关案例等司法保护内容。科研机构《保密协议》《合作协议》和《专利转让协议》和《专利实施许可协议》等合同模板讲解。

（4）知识产权战略与科研项目知识产权全过程管理。主要涵盖科研项目知识产权全过程管理的概念、特征、目标、主要环节、管理任务，不同类型科研项目知识产权全过程管理任务，不同环节知识产权全过程管理任务。

（5）专利信息检索与利用。主要涉及中外知识产权尤其是七国两组织专利的检索与分析，包括数据库、检索方法与检索式、分析的主要步骤和方法。

（6）知识产权代理实务。主要包括知识产权代理机构的特点和主要职能，知识产权管理人员与代理机构关系，知识产权质量控制，知识产权官费与代理费缴纳等。

（7）专利的申请、审查、复审与无效。主要涉及专利申请文件撰写、专利复审程序、无效程序等法律规定和实务。

（8）知识产权评估理论与经营。主要包括专利价值度和知识产权价值评估的主要内容、主要方法和评估案例。知识产权转移转化的组织机构、制度与政策、知识产权价值评估、合同与谈判、投融资等内容。

（9）技术标准与专利池建构。主要包括知识产权与技术标准的异同，专利与技术标准的实质性关联的判断方法与原则，以及相关案例。技术标准制定中专利池构建的现状和主要问题，国内外成功技术标准制定的成功经验，尤其是专利池模式与收益分配政策。

（10）知识产权分析报告撰写。主要包括知识产权分析报告的主要内容，知识产权分析的主要内容和指标，知识产权分析报告的验收。

（11）主要国家科研机构知识产权管理的理论和实践。主要包括美国、德国、英国、日本等主要发达国家的科研机构及高校的知识产权管理的发展，知识产权管理的主要模式和经验，知识产权管理的重要环节等。

（12）我国优秀科研机构与高校企业知识产权管理案例与实务。主要为国内知名科研机构、高校和企业知识产权管理案例。

3. 知识产权专门人员课程

本课程旨在使专门或准备参加资格考试的管理和科研人员掌握知识产权战略、法律、管理及经营的基本知识，对相关概念、方法、工具有深入了解，对知识产权的管理与经营相关知识也有一定掌握，初步具备专门从事知识产权管理工作的基本知识和技能，为知识产权日常管理工作及进一步提高知识产权管理能力打下基础。

（1）主要国家知识产权战略及其发展。主要涉及美、欧、日、韩等国家的国家知识产权战略，包括知识产权战略的制定、主要战略政策与措施、知识产权战略的实施，以及各国知识产权战略的发展趋势与重点。

（2）知识产权法律与政策。主要包括著作权制度、专利制度以及商标法制度在内知识产权制度产生与发展，以及著作权法、专利法及商标法的基本概念、基本原理和基本制度；重点涉及专利权、商标权和著作权等主要知识产权的获取方式、权利保护、侵权构成及责任承担形式，其他重点国家知识产权法律的基本情况。

（3）知识产权行政执法。主要包括我国知识产权保护双轨制、行政执法与司法保护的差异和协调，行政执法的法律基础、管理体系、法律程序、执法手段，知识产权的海关保护，展会知识产权保护；重点涉及侵犯专利权、商标权和著作权行为的行政处罚程序，专利纠纷的行政调解程序与内容，以及行政执法中的证据制度等内容。

（4）知识产权司法保护。主要包括我国知识产权司法保护的现状、法律依据及知识产权诉讼的基本知识和原理，重点以专利行政诉讼、专利权属诉讼、专利侵权诉讼、专利合同诉讼为对象介绍知识产权案件中的重要司法文件、侵权判定方式、诉讼管辖制度、证据制度、时效制度，以及知识产权仲裁制度等实务内容。

（5）知识产权国际保护。主要包括世界知识产权组织、世界贸易组织、世界卫生组织、联合国教科文卫组织等国际组织中知识产权机制的产生、发展及运作，主要知识产权国际条约、多边和双边协议的基本状况、发展历程、主要内容、法律适用及国际纠纷解决机制，知识产权国际秩序的未来发展趋势，重点涉及世界知识产权组织及其所属知识产权国际公约、世界贸易组织及其所属知识产权协议。以及《保密协议》《合作协议》等合同模板讲解。

（6）专利信息检索与利用。主要涉及中外知识产权尤其是七国两组织专利的检索与分析，包括数据库、检索方法与检索式、分析的主要步骤和方法。

（7）专利申请审查。主要涉及专利说明书与权利要求书撰写、答复审查意见有关法律规定和实务。

（8）专利复审与无效。主要涉及专利复审程序和无效程序的法律规定和法律实务。

（9）知识产权评估理论与方法。主要包括知识产权价值评估的主要内容、主要方法和评估案例。

（10）知识产权转移转化机构。主要涉及知识产权转移转化的组织机构、转移转化模式等内容。

（11）知识产权投资与融资。主要涉及知识产权质押担保、风险投资、创业投资、天使投资、股权投资等知识产权投融资机制的基本类型、主要原理和基本内容，知识产权投融资的基本方法和主要路径，知识产权投融资中的实践与操作问题。

（12）知识产权合同与实施许可。主要涉及知识产权合同谈判、签订、履行、变更和终止的一般原理和基本概念，知识产权合同风险管理的流程与规范，知识产权合同纠纷的司法救济与处置，以及知识产权实施许可的基本类型、许可策略、知识产权实施许可与反垄断、知识产权许可中的风险控制等内容。以及《专利转让协议》和《专利实施许可协议》等合同模板讲解。

（13）知识产权与技术标准。主要包括知识产权与技术标准的异同，专利与技术标准的实质性关联的判断方法与原则，专利池构建的方法与许可受益分配政策。以及国内外相关专利池许可案例。

（14）科研项目知识产权全过程管理。主要涵盖科研项目知识产权全过程管理的概念、特征、目标、主要环节、管理任务，不同类型科研项目知识产权全过程管理任务，不同环节知识产权全过程管理任务。

（15）科研项目知识产权分析报告撰写。主要包括知识产权分析报告的主要内容，知识产权分析的主要内容和指标、知识产权预测预警方法技术、知识产权侵权判定与技术标准制定和转移转化分析。

（16）知识产权管理标准化及管理规范。主要包括知识产权管理的基本原理、管理框架和管理工具，科研机构知识产权管理的目标，科研机构知识产权管理的功能定位，科研机构知识产权管理组织模式，科研机构知识产权管理内部组织模式，知识产权机构与产业界的联系，知识产权机构与知识产权代理部门的联系，知识产权机构与政府部门的联系。科研机构知识产权管理文件的编制、知识产权管理流程的设计、知识产权管理的绩效考评规范。

（17）知识产权政策与科技管理。主要包括与知识产权相关的科技创新政策，国家财政项目中的知识产权管理，科研项目产出知识产权的转移激励、利益分配与产业化政策，职务知识产权的管理与转移转化等问题，以及面向自主创新的知识产权创造、运用、保护和管理等政策。

（18）外国科研机构知识产权管理的理论和实践。主要包括美国、德国、英国、日本等主要发达国家的公共科研机构及大学的知识产权管理的发展，知识产权管理组织机构、管理模式、管理制度、人才团队、管理流程等。

（19）优秀科研机构与企业知识产权管理案例与实务。主要为我国科研机构、高校和知名企业知识产权管理案例。

7.4.2　高级培训班

高级培训班课程旨在使经过普及型培训的人员进一步掌握知识产权相关知识，进一步提高知识产权实际操作方法和技能，提高解决知识产权实际问题的能力，具备从事知识产权管理工作的较高知识水平和较强能力。

1. 专利检索分析利用专题培训班

本培训班课程旨在使参加培训的科研机构知识产权管理和科研人员掌握专利检索、分析和利用的基本知识，对相关概念、方法、工具有深入了解，掌握专利信息检索分析和利用的知识和技能，为开展科研项目知识产权管理工作提供服务。

（1）美、日、欧专利信息检索与分析利用。主要包括美、日、欧等的专利信息检索系统，检索方法和信息分析利用方法。

（2）中国专利在线分析系统。主要包括中国专利检索分析系统的类别、数据范围、系统功能和应用举例。

（3）Thomson Data Analyzer 和 Thomson Innovation 使用。主要包括 Thomson Data Analyzer

概况、数据导入与数据管理、数据规范/数据结构化、数据分析、生成报告。Thomson Innovation 概览、利用 Thomson Innovation 加速专利信息获取和获取竞争情报信息。

（4）专利地图分析方法与应用。主要包括专利地图在战略制定中的作用、专利统计图的生成与应用、专利引证图的生成与应用、专利等高地图的生成与应用、专利技术功效矩阵图的生成与应用。

（5）专利预警分析。主要包括专利预警的方法和软件，专利预警警度生成，科研项目立项预警分析、科研项目创新性预警分析、科研项目知识产权转移转化预警分析、预警分析解决方案。

（6）专利侵权分析与规避设计。主要包括专利侵权判定的标准和方法、专利侵权分析的方法和步骤，专利规避设计的方法。

（7）科研项目知识产权分析报告撰写实例。主要包括知识产权分析报告撰写的内容要求，知识产权分析的主要内容和指标，知识产权分析报告的验收。

2. 知识产权保护专题培训班

本培训班课程旨在使参加培训的科研机构知识产权管理和科研人员掌握知识产权保护的基本知识、保护途径和保护方法，掌握知识产权保护的知识和技能。

（1）专利申请文件撰写。主要包括撰写申请文件的准备工作、说明书和权利要求书撰写、答复审查意见、专利文件修改等。

（2）专利侵权分析与文件撰写。主要包括权利要求的解释、专利权的保护范围、专利侵权判定的主要原则和主要步骤。

（3）专利复审请求书的撰写。主要包括复审请求的规定、程序、技巧等。

（4）专利无效宣告请求和应诉。主要包括无效宣告请求规定、答复、答辩的程序和技巧等。

（5）专利纠纷防范与处理及侵权纠纷案例分析。主要涉及知识产权诉讼案件的特点、知识产权民事纠纷种类、审判管辖级别和地域、权利保护手段、解决专业技术问题的途径、专利侵权诉讼时效、损害赔偿计算方法、防止权利滥用、知识产权诉讼策略与技巧。

（6）PCT 申请技巧与实务。主要包括受理阶段、国际检索阶段、国际初审阶段和国家阶段的技巧和实务。

（7）美国专利法改革及其启示。主要包括美国专利法、专利审查指南、发明法主要专利申请和授权的重要条款，专利授权程序、美国专利申请存在的突出问题及对策以及对我们的启示。

（8）知识产权合同的法律风险及防范。主要涉及知识产权开发、转让、许可、质押合同的基本原则、主体、订立、生效、无效、履行和解除，以及《保密协议》《合作协议》等合同模板讲解。

（9）技术秘密保护。主要涉及技术秘密的定义和特点、技术秘密保护的法律依据、技术秘密与专利保护的区别、技术秘密的许可与转让。

（10）知识产权纠纷案例。主要为国内外有借鉴意义的典型案例讲解讨论。

3. 知识产权管理与转移转化专题培训班

本培训班课程旨在使参加培训的科研机构知识产权管理和科研人员掌握知识产权转移转化的基本知识、政策和方法，掌握知识产权转移转化合同签订、可行性研究、获取收益的知识和能力。

（1）知识产权转移转化法律政策。主要包括涉及知识产权转移转化的相关法律、政策和根据计划等。

（2）知识产权合同签订与风险规避。主要包括知识产权开发、转让、许可、质押合同的基本原则、主体、订立、生效、无效、履行和解除。以及《专利转让协议》和《专利实施许可协议》等合同模板讲解。

（3）项目可行性研究。主要包括知识产权转化项目的可行性研究报告编制的内容、方法和案例。

（4）知识产权技术许可、转让操作实务。主要包括技术许可与转让的方式、合同、价值评估、价值实现等。

（5）国外科技合作中的知识产权管理。主要涉及科技合作的谈判、合同、合作模式、知识产权归属与使用。

（6）主要科研机构与高校的技术转移及启示。主要包括马普学会、弗朗霍夫学会、牛津大学、美国国立卫生研究院、斯坦福大学、东京大学、韩国科技研究院等的技术转移管理及对我国的启示。

（7）技术转移从业资格分析。主要介绍我国的技术经纪人资格考试及其对从业人员的知识和能力要求，介绍美国技术转移经理人协会技术转移师资格考试的能力要求。

（8）国外知识产权转移转化案例分析。主要为国内科研机构、高校及企业的知识转移转化案例分析。

7.4.3　网络培训班

网络型培训主要是面向初级科研和管理人员的知识产权培训方式，主要培训知识产权基础知识。开展网络型培训必须建立培训的网络，网络能够播放视频，必须开发网络上可以使用的视频课件，还要开发基础知识读本讲义。一般情况下，知识产权基础知识读本和网络视频课件应包括知识产权法、知识产权检索分析、专利申请审查实务、知识产权管理四个方面。

（1）知识产权法基础知识。主要包括知识产权概念、特征、主体、客体、保护途径、保护期限等基础知识产权知识，以及知识产权法律规定，中外主要国家知识产权法律制度的基本情况。

（2）专利信息检索与利用。主要包括中外专利的检索与分析的基础知识产权知识，包括数据库、检索方法与检索式、专利分析的主要步骤和方法。

（3）专利申请审查实务。主要包括专利的申请、审查、复审与无效基础知识，涉及专利申请文件撰写、专利复审程序、无效程序等内容。

（4）知识产权管理。主要包括知识产权管理的概念、管理原则、管理方式、管理职责等基础知识，涵盖战略规划、组织建设、教育培训、奖励激励、风险控制等内容。

7.5 特色知识产权培训

1. 中科院宁波材料技术与工程研究所

中科院宁波材料技术与工程研究所是 2004 年 4 月由中国科学院与浙江省人民政府、宁波市人民政府三方共建的集技术创新、成果转化、科技服务、人才培育于一体的综合性工业技术研究机构，下设科技发展部、知识产权与技术转移部等部门，知识产权与技术转移部下设院地合作处、知识产权处和对外投资管理处。截至 2013 年年底，该所先后承担国家科技支撑、"973""863" 等国家和省市级重大重点科技项目 1119 项，累计申请国内发明专利 1025 项，申请 PCT 专利 47 项，取得了一批在世界上具有竞争力和对产业发展有一定影响的创新科研成果，如"生物基无醛木材胶粘剂技术""T800 碳纤维产业化""磷酸铁锂材料""石墨烯产业化"等项目。

成立以来，该所大力推进知识产权培训，积极促进知识产权管理工作与科研工作的紧密结合。2010 年，该所主办和参加了"专利综合运用分析检索讲座""科学院 ARP 知识产权管理系统应用培训""涉外专利申请讲座""中国科学院研究生院—知识产权实务高级系列讲座""中国科学院知识产权研究与培训中心—院属单位知识产权管理骨干、专员高级研讨培训班"等，参加培训人数达到 60 人次。2011 年，该所进一步扩大知识产权培训的次数与规模，建立了科研项目知识产权专员制度，通过院知识产权培训的院级知识产权专员达到 7 人，这些知识产权专员又辐射带动培养了 10 名深入课题组的所级知识产权专员，有力地提升了全所科研人员科技创新的效率。2011 年 4 月，针对目前专利撰写质量不高、审查意见答辩以及技术合作过程中的知识产权问题等，该所举办了 2011 年度首场知识产权培训，邀请专家对专利撰写技巧、准备技术交底材料、技术合同中的法律解释等主题进行深度培训，参加培训科研人员 40 多人。

近年来，该所进一步加大知识产权培训力度，逐步形成了先进的知识产权培训理念和培训模式，每年制订有知识产权培训计划，并将计划落实到各研究单元，努力将知识产权培训对象由管理层逐步向各项目团队研究人员甚至研究生推进。所知识产权处在深入总结知识产权培训成果的基础上，实时调整培训方案，策划了一系列更有针对性、更高质量的知识产权培训班型，努力培育研究所的知识产权意识和文化，既培养了一支通晓知识产权知识、掌握知识产权技能的专业人才队伍，也有力带动了全所的科研创新工作。

2. 中科院大连化学物理研究所

中国科学院大连化学物理研究所（简称大化所）创建于 1949 年，是一个基础研究与应用研究并重、应用研究和技术转化相结合，以任务带学科为主要特色的综合性研究所。1985～2013 年，该所累计申请专利 4600 多件，累计授权获得专利 1600 多件，其中，国外专利申请（含 PCT）390 多件，国外授权超过 80 件。近 5 年来，大连化物所实现专利技术转移、转化累计 300 多件，实现知识产权转移转化收入 9 亿多元。

该所充分认识到知识产权对科研工作的重要性，利用世界知识产权日每年都举办不同主题的固定知识产权培训班，并将一些重要知识产权培训班提前纳入中科院人事教育局的培训计划。除组织集中培训之外，该所知识产权办还经常深入课题组进行具体案例分析等专项辅导培训，为科研人员讲授知识产权和专利基础知识，教会科研人员如何进行发明创造的技术交底。此外，还在全所范围发放《专利法》《专利法实施细则》等学习资料和一些新出版的知识产权书籍，及时更新所知识产权网页，及时将知识产权法律法规、《国家知识产权战略纲要（2008～2020年）》《知识产权事业发展"十二五"规划》等重要文件和最新知识产权信息发布到网上，让科研人员能够了解到知识产权相关信息。截至2013年年底，该所已举办材料化工领域专利申请实务、专利检索分析方法、技术转移转化等10多期知识产权专题培训班。

为应对技术转移和知识产权队伍人才缺乏和技术转移与知识产权问题不断增加的矛盾，中科院大连化物所从2008年就开始启动所知识产权专员体系建设，通过向院知识产权培训班输送培训学员和自行培训方式，建立了一支知识产权专员队伍。截至2013年，全所已经拥有12名中科院院级知识产权专员，培养了课题组的近80名所级知识产权专员，构建起了适应科研需要的知识产权人才体系和工作网络。该所通过知识产权专员体系建设，又逐步培养研究组的一线科研骨干通晓技术转移和知识产权知识，掌握技术转移的基本知识和运作技能，将一些知识产权问题解决在科研活动中和技术转移初期，不仅解决了知识产权管理人才短缺、力量不足的问题，也有力提升了科研人员的知识产权意识和技术转移能力，知识产权工作有力支撑和促进了研发创新与技术转移工作。

3. 中科院联想学院培训❶

为促进科技成果转化，解决影响科技成果转化的机制、人才问题，2008年1月，根据原中国科学院院长路甬祥与联想控股柳传志总裁的倡议，中国科学院与联想控股共建成立了中国科学院联想学院，旨在通过培养科技创新创业人才，并与项目考察、优选投资孵化紧密结合，促进知识产权转移转化与产业化，推动我国高技术产业发展。中科院联想学院最核心的"联想之星"创业CEO特训班由联想控股主导。创业CEO特训班的目标定位于通过企业家培训课程，将寻找产业技术源头、培养有技术背景的CEO以及风险基金三者相结合。联想学院确定了联想之星"创业培训＋天使投资"的战略模式，专门设立了天使投资基金，联想之星划分为两个业务板块：免费创业培训和天使投资。2008年7月15日，第一期"联想之星"创业CEO特训班在联想控股开课，30名学员均来自中科院。2011年10月起，为给创业者提供更多的资源和基础支持，联想之星提出了业务模式的新版块——开放平台。通过开放平台，引入最多优质的资源、最优秀的投资人和最支持创业的落地政策环境，开启了"创业培训＋天使投资＋开放平台"的创业服务模式。

联想之星创业特训班的特点是：一是突出实战经验的课程设置。创业特训班以提高能力为核心，通过学习促进创业实践，通过创业实践体会学习内容，重点传授学员核心创业技能和企业运营管理方法，帮助学员转变为成熟企业家。特训班课程针对企业不同发展阶段CEO，注重方法和技能的实战性和针对性，循序渐进地传授理念、知识和技能，解决经营管理中的实际问题。二是实践经验丰富的讲师队伍和"一对一"辅导。以柳传志为首的特训班讲师大部分来自联想成员企业的高级管理者或创业者，他们有丰富的企业经营和管理经验，善于总结创业过程中的经验教训，愿意与其他科技类企业家分享创业激情、创业

---

❶ 资料来源：http://www.legendstar.com.cn.

过程、创业经验。针对学员背景和企业特点，准备了有较强针对性的个性化教材和培训方式，通过互动式教学，有效地达到了办学目标。同时，联想之星为学员指派固定辅导员，与学员保持联系和沟通，深入了解学员的学习情况和其他的发展情况，对学员在工作中遇到的具体问题，及时协调"联想系"资源提供帮助和咨询。三是与政府部门、投资机构和优秀企业交流，建立广泛的人脉关系。除课堂讲授和研讨外，特训班还组织学员参观各地技术转移转化中心、高新技术园区，与地方政府主管部门进行交流，帮助学员建立与地方政府的关系，了解不同地区的产业政策，为选择创业环境提供帮助。协调组织联想投资有限公司、弘毅投资和其他投资机构的投资人参与教学和活动，帮助建立与投资机构的关系。组织学员参观成功的创业企业，与企业家座谈交流，分享他们的创业心得，帮助建立与业界的良好关系。四是设立天使投资基金。联想之星设立了4亿元人民币的天使投资基金，专注于早期和极早期有知识产权高科技项目和企业的投资。

2011年，联想之星成立了创业联盟，与政府相关机构、知名投资机构以及社会专业服务机构建立战略合作关系，共同为创业企业提供全方位服务。2012年，在苏州、天津和上海三地设立了创业孵化基地。到2013年年底，联想之星创业CEO特训班开班6期，共培训科技产业化方面的创业人才368人，其中科学院科研人员129人；举办区域短训班12次，学员共550人；在无锡等地举办6期创业大讲堂，参与人员超过9000人；联想之星共投资了42个项目，集中于TMT、高端制造和医疗健康三大领域，总投资额近2.5亿元人民币（其中，中科院项目投资金额8000万），带动投资超过1亿。

7.6 知识产权培训问题分析

知识产权人才是科研机构做好知识产权管理工作最宝贵的资源。虽然我国许多科研机构开展了多种类型的知识产权培训，中科院还建立了中科院知识产权专员资格，一些地方还建立了专利工程师职业资格，但这些人才作用发挥如何？还存在哪些制约他们作用发挥的突出问题？根据对2008~2012年获得资格的中科院知识产权专员和参加过培训的知识产权管理骨干的专项调查，发现影响科研机构知识产权管理人才发挥作用的突出问题集中在以下五个方面。

一是知识产权实际工作与科技创新的需求不适应。大多数的被访者认为科技创新对知识产权工作的需求很大或较大，但知识产权专员和骨干的工作重点却主要集中在知识产权流程与事务管理、知识产权培训奖励和制度建设方面，开展科研项目知识产权分析和知识产权合同谈判等工作的比例相对较低。此外，知识产权专员从事实际工作的比例较低，还有36.4%的专员没有从事过实际工作。

二是影响知识产权管理人才发挥作用的突出问题是机制、政策和时间问题。55%以上的中科院知识产权专员和骨干认为，"缺乏课题组与知识产权专员和管理骨干有机结合的机制""知识产权专员和管理骨干与从事了较多的事务性工作，没有时间从事知识产权专项工作"和"院里没有相关支持知识产权专员和管理骨干作用发挥作用的具体政策"影响了他们的作用发挥。管理骨干还认为他们的能力还较弱，接受培训不够。

三是有关知识产权政策的突出问题是缺乏激励手段和硬性规定。中科院知识产权专员和管理骨干普遍反映"缺乏专员的职业生涯规划""缺乏合理的薪酬体系""权责不统一""缺乏课题组对使用专员或骨干的硬性要求"是主要问题，比例均超过50%。尤其是知识产权专员对职业生涯规划和合理薪酬的呼声更高。薪酬体系和职业生涯规划是推动院知识产权人才队伍建设的重要动力，但目前中科院对于薪酬由谁来支付、支付多少都没有统一和明确的规定，缺乏对知识产权专员和管理骨干的职业发展路线设计。缺乏聘用知识产权专员的硬性政策要求也影响了知识产权专员和管理骨干工作积极性的发挥。

四是影响课题组与知识产权专员或管理骨干结合的突出问题是激励、约束和保障机制不足。课题组与知识产权专员或骨干结合机制主要表现在"内在激励机制""监督约束机制""保障保护机制""动力压力机制"和"公平竞争机制"五个方面。大多数知识产权专员和管理骨干即认为机制存在的问题主要有三个方面。一是监督约束机制不足，对科研项目课题组必须聘用专员和专员参与项目情况缺乏监督和约束政策。二是内在激励机制不足，知识产权专员和管理骨干不能从参与相关工作中获得充分的满足感和成就感。三是保障保护机制不足，知识产权专员和管理骨干工作经费和薪酬待遇、职业发展缺乏保障。另外，还有1/3不到一半的知识产权专员和管理骨干反映"动力压力机制"和"公平竞争机制"存在问题。

五是知识产权专员和管理骨干知识产权工作能力还普遍较弱。工作能力是影响知识产权专员和管理骨干作用发挥的一个重要因素。目前，有60%左右的知识产权专员和管理骨干认为他们的信息检索能力较强，但大多数认为他们的知识产权战略布局能力、专利技术分析能力、知识产权合同与谈判能力、侵权分析能力较弱，其中认为知识产权战略布局能力弱的超过70%。

7.7　小　结

科研机构知识产权培训的目标是使知识产权管理人员掌握知识产权知识和技能，核心是知识产权培训的课程和师资，这就要求科研机构知识产权教育培训必须面向实际需要，不断优化课程设计，优选师资队伍。本章介绍了科研机构知识产权培训机构、知识产权培训资格考试、知识产权培训课程，介绍了部分科研机构开展知识产权培训的经验。为促进科研机构知识产权培训工作的深化，本书提出如下建议。

一是要进一步完善知识产权培训模式。要完善知识产权培训的课程和教材，形成具有科研机构特色的知识产权培训课程体系和教材体系。要进一步推进普及型和集中型知识产权培训，加强实际操作和能力培训。要加大专题提高型培训的力度，面向知识产权管理人员进一步提升能力的需求，加强课程优化和设计，开发针对性课程。要改进知识产权培训方式方法，通过编写知识产权培训读本、网络课件和讲义，扩大培训的覆盖面和普及面。

二是要强化知识产权人才能力培训。在现有培训基础上，应重点加强实际操作能力培训，要开展知识产权管理人员高级培训，重点加强知识产权战略布局能力、专利技术分析能力、知识产权谈判与合同制定能力、知识产权侵权分析能力等培训。应加强知识产权学历教育和职业资格教育，支持科研机构和高校设立知识产权管理双学位和开展复合型硕博士学历教育，职业资格考试应进一步丰富培训内容。为加强知识产权培训工作，要积极推动科研机构在实践中培养人才，通过"干中学""互动中学"提升知识产权管理人才的能力。

三是要完善知识产权管理人员政策。科研机构应制定相应政策明确知识产权管理人才的职责定位，应通过建立岗位说明书明确其责权利。应建立课题组和知识产权管理人员的双向选择与双向约束措施，课题组聘用知识产权管理人员应支付相应工作经费和合理报酬，课题组对工作成果不合格的知识产权工作人员可以采取一定的处罚措施。应建立知识产权管理人员能力认定标准，评价其实际工作能力和工作绩效，促进优胜劣汰。

四是要加强知识产权培训评估管理。科研机构应及时对完成的各类知识产权培训班开展评估，评估知识产权培训的实际效果。应面向被培训人员开展调查，及时发现知识产权培训中存在的问题，及时弄清知识产权培训的需求，设计出满足需求的知识产权培训课程，引导培训师资队伍的建设。

第八章　科研项目知识产权全过程管理

科研项目知识产权管理是科研机构知识产权管理的中心任务。《国家中长期科技发展规划纲要（2006～2020年）》提出，"将知识产权管理纳入科技管理全过程，充分利用知识产权制度提高我国科技创新水平"；《国家知识产权战略纲要（2008～2020年）》也提出，"建立重大科技项目的知识产权工作机制，以知识产权的获取和保护为重点开展全程跟踪服务"。实施科研项目知识产权全过程管理，必须明确科研项目知识产权全过程管理的内涵特征、重要环节及其管理任务，必须建立相应评价考核指标体系和采取有效的政策措施。

8.1　国内外科研项目知识产权管理

科研机构进行知识产权管理的目的是为了促进学术界与产业界的紧密联系，知识产权管理主要包括知识产权创造、知识产权组合管理、知识产权评估、竞争性评价、战略决策五个方面的事务，并可以分为三个过程：知识产权创造过程（促进科研、提供外部资源支持）、知识产权保护过程（发明公开、可专利性检索、申请策略）、知识产权商业化过程（市场评估、技术转移）（Jain and Sharma，2006）。知识产权管理工作分为知识产权教育与培训、明确知识产权归属、知识产权事务集中化管理、专业知识产权组合管理、避免侵犯他人知识产权、有效技术转移服务六个方面，澳大利亚昆士兰州政府（2010）提出的科研活动知识产权管理流程包括识别知识产权、明确知识产权归属、进行知识产权保护、防止侵犯他人知识产权及维权（Mcdonald，etc，2004）。科研机构和科研项目知识产权管理由技术转移办公室（TTO）承担。TTO技术经理负责发明、项目、合同的评估，其工作既包括对新发明创造的可专利性评估，也包括专利的市场前景评估。TTO对内联系一线科研人员，为科学家提供知识产权咨询服务，并促成内部各单位之间的合作，对外负责联系专利代理人、律师和外部专家，使他们参与到市场评估、专利维权等专业性较强的工作中来。在专利申请过程中，TTO作为发明创造所有者的代表与专利代理机构合作；在获得授权后，负责侵权监测和专利续费管理。此外，在进行知识产权保护过程中，应根据专利的开发运用计划，分别采取国家申请、PCT国际申请或欧盟专利申请等不同的专利保护战略❶。

---

❶　Division for Certain Countries in Europe and Asia，WIPO. Management of academic intellectual property and early stage innovation in countries in transition［EB/OL］http：//www. wipo. int/export/sites/www/ dcea /en/pdf/ tool_ 1. pdf.

英国苏塞克斯大学规定，当发现创造出知识产权的可能时，项目成员应填写知识产权披露表，并可以通过大学的研究与企业服务中心（RES）向知识产权经理寻求帮助。知识产权经理会安排与发明人讨论技术方案，哪些权利要求可行，用什么方式可以实现创新成果的最佳保护等，进行发明人技术交底和知识产权组合管理。接下来，大学企业工作机构研究该知识产权是否合乎规定及其可专利性，并决定是否进行开发利用。对于可以开发和利用的知识产权，其经营方式包括许可、转让给公司或通过大学自身的机构进行商业化。❶

目前，国外关于科研项目知识产权管理的研究不多，相关论述多散见于科研机构知识产权管理研究中，且对具体操作层面的内容介绍较少。澳大利亚昆士兰州政府、欧盟、世界知识产权组织提出的知识产权管理都是一般性的管理框架，缺乏科研项目知识产权管理的具体运作管理。

8.2 科研项目知识产权管理

科研项目知识产权管理是科研机构运用项目管理的理论、方法和技术，对科研项目涉及的全部知识产权工作进行有效的计划、组织、指挥、协调、控制和评价，以实现科研项目预期目标的活动。科研项目知识产权管理不仅管理著作权、专利权、技术秘密专有权、商标权，还管理专利池、技术标准、转移转化、知识产权合同等相关活动。科研项目知识产权管理不仅仅是对知识产权权利获取的管理，也包含创造环节、运用环节的管理，也包括对知识产权管理环节的管理，以及管理的规范化、标准化。科研项目知识产权管理也是对科研项目的时间管理、成本管理、沟通管理、人力资本管理、风险管理和质量管理。

科研项目知识产权时间管理是指科研项目知识产权的时间进度管理，主要包括研发活动知识产权申请和布局的进度、知识产权检索的进度、项目知识产权分析报告撰写的进度、知识产权转移的进度、许可费支付的进度、知识产权培训的进度等的管理。

科研项目知识产权成本管理主要是科研项目知识产权管理成本估算、知识产权管理预算编制和知识产权管理成本控制等。科研项目知识产权管理成本估算主要包括知识产权研发创造成本、知识产权申请与保护成本、知识产权管理人员成本、知识产权管理场地设备成本等几个方面。成本估算要综合考虑科研项目知识产权管理和科研项目子项目知识产权管理的任务设置、子项目知识产权管理任务结构、知识产权管理进度计划、知识产权人员管理计划以及风险事件、环境和组织因素。科研项目知识产权管理预算是指将总的知识产权管理成本估算分配到各项知识产权管理活动和工作上，以确定项目知识产权管理各项工作和活动的成本定额，制定项目知识产权管理成本的控制标准，规定项目知识产权管理以外成本的划分与使用规则。

科研项目知识产权人力资源管理是指对科研项目知识产权管理人员的管理，一般要建

---

❶ 资料来源：http://www.sussex.ac.uk.

立知识产权管理团队，负责科研项目的知识产权管理活动。一般的科研项目知识产权管理主要包括知识产权流程管理人员、知识产权许可人员、知识产权法务合同人员、知识产权投资人员，应包括人员职位说明与编制管理、人员薪酬管理、人员激励管理、人员职业生涯管理等内容。

科研项目知识产权沟通管理的目的是建立知识产权管理各方彼此相互了解的关系，能相互回应，并能经由沟通行为和过程相互接纳及达成共识。在科研项目知识产权管理过程中，知识产权流程管理与技术转移管理和投资管理的沟通极其重要，不能面向转移和应用的知识产权流程管理是低效的管理，缺乏投资职能的知识产权管理也是低效的知识产权管理。

科研项目知识产权风险管理一般是指科研项目由于知识产权问题无法顺利立项和验收的风险。由于知识产权检索不全，科研项目立项时被主管部门驳回，或者虽被立项但却是重复研究或是低水平研究。由于形成的知识产权不足，无法达到原定的目标，无法占领某一技术领域制高点，导致科研项目验收时不能通过专家评审。科研项目成果知识产权在转移到企业后，造成对他人知识产权的侵权，导致企业利益受损。

科研项目知识产权质量管理应主要包括以下过程。一是质量计划，确定适合于科研项目知识产权管理的质量标准或评价指标体系并决定如何满足这些标准。例如研究开发质量、专利质量、科技论文质量。二是质量保证，是用于有计划、系统的质量活动，确保科研项目中的所有知识产权管理过程必须满足科研项目负责人的期望，例如保证"863"计划等计划专利数量的要求，发明专利质量高被引用率要求。三是质量控制，监控具体科研项目结果以确定其是否符合相关质量标准或评价指标体系，制定有效政策措施和方案，消除产生质量问题的原因。

8.3 科研项目知识产权全过程管理

我国 2006 年发布的《国家中长期科技发展规划纲要（2006～2020年）》就提出，"将知识产权管理纳入科技管理全过程，充分利用知识产权制度提高我国科技创新水平"。我国 2008 年发布的《国家知识产权战略纲要（2008～2020年）》更明确提出，"建立重大科技项目的知识产权工作机制，以知识产权的获取和保护为重点开展全程跟踪服务"。这两个国家战略规划为实施科研项目知识产权全过程管理奠定了政策基础。2010 年，科技部等四部门联合下发的《国家科技重大专项知识产权管理暂行规定》明确提出"应将知识产权管理纳入重大专项实施全过程"，2014 年，国家知识产权局等八部门制定的《关于深入实施国家知识产权战略加强和改进知识产权管理的若干意见》提出，"推行科技项目知识产权全过程管理"，标志着知识产权全过程管理已经逐步走上制度化发展轨道。

实际上，在较为早期的研究中，就已经有学者意识到了知识产权应贯穿到整个科研项目管理过程中，赵祖康（1997）提出，知识产权问题贯串于科技活动的全过程，包括科研项目的立项、项目的研究过程、科技成果的管理、合同的签订等，都涉及保护和侵犯知识产权的问题，同时还建议将知识产权保护作为成果管理的重要内容。谭志松等

（1999）从知识经济的角度探讨了高校知识产权的保护和运用的具体措施，较早地提出了在科研项目立项之时，就应考虑成果的产权效益和成果的可转化性，并应注重技术环节的关键资料、可用性资料的收集和保管，以防技术成果提前流失。陶遵丽、谷维龙等（2003）认为，应加强对科研项目管理实行全过程的保护，防止国有无形资产的流失，更好地发挥具有自主知识产权的科研成果的技术优势和市场竞争力。王涵（2008）初步研究了科研项目知识产权全过程管理的概念内涵和基本做法，认为科研项目知识产权全过程管理就是在项目启动、执行、控制，到收尾、创造科技成果成功并交付过程中，把知识产权创造、管理、运用和保护与其紧密结合，并指出知识产权全过程管理的目的是用知识产权促进创新活动，提高创新活动的效率，保护创新活动的成果，同时应建立专门的跟踪机制，每两到三年对知识产权的实施情况进行一次汇报和评估，关注知识产权的产业化。

面对传统的科研单位知识产权管理模式中存在的问题，为深入实施《国家中长期科技发展规划纲要（2006～2020年）》和《国家知识产权战略纲要（2008～2020年）》，中国科学院提出并开始实行科研项目知识产权全过程管理，实行院重大项目与重要方向项目知识产权专员制度，知识产权专员试行上岗培训与资质认证，在重大项目和重要方向性项目的立项、结题验收和结题后三年要提出独立的知识产权分析报告或知识产权转移转化报告，以提升科研创新的效率。在此背景下，中科院计算所、大连化物所、宁波材料所、中国农业科学院等科研机构开展了科研项目知识产权全过程管理探索，极大丰富了科研项目知识产权全过程管理理论与实践。

目前，国内研究虽然提出了科研项目知识产权全过程管理的概念，但是却对其内涵、特征、范畴、模式、机制等缺乏深入研究，尤其是缺乏能指导实际工作的重大科研项目知识产权全过程管理的重要环节、重要任务、控制性指标和相关政策措施的研究。科研机构大多停留在"喊口号"阶段，只是提出要加强知识产权管理，但是对于如何在科研项目开展知识产权管理全过程却实践不多。国外虽然在实践中已经有很多做法，但并未形成体系性的理论，国外很多科研机构在科研项目知识产权管理方面也缺乏主动性，只是将科研项目中产生的创新成果予以保护和转移转化，而在知识产权引导科研活动上作用发挥并不够。

8.3.1 科研机构知识产权全过程管理概念

1. 科研项目知识产权全过程管理的概念

科研项目知识产权全过程管理就是运用项目管理与知识产权管理的理论、方法和技术，将知识产权管理融入科研项目的立项审批、项目实施、项目验收、成果转移转化的全过程，在科研和创新过程中充分发挥知识产权的引导、激励和保障作用，以知识产权促进科技创新和成果转化，提高科技创新活动的效率和效益。

2. 科研项目知识产权全过程管理内涵

（1）知识产权全过程管理是贯穿科研项目全过程的管理。知识产权全过程管理要求将知识产权管理贯彻到科研项目管理的全过程中，而不只是成果验收的后期阶段，即在科研项目的立项审批、项目实施、项目验收、成果转化与推广等全部环节中对知识产权的创造、保护和运用进行统筹安排。知识产权全过程管理有利于更加充分地利用知识产权信息，更好地发挥知识产权的价值。同时，由于显著增加了知识产权管理对科技创新活动的介入广度和深度，实施知识产权全过程管理有利于提高科研项目中知识产权的创造、运用和保护水平。

（2）知识产权全过程管理是有效运用知识产权分析工具和方法的管理。实施知识产权全过程管理，意味着知识产权不再只是创新活动的目标和结果，而是贯穿创新活动全过程的手段和方法，专利分析、技术功效矩阵构建、知识产权战略布局等知识产权分析方法与工具将在科研项目的立项、实施、结题与推广的全过程中起重要作用。知识产权全过程管理能够更加充分地利用知识产权信息尤其是专利文献中包含的丰富技术、经济、法律信息，提高项目立项的科学性，明确科研项目的研发投向，促进科研项目成果知识产权的转移转化。知识产权检索分析的结果将对立项阶段科研项目的预期目标、主要技术参数和指标、技术路线、所要解决的关键问题及解决途径、可能的创新点等产生重要影响。在成果转化时，知识产权的保护与运用战略也将在很大程度上影响科技成果转化和实施效果。

（3）知识产权全过程管理是知识产权的组合管理。科研项目知识产权全过程管理采用知识产权组合管理的方式，通过不同类型和不同知识产权的有机组合对科研项目成果进行全方位的保护。知识产权组合管理可以更好地发挥各种知识产权之间的协同作用，以实现对科技创新过程和科技成果的较好保护。知识产权的组合管理一是不同类型知识产权的组合，不同的知识产权类型从不同方面保护科技创新成果。例如著作权和专利权组合保护创新成果，软件著作权和专利权保护涉及计算机程序类的创新成果，专利权和技术秘密专有权组合保护可转移技术成果 。二是同类型知识产权之间的组合。科研项目成果往往申请很多专利，面向技术标准，面向市场可独立销售的产品和服务，需要将不同专利申请人或专利权人的专利进行组合管理，构建专利池或专利组合。

（4）知识产权全过程管理是以运用为导向的管理。在科研项目知识产权全过程管理中，目标是知识产权运用，而知识产权的创造和保护只是基础。知识产权全过程管理要求以运用为导向，反过来推动知识产权的创造和保护，使知识产权的创造和保护更具针对性，更具目的性。以运用为导向一方面体现在对研发投向的选择上，即选择那些具有产业化前景的技术重点投入研发资源，另一方面还体现在对知识产权的选择上，只将具有市场前景的研发成果申请专利等技术类知识产权保护，而将缺乏市场前景的技术作为技术秘密保护或者作为学术论文公开发表。以运用为导向，将有利于推动目前低效的知识产权管理模式的改革创新，有利于推动科研机构科研活动与产业需求的紧密结合，有利于节约有限的研发资源，提高研发资源的配置效率。

（5）知识产权全过程管理是全要素的管理。科研项目知识产权全过程管理的要素可分为技术要素和非技术要素。技术要素是科技创新的核心要素。技术要素是指为获取科研成果和知识产权而进行的研发活动和科技成果创造需要的要素，如自己和他人的专利技术、专有技术等，还包括科学文献、专利文献、人员交流等包含的技术信息。非技术要素是贯穿在科研项目知识产权管理过程中的人员、场地、资金、组织和文化、战略、制度等，是科研项目知识产权管理中起保障和补充作用的不可或缺的要素。科研项目知识产权全过程管理是技术要素和非技术要素全面结合的管理，是技术要素和非技术要素发挥协同作用的管理。

（6）知识产权全过程管理是全周期的管理。科研项目知识产权全过程管理是指伴随着科研项目从立项建议阶段到成果转化阶段的全过程，要涵盖知识产权从创造到运用的全过程，科研项目什么时候开始提出立项建议，什么时候就应开展知识产权检索分析，科研项目即使验收完成，其成果的转移转化也必须进行知识产权分析和管理。

知识产权管理的周期与科研项目管理的周期是对应的、同步的。科研项目管理由科研创新动机开始，通过自主研究开发和引进必要的技术，掌握原始创新、集成创新和改进创新技术，然后将创新成果进行转移转化并取得收益。在科技创新过程中，必须有创新产权即股权和知识产权的保障。知识产权不但保护技术引进和自主研究开发，而且也保护创新成果的实施和获取收益。知识产权管理从获取知识产权动机开始，通过引进外部知识产权和进行研究开发形成知识产权，然后由知识产权创造转向知识产权转移转化，通过知识产权实施获取收益。在此过程中，知识产权保护不仅保护知识产权的引进，而且也保护知识产权的创造、运用和产业化，保障权利人能够取得实施收益。

（7）知识产权全过程管理是全员参与的管理。知识产权全过程管理要求全员参与的依据是，人人都可能成为知识产权的创造者和发明披露者，人人都有可能成为知识产权的转移转化参与者和受益者。因而，科研机构有必要建立系统而完善的知识产权管理制度，保障知识产权全过程管理能够成为"大家"的事，而不只是"专员"的事。科研项目知识产权全过程管理需要科研机构领导层的大力支持，需要管理制度的充分保障，需要科研人员的积极参与，需要知识产权管理团队的共同努力。只有一两个人员的管理不是全过程管理，没有科研人员参与的管理不是全过程管理，缺乏领导支持的管理也不是全过程管理。

缺少知识产权管理人才团队有效服务支撑或者没有形成合理能力结构管理团队的知识产权管理，知识产权的质量必然不高，转移转化的成功率必然较低，难以实现全过程管理。缺少科研项目全体研究人员参与的知识产权管理难以获得高水平知识产权，转移转化的效率也必然较低。缺少领导支持、制度保障的知识产权管理不可能将全过程管理的措施有效落实，将面临缺乏足够资源支持和动力机制不足的局面。

3. 科研项目知识产权全过程管理的特征

在深入实施创新驱动发展战略和国家知识产权战略的背景下，科研项目知识产权管理必须改变原有的分散、被动、低效的管理模式，通过实施科研项目知识产权全过程管理，变分散管理为集中管理，变被动管理为主动管理，变低效管理为高效管理。由于知识产权管理在科研项目管理中起到引导性、支撑性和服务性作用，因此科研项目知识产权全过程管理的特征有主动性、战略性、专业性、动态性、过程性、协同性。

主动性。知识产权全过程管理是主动的管理，主动将知识产权管理的工具方法运用到科研项目的立项、结题和成果转化中去，推动科研项目提升创新性；主动引导科研创新的活动，将科研创新资源配置到最能产生高水平和高价值知识产权的方向上来；主动谋划知识产权的战略布局，抢占科技创新的制高点；主动面向转移转化和提升产业竞争力，引导知识产权高质量和高效益的创造。

战略性。知识产权是一种重要的无形资产，是科研机构和项目最宝贵的战略性资源（李文鹣等，2008）。科研项目知识产权全过程管理的目的就是要创造和运用这种战略性资源。科研项目知识产权全过程管理要做好科研项目的知识产权战略规划和布局，规划未来技术路线、重要产品知识产权的发展。战略性还体现在对科研项目成果和知识产权转移转化的战略性安排上，使得科研项目管理的各个环节有机衔接，不断提升科技创新的效率。

专业性。专业的事需要专业的人来完成。知识产权涉及管理、技术、经济、法律等多方面的知识和能力，知识产权全过程管理需要各方面的专业化人才的共同协作。知识产权全过程管理绝不是一个人或少数几个人就可以轻松完成的任务。科研项目知识产权全过程管理至少需要知识产权流程管理、许可转移、投资、合同、法律等方面的专业人才及人才之间的密切协作。

动态性。知识产权具有时间性特征，其法律状态是不断变化的，伴随着在先申请专利的陆续公开，科研项目原有内容和创新性可能会受到影响，有些还不得不调整研发路线，有些会有转移实施的知识产权侵权风险。知识产权作为一种无形资产，随着科技进步的加快，也会不断贬值，维持成本不断上升，权利丧失会造成实施企业无法有效保护创新。此外，社会制度、经济、法律环境的变化可能给科研项目带来不确定性，尤其是产业政策的变化也会要求调整科研项目知识产权布局和维持的重点。因此，知识产权全过程管理必须具有动态性，不仅要适应科技革命和外部环境的变化，还要不断跟踪检索相关的知识产权，不断评估知识产权的价值和维持的必要性，及时调整知识产权创造的策略和战略布局的重点。

过程性。科研项目知识产权全过程管理是对科研项目实施过程中的知识产权创造、运用和保护活动的管理，具有过程管理的一般特征，必须加强对各环节、各时间节点、各步骤的把握和监控。知识产权全过程管理要明确各主要环节及其主要任务，要明确各时间节点的选择设置和不同时间节点任务的监控，要明确重要流程步骤的执行，还要从总体上考核科研项目知识产权全过程管理的时间效率和投入产出效率。

协同性。科研项目知识产权全过程管理具有协同性的特征，一是要求资源的协同性，需要充分调动科研机构和项目内外部资源，保证人员、设施、工作环境、信息、资金供给到位。二是各类主体的协同性。尤其是科研人员与知识产权管理人员之间、知识产权管理人员和知识产权代理人员之间，以及知识产权管理人员与企业人员之间要充分协作配合，尤其是发明披露、知识产权质量控制和知识产权转移转化三个环节。三是知识产权的协同性。要明确不同知识产权的作用，并能使各类知识产权有机组合，并能产生协同效果。

8.3.2 科研项目知识产权全过程管理思路机制

科研机构科研项目知识产权全过程管理基本思路是"上引""中跟""下拉"。"上引"是指将科研活动向立项前引导，重大项目立项前必须要进行全面知识产权检索分析，必须要有知识产权方面的预期成果，必须进行知识产权预测预警和战略布局。"中跟"是指知识产权管理必须与科研项目研究并行推进，跟踪科研项目研究进展，不断提出知识产权建议，科研项目结束要提供独立的知识产权分析报告。"下拉"是指将知识产权管理向下拉伸到知识产权的技术标准制定、专利池构建、实施许可等。

其中"上引"指科研机构知识产权管理部门应充分发挥在科研工作中的引导、支撑和服务作用，做好知识产权检索分析和预测预警工作，及时为科研项目负责人提供决策参考。科研机构在知识产权管理过程中，要强化对国家科研活动的立项前引导作用，避免低水平重复性科研工作。如在承担"863""973"等国家重大项目时，立项前要有独立的知识产权分析报告，要进行知识产权的全面检索，要提出知识产权方面的预期成果，通过知识产权预测，发布特定领域知识产权预警警告，提出知识产权战略布局的建议。

"中跟"指知识产权管理应与科研管理活动同时进行，知识产权管理要与科研活动的资金、物资、人员调配密切配合。科研项目获得立项和进行过程中，知识产权管理必须与项目研究并行推进，必须及时开展知识产权跟踪检索和分析，研发资金和人员投入的方向、重点，研究开发的目标、指标参数和工艺路线必须围绕知识产权分析结果进行调整优化；科研项目完成时，在提交结题报告的同时，也要提供独立的知识产权分析报告，对项目是否具有创新性成果和能否结题验收提出建议，还要提出知识产权未来转移转化的建议。

"下拉"是指将科研项目知识产权管理向下延伸到技术标准制定、专利池构建、合同管理、转移转化等，要提供独立的知识产权转移转化分析报告。通过知识产权管理，将科研项目成果的知识产权转移到企业，并将资金、信息、人力等要素配置到知识产权实施的企业，促进知识产权的产品化、规模化，支撑产业创新发展。

科研项目知识产权全过程管理的机制是：知识产权全过程管理在立项阶段就应当介入，知识产权管理应当发挥前瞻性、先导性作用，为项目立项提供建议。在项目申请阶段，课题组可以自行也可以委托外部机构开展知识产权检索分析，撰写立项知识产权分析报告，为项目研发目标、参数和技术路线调整提供参考。同时，基于分析结论制定知识产权战略布局策略，从而在项目实施过程中集中资源，提高研发投入的针对性和效率。在项目立项之后，知识产权全过程管理应在研究开发过程中不断跟进，通过检索最新知识产权信息，必要时调整项目目标和技术路线，以及相应的知识产权战略布局策略。在项目实施阶段，知识产权管理人员应在外部服务机构的协助下，开展发明披露评估、文件撰写、申请获权和维持等工作。在进入项目验收与成果推广引用前，知识产权全过程管理应对项目获取的知识产权的价值作出评估，并撰写项目验收知识产权分析报告。进入成果推广应用阶段，课题组要基于知识产权价值评估结果，在知识产权维持、知识产权进入技术标准和转移转化等工作中做出选择。最后，在项目验收后成果推广应用期内，知识产权全过程管理人员应组织撰写知识产权转移转化分析报告，并作为下一轮项目立项的参考。如图 8 - 1 所示。

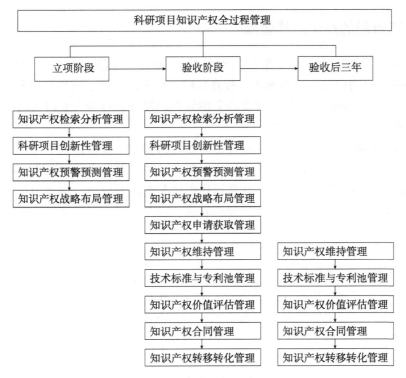

图8-1 科研项目知识产权全过程管理任务

8.4 科研项目知识产权全过程管理主要环节与任务

科研项目管理的关键节点主要有立项和结题验收阶段。一般情况下,在结题后三年还要考察科研项目成果实施状况。科研项目知识产权全过程管理也应把这三个环节作为主要的关键节点。三个环节科研项目管理的任务不同,知识产权全过程管理的任务也不同。三个环节科研项目知识产权管理的主要流程和任务如表8-1和图8-1所示。

表8-1 科研项目知识产权全过程管理流程与任务

环节	1	2	3	4	5	6	7	8	9	10
立项	知识产权检索管理	项目创新性管理	知识产权预警预测管理	知识产权战略布局管理	—	—	—	—	—	—
结题	知识产权检索管理	项目创新性管理	知识产权预警预测管理	知识产权战略布局管理	知识产权申请获取管理	知识产权维持管理	技术标准与专利池管理	知识产权价值评估管理	知识产权合同管理	知识产权转移转化管理
结题三年	—	—	—	—	—	知识产权维持管理	技术标准与专利池管理	知识产权价值评估管理	知识产权合同管理	知识产权转移转化管理

8.4.1　立项阶段的知识产权管理

立项前和立项审批（可行性论证）阶段统称为立项阶段。在前期的项目建议阶段（立项前），科研机构应充分发挥知识产权在科研工作中的引导、支撑和服务作用，做好知识产权检索分析和预测预警工作，提交独立的知识产权分析报告，及时为科研项目负责人提供决策参考。

对于具体的科研项目而言，立项阶段的科研项目知识产权全过程管理任务是提供独立的知识产权分析报告，为项目立项的可行性、创新性和研发方向设计提供参考，为知识产权权利获取进行战略性布局设计，为转化运用提供预先部署设计。主要包括知识产权检索管理、项目创新性管理、知识产权预警预测管理，以及知识产权战略布局管理。

1. 知识产权检索分析管理

知识产权检索分析管理的目的是充分利用专利等知识产权文献中包含的丰富技术、法律、市场信息，其本质是知识产权信息的分析利用。科研项目知识产权管理人员可以根据项目的实际需要决定自行检索或委托外部专业机构或联合其他部门进行检索。在检索工作中，检索目的不同，使用的数据库资源不同，依据的检索要素不同，采用的检索策略不同，均会导致不同的检索结果和结论。因而，有必要对检索工作加以规范，保障检索质量。知识产权检索管理的基本流程应包括：第一，核实检索需求，分解检索目标。第二，进行初步检索、IPC 检索、同义词检索和组合检索，并记录检索过程。第三，进行知识产权分析，分析要包括知识产权基本信息、生命周期、技术功效矩阵、技术优势、技术依赖性、技术宽度、专利影响、核心专利、法律状态等九个方面。

2. 科研项目创新性管理

具有创新性是科研项目立项的基本要求，然而，伴随着科学技术进步和项目的复杂化与大型化，如何按照项目的特点和规律，实现对项目创新性的管理也成为科研项目知识产权全过程管理必须解决的重要问题。科研项目创新性分析应当按照科研项目及其子项目的技术主题进行，并对各子项目按照完整、简要的要求提炼出相应的技术特征。在评价科研项目创新性的过程中，应将检索到的最接近科研项目及其子项目凝练出的技术特征与最接近的专利文献的独立权利要求的技术特征或科技文献凝炼出的技术特征进行一一比对，从而确定科研项目是否是创新性项目，能否产生专利等知识产权。分析科研项目的创新性，还可以测度创新的自主性，尤其是在产品中自有知识产权的自主性和在交叉专利中自有专利的自主性。

3. 知识产权预测预警管理

知识产权预测预警管理是知识产权全过程管理的重要内容。预测是对涉及科研项目的相关知识产权未来的数量、结构和发展态势等的预测判断，把握科研项目知识产权未来潜力和发展态势。预警是对科研项目可能的知识产权风险进行识别和评价，对科研项目与知识产权有关的风险进行预先警告，进行防范和控制。因此，要使用各种工具和方式判断知识产权风险等级，不断进行知识产权跟踪检索。

4. 知识产权战略布局管理

知识产权战略布局管理是运用技术功效矩阵等分析工具和方法，判断科研项目所处的技术生命周期阶段，对科研项目可能产生的知识产权进行挖掘和布局的活动，是从根本上实现和优化科研项目创新目标，提高科研项目创新性，创造更多知识产权的重要措施。运用知识产权分析工具方法，引导科研项目选择原始创新、改进创新或集成创新等创新方式，形成原创、组合、转用发明等不同类型专利等知识产权，从而引导优化科研方向和资源投入。

8.4.2　结题验收阶段的知识产权管理

结题验收环节是科研项目知识产权全过程管理任务最多的环节。该环节知识产权全过程管理的主要任务是形成独立的知识产权分析报告，总结科研项目知识产权创造运用情况，提出知识产权转移转化的方案，为科研项目能否结题验收提供参考意见。结题验收阶段知识产权全过程管理的主要任务除了应包括上述知识产权检索管理、项目创新性管理、知识产权预警预测管理以及知识产权战略布局管理外，还应包括知识产权申请与权利获取管理、知识产权维持管理、技术标准与专利池管理、知识产权价值评估管理、知识产权合同管理、知识产权实施许可管理，共有十大任务。

1. 知识产权检索分析管理

验收阶段与立项阶段的知识产权检索分析管理所使用的工具方法相同，但检索分析还应当包括以下一些内容。一是要检索该科研项目的知识产权，要把该科研项目涉及的全部知识产权进行分类和检索，并调整完善立项时的检索逻辑。不然会有疏漏，造成检索不全和分析偏差。二是分析本单位和该项目知识产权在该领域知识产权，尤其是本单位和本项目在科研项目所属技术领域中的地位和影响，识别出有价值和核心的专利。

2. 科研项目创新性管理

验收阶段与立项阶段的科研项目创新性管理任务基本相同。在立项时科研项目分析基础上，根据检索出的知识产权，找到最接近的知识产权，评估自有知识产权，对科研项目形成了多少创新成果和知识产权、有无核心专利等重大成果知识产权、创新自主性大小进行总结，从而分析该科研项目的创新性。

3. 知识产权预测预警管理

验收阶段与立项阶段的科研项目知识产权预测预警管理任务不同的是，立项阶段的预测预警管理主要是对科研项目相关领域知识产权未来发展做出预测，而验收阶段的预测管理主要是在结合自有知识产权的基础上对现有知识产权的未来发展做出预测。立项阶段的知识产权预警管理主要是为科研项目研发资源投入的方向提出建议，而验收阶段的知识产权预警管理主要是为知识产权的转移转化可能造成的知识产权侵权、不可实施等风险提出建议。

4. 知识产权战略布局管理

验收阶段与立项阶段的科研项目知识产权战略布局管理也不同。立项阶段的知识产权战略布局主要为对项目未来的知识产权创造和布局重点提出建议，而验收阶段的知识产权战略布局主要是检验该科研项目知识产权战略布局完成的情况，是否达到了立项阶段的目标和预定的目标、指标和参数，该科研项目投入的资源是否出现浪费，研发方向是否偏离，创新方式是否正确等。

5. 知识产权申请与获取管理

知识产权申请获取管理介于立项和验收阶段之间，但可以放在验收阶段进行考查。知识产权申请获取管理不仅包括对知识产权申请的管理，还包括通过发明创造管理、权利或取得管理和在国外布局知识产权的管理。知识产权申请管理主要是通过知识产权管理引导科研项目的研发活动，引导科研人员采用有效解决技术问题的方法，指导科研人员准备技术交底书等资料，对发明披露进行评估，对知识产权代理机构知识产权文件质量把关控制。知识产权权利获取管理的重点是分析知识产权的授权前景和授权费用缴纳，有的时候可以放弃获取知识产权。还包括国外知识产权申请获取的管理，但是要考虑预算约束，要在预算许可情况下选择最有可能实施的国家或地区进行保护。

6. 知识产权维持管理

知识产权维持管理是科研项目立项和结题验收环节之间以及验收后的一项经常性工作，是拥有科研项目知识产权的基本手段，也是进行知识产权转移转化管理的基本前提。知识产权维持管理的基础是要有一批高质量的有效知识产权，因此首先要是对知识产权进行分类分级管理，区分出有价值的专利和无价值的专利，分级分类可以为科研机构保留最有价值的知识产权，放弃无价值的知识产权。然后决定是否缴纳知识产权年费，只有价值较大的知识产权才需缴纳年费进行维持，价值较小的在不改变权属的情况下可以以非排他方式许可企业并由企业缴纳年费，无价值的则直接放弃权利，进入公知领域。

7. 技术标准与专利池管理

技术标准与专利池管理是对科研项目专利与技术标准结合和专利池或专利组合进行的管理。在符合法律规定的情况下，将技术标准与自有专利结合，使自有专利成为标准必要专利，或成为某个专利组合中的专利，从而对产业产生影响力，支撑产业创新发展。构建或参加专利池或专利组合，能为企业实施科研项目知识产权提供"一站式"许可，从而提升知识产权转移转化的效率。在构建专利池或组合时，可能还要与相关机构合作，必要时要引进他人专利。

8. 知识产权价值评估管理

科学、合理的知识产权价值评估是科研项目知识产权转移转化和进行投资的基础，也是双方达成交易的重要依据。知识产权价值评估不仅要评估技术的先进性、成熟性和配套性，也要评估市场化的可能性和获利性，还要评估知识产权的法律状态。知识产权价值评估管理的重点是知识产权价值评估方法的选择和不同知识产权价值评估参数的选择，但是知识产权交易价格成交的根本在于双方的谈判。

9. 知识产权合同管理

科研项目知识产权合同主要是知识产权实施许可合同，还有研究开发知识产权合同、知识产权保密合同、含有知识产权条款的劳动合同等。科研项目知识产权合同管理的主要任务是拟定和审核知识产权实施许可合同，寻找和将科研项目知识产权转让或许可给企业，从而获得转让许可收益。研发知识产权合同主要有委托研发知识产权合同、合作研发知识产权合同、联合共建实验室知识产权合同、国际专利申请合同等，知识产权合同管理的重点任务是拟定知识产权合同条款、审核知识产权合同，通过合同获取外部研发经费投入。还包括知识产权保密合同管理，要与科研项目参与人员签订保密协议，要在劳动合同中避免职务发明创造非职务化、不主张自身权利造成知识产权流失等风险的管理。

10. 知识产权转移转化管理

结题验收环节的知识产权转移转化管理的主要任务之一是推动知识产权实施许可，科研机构可自行实施科研项目的知识产权，也可通过转让或许可由企业实施科研项目的知识产权。知识产权转移转化管理主要是编写科研项目知识产权实施的可行性研究或论证报告，选择实施许可的方式，监控知识产权实施许可合同的执行，监控选择实施许可收益，维护科研机构的知识产权利益，做好收益分配，激发职务发明人和单位的积极性。

8.4.3 验收后三年阶段的知识产权管理

结题验收后三年，科研项目知识产权全过程管理要提交独立的知识产权分析报告或实施许可报告，对科研项目知识产权的转移转化情况进行总结分析，主要包括以下五个方面的任务。

1. 知识产权维持管理

科研项目验收后三年的知识产权维持管理主要是不断对科研项目形成的知识产权进行评估，通过知识产权的分类分级管理决定知识产权是否维持，以及是否缴纳知识产权年费。一般情况下，评估级别高的知识产权要继续维持，评估中级的要继续考察，评估低级的可以放弃。继续考察的或放弃的知识产权可以在不改变知识产权权属的情况下以非排他许可方式交由企业维持，评估需要放弃的知识产权可以通过不缴纳年费放弃。

2. 技术标准与专利池管理

结题验收后三年阶段与验收阶段的技术标准与专利池管理基本相同，但要不断跟踪技术标准中涉及专利池或专利组合的他人必要专利的加入情况，不断与专利池或专利组合的各成员协调沟通，评估专利池或专利组合的市场价值大小，评估科研项目自有知识产权的权利份额。

3. 知识产权价值评估管理

结题验收后三年阶段的知识产权价值评估管理除了要是评估科研项目知识产权技术的先进性、成熟性和配套性，评估市场化的可能性和可获利性，评估知识产权的法律状态外，还要评估科研项目知识产权是否存在技术贬值问题，是否有替代技术出现问题，要及时调整知识产权价值评估的各种参数，完善科研项目知识产权的价值评估结果。

4. 知识产权合同管理

结题验收后三年阶段与验收阶段的科研项目的知识产权合同管理任务基本相同，主要是知识产权实施许可合同管理，以及知识产权保密合同、有知识产权条款的劳动合同等的履行。此阶段知识产权合同管理的主要任务是拟定和审核新的知识产权实施许可合同，将科研项目知识产权转让或许可给企业，从而获得转让许可收益。

5. 知识产权实施许可管理

验收后三年阶段的知识产权实施许可管理的主要任务仍然是推动知识产权的实施许可，科研机构自行实施科研项目知识产权和许可企业实施科研项目知识产权的，都要做好知识产权实施的可行性论证，充分把握可能影响知识产权顺利实现收益的各种问题。还要与企业一起选择知识产权实施许可的方式，监控知识产权实施许可合同的执行，监控选择实施许可收益，获取知识产权转移转化的收益。

8.5 科研项目知识产权全过程管理考核指标体系

由于科研项目知识产权全过程管理兼具过程管理与目标管理的双重属性，其考核指标体系的设计也应当包括目标考核和过程考核两个方面。其中，目标考核是依据工作目标的实现程度而进行的绩效性质的考核，其考核依据是项目目标的实现程度。而过程考核则强调对全程的全面把握和对关键节点的监控，选取过程中的重点环节进行考核评估，以保证过程的质量和效果。

8.5.1 科研项目知识产权全过程管理考核原则

科研项目知识产权全过程管理考核指标体系的设计应遵循以下原则：

一是目的性原则。考核是一种评价行为，目的性是其基本特征。考核指标体系应是对评价对象本质特征的客观描述，应为评价活动的目的服务。科研项目知识产权全过程管理的考核目标是对科研项目实施知识产权全过程管理的程度和实施效果的评价。

二是科学性原则。科学性是考核结果准确合理的基础。要求指标能反映考核对象的特征，涵义要准确清晰，指标体系中各指标之间不应有很强的相关性，不应出现过多的信息重叠。科研项目知识产权全过程管理的考核指标体系要从任务出发，设置不同环节的不同管理任务，要最大限度避免指标之间的重复性。

三是全面性原则。考核指标体系应围绕考核目的，充分考虑考核对象的特点，全面反映考核的规律，不能出现重大遗漏。科研项目知识产权全过程管理的考核指标体系要提出明确的管理任务，要涵盖管理的关键和重点内容，每项管理任务均要有明确的考核指标。

四是适用性原则。考核指标体系的设计应考虑现实的可行性，应适应考核活动对时间、成本的要求，适应考核人员对指标的理解和判断能力，适应于信息资料的收集、计算和可测。科研项目知识产权全过程管理的考核指标体系要充分考虑实际应用，具有可操作性，要能够计算出结果，要能够引导科研机构提升知识产权管理水平。

8.5.2 考核指标体系

科研项目知识产权全过程管理考核指标体系主要包括 10 个方面任务共 36 个三级指标，如表 8-2 所示。

表 8-2 科研机构知识产权全过程管理考核指标体系

序号	二级指标	三级指标	计算方法	最大值
1	知识产权检索分析管理	检索分析的国家和组织数	$i/9$	9（7 国 2 组织）
		检索流程符合度	$i/4$	4（初步检索、IPC 检索、同义词检索、组合检索）
		分析内容占全部应分析内容的比例	$i/9$	9（基本信息、生命周期、技术功效矩阵、技术优势、技术依赖性、技术宽度、专利影响、核心专利、法律状态）

续表

序号	二级指标	三级指标	计算方法	最大值
1	知识产权检索分析管理	知识产权检索分析报告字数	i/4 万	4 万字
		平均项目周期内跟踪检索次数	i/年	4/年
2	项目创新性管理	是否将项目分解为子项目或子任务	i/1	1
		按照完整、简要要求提炼出技术特征子项目数占比	i/子项目数	项目子项目数
		具有创新性子项目数占比	i/子项目数	项目子项目数
3	知识产权预警预测管理	是否预测项目相关知识产权未来申请数量	i/1	1
		是否预测项目相关知识产权未来申请量结构	i/1	1
		给出预警结论子项目数占比	i/子项目数	项目子项目数
4	知识产权战略布局管理	单位项目建议专利或实际申请布局的技术领域数	i/项目总技术领域数	项目总技术领域数
		单位项目建议专利或实际申请布局的数量	i/子项目数	项目子项目数
		开展战略性布局增加的专利申请数	i/创新性子项目数	创新性子项目数
5	知识产权申请获取管理	单位项目发明披露评估数	i/1	1
		平均说明书和附图页数	i/22	22
		平均权利要求数量	i/22	22
		单位研发资金产出知识产权申请数	i/序列最大值	序列最大值
		申请国内知识产权数量	i/序列最大值	序列最大值
		申请国际知识产权数量	i/序列最大值	序列最大值
		知识产权授权率（非撤回驳回率）	i/序列最大值	序列最大值
6	知识产权维持管理	分级分类专利数占全部专利申请量比	i/1	1
		有效专利数与过去五年专利授权总数之比	i/1	1
		有效专利数与过去 10 年专利授权总数之比	i/1	1
7	技术标准与专利池管理	制定含有项目必要专利技术标准数	i/序列最大值	序列最大值
		专利池或专利组合中项目必要专利	i/全部必要专利数	全部必要专利数
		项目必要专利在专利池或专利组合中的权益比例	i/1	1
8	知识产权价值评估管理	撰写项目知识产权价值评估报告数	i/序列最大值	序列最大值
		项目知识产权价值评估报告总页数	i/序列最大值	序列最大值
		成交知识产权价格与评估值浮动比例	$1-|$（成交价 - 评估值）/ 评估值$|$	0

续表

序号	二级指标	三级指标	计算方法	最大值
9	知识产权合同管理	签订项目知识产权合同数量	i/序列最大值	序列最大值
		项目知识产权合同额	i/序列最大值	序列最大值
		平均知识产权合同到账额	i/序列最大值	序列最大值
10	知识产权转移转化管理	实施许可知识产权数占有效知识产权数之比	i/序列最大值	序列最大值
		单位知识产权转移转化收益	i/序列最大值	序列最大值
		职务发明人平均获得转移转化收益	i/序列最大值	序列最大值

1. 知识产权检索分析管理指标

知识产权检索分析管理的核心任务在于知识产权信息的挖掘与利用。检索的基本要求是必须保证检索的全面性，既要在专利数据库的选择上注重典型性，也要注重检索策略的优化。因而选择检索分析的国家和组织数量多少作为知识产权检索分析管理考核的重要指标，由于专利审查员检索的最低文献量来源为七国两组织，因而以 9 为最大值，检索的越多则数据覆盖越广，检索越全面。二是考核检索与最佳流程的符合度，流程符合度越高，知识产权检索策略就越优化。本书选取"初步检索、IPC 检索、同义词检索、组合检索"为最优流程，是因为该检索策略结合了多检索途径，并兼顾检索词的语义选择和逻辑设计，是基于大量实践的总结。在检索出专利数据的基础上，应当充分挖掘其中蕴含的丰富的信息，高质量的知识产权分析应当涵盖主要的分析要点，即"基本信息、生命周期、技术功效矩阵、技术优势、技术依赖性、技术宽度、专利影响、核心专利、法律状态"九个方面，同时，为确保分析内容具体、相关，结合现有研究，知识产权检索分析报告的字数不应低于 4 万字。最后，由于专利公开的持续性和法律状态的动态性，应当对知识产权信息进行动态检索，以持续为科研项目成果的创新性管理提供参考。在平均项目周期内跟踪检索次数越多表明知识产权检索分析管理的努力程度越大，一般情况下，每三个月检索一次的频率较为适宜，因而以每年 4 次为最大值。

2. 科研项目创新性管理指标

科研项目创新性管理应当按照子项目或技术主题进行，并尽量以技术特征的形式描述科技项目即分解出的子项目的预期目标、主要技术参数指标、技术路线、所要解决的关键问题等，在提取技术特征的过程中，应当按照清楚、简要的要求对技术特征进行凝练。因而，对项目创新性管理的考核一要考核"是否将项目分解为子项目或子任务"；二要考核"按照完整、简要要求提炼出技术特征子项目数占比"，占比越高，提炼出技术特征的子项目数越多，项目创新性管理开展得就越好；三是在立项、结题验收阶段，都应当对具有创新性的子项目占全部划分子项目的比例进行考核，具有创新性子项目数占比越高，项目创新性管理水平越高，得分也越高。

3. 知识产权预测预警管理指标

立项阶段的预测管理主要是对相关知识产权未来发展的预测，而验收阶段的预测管理是在自有知识产权的基础上对知识产权的未来发展的预测。因而两次考核均应当考核"是否预测项目相关知识产权未来申请数量"以及"是否预测项目相关知识产权未来申请量结构"。通过预测，有助于把握技术领域的发展趋势，制定合理的知识产权创造、转化目标。

立项阶段的知识产权预警管理主要是为科研项目研发资源投入的风险提出建议，而验收阶段的知识产权预警管理主要是为知识产权的转移转化可能造成的知识产权侵权、不可实施等风险提出建议。因而，在立项和验收阶段，给出了预警结论的子项目占全部项目数的比例越高，表明知识产权预警管理开展得越好。

4. 知识产权战略布局管理指标

知识产权布局管理是结合项目目标、面向科研项目做出的具有战略性知识产权布局安排。立项阶段的知识产权战略布局主要为项目未来的知识产权创造和布局重点提出建议，而验收阶段的知识产权战略布局主要是检验知识产权布局的完成情况，是否达到了立项目标和技术指标、参数。一般认为，平均每个项目布局的技术领域越多，则技术宽度越大，布局的全面性越好。同时，平均每个项目布局的专利数量越多，表明布局的效率越高，布局考虑越周密。因此，立项阶段的知识产权战略布局管理用"平均项目建议专利申请布局的技术领域数"和"平均项目建议专利申请布局的数量"两个指标来测度，结题验收阶段则以"实际"的平均专利申请涉及的技术领域数和专利申请数量测度。同时，考虑到有的科研项目可以布局的专利会很多，因而还需要考查通过知识产权战略布局增加的专利申请数，增量越大，则战略布局管理的效果越好。

5. 知识产权申请获取管理指标

知识产权申请获取管理的效果一是反映在技术交底和发明披露的评估数量上，二是反映在知识产权权利获取的数量上，三是反映在知识产权创造的效率上，四是反映在知识产权的质量上。发明披露评估数占全部披露的比例越高，工作量越大，申请前的把关也可能越细致。创造的知识产权数量可以分别用申请国内和国际知识产权的数量来衡量，其中赋予国外知识产权较高的比重，可以激励目前比例很低的国际知识产权布局，扩大知识产权保护范围；创造的效率可以用单位研发资金产出知识产权申请数衡量，单位产出越多，则知识产权创造的效率越高；知识产权的质量可以用平均说明书和附图页数和权利要求项数和知识产权授权率来表征。现有研究表明，"平均说明书和附图页数""平均权利要求数量"都和专利申请文件的质量呈正相关，页数越多，表明技术内容很可能更复杂，且公开越充分；权利要求越多，则保护更为全面。经过专利局审查后授权的专利数所占比例越高，整体的创造性越高，知识产权管理的效果越好。

6. 知识产权维持管理指标

知识产权维持管理主要是对知识产权是否维持和如何维持进行管理。知识产权维持管理的基础是对知识产权价值的判断，分级分类将有助于选择维持或放弃知识产权，分级分类的比例越高，说明知识产权维持管理越到位。因此，用知识产权的分类分级数量指标来表征知识产权维持管理。其次，知识产权维持管理主要结果是有效知识产权的管理，有效的知识产权数量越多说明维持管理的能力越强，知识产权对产业发展和转移转化的支撑作用就越大，因而用"有效专利数与过去6年或10年全部专利授权总数之比"指标表征知识产权维持管理。但有效的专利数量越多，需要支出的年费也越多，所以该比例有一个最优值。

7. 技术标准与专利池管理指标

该管理的核心任务是推动项目专利进入专利池，成为技术标准的必要专利。专利进入的标准数越多，进入标准的专利数越多，均表明技术标准与专利池管理的管理绩效越好。

同时，考虑数量本身并不能代表价值大小，科研项目专利在专利池或专利组合中所占的权益比例也应纳入考核范围。该比例越高，技术标准与专利池管理的绩效越好。因此，选择"制定含有项目必要专利的技术标准数""专利池或专利组合中项目必要专利数"和"项目必要专利在专利池或专利组合中的权益比例"三个指标进行表征。

8. 知识产权价值评估管理指标

开展知识产权价值评估数量所占比例越高，评估越详细，说明评估管理开展得越充分，因而用"撰写的知识产权价值评估报告数"，和"评估报告总页数"来测度，两个指标均与价值评估管理的工作绩效呈正相关。另一方面，考虑到国有资产管理规定，为了促进转移转化，防止行政管理干扰正常市场行为，应当允许成交知识产权价格与评估价值有一定的浮动比例，但是浮动比例越小越好，越小说明评估越准确，价值评估管理质量越高，所以以"成交知识产权价格与评估价值浮动比例"作为考核指标。

9. 知识产权合同管理指标

签订科研项目知识产权合同的数量越多，说明合同管理越好；签订的合同额越大，则知识产权合同谈判开展越好，技术推广工作越到位；到账金额越多，则交易越成功，合同执行越到位。因而，对知识产权合同管理的考核采用"签订项目知识产权合同数量""项目知识产权合同额""平均知识产权合同到账额"三个指标进行表征。

10. 知识产权转移转化管理指标

知识产权转移转化管理是知识产权全过程管理的最后阶段，转移转化的知识产权数占全部有效知识产权数的比例越高，表明转移转化管理越成功；平均获得的知识产权实施许可收益越多，表明转移转化管理绩效越高，引导了知识产权的高质量创造和高效益转化。因而，选取"实施许可知识产权数占有效知识产权数的比例"和"单位知识产权实施许可收益"两个指标进行表征。同时，为了促进知识产权转移转化，提高转化成功率，应当在遵循利益平衡原则的同时，给予职务发明人必要的奖励，从而激励职务发明人参与转移转化积极性，因而采用"职务发明人平均获得实施许可收益占比"作为重要指标之一。

8.5.3 计算方法

本书采用简单加总方法计算科研项目知识产权全过程管理的总体得分，测度公式如下：

$$f = \sum_{i=1}^{m} \alpha_i \sum_{j=1}^{n} \beta_{ij} x_{ij}$$

其中用 f 代表总体得分，X_{ij} 代表某项管理即三级指标指标得分，β_{ij} 为三级指标权重，$\sum_{1}^{n} \beta_j = 1$，α_i 为二级指标权重，$\sum_{i=1}^{m} \alpha_i = 1, m = 10$。

本书采取的步骤是：第一步，按照科研项目实际获取二级指标数据，根据专家打分法判断各二级指标权重。

第二步，设定各指标的最大标杆值。最大标杆值采取某一指标序列中的最大数据并考虑实际情况。实际情况一是有些数据具有两面性，二是要考虑未来的冗余度。在设定最大值后，指标序列中的值根据下述归一化公式计算：

$$x_i^* \frac{x_{ij}}{B_{imax}}, (i = 1, \cdots, n; j = 1, \cdots, 36)$$

其中，i 表示第 i 个项目，j 表示三级指标编号。

第三步，设一级指标均为等权重，各占 0.1，根据一级指标权重，将归一化处理后的一级指标数值乘以相应权重，得到总分。

8.5.4 考核测度实证

某科研机构 2009 年起承担了国家分子设计育种的科研重点项目，为提高科研项目知识产权创造效率和保护水平，提升成果的产业化价值，课题组委托某知识产权管理单位开展了科研项目知识产权全过程管理。在项目组提交的立项知识产权分析报告中，项目首先结合科学论文梳理了分子设计育种研究的发展脉络，介绍了国内外该领域研究的基本进展。在专利数据库的选择方面，项目组选用了 DII 数据库和 AUREKA 信息平台，收录范围涵盖了世界上 40 多个国家和机构的专利数据。因而也包含了考核指标中的 9 个专利数据源。经与该项目领域专家反复探讨，知识产权分析人员最终确定了相应的主题词，并采用主题词限定和 IPC 分类号限定相结合的方式采集了相关数据，检索流程符合规范，因而前两项指标均为满分。

在专利分析方面，项目分析了专利的年度趋势、国别分布、专利权人分布和 IPC 分类的领域分布等基本信息，对各主要国家的技术布局、竞争态势、市场进向进行了分析，采用专利地图绘制了分子设计育种总体研究布局和技术周期，运用技术功效矩阵研究了分子标记技术的方法与功效，并通过专利引用分析了 QTLs 核心技术的演进过程。在此基础上，结合竞争态势，形成了项目知识产权布局建议。该项目知识产权分析的内容占全部应分析内容的比例为 7/9，缺乏技术依赖性、技术宽度的分析。在检索分析报告的翔实程度方面，报告约为 2 万字。因而，该项目知识产权检索分析管理的得分为 $1 + 1 + 5/9 + 0.5 = 3.28$ 分（满分 4 分）。

在项目创新性管理和预警预测管理方面，该课题组对项目进行了子项目划分，但是没有提取技术特征；对未来相关知识产权的数量运用时间序列法进行了预测，但是没有涉及相关知识产权的未来结构，因而项目创新性管理得分为 1，预警预测管理得分为 1 分（满分均为 3）。

在知识产权战略布局管理方面，课题组分析了项目对应的全部技术领域（共 5 个），建议申请布局的技术领域 5 个，没有计算平均每个项目建议申请布局的专利数，也没有评估布局带来的专利增量。因此，该项目知识产权战略布局管理得分为 1 分。

经计算，可得该科研项目知识产权全过程管理在立项阶段的得分是 6.28，立项阶段满分为 13，及格为 8 分，说明该项目立项阶段知识产权管理的开展效果还较差，对知识产权信息的分析主要是描述性的，深度挖掘不足，一是没有基于现有知识产权的情况进行结构的预测，并做出系统性谋划，二是缺乏对项目创新性的评估和管理，三是没有与知识产权创造和战略布局相结合。总之，该项目立项阶段的知识产权管理主要还是停留在信息分析层面，与科研项目需求没有充分结合，缺乏对研发方向优化的引导。

8.6 小 结

开展科研项目知识产权全过程管理是提高科技创新效率的重要途径。本章从国内外科研机构知识产权管理研究出发，提出了科研项目知识产权全过程管理的概念、特征、主要环节、主要任务，构建了科研项目知识产权全过程管理的主要控制性考核指标体系。

为推进科研机构知识产权全过程管理，需要采取有效的政策措施。在政策上，一是要出台科技计划项目知识产权全过程管理办法，明确知识产权全过程管理的主要环节、主要任务和考核指标。要对重大科技专项和国家重大科技计划项目开展知识产权全过程管理情况进行考核。二是建立科技计划项目知识产权全过程管理专项资金，支持一批科研项目开展全过程管理。允许各类科技计划知识产权事务费中增加知识产权全过程管理预算科目，重点支持知识产权分析报告撰写。三是开展科研项目知识产权全过程管理试点示范，总结经验，发现问题，不断完善知识产权全过程管理的方法和管理模式，通过试点示范引导更多的科研机构开展科研项目全过程管理。四是开展科研项目知识产权全过程管理培训，培养一批面向科研项目开展知识产权全过程管理的人才队伍和机构，重点培养科研项目知识产权分析报告撰写能力和发明披露评估能力。

科研机构也要建立重大科研项目和重要方向性项目科研项目知识产权全过程管理的制度。科研项目必须聘用内部知识产权管理人员或外部服务机构开展知识产权全过程管理，知识产权管理人员必须服务于课题组开展科研项目知识产权全过程管理工作，为科研项目提交独立的知识产权分析报告。课题组必须支付其工作经费和合理报酬，课题组可以对开展知识产权全过程情况进行评价，可以解聘服务不合格的内部管理人员或外部服务机构，聘用其他人员或机构，必要的时候可以采取一定的处罚措施，如不支付工作经费和报酬、收回相关经费等。科研机构还要安排专项工作经费用于聘用知识产权分析机构和人员，提供高水平服务，支付工作津贴，可以参照现有科研人员绩效管理政策向提供独立知识产权分析报告、开展了知识产权全过程管理的内部知识产权管理人员支付合理的绩效报酬。

第九章 科研项目知识产权分析

科研项目知识产权分析是科研项目知识产权全过程管理的核心，是科研机构知识产权全过程管理的主要抓手。开展科研项目知识产权分析，不仅有利于理清知识产权状况，避免重复立项和重复研究，而且能检验科技成果的创新性，促进科研项目高水平和高质量知识产权的创造，促进科研项目知识产权的转移转化，有利于引导科技创新活动，从根本上提高科技创新的效率。

9.1 科研项目知识产权分析概念与分类

科研项目知识产权分析是指：对现有知识产权进行全面检索，分析现有知识产权的分布和特点，预测知识产权未来发展，结合科研项目研发目标和主要指标参数分析，分析科研项目创新性，提出知识产权战略布局，对科研项目能否立项提出建议，并分析知识产权申请获取和维持、技术标准与专利池、知识产权价值、知识产权合同、知识产权转移转化等，对科研项目能否结题验收提出建议，以及对已完成的科研项目一定时间后知识产权转移转化情况进行分析并提出建议。

从知识产权类型角度，知识产权分析可分为专利分析、科技著作分析、专有技术分析等。其中专利分析包括发明、实用新型和外观设计专利分析三类，科技著作包括科技专著、科技论文分析两类，专有技术分析主要是技术秘密和技术诀窍分析。从科研项目知识产权全过程管理角度，知识产权分析分为科研项目立项知识产权分析、科研项目验收知识产权分析和验收后知识产权分析或转移转化分析，可以为科研机构能否承担新项目提供建议。当然，知识产权分析也包括科研项目执行过程中的知识产权分析。实际上，科研机构知识产权分析应包含各种知识产权的分析，但重点是专利的分析。

9.2 科研项目知识产权分析原则

1. 有所侧重原则

不同类型知识产权的保护形式不同，其垄断性也不同，保护形式和垄断性不同决定了不同类型知识产权在知识产权分析中的作用不同。发明专利权和实用新型专利权是垄断性较强的知识产权，独立权利要求保护的是发明创造的整体技术方案，它以技术特征综合的方式保护发明创造的整体构思，而不是形式。科技论文、科技著作等自然科学文字作品和工程技术设计图著作权保护的是科技作品的形式，是具有共享性的知识产权，垄断性较小。技术秘密专有权在他人没有合法获得时垄断性最强，但在他人通过合法途径得到同样或类似专有技术时垄断性大大降低，甚至不具有垄断性。商标权和外观设计专利权实际上保护的也是表达形式，商标权和外观设计专利权具有一定的垄断性，但垄断性仍不高。对于科研项目来说，商标权和外观设计专利权的影响较小。在所有类型知识产权中，发明和实用新型专利权的垄断性较强，发明和实用新型专利技术是公开的，而且它们又具有保密风险低的特点，所以，科研项目知识产权分析应把专利（主要是发明和实用新型）作为重点。

2. 全面检索原则

全面检索要求要在世界范围内检索技术文献、技术使用状况等。其中最重要的是专利文献检索，尤其是七国两组织的专利文献。我国《专利法》在第三次修改后，新颖性是指"该发明或者使用新颖不属于现有技术，也没有同样的发明或者实用新型由他人向国务院专利行政部门提出过申请并且记载在申请日以后公布的专利申请文件或者公告的专利文件中"；现有技术是指"申请日以前在国内外通过在出版物上公开发表、公开使用或者以其他方式为公众所知的技术"。所以说新颖性是绝对的新颖性，是世界范围内的新颖性。

贯彻全面检索原则就要应用各种检索方法。针对科研项目的专利检索类型主要有：（1）新颖性检索，对尚未申请专利的立项科研项目和已完成的科研项目，进行世界范围的专利检索和非专利文献检索，评价该技术的新颖性和创造性，并提供对比文献的全文。（2）法律状态检索。检索特定领域或主题的各国专利法律状态，得到专利有效、无效等信息，如专利是处于申请状态，是否授权，是否有优先权，是否在审查阶段，是否进行过修改，是否被无效宣告过等。（3）同族专利检索。检索同一主题的技术在哪些国家或地区申请了专利，以确定这一技术的区域保护范围，了解专利权人的市场动向，同时得到这一技术的区域分布的空白点，为研发和未来产品出口决策提供参考。（4）专利侵权检索。针对科研项目或其子项目的目标、主要技术指标参数分析现有最相关专利的独立权利要求，进行侵权判断，了解存在的侵权风险和面临的侵权危机，为研发项目调整和评价提供依据。针对已完成科研项目或其子项目的目标、主要技术指标参数分析现有最相关专利的独立权利要求，从侵权判断出发，避免落入现有专利保护范围或者提出改进专利，使科研项目具有创新性。

3. 动态跟踪原则

动态检索就是要根据科研项目的实际需要，对项目所属技术领域、主要机构的国内外专利和其他类型知识产权文献进行动态检索，并提供检索出的相关知识产权文献的全文，实时掌握最新的信息，了解相关技术的发展动向，及时调整研发方向，使科技人员少走弯路，并充分利用现有技术进行研究开发。

在项目立项时，检索的专利往往是已公开的专利，而科技著作的印刷出版往往都需要一段时间。同时，由于世界主要国家都实行申请后经过一定时间才公开的专利制度，已经检索出的专利文献往往是 18 个月或一段时间以前的专利，这段时间的专利被称为"潜水艇专利"，一些专利很有可能成为科研项目专利申请的在先专利，有可能影响科研项目专利申请的创造性。因此，科研项目在执行过程中应及时进行动态跟踪检索。

4. 定量定性分析结合原则

知识产权分析是一项复杂的工作，需要定性分析和定量分析相结合。定性分析就是对研究对象进行"质"的方面的分析，就是运用归纳和演绎、分析与综合及抽象与概括等方法，对获得的各种材料进行加工，去粗取精、去伪存真、由此及彼、由表及里，从而认识事物本质、揭示内在规律。定性分析有两种不同的层次：一种是研究的结果本身就是定性的描述材料，没有数量化或者数量化水平较低；另一种是建立在严格的定量分析基础上的定性分析。就知识产权分析来说，定性分析法主要包括客观描述法、历史研究法、对比分析法。历史研究法主要包括观察法、关键事件分析法、访谈法等。客观描述法主要用于描述知识产权的客观事实，历史分析法主要用于描述知识产权技术的发展历史，重要技术节点，访谈法则用于提炼一些专家关于科研项目知识产权的观点。

定量分析法是指运用数学方法对有关的知识产权数据进行加工处理，据以建立能够反映有关变量之间规律性联系的各类模型的方法。对于知识产权分析来说，可用的具体方法有多种。如对专利申请人、竞争对手、技术领域的统计，对现有专利等知识产权生命周期的分析，对现有专利等知识产权未来发展趋势的预测，对科研项目可能创新点的分析、未来市场的分析等。

5. 多角度分析原则

知识产权分析是一个系统工程，需要从各个角度来进行分析。对于专利来说，不仅要从过去来进行分析，还要预测未来的发展趋势，不仅要分析专利知识产权，还要分析科技著作等知识产权，不仅要分析知识产权对现在的影响，也要分析对项目未来的影响，不仅要分析项目国内知识产权分布情况，也要分析国外分布情况，不仅要分析科研项目方向正确与否与如何调整，还要分析科研项目可能形成产品销售的未来市场，不仅要进行现状分析，还要进行预测和预警。

9.3 科研项目知识产权分析报告结构与内容

1. 主体结构

知识产权分析报告的主体结构应包括以下几个部分：立项的科研项目包括题目、所属技术领域、知识产权检索分析、项目创新性分析、知识产权预测预警分析、知识产权战略布局分析，以及科研项目立项与调整建议。

结题验收项目知识产权分析报告的主体结构应包括题目、所属技术领域、知识产权检索分析、项目创新性分析、知识产权预测预警分析、知识产权战略布局分析、知识产权申请获取分析、知识产权维持分析、技术标准与专利池分析、知识产权价值评估分析、知识产权转移转化分析，以及能否结题验收的建议。

验收后三年项目的知识产权分析报告的主体结构应包括题目、知识产权维持分析、技术标准与专利池分析、知识产权价值评估分析、知识产权实施许可分析，以及相应的建议。

对于执行中科研项目的某些已完成子项目，如果需要知识产权分析报告的，其主体结构和结题科研项目知识产权分析报告的主体结构基本一致。

2. 内容要求

（1）题目。如"×××项目立项知识产权分析报告"、"×××项目结题验收知识产权分析报告"、"×××项目结题知识产权转移转化分析报告"。

（2）所属技术领域。技术领域应当按照国际专利分类表进行分类，并给出相应的关键词。

（3）知识产权检索分析。包括知识产权检索与分析两方面。知识产权检索又包括专利检索、科技著作检索、集成电路布图设计专有权检索、植物品种专有权检索等，其中主要的是专利检索、科技著作检索。分析包括现有知识产权权利人、技术领域等基本信息分析，也包括知识产权技术生命周期分析、知识产权法律稳定性分析等。

（4）知识产权预测预警分析。预测主要是预测知识产权未来发展趋势，包括数量、结构等。预警主要是根据检索出的知识产权，找到最接近的知识产权，分析科研项目能否立项和结题验收，对科研项目研发资源投入、转移转化可能造成的知识产权侵权、不可实施等提出预先警告。

（5）科研项目创新性分析。首先将科研项目分成子项目，然后分析科研项目及其子项目的预期目标、主要技术参数和指标、技术路线、所要解决的关键问题及解决途径、可能的创新点、具有的优点和积极效果，简要提炼出科研项目或其子项目的技术特征。根据检索出的最接近对比文件，分析科研项目能否形成创新成果，能否申请新的知识产权。

（6）知识产权战略布局分析。利用技术功效矩阵、TRIZ、技术预见等方法对科研项目知识产权的布局进行分析，为立项的科研项目知识产权创造和布局重点提出建议，检验结题验收项目知识产权战略布局完成的情况，检验科研项目是否达到了立项阶段的目标，是否完成了预定方案。

（7）知识产权申请获取分析。包括发明创造披露与评估分析，知识产权申请、授权分析和研发人员、研发资金和研发设施投入情况分析，以及研究开发效率分析等。

（8）知识产权维持分析。主要包括科研项目知识产权分级分类分析，知识产权有效情况分析，知识产权法律状态分析，提出知识产权维持和放弃的建议。

（9）技术标准与专利池分析。主要包括科研项目相关技术标准分析、技术标准与科研项目知识产权关联性分析、专利池与专利组合分析、专利池或专利组合权益分析。

（10）知识产权价值评估分析。主要包括科研项目知识产权技术价值分析、经济价值分析和法律分析，给出知识产权的价值和转让许可价格。

（11）知识产权转移转化分析。主要包括知识产权实施许可方式分析、知识产权实施许可收益分配方式分析，知识产权实施许可效果分析等。

（12）结论与建议

根据上述分析，对科研项目和知识产权分析情况进行总结，并对科研项目立项和结题验收是否通过提出建议，对科研项目是否能够立项，是否需要调整研发路线和投入方向提出建议，对科研项目知识产权转移转化情况提出建议。

（13）附录

附录主要包括知识产权检索数据库与检索方法，知识产权检索结果数据，知识产权预测预警数据与各种分析图表。

9.4　科研项目知识产权检索分析

9.4.1　知识产权检索

1. 专利检索

首先，要了解国际专利分类表，国际专利分类表是按应用分类的，共分八大部类。如"H"为部；"H01"为大类；"H01M"为小类；"H01M 8/00"为大组；"H01M 8/12"为小组，小组下还有一点小组和两点小组。在所有情况下，在给出一个小组类名时，必须同时考虑它所从属的并受其限制的那个组的类名。

其次，在进行专利检索时，首先要检索中国的专利文献。常用的数据库是中国国家知识产权局专利数据库（www. sipo. gov. cn），该数据库可以进行简单检索和不太复杂的逻辑检索；第二个是中国知识产权网（www. cnipr. com），除了界面简单检索、按提供的分类检索外，还可以通过编写逻辑表达式进行检索；第三个是中国专利信息中心开发的 CPRS 专利检索服务（www. patentstow. com. cn）。例如要检索美国在中国 2011 年"化学药品原药"技术领域的专利数据，检索中国知识产权网数据库，可以用逻辑式"（C07C/SIC or C07D/SIC or C07F/SIC or C07G/SIC or C07H/SIC or C07J/SIC）and 2011/PA and 美国%/AR"，其中 SIC 代表国家专利分类号，PA 代表申请日，AR 代表申请人地址, %代表截词。

然后，要检索美国、欧盟、日本和世界知识产权组织的专利数据库。美国专利商标局数据库的检索入口为 http：//patft. uspto. gov/netahtml/PTO/search – adv. htm，美国专利数据库也可以进行逻辑检索，例如用逻辑式"ttl/mobile and apd/（1/1/2011 – >12/31/2011）and icn/cn"，可以检索出 2011 年中国在美国手机方面的专利申请量，其中 ttl 代表题目，apd 代表申请日，icn 代表申请人所在国家。

欧洲专利局检索系统入口为 http：//ep. espacenet. com/advancedSearch？locale = en_EP，日本特许厅数据库（www. jpo. jo. jp）检索入口为 http：//www19. ipdl. inpit. go. jp/PA1/cgi – bin/PA1INIT？954904647687，可通过在不同栏目填写不同内容进行检索。

PCT 专利反映了国际专利申请情况，世界知识产权组织 PCT 专利检索的网址是（www. wipo. int），如用逻辑式"（AAD/CN AND PA/university）"可以检索来自中国大学的 PCT 专利申请，其中"AAD"代表申请人地址，"PA"代表申请人。

当然，也可以采用专利检索软件进行检索。如 ProQuest 公司（原名 UMI 公司）是全球顶尖的信息数据供应商之一。ProQuest Dialog 系统的前身是著名的 Dialog 国际联机系统，是世界上最大的国际联机检索系统，现隶属于美国的 ProQuest 公司，可同时对多个数据库进行专利全文检索，包括中、美、欧、日、俄、印等多个国家和德温特世界专利（Derwent WPI），德温特专利引证（Derwent PatentCitation），专利同族与法律状态数据库（Inpadoc）。

专利检索管理的基本流程可以分为三个步骤。第一步，由于研究开发人员与知识产权管理人员可能存在一定差异，因而有必要在检索前核实检索需求，并分解检索目标。要核实技术人员提交的技术内容是否属于专利检索的对象，是否满足专利检索的要求。只有由检索人员与技术人员共同确定了检索范围，才能签订检索意见书。

第二步，在科研项目的知识产权检索中，由于项目主题较为明确，为了尽可能全面地获取某一技术领域的专利文献，一般采用技术主题检索。专利主题检索包括以下流程：（1）初步检索。在填写检索要素表之前，利用检索要素名称进行初步检索，找出若干篇相关专利文献，浏览其专利文献著录项目及文摘，提取出其IPC号和各检索要素的相关主题词或同义表达词，填入检索要素表。（2）进行分类号检索。根据检索要素表中填入的IPC号，进行分类检索。（3）进行同义词检索。根据检索要素表中填入的各检索要素的同义词、近义词，进行同义主题词检索。（4）进行逻辑组合检索。将上述检索提问式进行逻辑组配，组成完整检索表达式，进行最终检索。（5）终止检索或调整检索要素/检索式。

例如，自动开合伞的检索要素和逻辑式如表9－1所示。检索逻辑式为：（伞 and（（开 or 张）or（合 or 闭）or（开 or 收））and 自动）and A45B25/14。

表9－1　自动开合伞的检索要素和逻辑式

检索"自动开合伞"技术主题的专利参考文献				
检索要素	检索要素1	检索要素1	检索要素2	检索要素3
检索要素名称	伞	打开	闭合	自动
主题词	伞	开，张	合，闭，收	自动
IPC 号	A45B 25/14（Devices for opening and for closing umbrellas）			

在检索的过程中，一是要注意选择多个专利数据库。应当根据所属技术领域的发展情况和各国专利数据库的特点选择合适的国外数据源，目前较为常用的是"七国两组织"的专利数据库，即中国、美国、英国、日本、德国、法国、瑞士等国家以及欧洲专利局、世界知识产权组织在内的专利文摘及附图数据库。二是要进行多种类型的专利检索。

2. 著作权检索

著作权既包括科技著作和科技论文的著作权，也包括计算机软件著作权。检索国际科技论文常用 Web of Science（SCI、SSCI、A&HCI、CCR、IC）（http：//apps. isiknowledge. com/UA＿ GeneralSearch ＿ input. do？product ＝ UA&search ＿ mode ＝ GeneralSearch&SID ＝ 3AiBEEnGe5D327m26p1&preferencesSaved）。

Web of Science 包括三大引文库（SCI、SSCI 和 A&HCI）和两个化学数据库（CCR、IC），以 ISI Web of Knowledge 作为检索平台。Science Citation Index Expanded（1994 年至今）收录6000 多种科学技术期刊；Social Sciences Citation Index（1998 年至今）收录1700 多种社会科学期刊。Arts & Humanities Citation Index（2002 年至今）收录1100 多种艺术与人文类期刊。Current Chemical Reactions（CCR－EXPANDED）＊（1986 年至今）收录一步或多步新合成方法。Index Chemicus（IC）（1993 年至今）收录重要期刊报道的新颖有机化合物的结构和关键数据。

国内检索科学文献的方法也有多种，如中科院文献情报中心就提供了较多的网络数据库，计算机方面的如 http：//portal. acm. org。

计算机软件著作权检索工具是中国版权保护中心著作权计算机软件著作权登记公告系统（http：//www. ccopyright. com. cn/servlet/Category）。检索策略是简单逻辑检索，输入科研机构名称即可检索到该单位的计算机软件登记情况。

3. 集成电路布图设计专有权

集成电路布图设计专有权的检索工具是中国国家知识产权局公告的集成电路布图设计专有权检索系统（http：//www. sipo. gov. cn/sipo2008/zwgs/jcdlgg/zyqgg/）。通过逐项分析可以检索到哪些国家、那些单位申请了中国集成电路布图设计专有权。

4. 植物新品种权检索

检索植物新品种权需要检索国家农业部公告的农业植物品种权和国家林业局公告的植物新品种。通过检索可以了解哪些国家、哪些申请人申请了哪些方面的植物新品种。

5. 商标权检索

大多数科研机构都有包含名称等的商标权，一些科研机构的下属企业还拥有产品或服务的商标权，这时需检索中国商标数据库（http：//sbj. saic. gov. cn/），但也有必要检索国外商标数据库，以了解这些科研机构及其下属企业是否申请国外商标保护。

9.4.2　知识产权分析

根据检索得出的知识产权，知识产权分析主要包括知识产权基本分析、知识产权生命周期分析、技术功效矩阵分析、技术优势分析、技术依赖性分析、技术宽度分析、知识产权影响分析、核心知识产权分析、知识产权法律状态分析等九个方面。

1. 专利基本分析

专利基本分析包括专利技术主题（关键词）、专利分类号、专利申请国别、专利申请人或专利权人、发明人或设计人、专利申请日或公开日、专利授权日和申请人或专利权人地址、法律状态等分析。通过对这些基本信息的统计分析，可以对科研项目所在技术领域知识产权发展情况、市场主体研发情况和国家或区域技术实力形成总体判断。

专利基本分析采用的工具主要是统计图表。将检索出的技术主题（关键词）、专利分类号、专利申请国别、专利申请人或专利权人、发明人或设计人、专利申请日或公开日、专利授权日和申请人或专利权人地址、法律状态等数据进行加总，画出统计图。这是比较简单的专利地图。

以裂殖壶菌制 DHA 技术为例，该技术主题主要集中于 A 和 C 两大部类，其 IPC 分类如表 9 - 2 所示。

表 9 - 2　裂殖壶菌制 DHA 技术 IPC 分类

国内分类	国外分类	主要内容
A23L	A23L	不包含在 A21D 或 A23B 至 A23J 小类中的食品、食料或非酒精饮料；它们的制备或处理，例如烹调、营养品质的改进、物理处理
A61K	A61K	医用、牙科用或梳妆用的配制品
A23K	A23K	专门适用于动物的喂养饲料；其生产方法

国内分类	国外分类	主要内容
A61P	A61P	化合物或药物制剂的特定治疗活性
C07C	C07C	无环或碳环化合物
C12P	C12P	发酵或使用酶的方法合成目标化合物或组合物或从外消旋混合物中分离旋光异构体
C12H	C12H	酒精饮料的巴氏灭菌、杀菌、保藏、纯化、澄清、陈酿或其中酒精的去除
A23C	A23C	乳制品，如奶、黄油、干酪；奶或干酪的代用品；其制备
A12R	A12R	与涉及微生物之C12C至Q或S小类相关的引得表
A23D	A23D	食用油或脂肪，例如人造奶油、松酥油脂、烹饪用油
A01K	A01K	畜牧业；禽类、鱼类、昆虫的管理；捕鱼；饲养或养殖其他类不包含的动物；动物的新品种
C11B	C11B	生产，例如通过压榨原材料或从废料中萃取，精制或保藏脂、脂肪物质例如羊毛脂、脂油或蜡；香精油；香料
C11C	C11C	从脂肪、油或蜡中获得的脂肪酸；蜡烛；脂肪、油或由其得到的脂肪酸经化学改性而获得的脂、油或脂肪酸
C07D	C07D	杂环化合物
A01H	A01H	新植物或获得新植物的方法；通过组织培养技术的植物再生

利用中国科学院知识产权网的专利在线分析工具，设计逻辑检索表达式"AB：（裂殖壶菌 OR 裂壶藻 OR 裂壶菌）AND AB：（DHA OR 不饱和脂肪酸）"检索中国专利数据库（检索时间为2014年6月），共检索出国内专利申请1085件，其中发明专利申请1054件。如图9-1到图9-4所示。

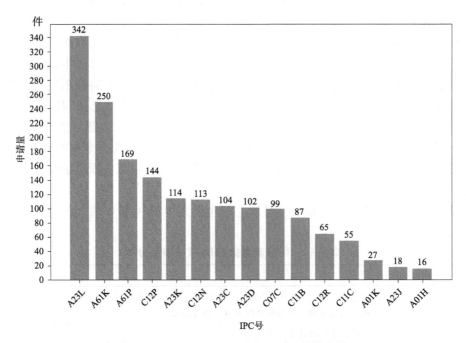

图9-1 裂殖壶菌制DHA技术在华专利申请分布

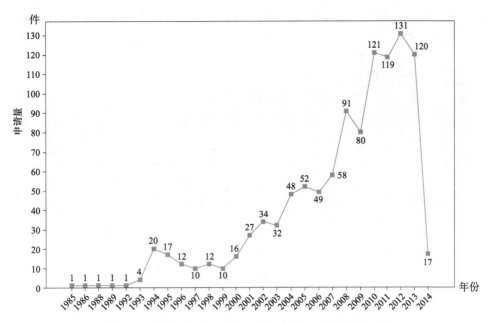

图 9-2　裂殖壶菌制 DHA 技术在华专利申请年度分布

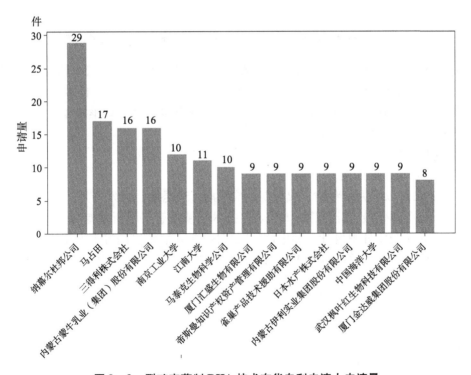

图 9-3　裂殖壶菌制 DHA 技术在华专利申请人申请量

　　从数据统计可以看出，在我国申请裂殖壶菌制 DHA 技术三种专利最多的技术主题为 A23L，有 342 件，其次分别是 A61K、A61P 和 C12P，分别为 250 件、169 件和 144 件。国内外在华裂殖壶菌制 DHA 技术领域的专利申请量增长迅速，三种专利申请量从 1985 年的

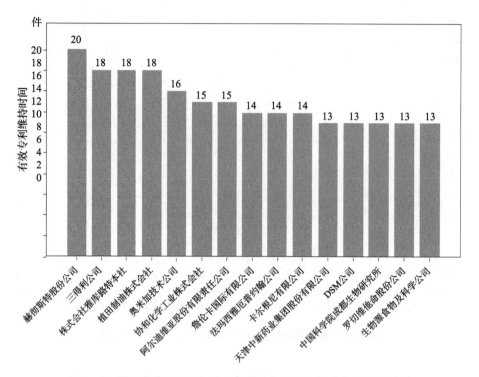

图9-4　裂殖壶菌制 DHA 技术在华有效专利申请人专利维持时间

1 件增加到 2011 年的 131 件。从申请人来看，前 15 名中有 8 家中国申请人，占了一半，国外申请人如美国纳慕尔杜邦公司申请公开的专利最多，有 29 件，日本雅库路特、植田制油、协和化学分别申请了 18 件、18 件和 16 件。三种专利的平均维持年限为 4.5 年，但明显的是国外的专利申请维持时间较长。

2. 专利生命周期分析

（1）专利技术生命周期。

技术的生命可以分为萌芽期、成长期、成熟期、衰退期、再发展期。用 a 代表某技术领域当年发明专利申请数或授权数，b 代表某技术领域当年实用新型专利申请数或授权数，c 代表某技术领域当年外观设计专利申请数或授权数。A 表示追溯过去五年的该技术领域发明专利申请累计数或授权累计数，N 为新技术特征系数，专利技术生命周期分析主要分析以下四个指标。

技术生长率（v），$v = a/A$。技术生长率呈下降趋势，说明技术生长变慢，趋于成熟。

技术成熟系数（α），$\alpha = a/(a + b)$，发明专利申请量所占比例逐渐下降，或实用新型增多，说明技术逐渐趋于成熟。

新技术特征系数（N），$N = \sqrt{v^2 + a^2}$。新技术特征系数越小说明技术越成熟。

新技术衰老系数（β），$\beta = \dfrac{a + b}{a + b + c}$，系数变小说明技术不衰老。系数变大说明技术变衰老。

例如，表9-3是检索出的某一项技术专利授权数据表，根据此表计算上述四个数据得到的结果如图9–3所示。画出的专利技术生命周期曲线如图9–5所示。

表9–3　某一项技术专利检索数据　　　　　　　　　（单位：件）

年份 专利数量	2007	2008	2009	2010	2011	2012
发明专利授权量	30	50	100	200	300	350
实用新型专利授权量	30	60	120	250	350	420
外观设计专利授权量	100	150	200	250	300	300
过去五年发明专利授权量累积	55	80	125	215	680	1000

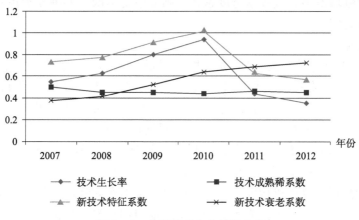

图9–5　专利技术生命周期曲线

从图9–5可以看出，2007～2012年，该技术呈快速生长趋势，但之后开始出现较快下降。新技术特征显著增多，但2010年后明显下降。同时，技术成熟系数缓慢下降，而技术衰老系数缓慢提高，说明该技术发展开始逆转，技术虽然仍然很新，但技术发展的潜力不大，不适合进行投资。

（2）专利平均年龄。

专利平均年龄用科研机构专利所引证专利之专利年龄的中位数 TCT 或者将各专利权年龄总和除以专利件数所得之值表示，用以评估科研机构科技创新的速度。TCT 较低，代表该技术较新且创新速度快。平均专利年龄越短，表示该科研机构在本项目技术内享有较长期之技术独占性优势。

（3）技术优势或专业化。

技术优势指数是指在一个特定系统中，某科研机构在某个技术领域的专利申请比重与该科研机构在全部专利申请中的比重之比。

技术独立性是指某科研机构引用自己专利的次数除以其总被引用次数（含自我引用次数和被别人引用次数）的比值。

（4）技术依赖性（Technology Dependency，TD）。

技术依赖性指标公式为：$W_p / (H_p + Q_P)$。其中 W_p 表示某技术领域国外和国内其他发明人发明专利授权量，H_p 表示某技术领域发明专利授权总量，Q_p 表示本科研机构在该技术领域发明专利授权量。

技术依赖性指标是测算科研机构某技术领域发明创造能力的指标。比如某科研机构某一项技术发明专利授权量为 200 件，该技术领域发明专利授权总量为 1000 件，则技术依赖度为 80%。

（5）技术宽度（Technology Extent，TE）。

技术宽度指标公式为：IPCQ/IPCH。其中 IPCQ 表示科研机构授权专利涉及的国际专利分类号数量，IPCH 表示该技术领域或行业内授权专利涉及的国际专利分类号数量。

技术宽度指标是测算科研机构外围专利控制能力的指针，用于竞争者或同行间的比较。TE 的值越大，该科研机构专利所涉及的国际专利分类号数量越多，说明该科研机构参与研究的技术领域越多。其技术宽度越大，则集中度越低，外围专利控制力越强，而核心领域控制能力越弱。

（6）专利影响。

专利影响主要用国家分布数、即时影响指数、同族专利数、技术重心指数四个指标反映。

国家分布指标用某科研机构在某一技术领域授权专利或某一专利涉及的国家数（Country Number，CN）表示，用来研究一个科研机构的专利申请模式。由于费用问题，一个科研机构只会将那些有重要经济价值的发明创造在国外申请专利。与行业内平均 CN 值相比，该科研机构 CN 值越大，其专利涉及的国家越多，说明其期望获得保护的市场越大，该科研机构在相关技术领域获得经济效益的可能性越大。

即时影响指数用某科研机构前五年专利的当年被引次数除以某领域中所有专利前五年专利的当年被引用次数的平均值表示。如果实际被引用数与平均值相等，当前影响指数即为 1，指数大于 1，说明该技术有较大影响，小于 1，则说明影响较小。

同族专利数用某科研机构在不同国家或地区申请、公布的具有共同优先权的一组专利数量表示。

技术重心指数用科研机构在某技术领域的专利申请量除以其全部申请量表示，用于判断某科研机构的研发重点。

（7）专利地图。

汤姆逊路透公司利用开发的 AUREKA 软件做出的专利地图较好显示了一个科研机构专利布局的重点。在专利地图中，"山顶"代表专利文献最密集的研究主题，山顶之间的距离代表研究主题之间的相关度，颜色代表专利文献的密集程度。图 9 – 6 显示了相对于 1990 ~ 2000 年的 2001 ~ 2008 年环境遥感美国专利技术变化趋势。❶

（8）核心专利。

核心专利常用布拉福德定律分析。布拉德福定律也称文献分散定律，是由英国文献学家布拉德福（S. C. Bradford）1934 年首先提出。它是定量描述科学论文在相关期刊中集中和分散规律的方法。"如果将科学期刊按其刊载某个学科领域的论文数量以递减顺序排列起来，就可以在所有这些期刊中区分出载文量最多的'核心'区和包含着与核心区同等数量论文的随后几个区，这时核心区和后继各区中所含的期刊数成 $1: a: a^2$ 的关系（$a > 1$）"。该定律可应用于专利分析，用于选择和评价核心专利术，将采集的专利数据分为核心技术类区、一般性分类区和相关分类区三个区，核心技术类区专利一般为核心专利。

---

❶ 该图来自于中国科学院文献情报中心所做的中科院先导专项"遥感技术知识产权分析报告"。

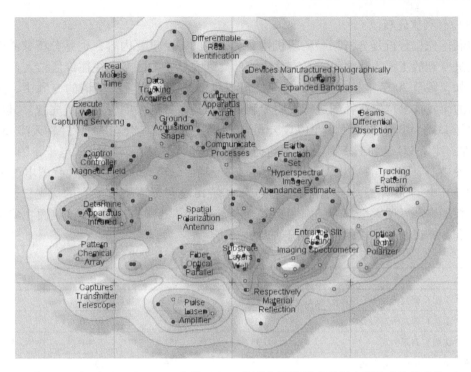

图 9 – 6　相对于 1990 ~ 2000 年的 2001 ~ 2008 年环境遥感美国专利技术变化趋势

专利引用常用来分析行业间的技术联系和特定技术领域的相关性，也是分析专利价值大小或者专利是否是核心专利的重要方法，一个专利被引用越多，该专利价值愈大，越有可能成为核心专利，一个科研机构专利被引用越多，该科研机构的创新能力就越强。

通过分析引用可以了解专利技术的发展趋势，但要从大量的专利中找出核心专利并不太容易。实际上，核心专利一般应从产业技术发展分析，是对产业技术发展具有较大影响力的专利，是覆盖产业技术核心产品或产品核心部件的专利。汤姆逊路透公司利用自己开发的 AUREKA 软件能够做出动态的专利引用图，如图 9 – 7 所示。

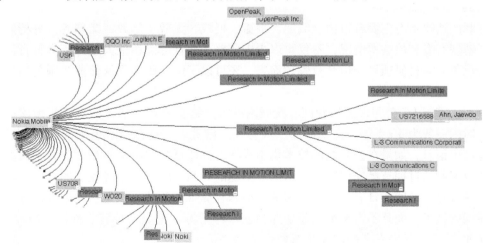

图 9 – 7　汤姆逊路透 AUREKA 专利引用

（9）专利优先权。

专利优先权分析是分析某一科研机构专利战略的一个重要内容，也是分析核心专利与外围改进专利的主要方法之一。具有优先权的专利尤其是国际专利往往价值较大。

例如，截至 2007 年，韩国 LG 电子公司与我国的合资企业所申请的专利中，大约有17.4% 的研发技术首先在韩国进行发明专利申请，具备韩国发明专利的优先权。其中，南京等离子 LG 公司有 114 件，昆山 LG 公司有 25 件，上海 LG 公司有 20 件，天津 LG 公司有 21 件，沈阳 LG 公司有 5 件发明专利拥有在韩国的优先权。韩国 LG 电子集团（中国）研究开发中心有限公司在 2003 年申请了第一件专利后，至 2006 年年底在我国申请了 1856件专利，其中 1750 件为发明专利，这些专利中有 1679 件具有韩国专利的优先权。具备韩国优先权的专利发明人全部为韩国国籍（毛昊、孙莹、刘洋，2009）。该集团在华合资企业的专利分布以及优先权的分布情况如表 9 - 4 所示。

表 9 - 4　韩国某公司在华合资企业专利优先权分布

合资企业	优先权/件	总计/件	比重	优先权类型
LG 电子（中国）研究开发中心有限公司	1931	2182	88.50%	发明
LG 电子（南京）等离子有限公司	114	282	40.40%	发明
LG 电子（沈阳）有限公司	35	651	5.40%	发明
LG 电子（昆山）电脑有限公司	25	236	10.60%	发明
LG 电子（天津）电器有限公司	21	7124	0.30%	发明
上海 LG 广电电子有限公司	20	1155	1.70%	发明
LG 电子（惠州）有限公司	0	292	0.00%	发明
南京 LG 熊猫电器有限公司	0	67	0.00%	发明
杭州 LG 化妆品有限公司	0	66	0.00%	发明
天津 LG 新型建材有限公司	0	34	0.00%	发明
天津 LG 塑钢门窗有限公司	0	31	0.00%	发明

（10）专利法律状态。

专利的法律状态主要有申请、驳回、视撤、授权、无效、修改、缴费等。分析法律状态能了解现有专利的基本情况，不仅可以少走弯路，而且可以在他人用专利进行打压时做到有的放矢。对科研项目知识产权管理而言，还可以了解一些合作伙伴或跨国公司的战略意图。

例如，韩国 LG 公司多采用驳回、视撤两种方式终止专利申请，而且主视撤回的比例很高，时间一般为 3 ~ 4 年。主视撤回一般有几个好处，一是在技术上不成熟时通过申请专利抢占申请日，如果在公开之前技术仍不成熟，则通过撤回申请不用公开技术内容；如果技术成熟则通过拥有优先权继续申请同一主题的专利，由于开始时提交的专利申请保护范围往往较宽，撤回为日后的同一主题的申请修改提供了条件。二是主动公开部分不重要甚至错误的技术，而且不再交纳高昂的维持费和年费等（毛昊、孙莹、刘洋，2009）。LG合资企业 2007 年年底专利的法律状态如表 9 - 5 所示。

表 9 – 5　韩国 LG 合资企业专利的法律状态 （单位：件）

	驳回	视撤	视为放弃	未审结	因费用终止	有效专利	总计
LG 电子（天津）电器有限公司	63	684		5343	2	1032	7124
LG 电子（中国）研究开发中心有限公司	3			1922		257	2182
上海 LG 广电电子有限公司		69		1022		64	1155
LG 电子（沈阳）有限公司	3	19	2	596		31	651
LG 电子（惠州）有限公司		14		271		7	292
LG 电子（南京）等离子有限公司				277			277
LG 电子（昆山）电脑有限公司				236			236
南京 LG 熊猫电器有限公司				41		26	67
杭州 LG 化妆品有限公司						66	66
天津 LG 新型建材有限公司						34	34
天津 LG 塑钢门窗有限公司				2		29	31
LG 电子（南京）有限公司				5			5

9.5　科研项目创新性分析

9.5.1　科研项目分析

1. 科研项目分析内容

科研项目分析主要包括四个方面的内容。一是科研项目研究目标分析。科研项目的研究目标包含一定的信息，例如国家科技支撑计划课题申报书第二项为课题的目标与任务，要重点分析"项目确定的课题目标与任务需求"，分析"课题目标与任务解决的主要技术难点和问题"。分析科研项目预期目标要从整体上勾画出科研项目可能或已经达到的目标，并分解出不同的预期目标。

二是科研项目主要技术指标分析。主要是对科研项目任务申报书提出的主要技术指标进行分析。例如，国家科技支撑计划课题申报书要求第四项是任务分解与考核指标，技术指标主要包括两方面内容：（1）课题研究内容、技术路线和创新点。（2）主要技术指标（如形成的知识产权、技术标准、新技术、新产品、新装置、论文专著等数量、指标及其水平，与国内外同类技术或产品的竞争分析，满足项目所依托的重大工程建设或重大装备研制的需求情况等）。分析科研项目技术指标和参数要尽量与预期目标和分解出的目标一致，不同的目标有不同的技术指标和参数，如果有些指标和数据表达还不很清晰，还要进行适当的预测。

三是科研项目技术路线分析。科研项目申请人根据国内外现有技术、知识产权和技术标准现状及预期分析，结合课题申请单位及主要参与单位研究基础，如已有的研究开发经历、科技成果、科研条件与研究开发队伍现状等确定科研项目的技术路线。技术路线可能是达到上述目标和指标的产品的制造过程，也有可能是达到上述目标和指标的产品的工艺方法。分析技术路线要从总体上描绘出实现预期目标的技术流程或步骤，还要针对要解决的不同技术问题，与不同的预期目标一致分析出不同的技术路线，要提炼出完成科研项目目标或指标参数必不可缺少的关键步骤。

四是要解决的关键问题分析。分析科研项目的关键问题，主要是分析这些问题是否是能够实现预期目标，是否是能产生创新成果的问题。分解出的关键问题要与分解出的预期目标和预期指标、参数相一致，要与预期的创新成果相一致。

五是预期的创新成果分析。科研项目计划申报书均有对项目最终成果或创新成果的分析。分析可能的创新成果重点要结合科研项目要解决的关键问题和要达到的预期目标，结合不同的技术问题，不同的技术解决手段，要分析出不同的创新成果的优点和效果。

2. 科研项目分析方法

科研项目分析的方法或步骤包括：第一，将科研项目进行分解。按照"要解决的技术问题、采用的技术手段和具有技术效果"三要素将科研项目分解为独立的子项目，不能分解的就作为一个项目。第二，对科研项目及其每个子项目采用的技术指标、技术手段提炼为技术方案，技术方案要满足"解决技术问题、采用技术手段和具有技术效果"三要素的要求。第三，根据"清楚"和"简要"的原则，按照专利技术特征的写法将科研项目及其每个子项目的技术方案用技术特征的方式写出来。

9.5.2 侵权分析

根据我国《专利法》规定，专利的保护范围是由权利要求确定的，说明书和附图可以用于解释权利要求，所以，专利保护范围是已经过说明书解释的权利要求的内容决定的。

《专利法》规定，专利的独立权利要求应当从整体上反映发明或实用新型的技术方案，记载解决技术问题的必要技术特征，而从属权利要求应当用附加的技术特征，对引用的权利要求作进一步的限定。独立权利要求的作用是限定专利权的保护范围，而从属权利要求既可以防止他人取得改进发明，又可以在以后的审查和无效程序中留有必要的退路。

在侵权判断时，依据的是专利独立权利要求中记载的全部必要技术特征，而不是区别技术特征本身。权利要求的范围由两个因素决定，一是技术方案中技术特征的数量，技术特征数量越多则专利保护范围越小，二是技术特征的抽象程度，技术特征越抽象上位则专利的保护范围越宽。必要技术特征是否必要和完整应当考察说明书的发明任务或发明目的。因此，权利要求的解释就显得非常重要。

权利要求解释主要用三种方法，一是"中心限定"原则，在理解和解释权利要求的范围时，以权利要求所陈述的基本内核为中心，向外作适当的扩大解释。一种是"周边限定"原则，它要求在理解和解释权利要求时，只能严格地按照权利要求书的字面含义来进行，任何扩大解释都是不允许的。三是折中原则，也称"主题内容限定原则"，我国司法实践中通常采用折中原则。

北京市高院2001年颁布的《专利侵权判定若干问题的意见（试行）》规定，进行侵权判定，应当以专利权利要求中记载的技术方案的全部必要技术特征与被控侵权物（产品或方法）的全部技术特征逐一进行对应比较。一般不以专利产品与侵权物品直接进行侵权对比。当原被告双方当事人均有专利权时，一般不能用双方专利产品或者双方专利的权利要求进行侵权对比。对产品发明或者实用新型进行专利侵权判定比较，一般不考虑侵权物与专利技术是否为相同应用领域。一般情况下坚持"逐一权项"（Element by Element）方法：（1）将专利权利要求中构成技术方案的全部必要技术特征分解成各个组成部分，并列出数量与名称，按顺序列出；（2）把侵权物或侵权方法的全部必要技术特征找出来，列出数量及其名称，顺序列出；（3）对比两者是否内容一致。

2013 年 9 月，国家知识产权局组织起草的《专利侵权判定标准和假冒专利行为认定标准指引（征求意见稿）》，提出权利要求解释的原则包括：（1）折中原则。确定发明、实用新型专利权的保护范围时，应当以其权利要求的内容为准，说明书和附图可以用于解释权利要求的内容。所谓"权利要求的内容"，是指权利要求记载的技术内容，而不仅仅是权利要求的文字或措辞的字面含义。确定权利要求记载的技术内容，应当根据权利要求概括的技术方案、说明书及附图、发明或实用新型解决的技术问题、专利对现有技术的贡献等因素合理确定，不能将专利权的保护范围扩大到本领域技术人员在阅读说明书及附图后需要经过创造性劳动才能联想到的内容。（2）整体原则。确定发明、实用新型专利权的保护范围时，应当将权利要求中记载的全部技术特征所表达的技术内容作为一个整体加以考虑，记载在前序部分或引用部分的技术特征与记载在特征部分的技术特征，在确定专利权的保护范围时起同等重要的作用。（3）公平原则。解释权利要求时，不仅要充分考虑专利对现有技术所做的贡献，合理界定专利权利要求限定的范围，保护权利人的利益，还要充分考虑公众的利益，不能把不应纳入保护的内容解释到权利要求的范围当中。

该指引还提出了侵权判定的方法：对于发明和实用新型专利，先要对专利权利要求和被控侵权技术方案进行技术特征划分，应当采用"技术特征逐一比对"的方式，然后将相应的技术特征进行特征对比，之后判断被控侵权技术方案对于专利权利要求是否构成相同侵权；如不构成相同侵权的情况下，还需进一步判定被控侵权技术方案对于专利权利要求是否构成等同侵权。在此过程中，还要考虑被控侵权人的抗辩理由，如现有技术抗辩是否成立。对于外观设计专利，首先，判断被控侵权产品与外观设计专利产品是否属于相同或者相近种类产品，随后，确定涉案专利保护范围及被控侵权产品的外观设计，通过对设计空间的分析，确定对外观设计整体视觉效果更具有影响的设计内容，从而判断二者形态（形状、图案、色彩）是否构成相同或者近似。如果二者属于相同或相近种类产品，并且在形态（形状、图案、色彩）上构成相同或近似，则二者属于相同或近似的外观设计，被控侵权产品落入专利权的保护范围，侵权成立。判断外观设计专利是否侵权时应以该类产品一般消费者的视角进行判断。

在司法实践中判定专利侵权要坚持两个原则：（1）全面覆盖原则。即全部技术特征覆盖原则或字面侵权原则，如果被控侵权物（产品或方法）的技术特征包含了专利权利要求中记载的全部必要技术特征，被控侵权物的技术特征等于或多于专利独立权利要求的必要技术特征，则落入专利权的保护范围。如果专利必要技术特征使用的是上位概念，而被控侵权物的技术特征是上位概念下的具体概念，则也纳入专利权的保护范围。被控侵权物（产品或方法）对在先专利技术而言是改进的技术方案，并且获得了专利权，则属于从属专利，未经在先专利权人许可，实施从属专利也覆盖了在先专利权的保护范围。（2）等同原则。被控侵权物（产品或方法）中有一个或者一个以上技术特征经与专利独立权利要求保护的技术特征相比，从字面上看不相同，但经过分析可以认定两者是相等同的技术特征。等同特征是指与所记载的技术特征以基本相同的手段，实现基本相同的功能，达到基本相同的效果，并且本领域的普通技术人员无需经过创造性劳动就能够联想到的特征。"功能—手段—效果"三者一致、"普通技术人员无需经过创造性劳动就能够联想到"是使用等同原则的两个重要条件。已知的常用技术要素的简单替换、产品部件位置的简单移动、技术特征的分解或者合并、方法步骤顺序的简单变化都属于等同替换。

因此，判断科研项目是否对在先专利造成侵权的判断方式是：（1）科研项目的技术特征与在先专利的必要技术特征完全相同，侵权成立；（2）科研项目的技术特征多于专利的必要技术特征，侵权成立（从属侵权）；（3）科研项目技术特征中缺少写入专利独立权利要求中的附加技术特征而其他特征相同或等同，侵权仍成立；（4）科研项目技术特征中缺少专利独立权利要求中一个或以上必要技术特征的不侵权，即使带来一定的功能缺失或者技术效果变劣也不构成侵权；（5）科研项目技术特征中与在先专利必要技术特征相比，至少有一项必要技术特征不相同，不构成侵权。（6）科研项目的技术特征与专利的必要技术特征不同部分属于等同手段替换，侵权成立。

9.5.3　创新成果分析

在对检索出的知识产权分析和专利侵权判定完成后，就可以找到现有技术的不足，从而可以找出科研项目可能的创新成果。科研项目创新性分析既包括专利侵权判定后的科研项目创新性分析，也包括基于公开的技术信息判断后的科研项目创新性分析。

判断立项科研项目是否产生创新成果和是否可以申请专利，主要应当看科研项目的总体技术方案或分解出的各组成部分与在先专利全部必要技术特征比较是否相同或等同。首先按照金字塔体系方式分解科研项目，使每一个子项目都能形成一个完整的技术方案，尤其需要进一步明确每一个子项目所要解决的问题、将要使用的技术手段、将要达到的技术效果。然后按照每一个子项目所处的技术主题或技术领域检索出最接近的现有专利，并一一列举对比其技术特征（宋河发，2006）。

科研项目创新成果和专利申请分析方法包括：（1）科研项目或子项目分解出的技术特征与专利的必要技术特征完全相同，则难以产生创新成果，也不能申请专利；（2）科研项目或子项目的技术特征多于专利的必要技术特征，则能产生创新成果，而且能够申请从属专利；（3）科研项目或子项目中缺少写入专利独立权利要求中的附加技术特征而其他特征相同或等同，而这些附加技术特征对解决专利技术问题无关或者不起主要作用，则难以产生创新成果，也不能申请专利；（4）科研项目技术特征中缺少专利独立权利要求中一个或一个以上必要技术特征，即使带来一定的功能缺失或者技术效果变劣也可以产生创新成果，可以申请专利，如果明显变劣的则不能产生创新成果，不能申请专利；（5）缺少专利独立权利要求中一个或一个以上必要技术特征的，则能产生创新成果，并能申请专利；（6）至少有一项必要技术特征不相同，则能产生创新成果并能申请专利；（7）科研项目或子项目的技术特征与专利的必要技术特征不同部分属于等同手段替换，则不能产生创新成果，也不能申请专利。

如果最接近的现有技术不是专利而是科技文献，判断方法基本相同，只是要将科技文献的技术提炼为技术特征。（1）科研项目或子项目分解出的技术特征与现有科技文献提炼出的必要技术特征完全相同，则难以产生创新成果，也不能申请专利；（2）科研项目或子项目的技术特征多于现有科技文献提炼出的全部必要技术特征，则能产生创新成果，而且能够申请从属专利；（3）科研项目或子项目中缺少现有科技文献提炼出的全部必要技术特征的附加技术特征，而这些附加技术特征对解决专利技术问题无关或者不起主要作用，则难以产生创新成果，也不能申请专利；（4）科研项目技术特征中缺少现有科技文献提炼出的全部必要技术特征中一个或一个以上必要技术特征，即使带来一定的功能缺失或者技术效果变劣也可以产生创新成果，可以申请专利，如果明显变劣的则不能产生创新成果，不能申请专利；（5）科研项目缺少现有科技文献提炼出全部必要技术特征中一个或一个以上必要技术特征的，则能产生创新成果，并能申请专利；（6）科研项目或子项目的技术特征与现有科技文献提炼出的全部必要技术特征至少有一项必要技术特征不相同，则能产生创新成果并能申请专利；（7）科研项目或子项目的技术特征与现有科技文献提炼出的全部必要技术特征不同部分属于等同手段替换，则不能产生创新成果，也不能申请专利。

例如，何某 1986 年研制成功"整体形小青瓦"，同年 7 月向国家专利局申请实用新型专利。国家专利局于 1988 年 2 月授予其专利权。专利权利要求 1 是：

整体形小青瓦，其特征是：宽度与小青瓦等宽，呈圆弧筒状，在该瓦的内外两面上，相隔一定距离有一台阶。

其说明书这样描述整体形小青瓦：整体形小青瓦，是一块宽度与小青瓦等宽，长度为 30～50 厘米的圆弧形筒状瓦，在该瓦的内外两面上，相隔一定距离有一台阶。其瓦的外形与叠在一起的 4～7 片小青瓦相似。

某经济技术开发研究所自行研究出"新型多节瓦"于 1987 年 10 月向中国专利局提出实用新型专利申请，中国专利局于 1988 年 8 月 4 日予以公告。其权利要求保护范围的要点是：（1）呈圆弧形；（2）盖、底瓦正面呈多节状；（3）盖瓦各节长度等于宽度，一般 4～7 节，每节约 30～60 厘米；（4）盖瓦前沿反面有一宽 0.5～1 厘米、深 0.3～0.8 厘米的凹槽，底瓦后沿正面有一凸径，盖、底瓦凹凸连接嵌合；（5）底瓦有一平面，起稳定作用。此后，该研究所将"新型多节瓦"技术先后转让给 18 个单位使用，获得转让费 26.2 万元，扣除模具费、代培技术费等费用和应交税金等，获纯利 5.5 万元。

1988 年 7 月，何某从电视、报刊的广告中得知，正在转让的"新型多节瓦"技术主要形状特征属于"整体形小青瓦"专利保护范围，以被告侵害其专利权为由，向法院提起诉讼，要求赔偿 10 万元。

南京市中级人民法院审理认为：原告的"整体形小青瓦"，要求保护的权利范围是"圆弧筒形、台阶状"；被告的"新型多节瓦"，主要形状特征是"圆弧形、多节状"。两者虽然提法不同，其实质是一样的。因此，被告的"新型多节瓦"的主要形状特征部分，侵害了原告专利权要求保护的权项。"新型多节瓦"在尺寸、材质、色彩等方面虽与"整体形小青瓦"有差异，但这些不是整体的发明构思，没有实质性的技术突破，不影响侵权事实的认定。被告的"新型多节瓦"，有"凹凸连接嵌合"和"起稳定作用的平面"等新的技术特征，是原告的"整体形小青瓦"专利保护权项中没有的内容，属于新的发明创造。因此，这两项新技术不构成侵权。但是，被告这两项新技术的实践，有赖于原告"整体形小青瓦"实用新型的实施。所以，被告的"新型多节瓦"主要形状特征部分侵权的事实，不能因此否定。因此，该研究所的技术属于从属创新、从属专利，侵犯了何某的在先专利权，何某以在先专利或在先技术公开提起对该研究所专利的无效宣告请求不能获得法院支持。

因此，该法院 1989 年 4 月 22 日做出判决：被告立即停止转让"新型多节瓦"属于侵权的圆弧形、多节状部分的技术；被告赔偿原告损失 25000 元，判决生效后 10 日内一次付清。

9.6 科研项目知识产权预测预警分析

9.6.1 知识产权预测分析

1. 知识产权数量预测

数量趋势预测的方法有很多种，比较常用的有一元回归法、多元回归预测方法、灰色系统预测方法、专利地图预测方法等。一元回归法的误差较大，如果能够找到影响专利申请量的主要因素如研发投入、科技人员等，从过去的专利申请数据建立各种因素与专利申请的多元关系式，则可以建立多元回归预测方程，可以预测未来几年的专利申请量。

灰色系统法则主要用于对不完全和不确定信息的预测。以灰色系统预测法为例，某一技术领域或技术主题的专利申请量是由一系列并不完全和不确定的信息产生的，由于系统信息的随机性和模糊性，创新系统是灰色的。如根据中科院化学研究所纳米技术 2004 到 2012 年的专利申请量，采用 GM（1，1）模型，可以预测未来四年的专利申请量。响应函数为 $X（K+1）=185.87E^{(0.083099 \times k)} - 163.87$，平均相对误差 12.38。预测结果如表 9-6 所示。

表 9-6 中科院化学所纳米技术专利申请量灰色系统预测

年 份	2004	2005	2006	2007	2008	2009	2010	2011
专利申请量/件	22	21	17	13	21	22	24	31

年 份	2012	2013	2014	2015	2016			
预测值/件	27	31	34	36	40			

专利地图工具也可以进行预测，一般是进行直观判断预测。如利用汤姆逊路透公司的 AUREKA 软件对过去一段时间的专利地图进行分析，如果发现某些技术领域专利申请量增长很快，这预示着这些技术领域在不远的未来也仍然是研究开发和投资的重点。如图 9-8 所示的酸剂专利申请量在过去几年增长速度较快，预测未来近几年，该领域专利申请量也将增长较快。

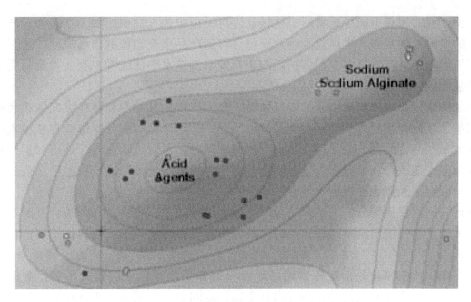

图 9 - 8　汤姆逊路透 AUREKA 专利地图

2. 知识产权结构预测

专利结构预测可以用马尔科夫转移矩阵模型预测。某一技术主题的专利申请量在构成某一产品技术领域中全部专利申请量所占的比率，称为该技术主题专利占有率。当然也可预测某一科研机构专利申请量的占有率。马尔科夫模型认为：一个系统的某些因素在转移中，第 n 次结果只受第 $n-1$ 的结果影响，只与当前所处状态有关，与其他无关。该模型引入状态转移这个概念，是指客观事物由一种状态转移到另一种状态的概率。马尔科夫分析法的基本模型为

$$X（k+1）=X（k）\times P$$

式中：$X（k）$ 表示趋势分析与预测对象在 $t=k$ 时刻的状态向量，P 表示一步转移概率矩阵，$X（k+1）$ 表示趋势分析与预测对象在 $t=k+1$ 时刻的状态向量。

该模型只适用于具有马尔科夫型的时间序列，并且各时刻的状态转移概率保持稳定。由于实际的客观事物很难长期保持同一状态的转移概率，故此法一般适用于短期的趋势分析与预测。在较长时间后，马尔科夫过程逐渐处于稳定状态，且与初始状态无关。进行专利分析，就要求解得到对象的稳态概率，并以此做出判断。

9.6.2　知识产权预警分析

知识产权预警的目的是为了防范知识产权风险。科研机构面临的主要知识产权风险分为三类。一种是科研项目不能立项和结题的风险。由于科研项目设计的研究开发技术方案不先进，落入现有专利的保护范围，或者与现有科技文献公开的内容相比相同，缺乏创新性，科研项目无法通过主管部门的批准。

二是知识产权实施许可的风险。科研机构创造的知识产权在实施许可过程中遇到的知识产权风险主要有三种，一是由于检索分析不全面不深入造成对他人知识产权侵权的风险。这不仅有可能导致获得科研机构知识产权转让或许可的企业在生产和销售产品时侵犯

他人知识产权，也有可能导致科研机构转让许可时侵犯他人知识产权。二是知识产权质量低造成的科研机构实施许可风险和企业获得许可后产品生产销售的市场风险。专利保护范围过窄虽然很容易获得授权，但保护范围小，发明创造水平低或者专利文件撰写质量差会导致易被无效。

三是由于知识产权交叉引起的侵权风险。知识产权尤其是专利存在纵向依赖和横向依赖的关系，在先和在后专利会存在交叉许可问题，一个产品和服务中也会存在他人拥有必要专利的专利组合问题。由于存在知识产权依赖问题，科研机构在转让许可知识产权过程会造成对他人知识产权的侵权，企业制造、销售包含科研机构知识产权的产品或提供服务时也会造成对他人知识产权的侵权。

进行知识产权预警分析，主要是及时全面地进行知识产权检索和分析，及时对科研项目的技术研发路线提出调整建议，及时为科研机构转移转化知识产权提供知识产权交叉和组合分析。

开展知识产权风险分析应探索建立科研项目知识产权风险指数或警度指数模型。首先，提炼出科研项目的关键词，并找出其主题词或同义词。然后，建立科研项目关键词的同义语库，并建立关键词与同义语的映射关系。第三，将科研项目关键词放入专利数据库、科学文献数据库以及产品数据库等中检索，检索摘要或者全文。第四，根据关键词的重合度给出警度指数，并进行排序。第五，根据警度指数的高低，选择最相关文件进行研究比对。第五，对科研项目立项、结题验收、转让许可、企业生产销售提出建议。

9.7 科研项目知识产权战略布局分析

9.7.1 基于技术功效矩阵方法的专利战略布局分析

专利技术功效矩阵常用表格表示，横栏第一栏列出专利文献中所要达到的功效种类，纵列第一列表示出专利文献中采用的技术手段种类，而在表中央列出各专利编号或数量。将某一技术领域的专利分别按照"技术"、"功效"所作的分类，一一填入合适的空格内，即成为有专利空白区、稀疏区、密集区的矩阵。技术功效矩阵的主要作用是：由矩阵表中各区域的密度分布，可看出技术密集区、技术禁区、未开发区和可能的创新区，分别找出这些区域所在位置，可进行不同方式的创新。对于禁区，可进一步分析判断是否有回避设计的可能，或考虑同权利人交叉许可。此外，还可找出本身技术（或设计）所在位置，查看科研项目是否有同行或竞争对手已取得专利，此可作为初步侵权判断的依据。最后，可根据表中侵权风险的技术区域、可能的创新、研发饱合区域等，拟定下一步的研发策略。

技术功效矩阵一般采取人工方法确定，技术架构通常采取阅读专利文献总体技术方案的方法确定，功效架构通常通过阅读专利文献的优点和积极效果部分确定。一般的技术可以分为处理、效果、材料、加工、产品、结构等6个方面，或者按照材料、特性、动力、结构、时间等5个方面进行分类，并对每一个方面进行一定的延伸。如处理技术的延伸可以包括温度、速率、时间、频率、压力等技术，材料的延伸包括材料、成分、混合或化合物、添加物等技术，加工技术的延伸包括制造、系统、程序等技术，结构技术的延伸包括结构、形状、装置、成分、电路等技术。功效一般包括提高效益、降低成本、节约时间等。也有一些学者尝试采用自动化的方法确定技术和功效架构，如用国际专利分类号确定技术架构（Cheng T. Y，2012），用文本挖掘方法找出技术和功效的关键词（Jun，Park，Jang，2012），通过文本挖掘方法获取特征词，再半自动地构建技术和功效架构（翟东升等，2012）。

图 9-9 以循环流化床（CFB）燃烧技术主题为例，横轴为功效，纵轴为技术领域，通过技术功效矩阵图，可以发现存在不少技术空白点，这些空白点也是可能的创新点。由此图分析，在我国申请的 CFB 燃烧技术相关专利主要集中在五个区域：（1）通过灰循环回路（布风装置、气固分离器、回料器、炉膛）和换热系统的优化布置和改进设计，提高CFB 燃烧效率，提高系统可靠性，降低成本和污染物排放；（2）通过采取富氧燃烧方式，提高 CFB 效率，并易于集中捕集 CO_2，降低排放；（3）通过改善烟气处理流程和脱除剂配比，降低硫氧化物排放；（4）通过布风装置、换热系统和加料装置的改进优化，拓宽 CFB 燃烧燃料（低品质煤、污泥、废弃物和生物质等）的灵活性；（5）气固分离器和换热装置的结构设计紧凑化；（6）炉膛结构的优化设计和受热面耐磨耐火材料的应用，减少磨损发生，提高 CFB 可靠性。

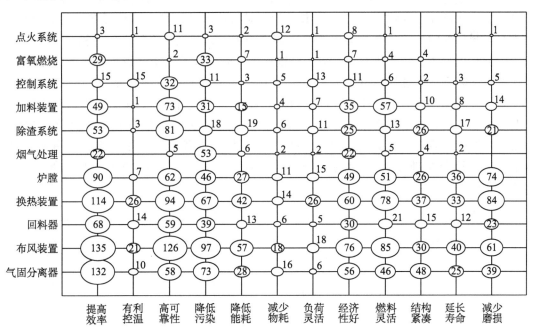

图 9-9　循环流化床（CFB）燃烧技术在华授权专利技术功效矩阵

资料来源：中国科学院文献情报中心：中科院先导专项"循环流化床技术知识产权分析报告"。

由此技术功效矩阵图得出专利战略布局的策略是：（1）在上述专利密集的五个区域，科研项目立项时可能会遇到现有知识产权的风险。在此五个区域要进行原始创新较难。为了提升自主创新能力，在此五个领域占有一席之地，也有必要继续进行研究开发投入。但创新的方式主要是改进创新，申请改进专利。（2）在专利少的地方如点火系统、富氧系统、烟气处置技术领域则可以进行原始创新，申请原创专利。但这些领域也会有较大的风险，这些领域专利少有可能说明这些技术已日趋成熟，不再成为创新的热点，或者说创新的余地较小。要区分是否是创新的空白点或是否是创新成熟的区域，应当结合具体技术发展和过去几年专利的增长情况进行综合判断。（3）通过将技术功效与技术手段进行一一组合，将功效作为技术改进的目标，从而发现技术问题，由技术问题寻找解决方案，从而申请新的专利。（4）结合现有专利的问题进行集成创新，申请组合发明专利，但一定要注意产生协同效果。

9.7.2 基于 TRIZ 方法的专利战略布局分析

TRIZ 是前苏联发明家根里奇·阿奇舒勒 1946 年通过对 250 万件世界高水平发明专利的分析研究提出的发明问题解决理论。TRIZ 理论认为，技术产品的进化遵循一定的客观规律和模式，所有技术的创造与升级都是向最强大的功能发展的。所有产品向最先进的功能进化时，都沿 S 形曲线发展。TRIZ 理论指出，在解决问题之初，首先抛开各种客观限制条件，通过理想化来定义问题的最终理想解，以明确理想解所在的方向和位置，保证在问题解决过程中沿着此目标前进并获得最终理想解。

TRIZ 理论包括四个步骤。一是分析矛盾。矛盾有三类：（1）物理矛盾，即系统同时具有矛盾或相反要求的状态。（2）技术矛盾，即当技术系统某个特性或参数得到改善时，常常会引起另外的特性或参数劣化。（3）管理矛盾，即子系统之间产生的相互影响。

二是解决矛盾。将矛盾双方分离，分别构成不同的技术系统，以系统与系统之间的联系代替内部联系，通过将内部矛盾外部化，化解矛盾。矛盾分离包括空间分离、时间分离、条件分离和整体与部分相分离四个原则。TRIZ 理论使用 39 个通用工程参数进行具体问题的矛盾表达，根据所确定的工程参数，包括欲"改善的参数"和欲"恶化的参数"，查找阿奇舒勒矛盾矩阵所提出的 40 个发明原理，根据推荐的发明原理逐个应用到具体问题上，探讨每个原理在具体问题上如何应用和实现，从而解决技术矛盾。如表 9 – 7 到 9 – 10 所示。

表 9 – 7 矛盾分离方法表

分离原理	解　释
空间分离	将矛盾双方在不同的空间进行分离，降低解决问题的难度。在某一空间出现一方时，当系统矛盾双方空间分离是可能的
时间分离	将矛盾双方在不同的时间进行分离，降低解决问题的难度。在某一时间出现一方时，当系统矛盾双方时间分离是可能的
条件分离	将矛盾双方在不同的条件下进行分离，降低解决问题的难度。在某一条件下出现一方时，当系统矛盾双方条件分离是可能的
整体局部分离	将矛盾双方在不同的层次进行分离，降低解决问题的难度。在系统层次出现一方时，当系统矛盾双方整体与局部分离是可能的

表 9 – 8　欲改善和欲恶化参数表

1	运动物体的质量	14	强度	27	可靠性
2	静止物体的质量	15	运动物体作用时间	28	测试精度
3	运动物体的长度	16	静止物体作用时间	29	制造精度
4	静止物体的长度	17	温度	30	外来有害因素
5	运动物体的面积	18	光照度	31	内部有害因素
6	静止物体的面积	19	运动物体的能量	32	制造力
7	运动物体的体积	20	静止物体的能量	33	易用性
8	静止物体的体积	21	功率	34	可修复性
9	速度	22	能量损失	35	适应性
10	静力	23	物质损失	36	装置复杂性
11	应力或压力	24	信息损失	37	控制复杂性
12	形状	25	时间损失	38	自动化程度
13	结构的稳定性	26	物质或事物的数量	39	生产量/生产率

表 9 – 9　40 个发明原理表

序　号	名　称	序　号	名　称
1	分割	21	紧急行动
2	分离	22	变有害为有益
3	局部质量	23	反馈
4	不对称	24	中介物
5	合并	25	自服务
6	多用性	26	复制
7	嵌套	27	廉价替代品
8	质量补偿	28	机械系统替代
9	预加反作用力	29	气动与液压结构
10	预操作	30	柔性壳体或薄膜
11	预补偿	31	多孔材料
12	等势性	32	改变颜色
13	反向	33	同质性
14	曲面化	34	抛弃与修复
15	动态化	35	物理/化学状态变化
16	未达到或超过的作用	36	相变
17	维数变化	37	热膨胀
18	振动	38	加速氧化
19	周期性作用	39	惰性环境
20	有效作用的连续性	40	复合材料

表 9 - 10 　阿奇舒勒矛盾矩阵表（局部）

欲改善参数 ＼ 欲恶化参数	26 物质或事物的数量	27 可靠性	28 测试精度	29 制造精度	30 外来有害因素
19 运动物体的能量	32, ,2,16,18	19,21,11,27	3,1,32		1,35,6,27
20 静止物体的能量	3,35,31	10,36,23			10,2,22,37
21 功率	4,34,19	19,24,26,31	32,15,2	32,2	19,22,31,2
22 能量损失	7,18,25	11,10,35	32		21,22,35,2
23 物质损失	6,3,10,24	10,29,39,35	16,34,31,28	35,10,24,31	33,22,30,40
24 信息损失	24,28,35	10,28,23			22,10,1
25 时间损失	35,38,18,16	10,30,4	24,34,28,32	24,26,28,18	35,18,34
26 物质或事物的数量	41,42,43,44,45,46	18,3,28,40	13,2,28	33,30	35,33,29,31
27 可靠性	21,28,40,3	41,42,43,44,45,46	32,3,11,23	11,32,1	27,35,2,40
28 测试精度	2,6,32	5,11,1,23	41,42,43,44,45,46		28,24,22,26
29 制造精度	32,30	11,32,1		41,42,43,44,45,46	26,28,10,26
30 外来有害因素	35,33,29,31	27,24,2,40	28,33,23,26	26,28,10,18	41,42,43,44,45,46
31 内部有害因素	3,24,39,1	24,2,40,39	3,33,23,26	4,17,34,26	
32 可制造性	35,23,1,24		1,35,12,18		24,2
33 易用性	12,35	17,27,8,40	25,13,2,34	1,32,35,23	2,25,28,39
34 可修复性	2,28,10,25	11,10,1,16	10,2,13	25,10	35,10,2,16
35 适应性	3,35,15	35,13,8,24	35,5,1,10		35,11,32,31
36 装置复杂性	13,3,27,10	13,35,1	2,26,10,24	26,24,32	22,19,29,40
37 控制复杂性	3,27,29,18	27,40,28,8	26,24,32,28		22,19,29,28
38 自动化程度	35,13	11,27,32	28,26,10,34	28,26,18,23	2,33

三是使用"物 - 场分析"解决复杂技术矛盾。运用"物 - 场模型"找到技术矛盾的类型，从而确定解决复杂技术矛盾的方法。

四是应用 ARIZ 即发明问题解决算法解决复杂物理矛盾。ARIZ 是 TRIZ 理论中的一个分析问题、解决问题的方法，其目标是为了解决问题的物理矛盾。该算法主要是一个对初始问题进行一系列变形及再定义等的逻辑过程，实现对问题的逐步深入分析和转化，最终解决问题。步骤包括：（1）分析问题；（2）分析问题模型；（3）陈述最终理想解和物理矛盾；（4）动用物—场资源；（5）应用知识库；（6）转换和替代问题；（7）分析解决物理矛盾的方法；（8）利用解法概念；（9）分析问题解决的过程。

9.7.3 　基于技术预见方法的专利战略布局分析

利用技术预见进行专利布局分析主要是利用技术预见的情景分析方法提出不同的情

景，并结合现有专利数量和发展趋势，研究竞争技术的未来发展方向。利用技术预见方法的专利战略布局主要包括以下三个步骤（Tugrul U. Daim Guillermo Rueda, Hilary Martin, Pisek Gerdsri, 2006）。

第一，提出问题。例如，电子消费产品未来光存储技术是什么？估计什么时间将有技术替代 DVD 并出现预想的技术？

第二，专利检索。检索 1976～2003 年美国专利发现红外、红光、蓝光和离子束四种技术。但有两种技术很特别，SONY 拥有短于红光并能与 HDTV 兼容的蓝光技术，IBM 拥有离子激光技术可能用于开发 HD - ROM。蓝光专利申请数量超过红光技术专利数，离子技术专利过去五年发展很快。如图 9 - 10 所示。

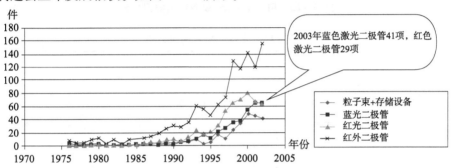

图 9 - 10　存储技术美国专利申请

运用 Fisher - pry 模型（$Z = \ln\,(L - Y)\,/Y$，L 为增长上限），基于专利数量的最小二乘法回归拟合的结果如图 9 - 11 所示。

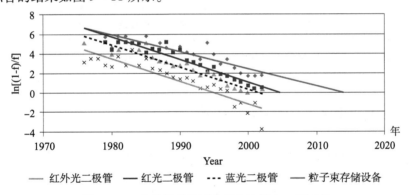

图 9 - 11　存储技术美国专利申请最小二乘回归

第三，运用模型预测。随着存储数据量的持续改进，2006～2007 年蓝光技术将替代红光技术；2015 年离子技术应用将打破传统技术存储容量的天花板代替蓝光技术。如图 9 - 12 所示。

根据表 9 - 12 所示的情景分析，分出乐观、中观、悲观三种情景下的初始产量、市场容量、竞争系数和增长率，再运用物种竞争模型 Lotka - Volterra 竞争模型进行模拟，结果显示蓝光技术替代红光技术时间为 2007 年，预测离子激光技术替代蓝光技术的时间为 2015 年。

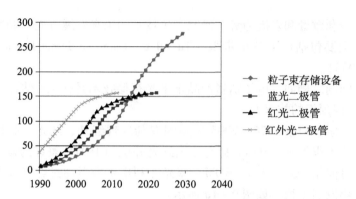

图 9 – 12　Fisher – pry 模型专利数量预测

表 9 – 12　光存储技术情景分析

初始条件	情景类型		
	乐观	中观	悲观
产生年代	蓝光：2003，粒子束 2003	蓝光：2003，粒子束 2005	蓝光：2003，粒子束 2007
初始产量	红光 2376 万（2），蓝光 96 万（3），粒子束 5 万	红光 2376 万，蓝光 48 万（4），粒子束 3.5 万	红光 2376 万，蓝光 9.6 万（5），粒子束 2 万
市场容量	7000 万	3000 万（7）	2500 万（8）
竞争系数	市场容量除以初始人口		
增长率	红光 0.35（9），蓝光 1.16，粒子束 1.16（11）	红光 0.3，蓝光 0.9，粒子束 0.6（12）	红光 0.25，蓝光 0.6，粒子束 0.4

注：1：蓝光产品生产年代。2：35% 是 2001 ~ 2002 年销售增长率中的 DVD 增长率。3：当前 DVD4800 万第一年拥有高清家庭户中的 20% 渗透率。4：第一年 10% 的渗透率。5：第一年 2% 渗透率。6：VCR，CD 和 DVD 播放器的销售上限。7：VCR 和 DVD 播放器的销售上限。8：VCR 播放器的销售上限。9：2001 ~ 2002 年销售增长率。10：1997 ~ 2002 年 DVD 播放器销售模拟。11：1997 ~ 2002 年 DVD 播放器销售模拟。12：1997 ~ 2002 年 CD 播放器销售模拟。

9.8　科研项目知识产权申请获取分析

　　知识产权创造不仅仅是知识产权权利获取，还包括研究开发的发明创造和知识产权保护范围的拓展创造。知识产权权利获取是知识产权创造的重要方面，主要是经过知识产权主管部门审查、登记注册、公告等行为确定的垄断权利的活动。知识产权研发创造主要是指研究开发活动创造能够获取知识产权的有创造性技术或标示的活动。知识产权保护范围拓展反映了在国外知识产权的布局和创造情况，数量越多表明创造的知识产权权利越多，覆盖范围越大，获取的垄断势力和可能的收益就会越大。因此，知识产权创造分析不仅要分析科研项目获取权利的活动，也要分析研究开发活动的发明创造，和知识产权保护范围拓展创造。

9.8.1　知识产权研发创造分析

　　知识产权研发创造分析主要是分析科研项目研究开发活动创造知识产权的情况，重点要分析知识产权申请量、不同类型知识产权的申请数量结构，和单位研究开发经费产生的知识产权数量。科研项目知识产权申请量反映了其研究开发活动的成果，知识产权申请数量大小和增长速度快慢反映了科研项目研究开发活动的活力和水平。单位研究开发经费产生的知识产权数量反映了科研项目知识产权创造的效率。当然，由于不同技术领域的差异，这两个指标还不能完全反映出研发创造的效率。但相同类型的科研机构如技术开发类科研机构，或者同一技术领域如电子类科研机构的科研项目仍然是可以进行比较的。

9.8.2 知识产权申请分析

对于科研机构创造出的知识产权，一般由发明人提出技术交底书，还要披露发明创造的主要内容，主要包括：（1）发明人基本信息（姓名、单位、联系方式、签名）；（2）项目资助信息（资助单位、项目名称、项目负责人、资助费用）；（3）技术基本信息（题目、日期、解决的技术问题、技术原理、优势与效果）；（4）保密情况（细节有无公开：是否发表论文、是否会议展示与研讨）；（5）现有技术情况（相关研究论文列表、专利检索策略与重要检索结果）（6）商业化前景（应用方式、转化难点、同行与竞争对手或可能的商业化伙伴）；（7）后续研究情况（是否继续，以及资助信息）。典型的披露评估内容如表 9 – 13 所示。

表 9 – 13 发明披露内容

1 发明人基本信息（姓名、隶属单位、联系方式、签名）
2 项目资助信息（资助单位、项目名称、项目负责人、资助费用）
3 技术基本信息（题目、日期、解决的技术问题、技术原理、优势与效果）
4 保密情况（细节有无公开：是否发表论文、是否会议展示与研讨）
5 现有技术情况（相关研究论文列表、专利检索策略与重要检索结果）
6 商业化前景（应用方式、转化难点、同行与竞争对手或可能的商业化伙伴）
7 后续研究情况（是否继续，以及资助信息）

知识产权管理人员也应对披露表的内容进行评估，但这是远远不够的。在知识产权申请阶段，发明人可以在知识产权管理人员的指导下分析发明的技术价值和经济价值，分析需不需要申请知识产权保护，申请哪类知识产权保护。只有两个方面的得分都较高的情况下才有必要申请专利等知识产权保护，得分居前列的可以申请国际知识产权保护，得分低的可以选择不申请保护或者可交由发明人自行保护，得分处于中间水平的需要发明人补充实验，进一步完善技术方案。

分析科研机构知识产权是否需要申请专利保护可以采取国家知识产权局开发的专利价值评估指标体系。该体系主要包括专利技术价值度（TVD）、经济价值度（EVD）、法律价值度（LVD）三个方面的 14 个指标。其中技术价值度指标包括先进性、行业发展趋势、适用范围、配套技术依存度、可替代性、成熟度 6 个方面的指标，其中前 5 个为基本指标。如表 9 – 14 所示。

表 9 – 14 专利技术价值度评分表

技术价值度

二级指标	指标定义	10分	8分	6分	4分	2分	专家打分	专家意见
先进性	专利技术在当前进行评估的时间点上与本领域的其他技术相比是否处于领先地位。	非常先进	先进	一般	落后	非常落后		
行业发展趋势	专利技术所在的技术领域目前的发展方向。	朝阳		成熟		夕阳		
适用范围	专利技术可以应用的范围	广泛	较宽	一般	较窄	受很大约束		
配套技术依存度	专利技术是否可以独立应用到产品,还是经过组合才能用,即是否依赖于其他技术才可实施	独立应用	依赖个别几项技术	依赖较少其他技术	比较依赖其他技术	非常依赖其他技术		
技术寿命周期	专利技术在应用领域中的生命周期	10 年以上	7 ~ 10 年	5 ~ 7 年	2 ~ 5 年	2 年以内		
可替代性	在当前时间点,是否存在解决相同或类似问题的替代技术方案	不存在替代技术		存在替代技术,但本技术占优势		存在替代技术,且比本技术有优势		

二级指标	指标定义	10分	9分	8分	7分	6分	5分	4分	3分	2分	1分	专家打分	专家意见
成熟度	专利技术在评估时所处的发展阶段	产业级	系统级	产品级	环境级	正样级	初样级	仿真级	功能级	方案级	报告级		

经济价值度包括市场应用、市场规模、市场占有率、竞争情况、政策适应性、市场准入等 6 个指标,其中前 3 个为基本指标。如表 9 – 15 所示。

表 9 – 15 专利经济价值度评分表

经济价值度

二级指标	指标定义	10分	8分	6分	4分	2分	专家打分	专家意见
市场应用	专利技术目前是否已经在市场上投入使用,如果还没有投入市场,则将来在市场上应用的前景	已应用		未应用,易于应用		未应用,难于应用		
市场规模前景	专利技术经过充分的市场推广后,在未来其对应专利产品或工艺总共有可能实现的销售收益	很大(100亿以上)	较大(10亿 ~ 100亿)	中等(1亿 ~ 10亿)	较小(1千万 ~ 1亿)	很小(1千万以下)		

二级指标	指标定义	经济价值度					专家打分	专家意见
		分　值						
		10分	8分	6分	4分	2分		
市场占有率	专利技术经过充分的市场推广后可能在市场上占有的份额	很大	较大	一般	较小	很小		
竞争情况	市场上是否存在与目标专利技术的持有人形成竞争关系的竞争对手存在，以及竞争对手的规模	几乎没有	竞争对手较弱	竞争对手一般	竞争对手较强	竞争对手很强		
专利已实现收益	专利已通过许可、实施、转让等方式获得了收益的情况	很高	较高	一般	较低	很低		
政策适应性	国家与地方政策对应用一项专利技术的相关规定，包括专利技术是否是政策所鼓励和扶持的技术，是否在政策有各种优惠政策	政策鼓励		无明确要求		与政策导向不一致		
市场准入	专利技术的实施是否需要经过有关部门的审批和认证	具有关键性资质/认证		具有一般性资质/认证		无资质/认证		

在评估分析是否要申请专利时，首先要建立专家组，专家组不仅要包括技术专家，也要包括经济专家尤其是具有技术投资经验的专家，还要包括知识产权专家。然后，由专家对每个要申请专利的技术的技术价值度和经济价值度进行打分，每个指标设置 0～10 分。最后，将两个子指数乘以权重就可以得到该专利的价值度指数，权重可以为等权重。其公式为

$$PVD = \alpha LVD + \beta TVD \quad (\alpha + \beta = 100\%)$$

9.8.3　知识产权权利获取分析

知识产权权利获取是知识产权的授权创造，应主要分析科研项目知识产权的授权状况和知识产权申请通过审查率（非驳回撤回率）。分析科研项目的知识产权授权状况，不仅要分析授权量，还要分析科研项目知识产权的驳回情况、视为撤回及主视撤回的情况和文件修改的情况。从中发现知识产权质量问题尤其是专利代理质量问题，提出提升质量的措施。要分析知识产权的其他法律状态，如优先权、缴费情况，提出知识产权创造的问题与思路，还要分析知识产权的复审情况，从复审案件中总结专利等知识产权申请存在的突出问题。

知识产权权利获取还包括同一技术方案不同类型知识产权的权利获取，如软件技术既

可以用软件著作权进行保护，也可以同时通过专利进行保护；植物品种可以申请植物新品种保护，其生产方法和所用设备也可通过专利进行保护。知识产权权利获取也包括同一技术方案多角度的知识产权保护。如专利申请可以通过不断挖掘技术方案，设计不同的独立权利要求进行多角度的保护，如可以同时用产品、方法和用途权利要求保护一个专利申请。例如，申请号为 CN 02107134 的专利公开了一种 EVD 盘、EVD 盘记录机和方法以及 EVD 盘播放机和方法，有三个独立权利要求。

9.8.4 知识产权保护范围拓展分析

知识产权保护范围拓展创造主要是分析国外知识产权申请状况。一要分析国外各类知识产权的申请情况，分析通过何种途径进入国外或地区知识产权局，如巴黎公约或专利合作条约，二是要分析科研项目知识产权申请保护国家的数量，数量越多，创造的权利保护范围越大。

例如，中科院从 2001 年开始申请国外专利，当时只有 35 件，而到 2013 年时申请国外专利达到 582 件，2013 年，通过 PCT 途径申请的专利有 510 件，有效专利有 330 件，通过其他途径申请的专利有 72 件，有效专利有 85 件。整体上看，中科院申请国外专利的比例在快速上升，2001 年中科院国外专利申请量占全部国内专利申请量的比例只有 1.71%，而到 2011 年，该比例提高到 5.57%，但 2012 年以后又有所下降，2013 年下降到 4.47%。如图 9 - 13 所示。从申请国外专利单位看，中科院微电子研究所、上海药物研究所、上海微系统与信息技术研究所、上海生命科学研究院、大连化学物理研究所名列前茅，这五个研究所的国外专利申请占中科院国际专利申请量的 70% 以上。

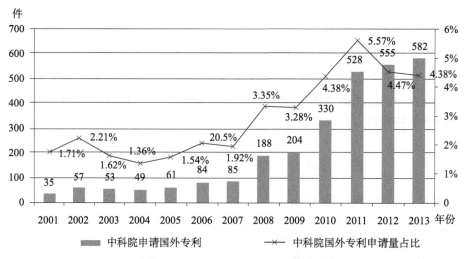

图 9 - 13 中科院国外专利申请情况

9.9 科研项目知识产权维持分析

是否维持知识产权也要基于对知识产权价值的评估分析。科研项目知识产权评估分析除了技术创新性和成熟性及技术的市场化可能性外，还要评估分析法律上的稳定性。在知识产权维持的不同阶段，要分析的内容也不同。

授权后的专利虽然在申请阶段已经经过技术和经济价值度的评估分析，但随着技术的发展，新的技术不断出现，这些专利的价值可能会逐步降低，因此还需要及时地对授权的专利进行技术和经济价值度的评估。与此同时，还要评估分析这些专利法律上的价值度。只有技术价值、经济价值和法律价值都比较高的专利才值得去维持，专利价值度得分较低的可以放弃，专利价值度得分居于中间的要密切关注技术的变化，必要时再做评估分析。

国家知识产权局专利价值度评价指标体系的法律价值度包括稳定性、可规避性、依赖性、专利侵权可判定性、有效性、多国申请、专利许可状况等 7 个指标，其中前 4 个为基本指标。如表 9 - 16 所示。

表 9-16 专利技术法律价值度评分表

二级指标	指标定义	分值					专家打分	专家意见
		10 分	8 分	6 分	4 分	2 分		
稳定性	一项被授权的专利在行使权利的过程中被无效的可能性	非常稳定	比较稳定	稳定	不太稳定	很不稳定		
可规避性	一项专利是否容易被他人进行规避设计，从而在不侵犯该项专利的专利权的情况下仍然能够达到与本专利相类似的技术效果，即权利要求的保护范围是否合适	很难规避		较难规避		可以规避		
依赖性	一项专利的实施是否依赖于现有授权专利的许可，以及本专利是否作为后续申请专利的基础	无		不好判断		是		
专利侵权可判定性	基于一项专利的权利要求，是否容易发现和判断侵权行为的发生，是否容易取证，进而行使诉讼的权利	非常易于判定	比较易于判定	难以确定	比较难于判定	非常难于判定		
有效期	基于一项授权的专利从当前算起还有多长时间的保护期	16 年以上	12～15 年	8～11 年	4～7 年	3 年以内		
多国申请	本专利是否在除本国之外的其他国家提交过申请	四国以上国家专利	1 至 3 国专利		仅本国专利			
专利许可状况	本专利权人是否将本专利许可他人使用或者经历侵权诉讼	有许可			无许可			

在评估分析是否要维持专利时，也要建立专家组，专家组不仅要包括技术专家，要包括经济专家尤其是具有技术投资经验的专家，还要包括知识产权和法律专家。然后，由专家对每个要申请专利的技术的技术价值度、经济价值度和法律价值度进行打分，每个指标设置 0～10 分。最后，将三个子指数乘以权重就可以得到该专利的价值度指数，权重可以

为等权重。其公式为

$$PVD = \alpha LVD + \beta TVD + \gamma MVD$$

其中，$\alpha + \beta + \gamma = 100\%$

知识产权维持分析还要从总体上分析科研项目所属领域的知识产权有效状况和法律状态。根据对中科院知识产权网的检索，截至 2014 年 6 月，中国科学院有效专利维持时间只有 4.1 年，失效专利维持时间只有 5.3 年，中国农业科学院有效专利维持时间只有 3.2 年，失效专利维持时间只有 4.5 年，钢铁研究总院的有效专利维持时间只有 4.1 年，失效专利维持时间只有 5.3 年，全国省级科学院有效专利维持时间只有 2.6 年，失效专利维持时间只有 4.2 年。另外，从检索的法律状态中可以发现我国科研机构专利未缴费的比例相当高，有的达到 43%，第二个是撤回的比例，一般高达 10% 以上，放弃的占 2% 左右。

9.10　科研项目知识产权价值评估分析

价格是价值的反映，知识产权价值评估是知识产权转让、许可或入股作价的前提，科研项目知识产权价值评估分析主要是经济价值的评估分析。评估分析科研项目知识产权的价值，要分析科研项目市场价值与许可实施的可能性，达莫达兰（Damodoran，1994），史密斯和帕尔（Smith and Parr，1998），拉兹高提斯（Razgaitis，2002）都较早开展了对知识产权价值的评估研究，根据 Razgaitis 的评估方法，知识产权价值评估必须考虑技术和权利两个因素。主要的评估原则是：（1）工业标准；（2）收益分成率（一般 25%）；（3）排序；（4）折现率；（5）先进方法（如蒙特卡洛法 Monte Carlo，实物期权定价 Real options pricing 等）；（6）拍卖（Petr Hanel，2006）。

评估分析知识产权价值应考虑以下因素：（1）经济环境，知识产权所处商业周期、相关行业和经济部门的概况、预期通胀情况与其产品或服务的需求等。这实际上是科研项目知识产权实施的前提条件。（2）盈利性，所有与知识产权相关的服务产生的收入，包括产品销售和提供服务的收入。需要对市场需求、份额、成长性等进行研究。（3）竞争性，要考虑知识产权许可实施的地域、时间，新的竞争性更强知识产权产生的可能性，需要对技术生命周期、先进性、实用性、技术风险等进行分析。（4）资本投资的变化，要考虑知识产权运作需要的工厂、财产、设备等投资以及银行借款，需要考虑工艺流程设计和设备选型。（5）人力资本投资，要考虑员工的数量、素质和工作制度。

评估分析知识产权价值常用的方法有三种，一是成本法，二是市场法，三是收益现值法。收益现值法是一种比较常用的方法。采用收益现值法对知识产权技术进行评估分析时，将资本和技术在经济寿命期内产生的年净收益和期末资产余值按一定的折现率折成现值，该现值即为在此收益率下资本和技术的总价值，总价值乘以技术超额利润分成率即为知识产权技术的价值。其计算公式为

$$V = \theta\left(\sum_{i=1}^{n} \frac{p_i}{(1+r)^i} + \frac{F_n}{(1+r)^n} \right)$$

式中：V 为知识产权技术的价值，θ 为知识产权技术超额利润分成率，F_n 为期末资产残值，p_i 为第 i 年知识产权技术和资本产生的纯利润，p_i = 销售收入—经营成本—管理

费—财务费用—固定资产折旧费—无形资产摊销费—销售费用—增值税—所得税—公积金—公益金，r 为资金折现率，n 为项目计算期。

实施一项或几项新的专利技术往往需要一定年限的建设期，在建设期，需要新增固定资产，需要流动资金借款，有些建设期还不只一年。计算知识产权技术的价值，还要计算建设期的固定资产和流动资金的投入。

由于知识产权必须与其他有形资产有机结合才能创造实际价值，在知识产权价值评估过程中，知识产权尤其是专利技术带来的超额利润一般无法单独测算，通常采用从专利技术运作后企业的总净利润分成的办法进行测算。根据国际上通行的 LSLP 原则，企业获利由资金、组织、劳动和技术这四个要素综合形成，获利比重一般各为 1/4。而实际上联合国工业发展组织对印度等发展中国家引进专利技术的价格进行分析后，认为专利技术的利润分成率的取值一般为 16%～33% 较为合理。超额利润提成率的大小取决于专利资产交易众多具体因素，例如，产品对该项专利技术的依赖程度、市场上对该项专利技术的需求程度、对使用该项专利技术的限制等。要考虑最好的情况、最差的情况和最可能的情况。

例如，某人发明一项节能专利技术产品，专利权人以让渡全部使用权的形式折价入股创办企业。根据对当地及附近地区一些用户抽样调查表明，由于该节能产品比常规产品节能 3/4，且使用寿命延长 2 倍以上，若产品投放市场时配合一定的宣传，并辅之良好的促销策略，投产第一年销售量可达 8 万件，第二年及以后年份销售量将达到 10 万件。由于该产品价格比常规产品价格高出 3～4 倍仍具有绝对优势，因此价格可以定为 100 元/件。

采用该专利技术的企业固定资产投资需增加 300 万元，需要购买包含该专利技术外购无形资产 100 万元。如果该企业每年的经营成本（车间材料费、能动费、工人工资、管理费）为 500 万元，达产期 480 万元，银行借款 200 万元。请计算该专利技术的价值（单位万元，保留两位小数）。

首先，确定各种参数和计算数据：专利技术的分成率一般为 16%～33%，银行折现率为 10%～12%，企业管理费占销售收入的 3%～5%，借款利息率 7%～10%，固定资产折旧一般采取直线法折旧，固定资产残值为原值的 5%～10%，无形资产采用直线法摊销，但促进技术引进，无形资产可以按照 150% 加计摊销（摊销年限一般不应低于 10 年），销售费用一般占 0.5%～1% 左右，增值税 =（销项—进项）×（6%～17%），企业所得税为 25%，第 4 年能够获得高新技术企业认定，所得税税率降为 15%，项目计算期一般 6～12 年。法定公积金取当年税后利润的 5%～10%，法定公益金取 10%。

设项目计算期 6 年，假定全部达产的年销售收入为 1000 万元，如果第一年达产率为 80%，则当年的销售收入为 800 万元，达产 80% 的第一年原材料和动力能源的消耗也为 80%，但车间的管理费不变，企业管理费一般为销售收入的 5%。取银行利息率 10%，贷款额为 200 万元，计算期内还本付息，则每年需还本付息 53.33 万元。固定资产残值取原值的 10%，则每年固定资产摊销费用为 45 万元，残值为 30 万元。无形资产摊销期如果按 6 年，则每年加计摊销费用 25 万元。销售费用费为 1% 左右，主要是销售业务费用支出。增值税率按简易办法取销售收入的 6%，企业所得税率为 25%，第 4 年及以后降为 15%，法定公积金率为 5%，法定公益金 10%。

第二，计算逐年成本。主要是计算项目计算期内每年的收入、成本、税收和利润情况。未分配利润即纯利润。如表9-17所示。

表9-17 逐年成本计算表 （单位：万元）

		建设期	1	2	3	4	5	6
一	总收入	1+2	800	1000	1000	1000	1000	1000
	1 销售收入		800	1000	1000	1000	1000	1000
	2 其他营业收入							
二	总成本	3+4+5+6+7+8+9	699.3	743.3	743.3	743.3	743.3	743.3
	3 经营成本		480	500	500	500	500	500
	其中原材料		320	400	400	400	400	400
	4 管理费用		40	50	50	50	50	50
	5 财务费用		53.3	53.3	53.3	53.3	53.3	53.3
	6 固定资产折旧费		45	45	45	45	45	45
	7 无形资产摊销费		25	25	25	25	25	25
	8 销售费用		8	10	10	10	10	10
	9 增值税		48	60	60	60	60	60
三	税前利润	（一）－（二）	100.7	256.7	256.7	256.7	256.7	256.7
	10 所得税		25.175	64.175	64.175	38.505	38.505	38.505
	11 公积金		5.035	12.835	12.835	12.835	12.835	12.835
	12 公益金		10.07	25.67	25.67	25.67	25.67	25.67
四	13 未分配利润（纯利润）	（三）－10-11-12	60.42	154.02	154.02	179.69	179.69	179.69

第三，计算现金流量。主要是计算计算期内每年的现金流入和现金流出情况，通过计算净现金流量计算净现值。假定银行折现率为10%，建设期的净流量为固定资产和流动资金投入，生产期的净现金流量为纯利润，如表9-18所示。

表9-18 现金流量表 （单位：万元）

		建设期	1	2	3	4	5	6
一	现金流入		800	1000	1000	1000	1000	1010
二	现金流出	400	699.3	743.3	743.3	743.3	743.3	743.3
三	净现金流量	-400	60.42	154.02	154.02	179.69	179.69	209.69
四	净现值	-400	54.93	127.29	115.72	122.73	111.57	118.36

由于参数较多和公式计算复杂，参数的些微变化就可能带来知识产权评估结果较大的差异。虽然知识产权转让许可双方可能会对知识产权价值的评估结果不满意，但这毕竟是知识产权交易的一个基本依据。因此，在评估分析专利价值价格时要仔细研究各个参数的含义和数值的选择，要多听取各方面的意见，尤其是要转让许可知识产权的企业的意见。

第四，计算专利技术的价值。取该专利技术分成率为25%，根据上述公式，可以计算

出该专利技术价格为

$V = 25\% \times (-400 + 60.42/1.1 + 154.02/1.21 + 154.02/1.331 + 179.69/1.4641 + 179.69/1.61051 + (179.69 + 30)/1.771561) = 62.65$ 万元

9.11　科研项目技术标准与知识产权关联分析

技术标准是为了在一定的范围内获得最佳秩序，经协商一致制定并由公认机构批准，共同使用和重复使用的一种规范性文件。技术标准要推广使用，而专利具有垄断性，专利加入使技术标准具有垄断性，也使专利具有价值。据一项统计，2005 年，国际标准化组织管理（ISO）的标准有 15469 项目，其中涉及专利的有 52 项，占 0.34%，国际电工委员会（IEC）管理的标准有 4840，涉及必要专利的标准有 54 项，占 1.11%，而国际电信联盟（ITU - T）管理的标准有 2900 项，但涉及专利的标准有 193 项，占到了 6.66%。技术标准与知识产权的关联主要包括技术标准与专利权、著作权、商标权以及集成电路布图设计专有权和技术秘密专有权的关联，农业技术标准还包括与植物新品种品种权的关联（宋河发，2009）。

目前，有相当一部分科研机构对专利和技术标准的结合重视不够，一些科研机构对专利支持技术标准的作用认识不深，大量专利没有成为技术标准的必要专利；也不重视专利申请的体系构建，技术标准实施无法得到专利的垄断。还有一些科研机构知识产权管理处于散乱状态，专利申请不符合未来自主技术标准的发展要求，甚至成为负担专利。根据中科院知识产权统计，全院 2012 年进入标准中的专利只有 7 项，2013 年只有 9 项，而两年的专利申请均超过 10000 件，制定技术标准超过 40 件，含有必要专利的技术标准占技术标准数量的比例不到 10%，专利没有与技术标准结合的结果是专利对产业创新发展没有发挥有效的支撑和保护作用，对产业创新发展缺乏控制力和影响力。

在分析技术标准和专利的关系时要把握两种关联关系。一种是实质性关联，一种是非实质性关联。如果技术标准方案或者分解出的具有独立实施可能性的技术方案的实施造成对科研项目专利的侵权，则专利成为技术标准的必要专利，技术标准为包含科研项目必要专利的技术标准，这种关联关系为实质性关联，否则为非实质性关联。

根据技术标准构建专利池或专利组合是专利对产业发展具有控制力的重要途径。在分析科研项目技术标准时，要重点分析技术标准下的专利池或专利组合构建情况或构建方案，要重点分析技术标准管理机构制定的各项知识产权政策的合理性和可行性，要重点分析科研项目知识产权在技术标准专利池或专利组合中的地位和作用及权益大小。一方面，我国科研机构构建的专利池和专利组合不多，另一方面，我国很多科研机构进行知识产权分析时往往缺乏对专利池和专利组合的分析。

9.12　科研项目知识产权转移转化分析

9.12.1　知识产权可行性分析

要进行科研项目知识产权转移转化分析最好撰写商业计划书或项目可行性研究报告，

要重点分析技术发展、市场销售、设备选型、工艺流程设计、人力资本配置，要科学计算成本与收入，要充分考虑项目风险，要计算项目投资总额、投资回收期、项目盈利平衡点、项目净现值等数据。

例如，实名制一体化电子购票管理系统的可行性研究报告主要包括前言、铁路售票技术发展、市场需求预测、拟建规模和销售收入预测、工程技术方案、设备选型、生产组织及劳动定员、项目实施计划、投资估算、技术经济评价等部分。

项目采用专利技术为"实名制一体化电子购票管理系统"，该系统包括票务信息管理中心、终端装置、银行结算系统、公安管理中心和出票装置，其中票务信息管理中心取票数据管理器接收用户自终端装置发出的身份证码和想要购票的取票数据，对两者作为相互关联的数据存储于存储器中，然后将该数据与存储器中的票务数据进行分析比较作出能否取票的判断信息，由通信单元将该信息与终端装置通信直至得出结果数据，再由银行付款信息管理器及通信单元将该身份证和票款数据与银行结算系统进行数据通信，同时，通信单元还将购票身份证数据传送到公安管理中心并和出票装置交换各种数据，购票身份管理器还对购票身份证数据作出分析作出是否有倒票行为的判断，并据此作出是否允许购票的动作；出票装置，包括接收票务信息管理中心的取票数据管理器传送的身份证数据和取票数据，并存入其存储器、出票管理器和通信单元，出票管理器根据购票者现场输入的取票数据出票。

该项目主要营业收入为增值服务，用本项目可以完全替代技术窗口售票，单笔服务收入为 3~5 元，包括火车站订票服务收入、电信部门服务收入和银行部门服务费收入。一般情况下，一条短信、彩信就可完成订票任务，固定电话 2 分钟内，互联网计算机 10 分钟内就可完成订票任务。平均计算，订购和打印一张票的服务费收入为 3~5 元。根据与铁路、电信、银行等部门的初步商谈，本项目的收入分成为 1~1.5 元，本报告定为 1 元。根据上述预测，如果全国铁路系统均采用该技术，其销售收入将达到 11~17 亿元。根据第一期建设计划市场预测数据，对郑州火车站在 2005 年以后各年发送旅客的数量和本项目的销售收入进行预测，预测销售收入 2009 年将超过 2000 万元。

该系统主要设备有 6 个部分：（1）票务信息管理中心。主要包括计算机控制器、存储器、计算机通信单元、显示器、购票身份管理器、银行支付信息管理器、取票数据管理器、公安信息管理器和票务数据库。票务信息中心计算机系统包括主计算机服务器和购票管理模块、通讯管理模块、银行结算管理模块、取票管理模块、公安信息管理模块和实时数据库模块，本项目采用戴尔服务器为票务信息管理中心的服务器，联想计算机 5 台，并对上述管理模块进行开发；（2）通信信息中心。主要包括通讯中心服务器、计算机及其软件开发；（3）银行结算系统。主要包括购票结算计算机系统、计算机，需要进行软件开发；（4）公安管理中心，主要包括计算机服务器、计算机和倒票与嫌疑管理数据库。（5）订票终端，为接入互联网的计算机、能通讯的手机、固定电话；（6）出票装置，主要包括有控制器、存储器、通信单元和显示器、打印设备构成的指定地点的计算机出票系统，本项目的自动出票机可以按照 ATM 的模式进行建设和布局。

本项目采用收益现值法对专利技术进行评估，以此作为项目无形资产投资的主要依据。销售收入取分析所得的数据，年总成本预计为 350~400 万元，折旧期为 6 年，年折旧率为 13.3%，残值率取 20%，销售税金及附加按简易办法取销售收入的 6%，所得税率取 33% （现在为 25%）。根据对该产品寿命周期及技术更新速度的分析，项目有效期为 6 年较为合适，6 年后资产残值预计为 35.2 万元，资金折现率定为 18%。则本项目专利技术的价格为 841.75 万元

由于本技术为专利申请技术，还没有取得专利权，在项目投资上，必须进行折算，又考虑到国家关于技术投资最高不宜超过总投资 35% 的规定，按 50% 折算，则专利申请技术的投资额为 420.87 万元。

该项目采用三班制，年工作天数为 250 天，总定员 36 人。生产组织分为票务中心组，定员 6 人；银行购票组，定员 3 人；移动运营商组，定员 3 人，出票机管理与监控组，定员 10 人，技术支持与技术服务维修组，定员 8 人，管理者定员 6 人。

该项目拟建项目时间总量为 8 个月，软件开发 6 个月，租用场地及固定式出票装置安装 4 个月，设备订购与安装 2 个月，软件调试 2 个月，技术安全培训 2 个月。

本项目总投资 1077 万元，固定资产投资为 356 万元，其中土建工程 40 万元，租赁场地 120 万元，设备购置 176 万元，设备安装与调试 20 万元。专利技术购买 421 万元，软件开发与购买 110 万元，总的无形资产投资为 531 万元。流动资金投资 148 万元，其中人工工资及附加 108 万元，电力与耗材 40 万元。项目规模为 535 万元～1476 万元。固定资产折旧，年折旧率取 15%，残值率为 10%，维修费年 50 万元。管理费年 40 万元；销售费用取销售收入的 5%。

经过计算，项目静态投资回收期为 3.99 年，动态投资回收期为 2.89 年，财务内部收益率（税后）为 37.84%，盈亏平衡点 30 万张。该项目技术经济可行。

9.12.2 知识产权转移转化方式分析

知识产权实施方式主要包括自行实施和转移实施，自行实施是科研机构投入资金创办企业将知识产权转化的活动，转移实施有两种，一种是知识产权权利转让实施，一种是知识产权许可实施。知识产权许可主要有五种方式：普通许可、独占许可、再转让许可、分许可、交叉许可。根据对国家知识产权局登记的专利许可合同的统计分析，我国专利许可合同多为普通许可，占 90% 以上，其次为独占许可，独占许可占 6% 左右，其他许可方式只占 3% 左右。中科院知识产权许可的主要方式包括自行实施、转让、许可和股权收益。2013 年，中科院实施许可知识产权 2357 件，其中国内专利 1955 件，自行实施 1708 件，占实施许可全部知识产权数的 20%，转让 230 件，占 9.8%，许可 1545 件，占 65.55%，其中普通许可占 57.57%，其他占 4.67%。从到账金额上看，中科院共获得实施许可收入 7.78 亿元，其中自行实施收益占 31.89%，转让收益占 10.83%，许可收益占 27.69%，其他收益占 25.97%。对比实施许可的数量和收益可以发现，知识产权自行实施和投资入股是实现知识产权价值的较好途径。如表 9-19 所示。

由于科研机构的公益性，科研机构知识产权实施的合理途径应当主要是许可。但是，从数据来看，我国科研机构实施许可知识产权的有效方式是自行实施和投资入股。因此，在分析知识产权许可时，还应当重点分析自行实施和作价入股两种方式。

在进行知识产权许可分析时，要从许可对象、许可方式、许可费用等方面进行综合分析。许可对象分析主要是接收技术方的选择，重点要分析被许可方的经济实力和投资能

力。一些企业虽有意愿，但缺乏投资能力，一些企业投资能力较强，但对本领域技术不了解或者管理水平较低。最有效的途径是建立企业网络，入网企业可以优先接触科研项目的技术和知识产权，并拥有优先选择权。

表 9-19　中科院知识产权转移转化

			合计	专利			其他
				中国专利	外国专利	其他地区专利	
合计		知识产权项数	2357	1955	264	0	138
		到账经费（万元）	77809.4170	67468.907	3290.5	0	7050.01
转移转化方式	实施	知识产权项数	472	404	0	0	68
		到账经费（万元）	24816.7500	24094.75	0	0	722
	转让	知识产权项数	230	164	51	0	15
		到账经费（万元）	8425.7000	4603	2878.5	0	944.2
	许可	知识产权项数	1545	1302	211	0	32
		到账经费（万元）	21546.2770	19079.967	12	0	2454.31
	股权收益	知识产权项数	110	85	2	0	23
		到账经费（万元）	23020.6900	19691.19	400	0	2929.5

知识产权评估价值是一个很重要的参考依据，知识产权产权转让许可价格应以评估为基础由双方协商而定。知识产权转让许可的价格也可以参考市场价格，如中科院知识产权平均收益为 40 万元~60 万元，许可价格 35 万元左右。如图 9-14 所示。

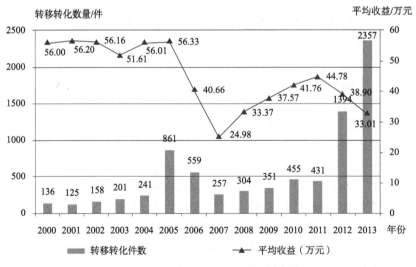

图 9-14　中科院知识产权转移转化数量与平均价格

知识产权许可费支付方式有一次总付、入门费加提成和提成三种，一次总付对受让人的风险较大，销售提成对许可人的风险大，而入门费加提成方式就成为常用的方式。知识产权许可也有将知识产权作价入股占有企业一定比例股份的情况，但往往在知识产权实施的前几年很难获得收益，企业增资时也会造成许可人知识产权入股股份的下降，如果除权获得股份的科研机构职务发明人还存在必须缴纳个人所得税等问题，因此，最好的方式是企业先支付知识产权入门费用。

9.13　知识产权分析报告评估

在撰写完知识产权分析报告后，应及时开展分析评估，评估分析报告是否存在不足并及时改进，主要评估内容为：（1）分析报告能否清楚达到设计的目的和意图；（2）检索采集的时间跨度及范围是否合理；（3）检索策略是否正确；（4）数据库选择是否有代表性；（5）数据质量及其影响因素考虑是否全面；（6）知识产权分析的方法与工具运用是否合适；（7）图标是否规范，图表内容与文中内容是否吻合，图表之间数据是否一致；（8）知识产权分析内容是否全面；（9）知识产权分析结论是否明确；（10）分析结论是否正确可用。

9.14　小　结

本章研究了科研项目知识产权分析报告撰写的主要内容和撰写方法。科研项目知识产权分析报告撰写应当按照科研项目立项、结题验收和结题验收后三年三个环节能够完成知识产权全过程管理的主要任务。为推进科研项目知识产权全过程管理，提高知识产权分析报告撰写的水平和质量，科研机构应建立专家组，对重大项目和重要方向性项目知识产权分析报告进行评审。评审的主要内容应包括以下几个方面。

一是知识产权分析报告是否涵盖了立项、结题验收和验收后三年三个环节知识产权全过程管理要求的主要任务。

二是知识产权分析报告是否有利于科研项目设定的目标和指标的实现。主要是评估通过知识产权分析报告，科研项目能否立项，科研方向是否更加明确，完成的科研项目是否产生了重大创新成果和知识产权，能否结题验收，科技项目预期经济社会效益能否实现。

三是采用的检索分析工具和方法是否恰当。主要评估知识产权检索分析使用的各种工具、方法使用是否准确恰当，画出的各种图表是否规范。

四是得出的结论是否科学合理。主要评估知识产权分析结论是否准确和明确，是否具有明确的指导意义。

第十章 科研机构知识产权质量与效益管理

知识产权质量高低决定着科研机构知识产权的价值实现和实际的转移转化效益，也是科技创新水平的重要标志。我国科研机构知识产权数量庞大但转化率极低的根本原因在于知识产权存在质量问题。解决知识产权质量问题，必须研究知识产权质量的内涵、构成和影响因素，必须构建知识产权质量监测指标体系，必须建立从有质量知识产权中识别有效益知识产权的方法。

10.1 专利质量争议

2011 年，我国国内发明专利申请量已居世界第一位，PCT 专利申请量居世界第四位，国内居民实用新型专利和外观设计专利申请量、国内商标申请与注册量已连续多年居世界第一位。但不容忽视的是，我国还不是真正的知识产权强国，我国知识产权对经济社会发展的支撑作用还没有完全显现出来，专利质量还存在不少问题。我国 2013 年发布了《关于进一步提升专利申请质量的指导意见》，要求优化有利于提升专利申请质量的政策导向，建立有利于提升专利申请质量的监管机制，加强有利于提升专利申请质量的能力建设措施，为我国专利质量建设指明了方向。

《国家中长期科技发展规划纲要（2006～2020 年）》和《国家知识产权战略纲要（2008～2020 年）》发布后，我国又相继发布了一系列知识产权发展规划和政策。这些战略规划和政策极大改善了我国知识产权创造运用的政策环境，知识产权保护状况已得到显著改善。目前，我国发明专利平均维持年限仅有 5 年多一点，科研机构和高校的专利实施率不高，其根本问题在于专利质量不高。近年来，外国不断发布报告批评我国扭曲的知识产权政策和低质量的专利（Dan prod'homme，2013）。美国国际贸易委员会（2010）发布的《中国知识产权侵权、自主创新政策及其对美国经济的影响》报告，不仅对中国自主创新政策进行了批评，也对中国的专利质量提出了批评。汤森路透和知识资产管理（IAM）杂志 2011 年对 650 个企业内部专利律师和私人执业律师特别是担任高级职务的个人的调查结果显示，在全球五大专利局专利质量（专利质量指发明专利质量，下同）排名中，欧专局的专利质量排在第一位，日本专利局排在第二位，第三和第四名是美国专利和商标局与韩国知识产权局，中国国家知识产权局排名最后，认为中国专利审查质量非常好或优秀的只有 23% 和 13%。OECD（2012）主要采用专利引用来测度专利质量，根据 2011 年的排名，中国 2000～2010 年专利质量指数低于世界平均水平，而且处于 25 个国家中倒数第二的位置。Giuseppe Scellato 等（2011）从专利范围与法律确定性、充分公开发明内容和高的创造性，以及时间性、成本效率、与可专利性规定的一致性设计了针对企业的调查问卷，对欧、日、美、韩、中五个国家专利局的专利审查质量进行了评分，认为在 3 ~ 4 分的分别为 77%，68%，44%，39%，33%，对实质审查满意度分别为 84%，60%，46%，45%，32%，中国最低。

欧盟中国商会 2011 年 5 月发布了《创新迷途：中国的专利政策如何阻碍了中国创新的脚步》，认为中国的知识产权政策存在很大问题，尤其是资助政策和考核政策不仅没有促进创新，反而阻碍了中国的自主创新。中国专利质量会出现问题，一是政府设定目标和指标。政府过度倾向于设立专利的数量指标，这些申请和授权的指标与创新并不匹配。国有企业和其他企业，专家与管理人员，研究机构和大学，官员和政府部门甚至审查员，专利撰写人员的评价机制也导致低质量专利的产生。二是政策措施的问题。如中央对外贸易资金、技术标准资助专项、各类科技资金、高新技术企业税收减免均要求自主知识产权，这些政策不是最优的，还包括资助资金政策，激励雇主激励员工发明的政策，"973" 计划和火炬计划等对外国的限制政策，职务发明条例对发明人酬金的限制性规定，不适当的以改进创新为重点的自主创新政策。三是专利申请执法的规则和程序问题。专利申请审查包括向外国申请的保密规定，专利绿色通道规定，基因修复植物和其他基因材料被不合理排除在可专利范围之外等；专利执法包括专利权利滥用和恶意诉讼，限制现有技术提交导致的实用新型无效难，实用新型专利执法前检索中对现有技术考虑过窄，专利侵权司法中对检索报告没有给予应有权重，实用新型专利侵权案件没有给予无效程序中止的强制性规定，反垄断法对专利池的模糊规定，方法专利侵权执法困难，专利案件诉前禁令的过多限制等（Dan prod' homme，2013）。

10.2　主要国家专利质量指标体系

近年来，知识产权质量不仅受到学术界的广泛关注，而且也成为一些国家专利商标局的政策重点。

1. 美国

从 20 世纪 80 年代，美国就开始关注专利质量问题。2003 年，美国联邦贸易委员会就发布有关专利质量的报告。2003 年，美国国家科学院也开始研究专利质量问题，反思低质量专利带来的危害，呼吁更多关注专利保护宽度作为政策杠杆的重要作用而不是创造性（Suzanne Andersen Scotchmer，2004）。

美国一直通过提高专利质量保持知识产权的全球领先地位。2002 年，美国专利商标局制定了《21 世纪战略计划》，提出了 50 项行动，其重点是提高专利商标局知识产权审查质量等工作。美国专利商标局新发布的《2010 ~ 2015 年战略计划》提出的目标包括改进专利审查质量和优化商标质量两个目标。

美国专利商标局所指的专利质量指的是审查质量，2009 年前采取的专利质量指标体系包括一通前的未决时间、分类的准确度、审查通过率（合规性审核）、申请的积压、首次授权（First office allowance）、过程审核、会晤与简易诉讼、继续审查要求（RCES）、最终驳回率、审查员绩效、加班费和远程办公、新审查员的聘用和保留等指标。主要采取两个指标：一是最终的驳回与通过合规率（及审查员关于专利权利要求决定总体正确率），二是过程合规率。

2009 年 12 月，美专利商标局公布了经过研究的专利质量计划，并征求全社会各方面的意见。共收到法律事务所、企业、协会、知识产权组织、政府机构和个人等 71 个团体的反馈和意见。2010 年 3 月，美专利商标局专利质量工作组完成了初步报告，提出专利质量是根据时间流程增进专利局授权的权利要求合法可能性的行动，和减少专利局对有效权利要求不正当拒绝可能性的行动，这些行动的目的是提高效率和降低未决申请的数量。专利质量不包括对技术和发明的可专利资格的法律上的确定，也不涉及发明对经济和创新的贡献，仅涉及检索、审查、申请、管理效率和教育培训。

2011 年 4 月，美专利商标局在咨询了专利公众监督委员会（PPAC）后提出了包括 6 个指标的专利审查质量综合指标体系，根据现状、专利局统计数据、博客、专利公众咨询委员会外展项目、客户调查、国外专利局的实际、美专利商标局的研究和其他研究与公众意见，建立了包括专利审查程序的供讨论的指标体系。主要包括申请最终处理错误率、审查处理过程评议错误率、全部申请处理评议、质量指数评议评分、客户调查数据和审查员调查数据。这些指标还标识了问题的来源。美专利商标局还为此在 2010 年 4 月和 5 月分别组织了两次公众圆桌意见征求会。

2011 年财年开始，美专利商标局基于上述 6 个指标公布了现在采用的 7 个指标的最终专利质量指标体系：（1）申请最终处理行动质量；（2）审查过程行动质量；（3）对申请人和执业者关于专利处理质量看法的外部调查；（4）审查员初始检索的质量；（5）基于最佳实践价值的一通符合度；（6）美专利商标局全球数据精简性和诉讼鲁棒性的程度；（7）通过内部调查审查员关于专利上诉（复审）质量看法的程度。如表 10 – 1 所示。

表 10 – 1　美国专利商标局专利质量指标体系

指　标	指标含义	权　重
最终处理通过率	申请最终处理正确度	20%
过程中通过率	诉讼过程中基于价值的专利局行动的正确度	15%
一通检索评估	检索符合专利局最佳实践的程度	10%
全部一通价值评估	基于价值的申请一通对最佳实践的符合度	10%
质量指数评估报告	申请诉讼质量相关事件的统计	20%
外部质量调查	申请人和执业者关于专利局人事和审查问题的看法	15%
内部质量调查	审查员关于内外部互动和有关问题的看法	10%

（1）最终处理错误率。是指抽样评估的专利申请中有明显错误的比例，主要是审查员关于权利要求可专利性的最终决定。通过审查的专利的明显错误是指理性地监督专利审查员在不允许通过时允许权利要求通过审查的行为。这包括两个方面的错误，一是通过错误，二是最终驳回错误。前者是指在发出通过审查通知和授权前发现全部权利要求都不具有可专利性的问题，后者是指在驳回、异议等程序中没有明显错误并对申请人基于申请价值提起上诉（复审）有显著负面影响的问题。这些指标从专利商标局专利质量保障办公室抽样获取。

（2）处理过程评议错误率。该指标用审查过程中采取行动是否正确的程度表征。该指标是 2010 年开始采取的一个新指标，用被评议申请中低效申请的比例表示。低效是指对申请人基于申请价值提起诉讼的能力有显著负面影响的明显错误。这从专利从业者回馈中获得。这些指标包括但不局限于：专利局做出驳回的正确性，导致正确申请被驳回的错误，审查员完整和清楚回应申请人先前答复情况，任何限制性要求的正确性，检索的质量，和对格式问题处理的正确性。这些指标从专利质量保障办公室的抽样中获取。

（3）一通检索评估。该指标是指专利商标局发出第一次审查意见通知书前检索符合最佳实践的程度，该指标通过抽样从专利质量保障办公室和对审查员的评分得到。

（4）全部申请处理评议评分。是指在审查过程中采取行动符合最佳实践的程度，最佳实践是申请是否明确，说明书少于 30 页，支持权利要求的例子，10 个或以下的权利要求，要求一通会晤。申请通过随机抽样完成。第一个方法是评议正在审查的申请，也可对处理完毕的申请进行抽样。第二个方法是详细的法庭研究，研究审查过程是由专利局处理或是由于申请人的行动导致了延期。最佳实践包括但不限于法律规定、专利处理程序指南（MPEP guidelines）和简易诉讼结果。每个因素根据其影响赋予不同的权重，如权利要求缺陷的权重要大于摘要的撰写缺陷的权重。这些指标从专利质量保障办公室抽样中获取。

（5）质量指数评议评分。该指标是指专利申请上诉程序中哪些行动揭示了表明质量问题的趋势的程度。美专局专利申请定位与监测机构（USPTO PALM）将在中间处理中采取该指标，通过诸如最终驳回的再公开，第二次非最终行动，和提交请求继续审查 RCES 申请指标统计分析未决期内上诉的质量指数。USPTO PALM 系统记录和跟踪每一个上诉案件中事件的类型，并赋予每个事件一个代码。最终驳回再公开采用再公开最终驳回数除以最终驳回数表示，一般低于 3%。第二次非最终行动用第二次非最终行动数除以第一次行动数的比例表示，一般超过 5%。RCE 用第二次非最终行动总数除以提交申请的总数表示一般超过 10%。最终的质量指数计算公式为：$QIR = 5 \times F$（再公开最终驳回数）$+ F$（第二次非最终驳回行动数）$+ F$（RCE 申请数）。

（6）客户调查数据。这主要通过对申请人和从业者呈现的趋势和对质量关心程度调查得到。用一通驳回质量、最终驳回质量的 1 到 10 分打分获得。

（7）审查员调查数据。专利质量保障会员会开展专利审查问题调查，由审查员回答关于专利整体审查过程的看法，用随机抽样得到得分。主要涉及关于审查监督、审查工具、培训计划如会晤的培训几个方面。

美国专利商标局专利综合质量指数公式为：（当年得分 - 基准年得分）／（目标年得分 - 基准年得分）×100，设定的基准年为 2009 年，目标年为 2015 年，根据该公式计算 2014 年的得分为 72.2 分。

近年来，美国专利商标局采取了一系列措施提高专利质量，如个体技术中心对已授权或未授权专利的评估，审查员培训，客户小组质量调查，审查员 8 个月学习，审查员证书考试与初审审查员的再证书考试等，还通过继续审查、审查有代表性权利要求、授权后评估、授权前任何第三方现有技术抗辩、加强商业方法专利审查等提高专利质量。美国专利商标局采取了新的专利质量测度程序，它由专利商标局专利公众咨询委员会起草。公众提出的措施主要有：通过诉讼程序设立对应欧专局操作的标杆，充实有最终驳回错误措施的通过测度措施，监测监督的绩效，征求代理人诉讼反馈意见，对专利局开展清楚和完整方面工作的中间评议，分析检索质量，监测申请中请求继续审查的数量❶。此外，美国专利商标局牵头建立德尔审查高速公路（PPH）以及质量改进保障项目（improved quality assurance program）都对提高专利质量起到了积极作用。

2. 欧洲

欧洲专利局 2005 年发布了《欧洲专利局专利质量使命》，确立了专利质量使命的四个原则，一是法律确定，提供能及时授权的唯一流程，保证所授予的权利及其技术贡献相匹配；二是服务，通过专业人员之间的知识共享，了解欧洲社会的需求与价值，以及以此为基础的可操作性和稳定性；三是公开，及时透明公布调查情况与事实；四是持续改进，致力于提高完整性、一致性、透明性、公平性和及时性。

2012 年 1 月 13 日，欧专局成立经济与科学咨询委员会，由来自美国、亚洲和欧洲企业、科研机构和高校等机构的 30 多名专家组成，专门研究与专利相关的经济社会问题，尤其是创新和经济增长。2012 年 5 月 7 日，欧专局经济与科学咨询委员会召开第一次会议，讨论研究专利质量。9 月 27 日在比利时列文召开了第三次专家会议，研究专利质量的解决方案。欧专局经济科学咨询委员会认为高质量的专利应当具有几个条件，满足专利局法定可专利性条件，是授权专利，能经受专利局或法院的无效程序，能使普通技术人员不用花费额外的创造性劳动实施发明（Christian Helmers，2012）。

3. 日本

日本专利厅认为，一件高质量专利应确保所要求发明的范围就该申请的内容来说是清楚的且合适的，具有法律稳定性，应通过充分的现有技术检索和合适的审查获得授权。

日本专利局主要从三个方面提升审查质量。一是专利局内部采取质量控制措施；二是申请人或代理人配合专利局改进说明书和权利要求书或者进行高质量的修改；三是通过公众参与改进专利质量。

2007 年 4 月，日本专利厅在其行政事务部下建立了质量管理办公室，建立了跨部门的质量管理委员会，通过这两个机构支撑质量管理系统的运行。2010 年 4 月，日本专利厅又建立了质量管理部。日本专利厅主要通过两个途径维持和提高专利审查质量：一是每个专利申请的审查质量控制。对于每个技术单元，专利厅通过了统一的审查决定标准，审查员根据审查指南对每个案子进行正确审查，这项工作主要通过审查员之间相互咨询和负责人检查来实现。近年来审查员之间的咨询数量增长很快，2010 年达到 6500 项。二是交叉部门质量管理。日本专利厅内部第三方机构开展对审查结果的评议，收集用户意见，统计分析相关信息。这些分析结果用于有关部门制定专利审查过程质量的措施，并反馈到每个技术单元，以支持各技术单元控制质量。内部评议主要检查审结的案子和 PCT 案子，主要检查案子是否符合法律和指南，检查做出的审查决定是否有效，申请人或指定专利局是否可得到或者可使用国际检索报告与国际初审报告。2010 年，日本专利厅共对 288 个案子和

---

❶ Proposed Quality Metrics for Roundtable Discussions. http：//www. uspto. gov/patents/init_ events/metrics_ for_ roundtable_ 20100423. pdf.

240 个 PCT 案子进行了评议。

日本专利厅也加强了对无效程序的质量控制。2005 年发布了审查员上诉前（before appeal）再考虑报告。并雇佣了有经验的前审判员和学者作为上诉审判的法律咨询者。上诉前再考虑的全部案子 2008 年开始公开。

2014 年 3 月，日本专利厅发布了"专利审查质量政策"，进一步提升专利审查质量，日本专利厅设定了几项提升专利质量的基本原则。一是对鲁棒的、保护范围宽的和有价值的申请授予专利权；二是适应较宽范围的需求和期待；三是与相关人和团体合作致力于改进专利质量；四是为全球专利质量改进做出贡献；五是持续改进运行模式；六是提升员工的知识和能力。

4. 韩国

目前，韩国建立了审查质量办公室主任 EQAO 职位，主要任务是制定专利质量管理综合计划；规划、诊断和分析审查质量并提出改进的方向；进行公平和有目的审查评估改进审查质量与增强客户信任；根据审查评估结果，通过分享典型和缺陷案子来培训审查员；指导开展专利质量客户调查并分析其意义。

在副局长的直接监督下，韩国知识产权局主要通过审查质量办公室评估人员开展审查评估来保证专利审查质量，该办公室有员工 19 人，包括 12 个专利和实用新型评估员，其中 3 人负责机械、金属和建筑领域，3 人负责化学和生物技术领域，3 人负责电学和电子领域，3 人负责信息和通讯领域，另有 4 个评估员负责商标和外观设计的评估工作。大多数评估员都有审查员或高级审查员的经历。

一般是以半年为基准，EQAO 首先对已完成审查的案子进行抽样，抽样是随机的，一般是抽取每个审查员的 3 个专利或实用新型案子，每个商标或外观设计审查员的 20 个案子。韩国知识产权局 2011 专利和新型的抽样比利是 2.6%，商标与设计是 2.3%，PCT 是 6.7%。然后根据审查评估指南进行评估，给出优秀、良好、鼓励、正常和缺陷几个级别，并用记分卡打分，这些分析和打分至少需要三个评估员的一致同意。2011 年，专利和实用新型的审查错误率是 0.9%，商标与设计是 0.8%。一旦确定了级别，评估员就会撰写审查评估报告并将评估结果反馈给负责的审查员。为防止争议，审查员可以向由三名审查员组成的争议委员会提交要求进一步评估的意见。

除此之外，每个审查部门的负责人也要评估审查的案子，也是以半年为基准，对已完成审查的案子进行抽样，根据审查评估指南进行评估，并将评估结果反馈给负责的审查员。EQAO 做出的审查评估结果要与绩效评估结合，这会影响每个审查员的绩效收入和对表现优秀的部门与人员的奖励。

专利质量的计算公式为：综合指数 = 100 + 成就率（A）+ 成绩率（B）- 成绩率（C）+ 成绩率（D）+ 成绩率（E）

韩国知识产权局也建立了专利审查质量指标体系。该体系包括五个要素：专利审查评估的平均得分、客户调查得分、针对驳回决定提出复审的撤销发回重审率、与申请相比权利要求减少率、接受驳回理由的比率。通过测算，2011 年韩国审查质量指数为 101.1，超过设定的 100 的目标。如表 10 - 2 所示。

表 10 - 2　韩国知识产权局专利审查质量指标体系

指标	权重	得分	成绩率（achievement rate）
专利审查评估平均分（A）	55	99.63	0.06
客户调查得分（B）	15	71.43	0.08
针对驳回决定提出复审的撤销发回重审率（C）	10	28.30	1.11
与申请相比权利要求减少率（D）	10	13.82	-0.69
接受拒绝理由的比率（E）	10	24.43	2.78
总计	100	-	1001.1

　　为系统管理审查质量，EQAO 建立了审查质量预警系统提出了审查质量变化预警的基准和每个阶段的措施。在审查阶段，每月随机抽样 1% ~ 2% 的在审专利，并评估其缺陷性，如果超过上一月的平均值一定水平，就给出警报。

　　韩国知识产权局还积极参加全球 5 个专利局的审查质量管理政策的多边讨论，和面向审查质量的国际标准化指标讨论❶。

　　5. 中国

　　中国国家知识产权局确立的审查质量理念是，以社会经济发展需求为导向，提供程序公正、标准一致、结果正确、时间可期的审查服务，授予专利申请与技术贡献相匹配的专利权。高质量的专利包括如下要素，一是申请经过必要的审查步骤，并将审查过程清新完整地记录；二是授权专利的权利要求范围合理，即发明人的技术贡献与授权专利的权利要求的保护范围相匹配，权利要求具有较高的稳定性；三是公众可以从授权专利公布的内容清晰地知道该权利要求保护的内容。

　　1994 年，原中国专利局审查业务管理部正式成立，同时建立了审查指南与质量检查处，全面负责局级质量管理。1995 年，国家知识产权局首次明确了及时发现问题、解决问题、统一审查标准的指导思想，提出了将质量检查与质量评价结合进行管理的理念。同时成立了局质检组，形成了局、部、处三级质量管理模式，建立了一套科学、合理、具有中国特色的全流程审查质量管理体系。2004 年，国家知识产权局在全局范围内遴选了一批专利审查质量管理专家，首次组建了一支直接对国家知识产权局主管副局长负责的专职局级质量检查组。2005 年 10 月，审查业务管理部质量控制处正式成立，全面负责审查质量管理工作，从此，中国专利审查质量管理驶入了科学化和规范化的轨道。

　　2007 年，国家知识产权局建立了一套包括受理、初审、实审、复审等 8 个流程的专利质量审查指标体系，该指标体系包括从时间性、正确性、一致性、安全性、舒适性和经济性六个方面的指标。

　　国家知识产权局专利局发布的《发明专利申请实质审查质量检查标准》确定了中国的专利审查质量的主要指标，包括未进行必要检索比率、驳回不符合听证原则比率、XYER 文献漏检率、A 类文献认定错误率、文本错误率、审查意见错误率、审查意见缺陷率、授

❶　Examination Quality Control［R］. http：//www.kipo.go.kr/kpo/user.td3.

权严重错误率、授权缺陷率、驳回错误率、驳回缺陷率、审查意见不明确性比率、驳回决定不确定性比率、不符合程序节约原则、案卷不完整、电子文档不完整、XYER 文献无效、事务处理错误。《复审请求审查质量检查标准》《无效请求审查质量检查标准》将文档完整性、审查文本、审查意见、审查决定、程序正当性、事务处理等内容作为质量标准，并按照专利法及其实施细则的法律条款详细设置了考察指标❶。

2010 年，中国发明专利申请审结能力跃居世界第三，审查周期有效控制在 24 个月左右，与美国专利商标局相当，显著优于日本和欧洲专利局；实用新型和外观设计专利申请的审查周期从"十五"末期的 11 个月和 8 个月大幅缩短至 4.3 个月和 3.0 个月；复审请求审理和无效请求审理的平均结案周期分别缩短到 8.4 个月和 7.6 个月。专利授权率从 73% 下降至 59%，授权后的无效比例从 0.27% 下降至 0.08%。2008～2010 年连续 3 年开展的社会调查显示，专利审查质量的社会满意度从 77.3 提高至 81.1，公众信心指数从 72.9 提高至 83.3。

国家知识产权战略实施以来，我国专利申请数量持续快速增长，为建设创新型国家提供了有力支撑。但专利申请质量也暴露出一些亟待解决的问题。国家知识产权局从加快建设创新型国家的大局出发，充分认识到提升专利申请质量的重要性和紧迫性，积极采取切实有效措施，狠抓专利申请质量提升工作。2013 年，国家知识产权局发布了《关于进一步提升专利申请质量的若干意见》，该意见首先提出了充分认识提升专利申请质量的重要性和紧迫性问题。其次，提出了优化有利于提升专利申请质量的政策导向，主要包括优化区域专利评价工作导向、完善专利一般资助政策，推行专利专项资助政策，突出专利奖励政策的质量导向，推动专利申请质量指标纳入相关政策。再次，提出了建立有利于提升专利申请质量的监管机制，主要包括强化对非正常专利申请的查处、严肃处理套取专利资助和奖励资金行为、进一步规范专利代理行为、探索建立专利申请质量监测和反馈机制，提出加强有利于提升专利申请质量的能力建设的措施，包括提升专利信息利用和专利挖掘设计能力、提高专利申请质量的内部管理能力、增强专利代理服务能力、营造注重专利申请质量的良好环境。最后，该意见还提出了组织保障措施。

10.3　专利质量研究综述

现有专利质量研究主要集中在三个方面，一是专利质量的概念。专利质量是被授权的专利满足法定授权条件的程度，既满足可专利主题、新颖性、创造性、实用性、可实现性以及信息的披露程度（Suzanne Andersen Scotchmer，2004）；是专利如何符合法律规定，包括可专利主题、新颖性、非显而易见性和说明书撰写恰当与可实施（Graf 2007）；是指专利的一组关于专利独占属性满足要求的程度（黄微，2008）；是授权专利满足或超过法定授权标准的程度，最重要的是满足专利的新颖性、非显而易见性以及清晰充分的表述（Wagner，2009）；是达到或超过专利性法定要求，并具有最终能经济化或者转化为促进社会、环境进步的合理前景（European Chamber，2012）；是专利法律上符合基本的法定可专

---

❶　http://syb. sipo/zt/jzj/zj_ zjbz/200902/P020090204593573216243. doc.

利性要求（Giuseppe Scellato；Mario Calderini Federico Caviggioli；Chiara Franzoni；Elisa Ughetto；Evisa Kical；Victor Rodriguez，2011）；是专利局以透明方式授予的专利符合可专利性条件的程度（Bruno van Pottelsberghe de la Potterie，2011）。

专利质量水平与获取专利权的需求呈负相关（Bruno van Pottelsberghe de la Potterie，2011）。专利质量主要是技术的质量或技术的经济价值，高质量专利是指能经受法庭程序，经过有效性审理和可技术转移的专利（Merges，1988）；有质量的专利是指法律上能可靠实施的专利，即能应对有效性挑战，并且可以作为技术转移工具的有效专利（Thomas，2002），高质量专利就是有效的专利，其法律确定性难以推翻（Merges，1999）。

专利质量是专利的评估质量，是专利局根据能产生可持续财产权利的与技术质量维度一致的专利类别，是由专利发明产生的技术经济质量和可实施权利的专利稳定性产生的法律质量（Paul F. Burke and Markus Reitzig，2007）。专利质量从使用者角度，应包括成本、权利易于管理等因素，对于专利局来说，专利质量应是平衡各维度的最优过程，一是向客户提供的产品绩效，二是成本，三是服务的时间（Giuseppe Scellato，Mario Calderini Federico Caviggioli，etc. 2011）。高质量专利是确实新的而不是已广泛应用但为专利申请的发明，而且必须是普通技术人员充分了解能使用专利文件实施该发明，专利在有效性和权利要求宽度上应当较稳定（Hall and Harhoff，2004）。专利质量是一件专利技术水平高，撰写较好，能够经得起审查、无效和诉讼程序的具有较大市场价值的程度，其本质是一件专利满足专利三性即新颖性、创造性和实用性和说明书充分公开要求的程度；机构专利质量是指一个机构的专利总体上满足专利新颖性、创造性和实用性和说明书充分公开要求程度及其产生的经济价值；对单项技术来说，专利质量必须同时满足技术质量和法定质量，两者缺一不可；对机构来说，除测度技术质量和法定质量外，还要测度专利实际产生的价值，专利质量是指专利技术质量、法定质量和经济质量的总和（宋河发，穆荣平，陈芳，2010）。

二是专利质量的构成。专利质量一般包括专利的技术质量和法定质量。专利质量一般有两个维度：由专利基础发明产生的技术经济质量和可作为实施财产的专利可靠性产生的法律质量（Burke and Reitzig，2007）；专利质量有四个关键因素，包括非常熟练的审查员，完整一致的程序，全面的文献检索，严格控制和不断完善（欧洲专利局，2008）。专利质量指标体系包括三方面的指标，一是专利申请人因素，包括说明书及附图的模式、权利要求（独立权利要求）数量、权利要求与说明书的关联度、对现有技术的引用数；二是专利审查因素，包括因各种原因的驳回情况、驳回决定与说明书的关系、复审委决定批准情况、申请人提供的现有技术数量；三是专利内在属性，包括复审中效力维持情况、诉讼中效力维持情况、事后权利转移情况、被印证情况（Wagner，2008）。专利质量指标体系主要指标包括专利数量、专利相对产出（某技术领域专利数在产业中的比例）、同族专利数、专利成长率（某段时间获得的专利数除以上一阶段专利数）、引证指数（被引次数）、即时影响指数（前五年专利当年被引次数除以系统中所有前五年专利当年被引次数平均值）、技术强度（专利数量乘以当前影响指数）、相对专利产出率（某技术领域专利申请数除以全部竞争者专利申请数）、技术重心指数（某技术领域专利申请数除以全部申请数）、科学关联度（引证科学文献的数量）、技术生命周期（专利数乘以科学关联度）（CHI，

2004）。专利质量评价指标体系包括专利法律质量、经济质量和技术质量三个方面，专利法律质量包括可执行性、总相关程度、新颖性、权利范围大小、根据在先技术的有效性、根据现有技术的有效性、异议驳回程度、防御诉讼的程度，经济质量包括前向引证价值贡献、后向引证价值贡献、潜在许可价值、潜在交叉许可价值、许可费分成、专利联盟中的地位、内部许可可能性、主要经济化指标，技术质量则包括技术先进性、技术复杂性、技术替代性、技术关键性和关键性技术因素（Pantros IP，2009）。专利质量指标分为专利申请质量指标、专利审查质量指标、授权专利质量指标三类，申请指标包括申请率、职务申请率、专利族大小、发明人数量、申请人数量、权利要求数量、说明书页数、技术分类数量、引文数量，审查质量指标包括驳回率、视撤率、授权率、检索报告 XY 文献、检出率、复审撤回率、无效比率，授权专利质量指标包括被引数量、N 年专利维持率、存活率、存活专利比率（刘洋，2010）。

　　三是专利质量测度指标体系。一些学者用简单指标研究和测度专利质量，如专利维持率（Schankerman M. Pakes，1986），专利引用（Henderson，1998），相对引用指数得分（新加坡国立大学企业研究中心，2006），授权率和授权量（黄庆、曹津燕，2004）；专利周期、专利授权率（魏雪君、葛仁良，2006），专利维持量和维持费用（高山行、郭华涛，2002），包括引用指数、非专利文献、技术生命周期的科学价值（Mark Hirschey，Vernon J. Richardson，1988）。很多学者则用综合方法研究和测度专利质量。专利质量是测度专利符合法律规定的可专利主题、实用性、新颖性、非显而易见性、充分公开和可实施的要求的程度，也可以从确定性，即无效和法庭确定的权利要求范围方面评价，应该包括专利成本、时间长短、授权管理容易与否等指标（Giuseppe Scellato，Mario Calderini Federico Caviggioli，etc. 2009）。专利质量指标包括专利授权率、有效专利率、美国专利份额、专利被引证率（Ernst，2003）；包括对现有专利参考文献引用数量、对非专利文献引用数量、申请指定国家数量、申请人数量、发明人数量、引用前五年重要专利数量、引用 5 ~ 10 年重要专利数量、加速申请要求、是否为 PCT 申请（Merges，1998）；包括综合技术实力、专利数量、当前影响指数、科学联系、技术生命周期等（Hicks，Breitzman，Olivastro and Hamilton，2001）；包括有效专利数量、生效专利平均存活期、专利放弃比例、专利单向引证率及累积引证率、专利衰退率、公司有效专利季度净收入变化、替代旧专利所需新专利数量、公司技术分布情况、专利维持率等指标，主要包括专利单向引证率和积累引证率（董涛，2008）；包括专利相对位置、披露的技术优势、专利的 Herfindahl – Hirschman 指数、专利引用数（Yu – Shan Chen and Ke – Chiun Chang，2000）；包括当前影响指数、专利被引用量等指标（李春燕、石荣，2008）。万小丽（2013）还从 Lanjouw 和 Schankeman（2004）的包含了被引次数、权利要求数量、引用专利文献数量和专利族大小的专利质量指数，Mariani 和 Romaneli（2007）的包含权利要求数、被引次数和引用专利文献的专利质量指标体系，Hall，Thoma，Torrisi（2007）的包含被引次数、技术覆盖指数和专利族大小的专利质量指标体系，以及 Schettino（2008）的包含被引次数、权利要求数量和专利族的指标体系出发，构建了包括被引次数、权利要求数量和发明人数量的专利质量指数指标体系并进行了实际测度。宾夕法尼亚大学建立的专利质量指数矩阵分为申请、授权和授权后三个阶段，申请阶段数据包括说明书和附图大小、权利要求/独立权利要求数量、说明书和权利要求书相关性大小，内部现有技术引用；授权阶段数据包括新事物驳回、112 法条驳回、基于现有技术的驳回；驳回与说明书关联性大小；BPAI（专利上诉与争议处理委员会）作出授权的通过率以及专利权人提供的现有技术数量；授权后阶段数据包（后续引用）Trailing Citations。OECD（2012）采用专利引用指标来测度专利质量，主要指标包括专利局技术领域范围、权利要求数、前向引用、后向引用及其非专利文献 NPL 比例、专利族大小、进取指数、授权滞后、总体指数（技术分类中专利引用情况）。

相当一部分学者的研究集中于审查质量。Giuseppe Scellato；Mario Calderini Federico Caviggioli 等（2011）从异议程序选择优先权日与国家、申请日、公开日、发明人数量、权利人数量、IPC 分类数、专利引用、非专利引用、权利要求数、异议人及异议申请日、异议结果等指标研究了欧州专利体系的质量。Matthis de Saint - Georges，Bruno van Pottelsberghe de la Potterie（2013）开发了比较美、欧、日三个专利局审查质量的方法，该方法包括两层分析框架，即法律标准（LS）和操作设计（OD），包括先发明制、审查过程中检索报告、是否允许审查请求、授权后异议、宽限期、发明 18 个月公开后隐藏申请、部分继续审查或增加申请、每个审查员资源配置和每个审查员工作量。与现有研究视角不同，金泽俭等（2012）设计了包括创新能力、撰写质量以及审查质量三个方面的指标，以中国无效发明专利为研究对象，通过考察国内外专利领域分布和创新水平、职务/非职务发明指数、权利要求数及说明书页数、专利代理机构、检索资源、检索能力和法律适用等指标研究了专利质量。

从现有文献研究和主要国家专利审查质量指数与措施来看，专利质量的概念和指标体系多种多样，其监测非常复杂。当前，多数国家专利法规定，授予专利权的发明和实用新型应当首先具备新颖性、创造性和实用性，同时还规定为申请发明或实用新型专利而提交的说明书应当对发明或者实用新型做出清楚、完整的说明，以所属技术领域的普通技术人员不用花费创造性劳动能够实现为准。显然，只有符合"三性"（新颖性、创造性和实用性）要求和充分公开要求的发明创造才能被授予专利权，判断专利质量高低应主要从发明创造满足"三性"和充分公开要求的程度来考虑。

从专利过程来看，专利经过研究开发到申请再到审查、授权和运用的整个过程，部分专利还可能要经过复审、无效或诉讼才能最终确定，大多数专利都要经过代理机构代理。但代理和审查的基础是发明创造本身，专利"三性"是专利质量的根本。专利质量本质是一件专利满足专利"三性"即新颖性、创造性和实用性和说明书充分公开要求的程度，是一件专利技术水平高，撰写好，能够经得起审查、无效和诉讼程序的具有较大市场价值的程度。

但专利"三性"贯穿于专利产生到灭失的全过程，专利还要通过文件撰写和审查程序甚至复审无效和诉讼程序才能最终确定。因此，专利质量必须包括三个方面的质量：一是发明创造质量或者技术质量，主要是指创造出的申请专利的技术是否有新颖性，是否有创造性，是否有实用性。虽然"三性"是专利审查和复审无效等程序规定的概念，但实际上，一项专利技术是否具有可专利性，必须对其是否新颖、是否创新和是否有实用价值作出判断，而这正好符合专利的"三性"标准。在"三性"标准中，专利的实用性一般都比较容易判断，只要不是永动机之类的申请，大多数专利申请都具有实用性。代理人和审查员也相对容易拒绝没有新颖性的专利申请，而创造性的判断较为复杂，是影响专利质量的重点。创造性最为重要，直接决定着专利的技术质量和实施可能性。二是申请文件的撰写质量，主要是申请人或代理人在专利申请中是否正确地撰写高质量的专利文件。三是审查的质量，主要是审查员审查的专利文件是否有较高的质量。专利质量是这三方面质量的集中反映，缺乏任何一方面都会影响一件专利的质量，缺乏某一方面的质量，专利质量构成就会不完整。

1. 发明创造质量

专利的技术质量也可以称为专利的客观质量，这是由发明创造本身所决定的，也可以说是由专利技术进步的大小或者创造性的大小决定的。专利质量首先是可专利性程度大小，而现有很多研究却对可专利性研究不足（Bruno van Pottelsberghe de la Potterie，2011）。专利质量首先应当有新颖性。在具有新颖性和实用性的前提下，创造性大小就成为专利有质量的基本条件，缺乏创造性或创造性较小，专利文件就无法写得很好，专利也很难得到授权，难以具有较大的价值。一些"垃圾专利"、"问题专利"的产生很大程度上反映的是专利申请创造性不足的问题。我国专利法规定，"创造性"是指与现有技术相比，该发明具有突出的实质性特点和显著的进步，该实用新型具有实质性特点和进步。实际上，一件专利独立权利要求中区别技术特征数量越多，创造点越多，发明高度就越高，则专利创造性就越大。判断专利是否具有创造性要以本技术领域的普通技术人员意想不到为标准，也可从发明解决了人们一直渴望解决但最终未能获得成功的难题、发明克服了技术偏见、发明取得了预料不到的技术效果、发明在经济上获得成功等方面考虑。但由于专利"三性"很难用客观指标表示和进行比较，Van Pottelsberghe（2013）在对欧专局专利体系质量进行评价时提出用四个指标测度，一是可专利主题，二是新颖性定义，三是创造性定义，四是费用结构。一项发明创造的"三性"往往通过审查程序来进行判断，所以用审查程序的驳回率能较好反映专利的发明创造质量。另外，专利创造性大小也与研发投入强度呈正相关关系，一般而言，单位投入强度越大的专利创造性可能就越高。所以，专利的技术质量也可以用单位专利申请的研发投入费用和人员表征，一般而言，单位专利研发费用和人员投入越高，专利的技术质量就越高，但是由于非市场因素的存在，一些国家和地区的发明创造成果并不一定全部都申请专利，很容易导致该指标偏高。

2. 文件撰写质量

专利文件质量实际上是申请人和代理人共同努力的结果。专利文件撰写好坏对于专利能否获得充分保护具有密不可分的关系。撰写质量包括几个方面：（1）专利说明书的撰写质量。各国专利法均要求说明书要充分公开，这就要求进行充分的检索，进行有效的对比，找准现有技术存在的问题、使用的技术手段和达到的技术效果。通常，最能反映说明书充分公开的是实施例的多少和实施例的详细程度。但充分公开并不等于要求必须将一些技术诀窍公开，但不公开技术诀窍必然会降低说明书撰写的质量。（2）独立权利要求书的撰写质量。影响权利要求书质量的因素一是专利独立权利要求的数量。数量越多越能从不同角度如产品和方法角度进行充分保护。二是从属权利要求数量。数量越多则越能对抗他人申请同样、类似或改进的专利，与独立权利要求共同构成完整的权利保护体系；三是独立权利要求中区别技术特征的数量。在专利技术创造性确定的情况下，撰写的独立权利要求中区别技术特征数量越多一般会导致专利保护范围越小。在符合"清楚"的要求下，专利独立权利要求撰写得越上位或者越概括则专利的保护范围就越宽，如果写得过于具体或加进了非必要技术特征，则专利权利范围就会变小。但也不能说越上位越好，独立权利要求技术特征过于上位会导致不清楚，会无法有效对抗他人的无效宣告请求，专利质量同样会受到影响，只有权利要求技术特征概括的比较恰到好处的专利质量才算比较高。(3) 说明书对专利权利要求书的支持程度。如果说明书公开的必要技术特征没有记载在权利要求书中，或者权利要求书记载了说明书中没有公开的内容，则专利的法律稳定性不足，有可能被宣告无效，被要求修改权利要求，而有时很难通过修改来弥补说明书不支持权利要求书带来的损失。

3. 审查质量

专利文件不仅是技术文件也是法律文件，专利的技术质量和法定质量缺一不可，专利质量是代理人和审查员通过发挥主观能动性和进行对抗确定的符合法律要求的质量，反映在最终专利文件的质量上。代理质量和审查质量又是相互对立和相互影响的，只有两者都高，法律确定的专利质量或专利的法定质量才高，但如果任何一方面的质量较差，即使另外方面的质量高，最终的专利质量也可能较差。

专利审查质量不是专利局本身审查规则的质量，而是进过审查程序检验或者保障的专利质量，主要用检索的质量、实审质量来反映，检索质量主要通过检索的文献量多少和准确性反映，实审质量主要用做出授权决定或驳回决定的正确性来反应。审查质量也应通过救济程序来验证。权利救济程序是反映审查质量的重要过程，专利复审无效程序主要用于保障公众和申请人的利益得到合法保护。权利救济主要是通过复审无效和诉讼程序保障专利权的正确授予。由于复审无效反映的实际上是审查程序对专利质量的判断，所以应将专利复审和无效维持专利权有效率作为评价专利审查质量的指标。

4. 经济质量

专利经济质量是专利技术质量和法定质量的综合反映，是综合表征专利质量的间接指标，专利质量高一般价值大，价值高的专利质量一般较高。为激励科研机构专利转移转化的积极性，专利质量测度有必要增加专利实际价值指标。专利实际经济价值可用转让或许可费收入、自行实施所获得的利润，或入股实施获得的分红及股息收入等表征。一个科研机构专利质量总体高则其专利实际经济价值一定会大，专利实际价值小则其专利质量一定不高。专利经济质量的前提是要有一批有效的专利，有效专利实际上也是专利技术质量和法定质量的综合反映。

10.4 专利质量测度原则与指标体系

10.4.1 专利质量测度原则

总体看来，专利质量测度坚持几个基本原则。

1. 专利质量概念的核心是专利授权条件

专利质量是指是专利满足法律规定的法定授权条件的程度，说明书充分公开，能使本领域普通技术人员能不用花费创造性劳动实施专利，不存在保护范围争议，权利要求范围恰当，而且说明书要支持权利要求书。专利的法定授权条件是专利质量的核心，一切专利质量测度体系构建必须坚持这一基本原则，专利必须满足新颖性、创造性和实用性的要求。

2. 专利质量主要包括技术、审查和经济三个方面的质量

从本意来看，专利质量并不单纯是专利的审查质量，更不是专利局工作质量或者各国专利体系的质量，虽然高质量的专利局工作质量和专利体系质量有利于促进专利审查质量的提高，但专利质量有其特别的内涵。专利质量有三个方面的含义，一是发明创造的质量，或者技术质量，这是专利质量的基础，二是法律确定的质量，法律确定的质量既包括审查质量，也包括文件撰写的质量，而审查质量是关键。三是经济质量，从理论上分析，低质量的专利的经济价值一般不大，专利经济价值高其专利质量一般也高，高质量的专利一般也具有经济价值，虽然这种经济价值可能是没有显现出来的价值。经济质量是专利质量的最终综合体现，因为对于一个科研机构来说，申请专利的目的最终是要应用和产生经济价值，仅仅具有防御作用的专利并不占大多数，而且防御的目的也是为了获取经济价值。

3. 专利质量指标体系应符合不同的测度目的

对于权利人来说，权利要求范围越宽，技术经济价值则可能越大，越有利于提高专利质量，而对于科研机构来说，专利质量则与专利有效性、权利要求范围解释的清楚和可测性相关。科研机构、高校和企业关注的重点是发明创造质量本身，专利局关注的重点更多是审查质量，政府部门关注的更多是专利质量对经济发展的支撑作用，强调经济质量。因此，专利质量不存在唯一的或者最优的测度指标体系，专利质量测度指标体系应服务于实际测度的需要，应随目的不同、测度对象不同、测度用途不同而不同。

4. 专利质量指标体系必须兼顾理论性与可行性

现有一些研究提出的专利质量测度指标体系只是理论上可行，因为存在数据可获得性问题，很难计算，很难进行实际比较和得出结论。一些研究提出的专利质量指标体系能够计算，但指标太少、导致理论上不完善，一些指标体系还使用了大量的间接指标，而最相关的指标如专利"三性"、说明书充分公开和权利要求恰当撰写则很少涉及。一些机构发布的指标体系多数是调查指标，很难进行比较研究。专利质量指标体系必须兼顾理论的可行性和实际操作的可行性，只有理论上完善和实际能测度的指标体系才是好的专利质量测度指标体系。

10.4.2　专利质量指标体系

1. 单项专利质量测度指标体系

根据上述分析，单项专利质量测度指标体系包括两个一级指标。

（1）发明创造质量指标。发明创造质量指标包括是否授权，因新颖性、创造性修改的情况三个指标。授权专利一般是符合专利法定授权条件的专利，如果一项专利因为新颖性

和创造性问题进行修改而修改不符合要求被驳回的,则质量肯定不高。

(2)文件撰写质量。法定质量包括文件撰写质量和审查质量,文件撰写质量指标主要包括代理费、说明书和附图页数、权利要求数三个指标。代理费越高,代理人付出的努力就会越多,撰写的文件质量就会相对较高。说明书和附图页数、权利要求数越多,专利申请公开越充分,保护体系设计得越完整,专利的质量也越高。

(3)审查质量。审查质量指标则包括专利局发出实质审查意见通知书的次数和与申请相比权利要求减少数。在同等条件下,专利局发出实质审查意见通知书说明专利申请存在实质性问题,次数越多表明修改仍不符合要求,则专利申请的质量越低。与申请相比权利要求减少数反映了专利文件撰写的水平,减少的越多,表明撰写的质量越低。

(4)经济质量。经济质量主要包括该专利是否是有效专利、是否已经转移转化和转移转化取得的实际经济收入。专利有效虽然不能表明该专利必然有经济效益,但专利有经济效益的前提是该专利一定是有效专利。自行实施、转让或许可他人实施以及入股实施是科研机构实施其专利的主要途径,专利实施获得的经济收益主要是增加值但难以计算,一般用税后利润和税收(增值税和所得税)表示。

表 10 - 3　单项专利质量测度指标体系

一级指标	二级指标	权重	分值标准	
			最大值	最小值
发明创造质量	授权状态	0.5	100(授权)	0(驳回、撤回)
	因新颖性修改	0.2	100(无)	0(驳回)
	因创造性修改	0.3	100(无)	0(驳回)
文件撰写质量	代理费用	0.2	100(2 万元及以上)	0
	说明书和附图页数	0.2	100(22 页及以上)	0
	权利要求项数	0.3	100(22 项及以上)	0
审查质量	专利局发出实质审查意见通知书的次数	0.5	100(1 次及以下)	0(驳回)
	与申请相比权利要求减少数	0.3	100(无)	0(驳回)
经济质量	是否有效	0.3	100(是)	0
	是否转移转化	0.3	100(是)	0
	转移转化实际收益	0.4	100(50 万元及以上)	0

单项专利质量测度指标体系如表 10-3 所示。设单项专利质量为 Q_p,发明创造质量为 Q_{in},文件撰写质量为 Q_{do},审查质量为 Q_{ex},经济质量为 Q_{ec},则单项专利质量测度公式如下:

$$Q_p = (Q_{in}^{0.4} \times Q_{do}^{0.3} \times Q_{ex}^{0.3})^{0.6} \times Q_{ec}^{0.4}$$

2. 机构专利质量测度指标体系

科研机构专利质量综合测度指标体系包括四个一级指标,如表 10 - 4 所示。

表 10 - 4　科研机构专利质量测度指标体系

一级指标	二级指标	三级指标	三级指标权重	标杆值
发明创造质量 0.3	创新水平	单位科研经费申请专利数量	0.2	中间值
		单位科研人员申请专利数量	0.2	中间值
	满足授权条件程度	非驳回和撤回数量占申请量比例	015	100%
		发明专利申请量占三种专利申请量的比例	0.15	100%
	国际布局	国际专利申请量占专利申请量的比例	0.3	20%
文件撰写质量 0.2	代理水平	专利代理率	0.2	100%
		平均每件专利代理费（申请与答复审查意见）	0.2	2 万元
	文件质量	专利授权文件平均说明书和附图页数	0.3	22
		专利授权文件平均权利要求数量	0.3	22
审查质量 0.2	实审程序质量	专利局发出通知书的数量与当年申请量比例	0.4	100%
	复审程序质量	复审发回重审量占复审请求量的比例	0.3	100%
	无效程序质量	无效程序专利维持有效比例	0.3	100%
经济质量 0.3	经济质量基础	专利平均存活年限	0.4	10
	实际经济收益	转移转化专利数量占有效专利数量的比例	0.3	50%
		单位转移转化专利产生实际经济收益	0.3	80 万元

（1）发明创造质量。发明创造质量指标包括创新水平、授权条件满足程度和国际布局三个二级指标。首先，创新水平主要用单位专利申请量占用的研究开发经费和科研人员数表征，单位专利申请研发经费和研发人员越多，专利投入强度越大，表明专利质量可能越高，但不申请或少申请专利并不表明专利质量就高，所以取全部科研机构的平均值作为最优值。第二，发明创造质量高低还表现在满足专利授权条件的程度上，用非驳回和非撤回案件数占作出决定专利案件数的比例和发明专利申请量占三种专利申请量的比例两个三级指标测度。从专利申请到专利授权是一个复杂的过程，显然在专利申请量一定的情况下，驳回和撤回的案件越多说明专利质量总体越低。在三类专利中，只有发明专利是经过实质审查、创新程度较高的专利，而且由于发明专利申请是基本上完成研发活动的创新成果，因此选取发明专利申请量占三种专利申请量的比例为衡量科研机构专利质量的指标之一。第三是国际布局指标。主要用国际专利申请量占申请量的比例表示，国际专利申请量越多表明发明创造质量越高。

（2）文件撰写质量。文件撰写质量主要反映在科研机构是否聘请专业化的代理机构撰写专利申请文件和专利说明书与权利要求书的撰写质量上。科研机构专利申请是否代理和平均每件专利代理费用是影响专利质量的重要因素，代理率高的科研机构总体质量较高，每件专利代理费用高的专利质量相对也较高。高质量的专利必须要充分公开，能使得普通技术人员通过学习说明书而不用花费创造性劳动再现发明，因此用说明书和附图的页数表征说明书撰写质量。权利要求书撰写的质量体现在恰当界定专利保护范围并有效对抗他人的改进发明上，因此用平均权利要求的数量指标表征权利要求书撰写的质量。但越大并不表明撰写质量越高，过多的说明书和权利要求会造成审查负担，导致审查质量下降，标杆值可以根据国际平均水平设定。

（3）审查质量。审查质量是保障专利质量的关键。审查质量包括初审和实审两个程序的质量，由于初审驳回率几乎为零，所以本书不考虑初审的审查质量。而实审质量主要用专利局发出的审查意见通知书的多少反映。一般情况下，审查员都要发出一通，而发出四通的数量较少，发出三通仍不能正确答复意见的则可能被驳回，所以用专利局发出通知书的数量与当年申请量的比例能较好表征专利审查程序的专利质量，但这个指标是个负向指标，比例越低专利申请质量应越高。同时，实审质量高低还要通过复审、无效程序检验，实审质量指标包括复审发回重审量占复审请求量的比例，及无效程序专利维持有效的比例。

（4）经济质量。一个科研机构专利质量总体较高则其专利实际经济价值一定较大，专利经济价值较小则其专利质量一定不高。对于一个科研机构来说，专利经济质量必须拥有一批有效的专利。因此专利经济质量基础用发明专利存活年限表征。专利的存活年限越长，专利的总体经济价值有可能越大。同时，专利的经济质量还表现在专利自行实施、转让、许可和入股的数量，以及单位专利产生的实际经济收益上。科研机构专利经济质量用转移转化专利数占全部有效专利数量的比例和单位转移转化专利产生的实际经济收益两个指标表征。如表10-4所示。

假设某科研机构有 n 个专利样本，样本平均发明创造质量为 Q_{in}，文件撰写质量为 Q_{do}，审查质量为 Q_{ex}，经济质量为 Q_{ec}，则该科研机构专利质量 Q_{po} 的测度公式如下：

$$Q_{po} = (Q_{in}^{0.4} \times Q_{do}^{0.3} \times Q_{ex}^{0.3})^{0.6} \times Q_{ec}^{0.4}$$

10.5 科研机构专利质量问题分析

10.5.1 法律法规问题

审查员相对容易拒绝丧失新颖性的专利。创造性是专利技术质量的核心。"普通技术人员"、"意想不到"或者"显而易见"是创造性的核心。一个专利是否具有创造性，创造性高度如何关键是要看它所要解决的技术问题是否存在，所用的技术手段是否可行，所得出的技术效果是否真实。但目前我国《专利审查指南》和有关案例关于"技术问题"并没有特别明确的规定，只是规定如果存在现有技术启示使得申请人有动机去解决技术问题的，有可能导致不具有创造性，而且也没有关于技术效果的明确规定，只要发明人将认为的优点写出来，只要不割裂在先技术和不至于产生误导就可。申请人所称的技术问题，所宣称的技术效果不一定准确。由于缺乏判断标准和判断方法，代理人、审查员和法官在"三性"判断时只能根据经验和主观判断确定专利创造性。

权利要求确定的是技术方案的保护范围，欧洲要求"清楚、简洁"（Clear and concise），美国要求"清楚"和"准确"（Clarity and Precision），中国要求"完整、简要"，并应得到说明书的支持。这些应当是撰写权利要求和判断创造性的核心，但什么是"完整"、"简要"没有明确的标准，现有的专利法规和审查指南没有具体的规定或说明，只能靠代理人和审查员的经验和主观把握。

此外，专利法所称的实用性与实际应用是两回事，专利申请人所称的优点和积极效果不一定是真正的优点和积极效果，而我国有关法规关于实用性的规定很少，只要不是永动机之类违反科学规律的发明创造都符合专利法实用性的规定。

10.5.2 政策导向问题

近年来，我国科研机构知识产权申请授权的数量急剧增长。但数量并不能反映我国科研机构的创新能力在快速提升，我国科研机构和高校存在重专利数量轻质量，重专利申请轻转移转化的特点。其主要原因在于我国知识产权政策导向出现了问题。一是国家科技计划等由财政资助项目中往往要求承担方产生一定数量的专利等知识产权作为验收指标，部分科研人员为完成项目要求，通过拆分技术申请申请专利，将原理性技术申请专利，将发明高度不高的技术申请专利。二是我国多数研究机构和高校评价指标体系无不赋予专利申请量较大的权重。专利数量已成为科研教学人员职称晋升、晋级、评聘的主要条件，也成为科研机构和高校创新实力的重要指标。因此出现了很多科研人员为求专利数量而不顾专利质量的情况。三是科研机构的科研工作较多偏重于基础和理论研究，虽然一些成果申请了专利，但这些成果由于缺乏具体的参数、指标、方法、步骤等，可能无法实施，造成专利质量不高。

10.5.3 专利管理问题

科研机构知识产权管理是一项专业性较强的工作，没有专门的机构和专业人员很难有高质量的知识产权管理。我国很多科研机构、高校没有专门知识产权管理部门，由单位科技处等代为管理的较多。由于科技处工作繁多，知识产权管理得不到高度重视，往往局限在成果管理层面，缺乏对知识产权申请、保护和利用各项工作有机结合的统筹考虑，难以进行科研项目知识产权全过程管理。绝大多数科研机构的知识产权制度本身存在问题，如制度建设滞后、修订不及时、偏重知识产权的申请和授权等，多数还停留在专利统计、奖励申报和评审等行政性事务性工作上，而对知识产权开发利用和转移转化等的管理水平较低，相当一部分科研机构只查数量不顾质量的奖励政策扭曲了知识产权的本来目标，部分科研机构将专利申请数量作为科研人员职称晋升和研究生毕业的条件之一，导致我国科研机构专利质量普遍较低，从整体上影响了我国科研机构的创新能力建设和国际影响力的提升。

10.5.4 专利代理问题

当前，一个很重要的影响专利质量的问题是专利代理问题。一方面，由于市场竞争不充分和各种行政干预，加上专利代理行业的竞争日趋激烈，一部分专利申请目的主要是为了考核验收而非竞争需要，就会对专利代理人的要求降低，专利代理费标准下降导致恶性竞争，代理费的降低必然导致专利申请文件的质量不高，而且还导致审查负担提高，影响专利的质量。另一方面，市场的激励竞争导致对专利代理人的要求不断提高，专利代理收费标准也不断提高，导致专利说明书页数和权利要求数量大幅增加，过多的权利要求数量不仅会限制改进专利，更会影响专利审查速度，反过来也会影响专利审查质量的提高。

10.5.5 专利审查问题

我国专利审查质量建设还存在以下问题和不足。一是专利审查法规建设落后。我国的专利审查标准存在不足，《专利审查指南》在重大审查核心概念如"实用性""普通技术人员""意想不到"，说明书的"清楚""完整"，权利要求书的"完整""简要"上规定还很不充分。而这些概念是审查员在审查工作中最重要的概念。我国专利法规没有要求审查员必须将检索报告公开，没有要求审查员必须将检索到的参考文献补充到背景技术中的硬性规定。二是专利审查基准存在问题。对最佳实施例的审查不够，一些专利申请的实施例缺乏科学性，一些申请说明书的优点和积极效果并不是科研创新得出的必然结论，而来自臆想编造的优点和积极效果，但专利审查对这方面的审查存在不足。目前我国专利审查发出一通的比例高达95%，而发四通的比例很低，一些审查员发出的答复意见通知书提出的问题似是而非。三是专利质量控制体系不完善。我国专利审查以前建立过33个指标的专利质量指标体系，后来废止后，我国一直没有建立新的适合需要的面向涉及公布的专利审查质量监测体系。与美欧相比，我国没有建立最佳的检索和审查案例库，我国虽然建立了审查质量管理与申诉机构，但开放性不够，申诉机制还不完善。四是人员队伍能力建设需要加强。我国审查员参照公务员的招录和管理体制在很大程度上制约了审查员的待遇提升，影响了审查员工作的积极性和工作质量。我国建立的审查协作中心虽然发展迅速，但审查协作中心的人员审查能力参差不齐，加上多建立在北京以外的省市，整体审查质量受到影响。我国专利审查经费保障模式存在问题，平均审查员在每个权利要求上的审查投入远低于发达国家。五是专利审查的信息化建设还较滞后。我国尚没有建立中文与其他语种的自动翻译系统，也没有建立英语与其他语种之间的自动翻译系统。我国虽然建立了专利的参考文献著录项目，但缺乏专利引用的数据，无法有效评价专利质量，而专利引用是评价专利质量的重要指标之一。公众反映我国的专利数据库很不好用，存在反应慢、智能化程度低、不能网页检索、审查信息公开不完整等问题。六是专利审查不能很好创新驱动发展战略的需要。我国的专利审查在支撑产业创新发展，支撑中小企业创新上还缺乏有效措施，主要表现在缺乏对战略性新兴产业、高新技术产业中小企业专利的快速审查机制和费用减缓机制。尤为重要的是，我国专利审查缺乏专利分类与国民经济分类对照系统，导致我国专利密集型产业统计体系无法建立，知识产权经济对国民经济的贡献无法科学测算。由于缺乏专利引用数据，我国专利审查在引导产业发展需要的专利组合或专利池建设上也缺乏有效措施，而专利池或专利组合是促进专利转化实施的有效模式。

10.5.6 转化激励问题

我国《专利法》及正在征求意见的《促进科技成果转化法》《职务发明条例》等规定了为促进职务科技成果、职务专利或职务发明转移转化支付给职务发明人的奖励或报酬的最低标准，但与发达国家科研机构和高校技术转移收益分配政策相比，我国这种规定很粗放，最低比例要比国外的报酬标准低很多，许多科研机构将最低标准当成了基本标准。同时，法律规定还留出了一个极为灵活的空间，没有设定职务发明人收益分配的上限，因此一些地方为了加强对职务发明人的激励，将科技成果转化报酬比例提高到了 70% 甚至 90%，这反过来又影响了科研机构和高校转化职务成果的积极性。另一方面，为了促进科技成果转化和防止国有资产流失，我国还创造了中小高技术企业给予职务成果发明人奖励股权和期权的政策和中关村国家自主创新示范区的分红权政策、中关村将不低于 20% 的科技成果作为出资所获得被投资企业的股权（股份）用于奖励有关人员的政策，但这些并不是应然的权利，不是一种可明确预期的权利，仍是一种奖励。而且科研人员获得这些权利时必须缴纳个人所得税。加上我国许多科研机构科研人员时常处于非常弱势的地位，现有这些政策落实也很不到位。由于专利转移转化激励政策存在许多不足，其结果是很多专利创造没有面向运用，专利质量就不可能很高。

10.6　专利质量与专利效益

目前，各国关注和提升专利质量的目的不仅仅是为了提升专利审查的效率，其主要目的是为了提升专利的实际效益，即专利实施获得经济收益的能力。专利效益是技术研发成果的商业化（Mueller，1962）；是促进技术披露和进步（Barzel，1968；Loury，1979；Das-gupta and Stiglitz，1980）；是某些领域的技术认可（Scotchmer and Green，1990 Green and Scotchmer，1995）；是鼓励经济增长、刺激 R&D 投入和给创新者带来财富（James Bessen，2008）；也是激励有用的发明、对技术的垄断（Arrow，1962；Nordhaus，1962；Scherer）等；是实施专利战略所取得的全部收益（薛韬，1997）。但根本上，专利效益是专利通过转移转化能获得实际的经济收益。

实际上，专利质量与专利效益是相关但不同的概念。专利质量是一件专利符合专利法定授权条件的程度，符合法定授权条件的专利是有质量的专利。专利效益是专利的实际获利。与质量和效益相关的一个概念是专利价值，专利价值是一个综合性概念，专利价值不仅包括经济价值也包括其技术价值，当然还包括社会价值、科学价值，但主要的还是经济价值和技术价值。专利技术价值并不是专利质量，但有质量的专利一般是有技术价值的专利。专利经济价值主要是实施专利的实际效益，但价值并不必然转化为效益。

国家知识产权局开发的专利价值度评价指标体系包括三个方面的价值度，除了技术价值度和经济价值度外，还有一个是法律价值度。但实际上，法律是对专利经济和技术价值的保障，专利并不存在法律价值度的问题，专利法律上的特点不是价值度的问题。重庆科学技术研究院公开了一种技术先进性评估体系及技术先进性评估方法（专利申请号 CN201110365114.2），构建了以技术性能、经济效益、社会效益为基础的技术先进性评价指标体系，设置一级指标 3 个，二级指标 8 个，三级指标 20 个。该院还公开了一种技术价值评估方法及基于模糊评价理论和物场分析下的技术经济寿命评估模型（专利申请号 CN201110365883.2），制定了出技术价值评估指标体系的定量分析模型，确定评估技术的经济寿命。

当前，最根本的问题是要从专利中识别出有质量的专利，要从有质量的专利中识别有效益的专利。如图 10-1 所示。从专利中识别出有质量的专利可以通过建立专利质量测度指标体系来进行筛选，而合理的专利质量指标体系应当以专利符合法定授权条件的程度来构建，但这需要大量的专家知识，对于大量专利来说实现的难度较大，建立专利质量指标体系必须简化，必须能够测度比较，而且要尽量符合专利质量的定义，如表 10 – 3 的指标体系。

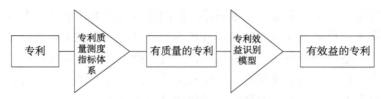

图 10 – 1　专利质量和效益模型图

专利的效益可以是自行实施或入股实施后产生的经济效益，也可以是转让和许可他人实施产生的经济效益。专利效益最根本的是专利要能实施，并取得实际的经济收入。表征专利效益的可以是最终的实施收入，也可以是专利转让或许可的收入。但有效益的专利往往是还未实施但具有潜在实施收益的专利。判断专利的潜在实施收益，不仅要判断专利本身的质量，还要判断专利实施的可能性大小和专利实施时对他人专利的依赖程度，以及专利实施后可能的市场状况。

因此，识别有效益的专利，必须识别以下几个最重要的参数。（1）专利实施的可能性大小。主要包括专利在技术上是否先进和成熟，质量高的专利不见得是技术先进的专利，也不见得是技术成熟的专利。判断专利是否先进和成熟，主要应从专利独立权利要求中区别技术特征和说明书中的优点与积极效果的描述来考察。（2）专利实施对他人专利的依赖程度。主要分为专利对他人专利无依赖可单独实施，专利需要他人专利进行交叉许可实施，和处于专利池或专利组合中的专利实施三种。第一种独立性为 100%，第二种独立性低于 100%，第三种专利池实施效益的比例甚至该专利获得许可收益的独立性大小主要依赖于其在专利池中的比例。（3）专利实施后可能的市场状况。市场状况又包括四个必要的指标：应用专利技术后单件产品的新增利润、专利技术市场应用可能性大小、市场规模、项目计算期。

在市场状况四个指标中，由于大量的创新是改进创新，应用专利技术后，产品要么通过提高售价提升利润，要么通过够降低成本提升利润，所以用利润增长率表征专利技术带来的主要收益能力。同时，一项专利产品生产出来后，它不必然就能够顺利进入市场，进入市场受制于很多因素，其中最重要的是宏观经济形势、资金、设备、土地等要素的可获得性，以及市场开拓能力等。市场规模受制于要素投入规模的大小和市场开拓能力。项目计算期是指在专利生命周期内企业利用专利获取利益的周期。所以，本书提出以下专利质量到专利效益的识别模型。主要识别参数如表 10 – 5 所示。识别模型如下公式所示。

$$P_{VP} = E_p \times D_e \times S_P(P_q \geq T)$$

式中：P_v 为专利效益得分，P_q 为专利质量得分，T 为专利质量阈值，E_p 为专利实施的可能性，D_e 为有质量专利转化为有效益专利的可能性，亦即有质量专利实施的独立性，S_p 为专利技术市场应用可能性大小。

表 10 - 5　专利效益识别指标表

序号	条件	符号	子指标	指标	最好	较好	中等	较差	最差
1	专利技术实施可能性	E_p	资本可得性		最高 100%	较高 80%	中等 60%	较低 40%	无 0
			土地可得性		最高 100%	较高 80%	中等 60%	较低 40%	无 0
			劳动力可得性		最高 100%	较高 80%	中等 60%	较低 40%	无 0
			管理能力高低		最高 100%	较高 80%	中等 60%	较低 40%	无 0
2	专利技术实施独立性	D_e	可独立实施		最高 100%	较高 80%	中等 60%	较低 40%	无 0
			交叉许可实施		最高 100%	较高 80%	中等 60%	较低 40%	无 0
			专利池实施		最高 100%	较高 80%	中等 60%	较低 40%	无 0
3	专利产品市场销售可能性	S_p	产品替代性		最高 100%	较高 80%	中等 60%	较低 40%	无 0
			市场渗透性		最高 100%	较高 80%	中等 60%	较低 40%	无 0
			市场份额		最高 100%	较高 80%	中等 60%	较低 40%	无 0
			产品质量		最高 100%	较高 80%	中等 60%	较低 40%	无 0
4	专利收益实现可能性	θ	专利技术收益分成率		33%	30%	25%	20%	16%
		$\triangle P_i$	单件专利产品新增利润率		200% 及以上	150%	100%	50%	0
		a	市场规模		1 亿元 及以上 100%	0.5 亿元 80%	0.1 亿元 60%	500 万元 60%	200 万元 40%
		n	项目计算期		10	8	6	4	2

假设 θ 为专利技术收益分成率，ΔP_i 为应用专利技术后单件产品的新增利润率，A 为总市场规模，a 为专利技术的市场规模，n 为项目计算期。

则实际专利效益为 $P_{VP} = E_p \times D_e \times S_p \times \theta \sum_{i=1}^{n} \dfrac{\Delta P_i}{(1 + r)^i}$ 　$(P_q \geqslant T)$

假设某专利的质量得分为 75 分，阈值为 65%，该专利实施后利润率能提高一倍，市场规模按原市场规模不变，专利实施的可能性为 75%，有质量专利实施的独立性为 100%，专利技术市场实现可能性大小为 80%，项目计算期按 7 年，折现率按 10% 计算，则该专利技术效益实现可能性为60%，自行实施效益为改进前专利技术自行实施的2倍，转让和许可实际效益为改进前专利技术实施效益的1.2倍。

10.7 小 结

本章首先研究了主要国家专利质量指标体系和提升专利质量的政策措施，然后研究了科研机构专利质量测度的原则，从单项专利和科研机构专利总体两个方面提出了专利质量测度指标体系，之后分析了我国科研机构存在专利质量问题的原因，还提出了从有质量专利中识别有效益专利的方法。本书提出以下提升科研机构专利质量的政策措施。

一是提高发明创造质量。有必要对《专利法》专利创造性部分的"技术问题"和"技术效果"进行明确规定。"技术问题"和"技术效果"必须是客观而且能够证明的，而非申请人自我宣称的，是与现有技术发展状况相一致的，是与发明目的和技术效果相一致的技术问题。应对权利要求"清楚、简要"的要求进行详细规定，制定手册或指南，指导代理人和申请人撰写高质量的专利申请文件，并提供丰富的案例。应要求申请人对专利申请的实用性进行客观描述，并提供真实声明。要在请求书中增加实施可能性、实施需要技术、实施存在问题等著录事项，应规定审查员有权要求申请人提供实验数据或实物模型和说明理由，以证明实用性。

二是提高代理质量。强化专利代理人的考录，强化学习、实践经历和实际技能的专业考核，增加外语交流水平考核。推进公开公平竞争考试，取消一切非经考试可获得专利代理资格的法规政策。建立代理人业务实践制度，尤其是强化法院诉讼和专利局审查实践，并作为报考的必要条件。建立代理人质量信誉档案制度并向全社会公开，加强执业责任考核与惩戒。建立终身学习培训制度、专业技术分类制度和职称晋升制度，强化对代理人的内在激励。建立商标、版权、植物品种代理资格考试和考核制度。要加强对代理机构和代理人的服务，防止代理行业过度市场化倾向，切实保护代理人的合法权益。最重要的是要加快专利代理的市场化改革，将国有代理机构转制为民营机构，禁止非代理人的实质代理行为。

三是提高审查质量。应规定专利申请人和审查员必须将检索报告写入专利文件现有技术之中，并将检索报告向全社会公开。开发建立自动翻译系统，扩大专利文献和科学文献检索的范围。开发专利检索系统的全文本检索和自动化分析功能，开发具有同义词库和语义分析功能的检索系统。建立互联互通的知识产权资源和审查资源共享平台与制度，尤其是要推进外观设计专利与商标、计算机软件著作权与专利、植物品种与专利、科学论文与专利审查资源的共享。加强审查员业务培训，扩大审查员到科研机构和高校学习科学技术的规模。引入任何第三方授权前后现有技术抗辩原则。建立内部与外部质量抽样制度，完善客户满意度调查体系，并将审查质量与审查绩效挂钩。除招收新的审查员和建立审查协作中心之外，还可以探索将部分知识产权审查业务外包给外部高水平的代理机构。应探索推动现有主要审查体系逐步转向独立预决算的经营实体。

四是以运用促进专利质量提升。推进科研机构知识产权管理方式改革，鼓励和支持科研机构设立技术转移办公室，以知识产权转移转化推动知识产权管理和质量提高。大力发展专利池和专利组合为对象的技术转移机构，提高我国企业为主体，高校和科研机构合作的知识产权运营能力。

五是改革专利费用政策。要提高专利收费标准。优化费用结构，要适当降低复审无效阶段费用占总费用的比重。改革专利费用减缓政策，加大对经济困难证明的审核力度，将费用减缓政策重点转向支持可实施专利，可组合或可构成专利池的专利。未来应将专利费用减缓政策与专利实施挂钩，只有已经实施或者签订实施许可合同的专利才能减缓。

六是改革资助奖励政策。改变地方资助专利申请阶段的政策，将专利资助政策重点转向支持符合产业发展需要的授权专利和可转化专利，资金使用范围要转向资助专利分析、产业化、投融资、运营、专利优势企业培育等环节，资助的对象向中小企业倾斜。科研机构专利奖励的重点要转向专利集中管理、构成专利池、专利组合、推进专利运营等方面。

七是建立知识产权质量控制体系。科研机构应建立内部专利质量监测指标体系，定期开展监测，及时调整政策。科研机构可以通过建立专利质量专家组或者另外委托中介服务机构等方式评估专利质量。科研机构还要建立专利事务所和专利代理人质量信誉档案，重点考核专利申请文件质量、权利要求保护范围科学性和市场价值分析合理性等。

八是制定提升专利效益的政策。面向创新驱动发展战略提出的重大需求，借鉴主要发达国家的经验，总结我国科研机构专利质量与专利效益存在的突出问题。完善专利效益识别参数表，改进从有质量专利到有效益专利识别方法，并从促进专利运用的法律法规修订和运用模型完善等方面提出基于专利质量提升专利效益的政策建议。

第十一章 科研机构知识产权转移转化管理

科研机构创造知识产权的目的最终体现在商业化上，知识产权转移转化是将知识产权尤其是专利转化为商品获得经济收益的过程。我国知识产权和科技成果转化率一直较低，主要原因在于我国制定的很多法规政策未能充分把握知识产权与科技成果转化的规律。解决知识产权和科技成果转化率低的问题，必须系统研究影响和制约知识产权与科技成果转移转化的规律性问题，必须完善知识产权与科技成果转移转化的相关法律，必须创新各类转移转化机构的商业模式，必须建立有效促进知识产权与科技成果转移转化的政策体系。

11.1 知识产权转移转化内涵外延

转移和转化是两个不同的概念，专利转移是将一个机构的专利技术向其他机构转移的过程，专利转化是指专利技术转变为商品的过程。专利转化是专利转化为现实生产力的活动，包括产品化和产业化，而专利转移不一定是专利转化为生产力的活动。专利转移包括转让和许可，转让是专利技术和专利权同时发生转移的行为，而许可是专利技术发生转移而专利权没有转移的行为，是专利使用权的转移。专利许可又包括独占许可、普通许可、交叉许可、分许可等形式。专利法意义上的实施包括制造、使用、销售（包括许诺销售）、进口等，专利转化包括专利产品制造和销售，专利转移包括专利使用，但转移转化不包括进口活动。专利转移转化主要是通过使用专利技术，制造和销售专利产品，将专利技术变成商品获取经济收益的活动。对于科研机构来说，专利转移转化是该科研机构自行制造销售专利产品获取经济收益，将专利技术入股获取股份收益，将专利转让许可给他人制造和销售专利产品获得转让或许可收益，以及从事专利技术服务获取收益的活动。

11.2 知识产权转移转化现状

目前，我国科研机构知识产权转移转化工作已取得一定成效。以中科院为例，中科院2013年通过各种方式转移转化的知识产权有2357项，合同金额16.86亿元，实际到账收益7.78亿多元。其中转移转化国内专利1955件，合同金额12.49亿元，到账金额6.75亿元。虽然专利转移转化率比过去几年有了大幅度提高，但转移转化的专利占有效专利的比例仍然较低，只有8.84%。❶

---

❶ 中科院2013年知识产权统计报告。

　　根据 2009 年开展的中科院专利转移转化调查发现，许可和转让是科研机构专利转移转化的主要方式。其中，36.84% 的中科院研究所采用许可作为专利的首要转移转化方式，26.32% 的研究所采用转让专利进行有效转移转化。采用入股和合作开发作为专利转移转化主要交易方式的研究所比例分别为 21.05% 和 10.53%。还有 5.26% 的研究所采用其他方式进行专利转移转化，例如采用"许可 + 产权入股 + 合作开发"的方式进行专利转移转化。

　　中科院研究所专利转移转化主要依靠课题组成员的个人行为。调查显示，35.29% 的研究所专利转移转化的主要渠道是"课题组个人行为"，表明中科院下属研究所目前缺乏规范、系统、有效的专利转移转化渠道。"研究所参股企业"也是中科院下属研究所专利转移转化的重要渠道，29.41% 的研究所选择该渠道进行专利转移转化。中科院下属研究所较少采用"专门的技术转移机构""建立联合实验室或研发中心""研究所自办企业"等渠道，采用这些渠道进行专利转移转化的研究所比例分别为 17.65%、11.76% 和 5.88%。

　　企业仍然是中科院研究所专利转移转化的主要对象。调查显示，63.64% 的研究所选择企业作为专利转移转化的主要对象。其中，33.33% 和 27.27% 的研究所选择"有限责任公司"和"股份制公司"作为专利转移转化的主要对象，3.03% 的研究所选择"三资企业"作为专利转移转化的主要对象。27.27% 的研究所选择科研院所作为专利转移转化主要对象，其中，18.18% 的研究所选择"单位自用"作为专利转移转化的主要对象，9.09% 的研究所选择"科研单位"作为专利转移转化主要对象。仅有 3.03% 的研究所选择"政府机构"作为专利转移转化主要对象。

　　中科院研究所专利转移转化经费的主要来源仍然是研究所自己，其次是项目经费。根据调查，52.94% 的研究所专利转移转化经费主要来源为"研究所自身投入"，41.18% 的研究所选择项目经费作为专利转移转化经费的主要来源。其中，17.65% 的研究所专利转移转化经费主要来源为"企业项目投入"，11.76% 的研究所专利转移转化经费主要来源为"地方政府项目投入"，选择"地方政府项目投入"和"院属项目投入"作为专利转移转化经费主要来源的研究所比例均为 5.88%。仅有 5.88% 的研究所选择"其他"渠道作为专利转移转化经费的主要来源。

　　中国科学院研究所专利转移转化组织体系还不健全，部分研究所还没有建立专门机构从事专利转移转化相关工作。调查显示，有 56.25% 的研究所建立了专门的专利转移转化机构，其中 44.44% 的研究所专利转移转化机构由单位直接领导，仅有 11.11% 的专利转移转化机构隶属于单位知识产权管理部门，44.44% 的专利转移转化机构隶属于单位科技处。而 43.75% 的研究所还未建立专门机构开展专利转移转化相关活动，主要由单位科技处负责，其中仅有一个研究所由知识产权办公室承担专利转移转化相关工作。在 62.50% 的研究所中，专利转移转化工作还只是科技处下设的一项工作活动，对其重视程度远远不够。

　　被调查的 75.00% 研究所认为，"与专利技术转移需求方接洽"是专利转移转化最主要的工作。其次是"专利技术合同"，62.50% 的研究所认为该项工作是专利转移转化的主要工作；56.25% 的被调查研究所认为"专利许可与谈判"是专利转移转化的主要工作，一半的被调查研究所认为"制定单位专利转移转化管理制度"是专利转移转化的主要工作。

另据中科院科技成果转化统计报告的统计，2012 年，中国科学院科技成果转移转化 8500 多项，使社会企业新增销售收入 3027 亿元，利税 478 亿元。中科院科技成果转化效果要比知识产权转化效果好很多。其中的原因可能有两个：一是知识产权对科技成果转化的支撑不足。我国科研机构科技成果转化取得了很大成绩，但其中专利等知识产权转移转化的数量很少，科技成果可能是大量的技术秘密或者公开技术，技术秘密保护的科技成果法律稳定性不足，如果是著作权类和其他公开技术则科技成果创新性不足。二是科技成果转化可能存在侵犯他人知识产权的情况。科技成果转化以打包方式，虽然可能包含较多的技术秘密和技术服务，但由于现代技术的高度交叉特性，一个科研机构不可能掌握一项科技成果的全部知识产权，科技成果往往是多个知识产权权利人的共同成果，科技成果转化中如果涉及他人知识产权，则必须征得他人知识产权的许可。

11.3 知识产权转移转化问题与政策需求

（1）人才问题是专利转移转化的首要困难。在专利转移转化过程中，人才问题是科研机构面临的首要问题。然而，目前中科院研究所专利转移转化人员数量有限，专业知识参差不齐，高素质的复合型转移转化人才十分匮乏。在人才问题中，12.28% 的研究所认为"缺乏专利转移转化人才"是制约专利转移转化的重要障碍，10.78% 的研究所认为"相关人员专利转移转化意识不强"是制约专利转移转化的重要障碍。

（2）政策缺失是专利转移转化的重要因素。政策缺失主要表现在缺乏有效的专利转移转化激励政策、相关政策和管理机制不够健全、平台建设不足等。调查显示，40.42% 的研究所认为体制缺失是制约专利转移转化的重要障碍。其中，14.07% 的研究所认为"缺乏有效的专利转移转化激励措施"是制约专利转移转化的重要障碍，11.38% 的研究所认为"专利转移转化政策不够健全"是制约专利转移转化的重要障碍，6.89% 的研究所认为"专利转移转化管理制度不健全"是制约专利转移转化的重要障碍，4.19% 和 3.89% 的研究所认为"孵化和工程化平台建设不足"和"缺乏专利鉴别、评估和定价机制"是制约专利转移转化的重要障碍。如图 11 - 1 所示。

针对技术入股的具体政策，53.85% 的研究所认为"政策规定技术作价入股超过 800 万元必须由财政部审批"不合理，但是不同研究所对作价入股金额由财政部审批下限有不同的看法，部分研究所认为 1000 万元是合理下限，部分研究所认为 2000 万元是合理下限。然而，超过一半的研究所认同技术入股比例低于 35% 的政策限制，64.29% 的研究所认为"法律和政策规定技术入股的比例不能超过总投资的 35%"是合理的。

（3）技术转移办公室是专利转移转化合理模式。技术转移办公室是认同的专利转移转化合理机构。调查建立激励机制显示，38.10% 的研究所认为"所内设立技术转移办公室"应该是合理的专利转移转化机构设置。"所内科研处设立技术转移岗位"也是较为合理的专利转移转化机构设置，28.57% 的被调查研究所认为其是合理的专利转移转化机构设置。其次是"院知识产权投资公司"和"社会技术转移机构"，分别有 19.05% 和 14.29% 的研究所认为它们是合理的专利转移转化机构设置。

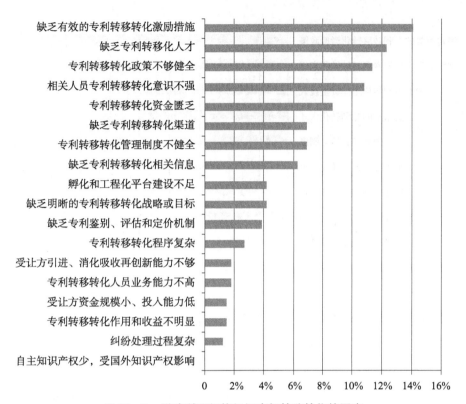

缺乏有效的专利转移转化激励措施
缺乏专利转移化人才
专利转移转化政策不够健全
相关人员专利转移转化意识不强
专利转移转化资金匮乏
缺乏专利转移转化渠道
专利转移转化管理制度不健全
缺乏专利转移转化相关信息
孵化和工程化平台建设不足
缺乏明晰的专利转移转化战略或目标
缺乏专利鉴别、评估和定价机制
专利转移转化程序复杂
受让方引进、消化吸收再创新能力不够
专利转移转化人员业务能力不高
受让方资金规模小、投入能力低
专利转移转化作用和收益不明显
纠纷处理过程复杂
自主知识产权少，受国外知识产权影响

0%　2%　4%　6%　8%　10%　12%　14%　16%

图 11 - 1　影响科研机构知识产权转移转化的因素

（4）建立激励机制是专利转化的首要政策需求。中科院研究所专利转移转化的首要政策需求集中在专利转移转化激励制度的完善上。调查显示，16.84% 的研究所认为"制定有效的专利转移转化激励政策"应是促进专利转移转化工作的主要措施。此外，"加强研发人员的专利转移转化意识""加大专利转移转化资金投入"也是促进专利转移转化的重要手段，分别有 12.37% 和 11.00% 的研究所选择这两项。9.97%、7.90% 和 6.19% 的研究所认为"培养高水平的专利转化人才""健全专利转化制度"以及"丰富专利转移转化渠道"是促进专利转移转化的主要措施。如图 11 - 2 所示。

（5）职务发明转移转化政策落实不够。在职务发明转移转化方面，大部分研究所建立了相关激励政策。调查显示，68.75% 的研究所建立有对职务发明转移转化的激励政策。针对中科院"职务发明人可以获得知识产权转移转化收益 40%~60% 的规定"落实情况，仅有四分之一的研究所将该项激励政策完全落实，58.33% 的研究所部分落实了该项激励政策，而 16.67% 的研究所没有落实该项政策。

（6）亟须完善专利转移转化激励政策。激励政策仍然是重要的政策工具。41.37% 的研究所认为专利转移转化政策需求重点为激励政策。其中，19.54% 的研究所认为"对有突出贡献人员进行重奖"是促进专利转移转化的政策需求重点，12.05% 的研究所认为"对有突出贡献人员提供薪资水平"是促进专利转移转化的政策需求重点，9.77% 的研究所认为"加大研究所专利转移转化业绩考核力度"是促进专利转移转化的政策需求重点。此外，16.61% 和 10.75% 的研究所认为"对研究所专利转移转化工作予以资助"以及

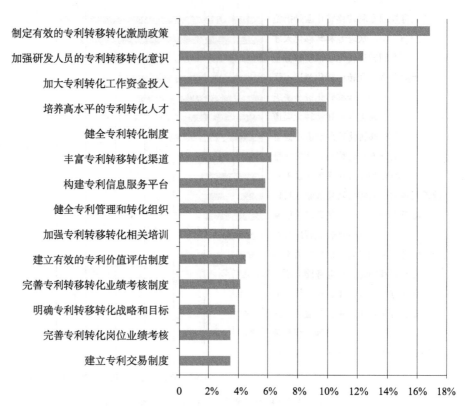

图 11 - 2　科研机构促进专利转移转化工作的主要措施

"建立研究所专利转移转化信息服务平台"是促进专利转移转化的政策需求重点。仅有 5.54% 的研究所认为"引进国际化转移转化高级人才"是促进专利转移转化的政策需求重点。如图 11 -3 所示。

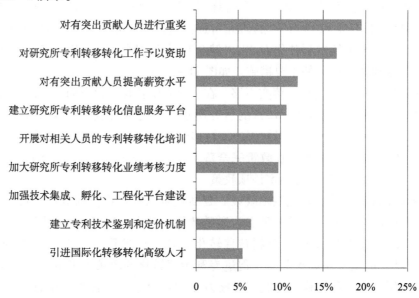

图 11 -3　科研机构专利转移转化所需政策

2008 年以来，为解决上述人才、政策等问题，根据中科院夏季党组会《关于进一步加强我院知识产权工作的指导意见》，中科院分别依托中科院科技政策与管理科学研究所设立了中科院知识产权研究与培训中心，依托中科院文献情报中心设立了中科院知识产权信息中心，依托国科控股设立了深圳（中科院）知识产权投资有限公司，依托中科院大学建立中国科学院知识产权法律实务研究与咨询平台。研究制定了《中科院知识产权工作指南》《科研机构知识产权管理办法》《中科院知识产权专员考试大纲》《中科院知识产权专员管理办法》《科研机构知识产权管理规范》《知识产权转移转化奖励办法》等政策。2013 年，中科院颁布了《中科院知识产权"十二五"推进计划》，提出制定实施知识产权人才计划，加强知识产权人才培养，引进知识产权高端人才，完善知识产权用人机制的政策；还提出构建知识产权转移转化体系，发展知识产权运营服务机构，畅通知识产权转移转化渠道，落实知识产权转移转化政策等举措。到 2013 年底中科院共组织各类知识产权培训班 75 次，集中培训包括主管所长、处长、管理骨干和科研人员四个层次，培训超过 1 万人次，组织知识产权专员资格考试 6 次，通过 168 人，分布在 57 个研究所。

目前，知识产权转移转化人才问题和政策激励问题仍然是目前很多科研机构需要解决的突出问题。由于受到编制、岗位和用人机制的限制，科研机构知识产权转移转化人才队伍建设问题一直没有大的突破，由于受到国有资产管理制度等一系列因素的制约，科研机构制定的知识产权激励政策还没有发挥出根本、长期、稳定的激励作用。

11.4 知识产权转移转化服务体系

知识产权转移转化服务机构是促进专利转移转化不可或缺的重要环节。服务机构是处于政府、大学、科研机构、企业之外并居于这些组织之间的联动机构。在以知识产权创造和运用为主线的国家创新体系中，服务机构的职能是联系各创新机构和创新要素，使各类创新机构和创新要素建立互动关系，为创新活动提供支撑，具有创造创新环境，促进创新扩散，降低创新风险，加速科技成果转化等的重要作用。

当前，我国服务机构主要有三大类：一类是以学会、协会、研究会等为主的科技社团和非科技社团组织，它们不以盈利为目的，主要是行业的自身管理组织，具有共同体的自组织性质。一类是以律师事务所、会计、审计与知识产权事务所，创投公司等为主的为创新服务的服务机构，具有高度的专业化，并具有盈利性。一类是以科技园、生产力促进中心、工程（技术）研究中心、技术市场、人才市场、条件市场、中试基地、孵化器、示范基地等为主的创新基础条件平台等设施类服务机构等，主要提供综合性科技服务。当前，我国与知识产权转移转化有关的服务机构主要包括专利展示交易中心、技术交易所、技术转移中心、专利产业化基地、科技园、科技孵化器，以及企业技术中心和工程（技术）研究中心等。

11.4.1 交易机构

1. 国家专利展示交易中心

为落实《国家知识产权战略纲要（2008～2020 年）》关于建立多层次知识产权交易体

系的要求，2007 年 12 月 6 日，国家发展和改革委、科技部、财政部、国家工商总局、国家版权局、国家知识产权局联合发布了《建立和完善知识产权交易市场的指导意见》，该意见提出促进知识产权交易等市场发展、建立适应知识产权交易的多元化、多渠道投融资机制、加大创业投资对知识产权交易的支持力度、探索知识产权投融资新模式、鼓励不同形式的知识产权进场交易等政策措施。

专利展示交易中心是综合性、专业化的专利展示、交易平台，目的是通过整合科研机构与高校的科技资源，汇集重点科技成果及企业需求信息，建立以产学研示范基地为基础的技术创新集成平台。专利展示交易中心集技术展示、技术咨询、技术交易、技术培训、技术服务为一体，应是规范、权威的融资与专利交易支撑平台，服务从源头创新到商业化的整个创新过程。

国家知识产权局 2006 年开始实施全国专利技术展示交易平台计划，首批确定了十八个"国家专利技术展示交易中心"，包括国家专利技术北京展示交易中心、国家专利技术天津展示交易中心、国家专利技术上海展示交易中心、国家专利技术重庆展示交易中心、国家专利技术吉林展示交易中心等，到 2010 年总数已经达到 42 家。

当前，我国国家专利技术展示交易中心体系建设还存在一定问题。首先，部分国家专利展示交易中心缺乏实体组织，专利展示、交易、技术服务等实质性工作运作上存在不足。其次，国家专利展示交易中心与其他专利产业化中介组织相比缺乏明确定位，一定程度上造成国家专利展示交易中心职能功能不完善。第三，多数专利展示交易中心普遍介于专利技术、市场和投资之外，只起到展示作用，交易的作用还远未发挥出来。第四，国家专利展示交易中心普遍缺乏运营资金支持，无法对专利产业化相关项目孵化、前期培育等投入充足的扶持资金。

2. 技术交易所

我国技术交易所的功能定位于充分发挥技术市场有效配置科技资源的基础性作用，有效汇聚技术项目资源、投资人资源和中介服务资源，针对不同科技成果产业化的不同需求，以技术转让、技术许可、技术入股、联合开发、融资并购等多种方式，为技术交易参与各方提供低成本、高效率的专业化服务，推动科学技术转变为现实生产力和社会财富。

我国拥有中国技术交易所、北京产权交易所、上海技术交易所、上海联合交易所、湖北技术交易所、广州技术交易所等多家技术交易机构。但我国技术交易所普遍存在交易的对象不是技术、机制不活、信息分析能力弱、交易手段少、业务模式单一、与市场和技术脱节、法律服务不足等问题。其最大的瓶颈是技术交易实际只定位于股权交易而非需求解决方案，缺乏全程服务能力。技术交易机构应当具有挖掘技术来源、发现技术价值、撮合竞价的功能，但通过对一些交易所的调研，发现这种功能严重不足，具有较好产业化前景的技术不用去交易所就可以转移，产业化前景不好的专利技术即使到了交易所也很难交易成功。虽然《建立和完善知识产权交易市场的指导意见》提出，政府采取多种形式促进知识产权交易等市场发展，但我国专业化的知识产权交易市场体系仍然没有建立起来。虽然技术交易所的功能定位设计很好，但是实际上目前的技术交易机构交易的客体主要是科技问题解决方案，不是知识产权的进场交易，缺乏前期和后期的深层次服务，更缺乏知识产权权利方面的服务和知识产权投资服务。由于专利技术交易的信息不对称和风险不对称，技术交易所无法使交易双方的信息和风险达到对称，加上不能提供专业化的服务，没有形成盈利的商业模式，所以其知识产权转移转化的效率一直不高。

3. 技术转移中心

技术转移中心旨在加速技术的传播扩散，以先进技术改造提升传统产业，加快发展高新技术产业，促进产业优化升级和产业结构调整。技术转移中心是科研机构与高校技术、人才、信息等创新资源与产业、企业资金、生产等资源结合产生社会经济效益，推动产学研合作向纵深发展的重要举措。国家技术转移中心的主要任务是开展共性技术的开发和扩散、推动和完善企业技术中心建设、促进科研机构和高校科技成果转化与技术转移。

我国依托清华大学、北京大学、中科院等机构已成立了6个国家级技术转移中心，这些转移中心在专利技术转移和产业化过程中起到了重要的作用。以中国科学院北京国家技术转移中心为例，该中心是中科院原产业局与中关村科技园区管理委员会共建的从事技术转移与成果转化的高科技服务机构，立足中科院的科技与人才优势，注重资源整合，目标是建设成为国家"技术诊断"中心、国家技术集成中心和中科院技术转移与成果扩散中心，探索新形势下产学研合作的新途径。

但是，随着科技信息获取手段的便利化，我国技术转移中心的作用和地位急剧下降，其主要原因在于技术转移中心与技术源头结合不紧密，与产业和企业结合不紧密，与风险投资等投融资机构结合不紧密。专利转移转化和产业化存在大量的信息和风险不对称问题，技术需求方不知道专利技术成熟与否，不知道技术产业化等可能性有多大，不知道专利技术的价值多大，科研人员也不知道市场和投资的情况，不知道未来市场的着力点在哪里。居于中间的技术转移中心如果与这两方割裂，其转移和产业化专利技术的效果必然不好。

4. 知识产权交易所

知识产权交易是将专利等知识产权通过挂牌、拍卖、撮合交易、竞价交易等现场方式将知识产权转让和许可的活动，我国目前的知识产权交易所主要有天津滨海国际知识产权交易所。

2011年3月21日，天津市政府组建成立了天津滨海国际知识产权交易所。该交易所定位于国内首家专业化、市场化、国际化的公司制知识产权交易服务机构，在知识产权权利转让、知识产权相关权利的实施许可、使用许可、知识产权融资等常规交易品种和交易模式基础上，积极发展基于知识产权与金融结合的创新品种及模式，如知识产权挂牌转让、拍卖转让、动态报价转让。主要面向战略性新兴产业和文化创意产业发展，汇集联合国内外有影响的金融机构及中介服务机构，汇集可交易知识产权项目及公司，开展全方位、高效率、专业化、国际化的知识产权投、融资及交易服务。

2013年5月30日，该交易所在成都成立了天津滨海国际知识产权交易所西南中心，同时出资成立了与之相配套的成都汇通金控知识产权投资有限公司。重点提供基于产业链整合和业态创新的知识产权一站式高端服务系统，配套知识产权挖掘、分析、战略、预警、评估、投融资、交易体系建设和平台运营，提升西南地区科技创新能力和知识产权创造、管理、应用、转化水平。该交易所还与山东德州市政府联合成立了德州中心，重点围绕新能源等知识产权和项目，开展知识产权投融资服务，截至2012年5月，已有7家企业挂牌融资。

目前我国很多知识产权交易机构和产权交易所在降低专利信息和风险不对称方面做得还很不够。知识产权转化最好的方式是对它进行投资，知识产权投资是降低信息不对称和风险不对称的一个重要手段，无论是挂牌、拍卖或者是线上撮合线下交易都必须解决信息与风险不对称问题，只有解决了信息不对称问题才能有效降低交易风险。

5. 知识产权运营管理公司

北京知识产权运营管理有限公司成立于 2012 年 5 月 3 日，目标是成为知识产权商用化的探索者和先行者，促进知识产权转化实施，实现知识产权经济价值。北京知识产权运营管理有限公司也是政产学研用、科技与金融结合的纽带。北京知识产权运营管理有限公司是由北京中关村发展集团股份有限公司、北京市海淀区国有资本经营管理中心、北京亦庄国际投资发展有限公司、中国技术交易所等 4 家公司共同出资成立的国有控股有限责任公司，注册资本为 1 亿元人民币。该公司主要业务包括四个方面：一是积极对接中关村创新平台，二是着重拓展知识产权增值服务，三是建设知识产权信息分析和评估的核心能力，四是开展知识产权咨询业务。

与韩国知识产权管理公司相比，我国一些地方建立的知识产权管理公司在股权结构、运营模式、管理人员任命、管理方式都存在很多不足，其最根本的问题是我国的这些机构大多是政府主导建立的，没有按照市场机制建立和运营。我国一系列中介机构发展的历史表明，官办机构很难长久健康发展，缺乏清晰盈利模式的运营机构也不可能长久发展。加快推进知识产权交易必须改变政府主导的模式，必须充分发挥市场的决定性作用。

6. 知识产权投资公司

深圳中科院知识产权投资公司是中科院国有资产经营管理有限责任公司 2009 年 2 月投入 1000 万元组建的以投资方式转移转化知识产权的企业。该公司是中国科学院唯一一家从事知识产权商业运营的公司，依托中国科学院强大的技术研究能力，通过知识产权投资运营，盘活中国科学院存量知识产权资产，推动科技成果转移转化，通过知识产权全流程服务，支持中国科学院各院所、企业、高校和其他科研机构形成高价值知识产权，提高把创新成果转变为知识产权的能力，目标是成为"知识产权运营价值链的系统服务商和系统集成商"。

该公司主营业务包括知识产权许可、转让、投资、代理、评估管理和技术转移、产业化，提供知识产权全流程服务，从前端的专利调研入手，通过中科院知识产权全流程服务与运营平台，实现后续专利许可、转让和技术转移等专利交易。目前业务人员专业背景覆盖范围包括光学、计算机、自动化、通信工程、电子、信息管理、机械、材料、化学、生物等方向。

截至 2012 年年底，深圳中科院知识产权投资有限公司以知识产权全流程服务为核心，构建了中科院知识产权运营平台，服务中科院科研院所共计 33 家，服务中科院参股持股企业 16 家，服务社会企业 56 家，许可转让院属专利 135 项，完成重大项目知识产权全流程服务项目 3 个。

该公司完成微电子所与中芯国际一组芯片集成电路专利组合（94 件）的许可协议，许可费金额超过 700 万元人民币，为我国集成电路产业的专利保护和发展起到很大的推动作用；完成物理所与"台湾晶元光电公司"碳化镓 LED 技术方面的开发合作，单项专利许可 150 万元，为中科院深圳先进技术研究院的"低成本健康"和中科院理化所的"大型低温制冷系统"项目开展知识产权全流程服务，包括专利数据库、专利分析与规划报告、优质专利创造、知识产权体系建设、专利权转让与许可。同时，该公司也在研究所知识产权管理标准体系云平台建立与导入、专利投资和院地合作等方面进行了积极尝试和探索。

7. 社会中介机构

（1）科易网。

科易网是厦门中开信息技术有限公司 2007 年 5 月成立的科技成果转化服务平台。平台以推动科技成果转化为目标，首创在线展会系统，技术交易价格评估系统，技术交易担保系统，统计分析与终端展示系统，构建了技术市场平台、科技成果转化平台、中小企业创新服务平台、高层次人才服务平台、院校技术转移工作平台，重点为政府、院校、企业、专家、科技中介提供科技成果转化全流程服务，是"国家科技成果转化服务（厦门）示范基地""国家技术转移示范机构""国家现代服务业创新发展示范企业""中国创新驿站区域站点"。

在线展会系统主要解决传统展会成本高、效率低、对接难等问题。依托网络会展中心，借助自主研发的技术贸易专用洽谈工具"科易通"，引导召集技术、人才、资金等供需双方在约定时间在线方式实现对接。

技术交易价格评估系统主要解决技术交易定价难问题。创造性地开发了技术交易价格评估系统软件，分别从技术供应方和需求方角度出发，采用预期收益法和成本重置法两种方法对交易的技术进行价值评估。以成本重置评估结果作为技术供应方所能接受的底线，以预期收益评估结果作为技术需求方所能接受的上限，两者的区间即是合理的价格区间，也是供需双方议价的区间。

技术交易服务保障体系（科易宝）主要解决技术交易过程中不信任、纠纷多、款难收等问题，创造性实现了技术交易的电子商务化。重点化解包括网上技术交易过程中的合同签约与订单管理、技术资料交付、电子数据存证与取证、款项资金支付等，有效解决了交易双方的缺乏信任、出现纠纷、尾款回收难、技术烂尾工程等诸多问题。

统计分析与终端展示系统主要解决主管部门对区域技术交易情况不掌握问题。可统计项目对接情况、达成意向情况、在线合同签订情况、在线交易情况等，可展示技术市场动态对接数据、达成意向数据、实现交易数据等。

目前，该公司由于创造性地开发了具有第三方支付功能和担保功能的"科易宝"，年实现纯收入近 1000 万元。

（2）重庆联交所知识产权分所。

该所建立具有担保功能的技术转移模式。该所在现有信息发布及技术成果展示交易大厅的基础上，构建了基于"e 乌 + 淘宝 + 威客"多功能的"易智网"技术展示与交易平台，通过网络聚集技术信息、技术专家、技术店铺等资源。目前，该平台已收录各类有效投资主体 6000 余家，近两年企业技术需求 11000 条，专家近 2000 名，有稳固合作关系的服务机构和单位 1000 余家。最具特色的是，该平台将"易智网"技术展示与交易平台和"互联网竞价交易系统"及"联付通第三方结算系统"相结合，形成知识产权成果展示交易的网络化综合服务平台，创新了技术转移商业模式，实现需求高效匹配，促进了技术交易的完成。同时，为提高技术交易成功率，该所还研究制定了以应用聚类分析、模糊综合评价等为基础的技术评估指标体系，建立了以技术性能、经济效益、社会效益为基础的技术先进性评价指标体系。

我国目前很多专利转移转化社会中介机构都是综合性机构，大多数既从事知识产权运营服务也从事知识产权咨询和代理服务，而真正能够找到经营模式实现盈利的中介机构较少，尤其是能从专利运营中获取盈利的更少。美国的实践已经证明，中介模式往往很难成功，最重要的问题在于这种模式远离技术第一线也远离市场，真正能够帮助专利技术买卖双方降低信息不对称和风险不对称问题并实现担保功能的中介机构则更少。支持中介机构发展必须支持具有担保和技术评估功能的中介机构发展。

11.4.2　孵化机构

1. 孵化器

科技企业孵化器是指以促进科技成果转化和产业化，培育科技型中小企业和高新技术人才为宗旨的科技创业服务机构，主要包括位于高新区内的高新技术创业服务中心和大学科技园等。其主要功能是为进入孵化器的企业提供研发、中试、生产、经营的场地和公共物业、办公设施，提供法律、政策、管理、财务、融资、市场推广和培训等公共服务。孵化器是知识产权和技术转移转化的重要平台，是培育高新技术企业、创新创业团队和科技企业家的基地。

1987 年 6 月，我国成立了首家科技企业孵化器—武汉东湖创业服务中心成立。截至 2012 年底，我国科技企业孵化器达 1239 家，孵化面积超过 4300 万平方米，员工超过 140 万人，其中国家级孵化器 435 家，总孵化面积 2099 万平方米。2006 年以来，我国出台了一系列促进知识产权和科技成果产业化的科技孵化器发展政策。科技部发布的《科技企业孵化器（高新技术创业服务中心）认定和管理办法》规定国家高新技术创业服务中心的孵化企业"从事研究、开发、生产的项目或产品应属于科学技术部等部门颁布的《中国高新技术产品目录》范围"；"国家高新技术创业服务中心自认定之日起，一定期限内免征营业税、所得税、房产税和城镇土地使用税"。财政部、国家税务总局制定的《关于科技企业孵化器有关税收政策问题的通知》也提出，"对符合条件的孵化器自用以及无偿或通过出租等方式提供给孵化企业使用的房产、土地，免征房产税和城镇土地使用税；对其向孵化企业出租场地、房屋以及提供孵化服务的收入，免征营业税"；"对符合非盈利组织条件的孵化器的收入，自 2008 年 1 月 1 日起按照税法及其有关规定享受企业所得税优惠政策"。

我国目前的科技企业孵化器与资本的结合仍然不紧密，一些科技孵化器主要是寻找项目，而中西部地区往往很难引进具有自主知识产权的项目。一些科技孵化器只是成为物业公司，法律、技术、融资服务能力严重不足。另外，我国对民营科技孵化器的支持不足，民营孵化器运作成本很高，风险很大，没有充分发挥出促进知识产权产业化的重要作用。

2. 科技园

自从 1951 年世界上第一个高技术园区—斯坦福研究园诞生以来，全世界已建立了 500

多个高技术园区，特别是硅谷的成功，科技园区已成为进行科技成果转化的独特模式。科技园是创新创业文化制度环境良好、创新要素集聚、基础设施完善、创新服务体系健全的特定地域及组织形式，具有以下特征：（1）创新要素集聚。集聚一批大学、科研机构、创新型企业和职业化专业管理团队及企业家，风险资本充足，集聚全球创新人才能力强。（2）基础设施完善。临近大学和科研机构，工作、生活服务设施完善，信息网络环境良好。（3）创新服务体系健全。有完善的财会、法律、风投、技术转移等构成的中介服务体系。（4）创新创业能力强。组织知识和技术由大学、科研机构向企业和市场转移，加速孵化和衍生一大批创新型、高成长型高技术企业。（5）高技术产业竞争力强。主导产业明确，产业集群和创新集群发展良好、充满活力。（6）创新创业文化制度环境良好。有勇于冒险、支持创新、宽容失败的创新创业文化，协同创新效应明显。

　　科技园的核心任务是营造良好的创新氛围，推动知识产权转移转化，推进产业集群和创新集群，提升自主创新能力。在某一特定领域中，大量与产业联系密切的企业以及相关中介机构在科技园空间上集聚，这种空间聚集可以大大减少交易成本，促进知识、人才交流。科研机构和大学是基础研究和前沿技术成果的源泉，通过科技园的孵化和推广应用，科研机构和高校不仅可获得一定的经济效益，而且可较快地将知识产权转化为现实生产力。

　　目前，在知识产权转移转化和产业化上，首先，我国科技园高技术企业发展仍然沿用技术引进模式，自主知识产权对园区发展支撑不足。二是仍存在两张皮问题。科技园高水平人才不足，与科研机构和高校科研人员结合不紧密，主动的"产学研"合作机制还未形成，知识产权和技术的孵化与商业化功能较弱。三是多数科技园尤其是大学科技园只是低价办公租赁的物业公司，利用国家政策提供优惠办公租赁服务，而关于大学科技园等的税收优惠政策2012年没有再续延。四是科技园运营模式存在不足。教学科研人员热衷于"脚踩两只船"，即当教授又办企业，许多科研机构和高校科技园或其他机构衍生出的企业规模不大，知识产权产业化的规模没有做大做强。

11.4.3　企业技术中心

　　创新基础设施是国家创新体系建设的重要组成部分，是保障和促进全社会创新活动、培养和凝聚高层次人才、建设创新型国家的必要物质技术基础，是国家基础设施建设的重要内容，是由研究实验体系、科技公共服务体系、产业技术开发体系、企业技术创新体系和创新服务体系等构成的国家创新支撑体系。就知识产权转移转化而言，涉及的创新基础设施主要是企业技术中心和工程（技术）研究中心、工程实验室。

　　企业技术中心是知识产权和科技成果研发和转化的重要创新基础设施。1993年，原国家经济贸易委员会、海关总署、税务总局等三部门启动支持企业技术中心建设以来，我国企业技术中心建设已经在全国各地广泛开展。2007年，国家发改委、科学技术部、海关总署、财政部和税务总局联合制定发布了《国家认定企业技术中心管理办法》，规定了企业技术中心认定的条件和程序，建立了企业技术中心评价体系与方法，并提出了实施优惠政策、进行调整和撤销的条件与程序，各省市自治区直辖市政府也纷纷出台了相应的指导性文件，加大了对企业技术中心建设的指导。到2013年，国家认定企业技术中心达1002

家，省级企业技术中心超过 6000 家。

企业技术中心是建制化从事研究开发和知识产权创造运用的创新基础设施，但我国企业技术中心普遍对前瞻技术研究不足，普遍面向近期需要的产品进行研究开发，持续创新能力需要显著加强。

11.4.4 工程化机构

工程（技术）研究中心主要依托于行业科研机构、企业或高校建立，拥有工程技术研究开发人才队伍和配套试验条件，是主要从事技术熟化、集成、配套并将工程化成果向相关行业辐射、转移与扩散的具有自我循环发展机制的科研开发实体。1992 年，原国家计委和科技部启动了国家工程（技术）研究中心建设计划。2007 年，国家发改委颁布了《国家工程研究中心管理办法》，规定了国家工程中心的任务、责任、义务、申报条件、评价程序等，该办法提出申报工程中心的单位必须"具有一批有待工程化开发、拥有自主知识产权和良好市场前景、处于国内领先水平的重大科技成果，具有国内一流水平的研究开发和技术集成能力及相应的人才队伍"；"进入预备期的工程中心，可根据国家发展改革委的批复文件，提出创新能力建设项目，申请国家资金补助"；"对于已通过正式核定 3 年以上，且评价结果为优秀或良好的工程中心，围绕新的发展方向和目标，为提高持续创新能力，也可提出创新能力建设项目申请国家资金补助"。

2007 年，为落实《中长期科技规划纲要》精神，国家发改委制定了《关于建设国家工程实验室的指导意见》和《国家工程实验室管理办法（试行）》。《关于建设国家工程实验室的指导意见》提出通过经费补助等形式有重点、有步骤地建设一批国家工程实验室，促进以企业为主体、市场为导向、产学研相结合的技术创新体系建设。《国家工程实验室管理办法（试行）》明确了国家工程实验室的任务、目标、建设原则，规定了其申报条件与审理办法等。

截至 2012 年年底，国家发改委在信息、生物、冶金、石化、节能和环保等领域布局建设了 500 多个国家工程研究中心和 128 个国家工程实验室，国家地方联合工程实验室 180 个。国家科技部建设的国家工程技术研究中心达到 294 个，包含分中心在内达到 307 个。

我国工程（技术）研究中心和工程实验室主要面向行业和技术领域建设，经过多年的发展取得了显著成绩，但一些工程（技术）研究中心已经成为依托单位的内部机构，不是独立法人，没有发挥行业共性技术服务的平台作用，一些具有独立法人的工程（技术）研究中心则已转化为经营实体，作为共性技术平台作用发挥也不够，一些工程（技术）研究中心的主要技术成果已经过时赶不上科技的快速发展，一些工程（技术）研究中心管理落后，所以，国家发改委每两年的评估总会对一些工程研究中心提出警告，并摘掉一些工程（技术）研究中心的牌子。

11.4.5 产业化基地

专利产业化基地是政府部门为促进专利成果的转化利用，通过政策扶持、法律规范，并经命名认定而建立的专利技术成果商品化、市场化、产业化的基地（关永宏，2009）。

专利产业化基地建设是国家知识产权局专利产业化工程的重要工作。1997年，原中国专利局制定发布了《促进专利技术产业化示范工程实施方案》，在1997~2002年分二期实施示范工程项目96项。2002年，国家知识产权局和财政部联合实施"国家专利产业化工程"试点工作，并首次批准成立了3个国家专利产业化试点基地。截至2010年，全国已经建立了15个国家级专利产业化试点基地，涵盖了中医药、新材料、新能源、生物技术、精密机械、微电子等高技术产业和战略性新兴产业，已初步形成国家与地方互动的多层次专利产业化基地工作体系。

与专利产业化有密切联系的专利产业化基地有多种类型：按地域主要分为高科技园区、高校及高科技企业产业化基地，按产业类别主要分为高技术产业、支柱产业及传统优势产业基地，并主要集中于高技术产业领域。按认定主体，主要分为由国家知识产权局、国家发改委、国家科技部、国家工信部、国家质检总局等分别或联合认定的与专利产业化有密切联系的基地。

专利产业化基地的建设和运营一般应具备以下要素：一是满足需求和具有创新力的人才队伍；二是具有较强创新能力的企业或高校科研机构；三是拥有具有一定优势的专利等自主知识产权；四是具有较强的规模化生产制造能力；五是企业通过配套或竞争关系向具有专利优势的龙头企业或核心企业所在区域集聚；六是专利等知识产权中介服务能力强。

由此分析，我国专利产业化基地建设还存在一些问题。一是各种产业化基地功能交叉重复，影响了专利产业化基地的影响力。当前，国家知识产权局、国家发改委、国家科技部、国家工信部、国家质检总局分别建设了专利产业化基地、科技成果产业化基地、高技术产业化基地、产业结构优化升级基地、技术标准基地等，这些基地虽由不同部门命名，但存在功能交叉，重复投入等问题，影响了专利产业化基地建设的特色。二是专利产业化基地资金规模太小，国家发改委和工信部新型工业化产业示范基地往往与产业引导资金和创新能力建设专项等紧密结合，资金规模大，而专利产业化基地只是挂牌或命名，缺乏建设和运营资金投入。三是专利产业化基地主要面向高技术产业，对传统产业、现代服务业、现代农业倾斜不够。四是专利产业化基地上没有形成创新集群和知识产权集群效应。基地往往以单个企业为主，企业之间缺乏专利技术和专利产品的配套能力、互补能力。

11.4.6　投融资机构

金融支持是知识产权转移转化的必要条件，创业投资是知识产权产业化的催化剂和推动器。由于以专利技术为主创业的科技型企业存在巨大的技术风险、市场风险、经营风险等，以专利商业化为主的创业投资实际上非常不足。我国创业投资机构的发展水平总体较低，不仅数量少，投资额度小，而且投资手段有限，关键在于缺乏懂技术、懂市场、懂投资、懂知识产权的高水平国际化的战略投资人。我国风险投资的定位是有一定规模的中小企业，但由于安全性的考虑，很多商业银行和多数创投风投机构倾向于投资成熟期企业，而不愿投向创新型中小企业，尤其是初创期具有专利技术的企业。据有关调查统计，我国创业投资项目的失败概率达到60%，科技型企业3年内死亡率达到80%，科技型企业平均寿命不到6年，所以现在很多风投公司的投资方向在向后移，加上天使投资、种子投资很少，专利技术孵化和产业化的投资十分不足。专利技术商业化的初期资金很大程度上来源于发明人个人或者投资者个人，严重制约了专利技术商业化的健康发展。我国创投的退出机制也很成问题，第一，退出渠道非常复杂，据科技部统计，我国创投投入上市退出的只是一小部分。第二，创新创业的融资担保问题一直没有很好解决，据调查，许多地方科技担保公司担保费的比例为银行贷款利率的一半，或者基准利率的一半，一般是担保额的15%，最高30%，高额的担保费吸收了担保公司的流动性，贷款担保公司处于高风险低收益的困境。由于高风险，一些担保公司占取科技企业的股份比例就较高。第三，社会信用体系建设不健全，严重降低了银行和企业之间的互信，专利产业化资金渠道不畅通。第四，面向知识产权的创新和再保险保险一直没有开展，专利技术商业化和产业化的风险无法通过保险有效降低。

11.5 转移转化政策工具

目前，我国涉及专利转移转化和产业化的政府部门主要有国家知识产权局、科学技术部、国家发改委、工业和信息化部以及财政部。国家知识产权局的主要政策工具是国知局与财政部的专利产业化专项资金，规模约 2 亿元，以及国知局与商业银行联合设立的知识产权质押贷款。科技部促进专利产业化的主要政策工具包括科技部与财政部的科技型中小企业创新基金，规模超过 100 亿元，以及科技成果重点推广计划、国家重点新产品计划、火炬计划特色产业基地。国家发改委促进专利产业化的主要政策工具是创业风险投资引导基金、国家高技术产业化项目、国家重大产业技术开发项目、国家高技术产业技术升级和结构调整项目以及高技术产业项目和基地。国家工信部的主要政策工具是国家新型工业化产业示范基地和产业结构优化升级项目，国家质检总局主要政策工具是技术标准基地。如表 11 - 1 所示。

表 11 -1　专利产业化涉及主要政府部门和职能

阶　段	政策工具
专利创业	科技部科技型中小企业创业投资引导基金；科技部科技型中小企业技术创新基金；科技部科技成果转化引导基金；国知局与银行知识产权质押贷款
专利扩散	科技部大学科技园计划；科技部国家技术转移中心计划；科技部国家技术创新工程
专利工程化	科技部国家工程技术研究中心计划，发改委国家工程研究中心项目和工程试验室项目
专利产业化	国知局专利产业化项目；科技部火炬计划、科技成果重点推广计划、国家重点新产品计划、火炬计划特色产业基地；发改委国家高技术产业化项目、国家重大产业技术开发项目、国家高技术产业技术升级和结构调整项目，高技术产业基地；工信部国家新型工业化产业示范基地、国家质检总局技术标准基地

在专利创业阶段，主要有科技型中小企业创业投资引导基金、科技部科技型中小企业技术创新基金、国家知识产权局与银行的知识产权质押贷款，还有科技部刚刚建立的科技成果转化引导基金。专利是没有经过市场检验的成果，存在较大的技术风险和市场风险，专利必须与资本结合才能产生创新回报。当前，专利技术创业存在的问题主要有三。一是专利技术创业期的风险无法有效降低。一个原因在于现在的很多中介机构缺乏降低信息不对称和风险不对称的功能，信息不对称必然导致风险不对称。另一个原因在于我国多层次

的担保体系没有建立，商业银行和风投机构的风险无法有效降低。二是政府缺乏真正的创业管理职能。现有的政策工具都不是真正意义上的创业支持政策，多数是"锦上添花"政策。科技部中小企业创新基金要求是过去3年成长性很好、信用等级很高的科技型中小企业，一些商业银行如北京交通银行开展的知识产权质押贷款也要求企业过去3年具有良好的现金流和业绩，科技型中小企业创业投资引导基金只支持创投公司的发展，是对创业的间接支持，而且创投公司投资的也主要是已成立的高新技术企业。三是政府职能发挥不够。支持已创立企业的科技型中小企业创新基金额度太低，根本不能满足创业阶段的需要，而且贷款贴息办理的手续很复杂。科技型中小企业创业投资引导基金享受税收优惠的注册资本门槛太高。

在专利扩散阶段，主要有科技部大学科技园计划，科技部国家技术转移中心计划，科技部国家技术创新工程。创新扩散是创新过程中提高创新效率的主要环节，也是主要的瓶颈。为促进创新扩散，我国设立了技术转移中心建设计划，建设了一批技术或产权交易所，设立了技术交易会、成果博览会等，带动了社会技术转移、成果转化企业的发展。但创新环节还存在不少问题。一是创新扩散机构增加了许多不必要的环节。由于我国高校、科研机构和企业是按照科学技术的计划体制分工的，长期以来，我国高校负责人才培养，科研机构负责技术开发，企业负责生产，所以大量的创新资源集中于高校和科研机构。再加上高校和科研机构在技术创新层次上与企业争抢资源，企业技术创新主体地位很难真正建立起来。企业还不是真正的技术创新主体，尤其是政府资源投入和创新决策的主体。这种线性的、分割的、竞争的布局是造成需要进行技术转移和创新扩难散的根本原因。二是扩散效率不高，支持不足。根据国家创新体系理论，产学研合作是提升创新体系效率的重要手段，但这种合作是知识的流动、学习和利用，是高校原创知识和科研机构共性和公共技术向企业的流动，是企业学习后可以开发出适应市场需要技术的活动。但是，我国相当一部分产学研合作是拉郎配，是分钱合作。企业牵头各类科技计划较少，高校和科研机构对企业创新的支撑严重不足。三是社会创新扩散机构缺乏有效管理。社会中介机构是促进知识和技术转移、扩散的重要渠道，但是我国政府支持的中介机构机制僵化，能力不足，缺乏政府支持的社会中介机构普遍能力不足，相当一部分社会中介机构还存在坑蒙拐骗行为，不仅无助于创新扩散，反而严重阻碍了创新扩散。

在专利工程化阶段，主要有科技部国家工程技术研究中心计划，发改委国家工程研究中心项目和工程试验室项目。为推动工程化，科技部设置了工程技术研究中心计划，国家发改委设置了工程研究中心和工程试验室项目，教育部设置了工程研究中心计划。工程化是创新投入转化为产出的重要瓶颈环节，工程化的最重要问题是对研究开发出的原型、样品进行中试、放大实验和集成，从而试验验证能够在市场上商业化和产业化的产品和技术。但目前我国政府在工程化阶段职能设置存在一些不足。一是政府职能存在交叉重复。科技部工程技术研究中心计划，国家发改委工程研究中心和工程试验室项目，教育部工程研究中心计划实际上很大程度上是有重复的。二是工程化职能本身存在不足。依靠依托单位自负盈亏的模式很难使具有独立法人的工程（技术）研究中心生存。工程（技术）研究中心多建设在高校和科研机构，与企业创新结合不紧密。三是很多工程（技术）研究中心没有充分发挥原先设计的专利等技术成果熟化、集成化和产业化以及为行业提供共性技术服务的目标，成为盈利单位。我国技术交易市场不发达或者知识产权市场没有建立起来的主要原因是专利与其他知识产权技术、自有专利与他人专利的集成能力弱。交易的仅仅是单项专利技术，而不是面向市场中可销售产品的集成了专利等一揽子知识产权产品。

在专利产业化阶段，主要有国知局专利产业化，科技部火炬计划、科技成果重点推广计划、国家重点新产品计划、火炬计划特色产业基地，国家发改委国家高技术产业化项目、国家重大产业技术开发项目、国家高技术产业技术升级和结构调整项目、高技术产业基地，工信部国家新型工业化产业示范基地和产业结构优化升级基地。创业不是创新的最终目的，创新的最终目的是产业化、规模化，获得大规模的创新利润。专利产业化阶段最大的问题不仅是技术是否成熟的问题，更是资金、土地、劳动力等要素投入的问题。我国关于产业化的有关政府职能和政策存在以下几个问题。一是科技计划和项目对管理创新的支持严重不足。我国历来重视科技计划和项目，对创新管理、企业管理、创新方法运用重视不足。这也是我国很多企业专利技术先进但存在产品质量不高、利润率低等问题的重要原因。二是专利产业化资金支持方式存在不足。我国科技部成果产业化资金只是给一定的无偿资助，或者通过火炬计划的贷款贴息方式引导商业银行给予贷款，国家发改委高技术产业化项目和基地主要是挂牌命名和资金支持。国家知识产权局是通过地方知识产权局对专利产业化项目进行资助的，一些不必要的中间环节会影响专利产业化项目管理的效率。在产业化阶段再把有限的资金以无偿方式投向企业是完全没有必要的，这与市场竞争原则相背离。企业在此阶段需要的是政策的支持，政策支持的项目商业银行一般也都会给予贷款。三是政府职能设置重复。科技部火炬计划特色高技术产业化基地与国家发改委的高技术产业化项目有较大的重复，而且产业化不应是产业与投资部门和科技部门该管的事，而是市场的事。

自主创新的核心是自主知识产权的创造和运用，无论是科技成果产业化或是高技术产业化，无论是创新型企业或是高技术企业，其核心都是建立在专利等知识产权之上的，没有专利等知识产权的创造和运用，上述这些计划和项目就会成为无源之水、无本之木。整合专利产业化和其他产业化项目和基地，最关键的是要抓住专利等自主知识产权的创业和产业化发展。

长期以来，我国实行的是政府主导的科技成果管理模式，从科研课题选题、申报、立项、登记，科研经费拨款到科技成果的评审、鉴定，科技成果的转让及推广应用，基本上都是由政府决定，这种管理模式在计划经济时代为我国科技发展做出了贡献，产生了诸如"两弹一星"等功勋卓著的科技成果。但是从实际操作情况看，传统的科技成果管理模式下的科技成果转化、实施和推广的效果并不理想，成果转化推广的考核制度往往流于形式，许多科研成果经过验收、鉴定后就束之高阁，科技成果的市场价值无法体现。现行管理体制虽然要求项目承担单位负责科研成果的转化和推广，但是，承担研究任务的科研机构往往不具备技术转化和推广能力，再加上国有资产管理法则制约，成果转化的市场风险无人愿意承担，科技成果转化和产业化存在诸多困难。这些问题日益成为制约我国专利产业化和高新技术产业化发展的瓶颈因素。

一般来讲，创新包括投入、产出、转化和应用四个主要环节。其中应用环节就包括专利产业化环节。这些环节完成才是一个完整的创新过程。发达国家专利的申请者和应用者主要是企业，专利技术与企业的生产密切相关，实施渠道畅通，且研发经费的绝大部分来源于企业。但是在我国，这些环节相互割裂，科技立项以高校和科研机构所为主，产生的专利等科技成果离市场较远，而且许多专利是孤立存在的。虽然国家在各级科技计划中已对科技成果的知识产权提出了定量要求，但还缺乏对转化环节的要求。由于多数企业尚未成为真正的技术创新主体，企业尚未真正依靠科技创新实现企业创新发展，所以我国的专利转移转化必然是雷声大，雨点小。

总体来说，我国专利产业化的市场机制作用发挥还很不够，政府主导专利产业化的现象还十分明显，当然这也是由我国现阶段国情决定的。要从根本上解决科技与经济分割的问题，最重要的是从体制机制改革出发，完善专利转移转化的专门机构，建立有效的转移转化经营模式，建立结构合理的人才团队，让专业的人干专业的事，而不是把科学家培养为企业家。还要改革科技成果管理方式，突出专利等知识产权的作用。国家除保留支持基础研究、共性技术研究外，其他的技术开发研究计划都应纳入市场化轨道，建立需求导向的专利技术创造和研究开发机制，要减少"五花八门"的基地、城市、先进命名和表彰奖励，以专利等知识产权为主导整合各种产业化政策工具势在必行。

11.6　转移转化问题分析

目前，影响和制约科研机构专利转移转化的问题主要分为三个层次。第一是专利技术供给和需求矛盾问题，第二是市场失灵问题，第三是政府失灵问题。

11.6.1　供需矛盾问题

目前，科研机构专利技术不能有效转化，其根本的原因在于专利技术存在严重的供给与需求矛盾。这是一个根本性的问题。一是我国科研机构和高校的原始创新能力不足，专利技术供给不能满足企业需求。由此企业对引进技术产生需求，并产生对引进技术的依赖。二是我国很多的专利和科技成果是国家战略、规划、工程、计划甚至是领导人指示的产物。但国家战略需求并不是市场需求，二者还存在较大的差距。三是企业创新能力弱。事实证明，企业创新能力强其对专利技术的需求也越大。企业创新能力弱也是导致专利技术不能有效转化的主要原因之一。

市场需求是专利技术转化的根本动力，任何专利技术转化都必须识别市场需求和符合有效需求。识别市场需求、发挥需求导向作用就是发挥市场对科技资源配置的决定性作用。有效需求只能来自市场、企业和用户。实际上，现有的很多专利技术转化是通过合作或者委托研发合同方式进行的，比如德国弗朗霍夫学会85%的研发资金来自于企业，需求导向的专利技术转化是主要的转化方式。

11.6.2　市场失灵问题

专利技术转移转化有其自身的客观规律，这些客观规律产生的问题往往是市场失灵问题，市场失灵是制约专利转移转化的基本问题。促进专利转移转化，必须充分把握专利转移转化的客观规律，认识制约专利转移转化的市场失灵问题。

第一，信息和风险不对称是制约专利技术转移转化的客观问题。由于专利技术存在大量的隐性知识和权利归属问题，专利技术转化存在严重的信息不对称问题。与信息不对称相对应的是风险不对称。专利权人可能存在交付技术信息而不能获得相应收益的风险，转化人可能存在交付资金而专利技术难以实施甚至被骗的风险。专利技术价值评估是解决信息不对称和风险不对称的重要方法，但我国目前的价值评估参数选择缺乏有效依据，评估随意性较大，评价结果可信度低。目前，我国的科技中介机构大多是简单的第三方模式。第三方科技中介机构游离于科研、市场和资本之外，不能有效解决专利技术转化中的信息和风险不对称问题。

第二，专利技术创业难是制约专利技术转化的瓶颈问题。实际上，初创企业的最大困难是缺乏资金，尤其是种子资金、风险资金和战略投资。虽然我国建立了工程实验室、工程（技术）研究中心支持专利技术的熟化、二次开发和集成，虽然设立了科技型中小企业创新基金与创业引导资金、科技成果转化引导基金，但这些政策大多属于事后的政策，基本上都是企业已经转化专利技术三年后才可以获得支持的政策，而且这些政策门槛过高，惠及面过窄。

第三，知识产权权属分散是制约专利技术转移转化的突出问题。在开放式创新环境下，一个科研机构很难拥有全部产品或服务的知识产权，知识产权往往分属不同的权利人，呈现纵向交叉和横向交叉局面。专利转移转化的往往是单项技术，科技成果转化往往面向市场可独立销售的产品或服务，以至工程，转移转化必然涉及不同创新者拥有的不同知识产权尤其是专利的集成问题。在科技创新速度越来越快，知识产权越来越分散的情况下，知识产权集成难以成为制约专利技术转化的最突出问题。要解决知识产权分散问题，必须建立有效的知识产权集中管理服务平台，而我国还没有一家真正的以专利池或专利组合为主要经营业务的知识产权集中管理服务机构。

第四，机构、团队和能力是促进专利技术转移转化的重要条件。专利技术转化涉及技术、法律、商业等诸多领域，促进专利技术转化必须靠组织机构，靠人才团队，靠转化能力。欧美日等许多国家科研机构都建立了内部技术转移办公室和外部技术转移公司，拥有一支由有科技背景专家、有企业背景专家和知识产权律师组成的超过30人的人才团队，大多既拥有本领域的技术背景，又拥有知识产权、专利、经济管理或投资等方面的学位。而我国缺少专利技术有效转移转化的组织机构、人才团队和转化能力。

第五，职务发明人参与是促进专利技术转化的必要条件。专利转移转化不是简单的技术转移转化，它包含转移转化后的技术咨询服务、后续研究开发等工作，离不开发明人的参与。为激励职务发明人参与专利技术转化过程，应当对职务发明人进行足够恰当的激励。国外科研机构和高校的发明人获得收益不仅是一种奖励，也是一种权利，收益分配比例兼顾了各方的积极性，职务发明人基本可以分得扣除成本后收益的1/3左右。而我国激励发明人的政策标准不一，取得收益的预期不确定，所以激励效果不佳。

第六，权利共享交易是促进产学研合作效率的根本制度安排。产学研合作是专利技术转化的重要途径，也是需求拉动的典型模式。多年来，无论是创新联盟、技术联盟，还是科研机构与企业互派科技人员，都没有从根本上解决产学研合作中合作研发与知识产权权利分享问题。知识产权是产学研合作的最基本保障，也是激励各方研发投入的激励要素。

然而，由于对知识产权、转化收益等合作成果的分享缺乏明确可操作的规定，加之对协议的履行缺乏有效的监管，知识产权权利和利益分配问题已经成为我国产学研合作效果不佳的重要问题。

11.6.3 政府失灵问题

政府失灵是影响专利技术转化的一个重要问题。政府失灵表现在两个方面。一是干预不足，主要表现在专利技术转化相关法律可操作性不足，缺乏专利技术转化的政策体系。二是干预过度。主要表现为涉及专利技术转化的政策过多，一些政策交叉重复冲突。国有资产管理制度将专利技术或知识产权是视作国有资产需要保值增值而不是大力支持其运用，现有评价体系仅重视数量而非质量，仅重视创造而非商业化。

第一，专利技术转化法律可操作性存在不足。法律主要是解决市场规则问题，而市场失灵问题则主要由政策解决。我国长期以来存在的知识产权和技术转移转化难，专利实施率不高，技术市场混乱等问题均与我国法律和政策的规定不足有关。目前，我国目前正在征求意见的《科技成果转化法（草案）》强调的仍是科学到技术到产业的线性思维，对把握市场需求，对专利技术创业和产业化的规定不多，而且该法还是一部可操作性很不足的法律。

第二，相关法律规定之间存在交叉重复冲突。我国专利技术转移转化的相关法律间存在交叉、重复甚至冲突问题，一些重要的环节存在缺失。如关于专利技术转化的相关规定重复和冲突并存。目前与专利技术转移转化概念相关的还有技术转移、知识产权运用、知识产权实施、专利产业化、高技术产业化等。这些概念主要体现在一些政府部门的职能中，也体现在《科技成果转化法》《科技进步法》《专利法》等的规定中。法律和政府职能的交叉重复必然造成科技创新资源的重复投入和浪费，也会造成政府对某些环节的过度干预而对某些环节支持不足，从而影响创新效率。如《科技成果转化法（草案）》与《专利法》实施细则对职务成果的奖酬比例不一致，而且两者都遵循职务发明优先的原则，一定程度上影响了发明人的积极性。

第三，缺乏有效促进专利技术转化政策体系。从政策系统角度看，目前的政策还存在很多不足。一是专利技术转移转化本身是一个纯粹的市场行为，财政性资金应当主要是专利技术转化基础设施平台建设资金和财政性引导资金，用纯投入的方式促进专利技术转化会扭曲技术市场。二是我国对战略性新兴产业、高技术产业没有实行如软件集成电路产业那样 3%~6% 的低增值税优惠政策。现行科研机构和大学技术转移额低于 500 万不需要交纳所得税规定的额度也过低，高于 500 万元需要交纳所得税的政策也正好与激励专利技术转化的目的相反。《个人所得税法》规定"财产转让所得""特许权使用费所得"应纳个人所得税，而许可收入往往一次性发生，负担较高。三是我国目前出台的多数金融政策存在可操作性不足问题。虽然出台了促进专利技术转化急需的种子基金和风险投资支持政策、创业引导资金政策，但存在很多落实问题。一直没有出台支持专利技术转化的保险和再保险政策。四是我国一直没有将专利技术或技术、知识产权等列入政府采购支持自主创新的政策范围。2011 年废弃政府采购自主创新政策的四个文件后，我国政府采购支持自主创新的制度实际上已经失效，通过政府采购促进专利技术转化实际上无法推行。

第四，国有资产管理制度影响专利技术转移转化。我国一直将专利技术或知识产权作为国有资产管理，要求无形资产实现保值增值，而忽视了它们还需要支付维持成本和随时间流逝价值不断降低的问题。一是评估问题。国有资产管理法规规定，为避免固有资产流失，无形资产转移转化必须进行价值评估。由于评估的随意性较大，评估价值往往较高，为避免国有资产流失，很多科研机构和大学甚至企业不敢以较低价格出售无形资产，从而导致专利技术术难以顺利转化。二是无形资产转化审批问题。我国规定超过 800 万元的无形资产转化项目必须经过审批，审批时间长往往导致专利技术转化失去最佳时机。三是收支两条线。我国科研机构和大学大多数属于事业单位，财政部门收支两条线的规定的结果是，大学科研机构专利技术转化的收入应当上缴财政。该规定不仅无法给发明人奖酬，也导致单位转化的积极性降低。四是无法通过产权制度将发明人与专利技术转化紧紧绑在一起，而只能实行奖励，包括报酬奖励、期权股权奖励以及分红权。为此，我国财政部 2014 年出台专门无形资产管理文件，废止了无形资产审批和收入上缴的规定。

第五，科技评价导向偏离专利技术转移转化目标。近年来，我国科技论文和知识产权申请授权数量急剧增长，但高校科研机构甚至企业普遍存在重数量轻质量，重申请轻转化现象。其主要原因在于我国的科技评价制度导向出现了问题。一是国家科技计划等由财政资助项目中往往要求承担方产生一定数量的专利等知识产权作为验收指标，而不考核知识产权质量和实际转化收益。二是现有大学和研究所评价指标体系无不把论文放在重要位置，无不赋予专利申请量较大的权重。

11.7　小　结

当前我国专利和科技成果转化率低，还不能适应中央提出的创新驱动发展战略的要求。其根本原因在于我国国家创新体系建设还较落后，市场机制作用没有充分发挥出来；各类创新机构功能定位没有理清，创新资源配置较乱，创新人才培养使用存在不足，创新动力导向出现偏离，创新文化建设还比较落后。政府干预不足与过度并存，对科技中介模式崇拜，各类政策存在重复交叉冲突，转移转化存在僵化思维。本章以中科院专利转移转化调查为例研究了科研机构专利转移转化的现状和问题，研究了影响专利转移转化的服务机构和有关政策工具，并从国家创新体系建设角度分析了影响和制约我国专利转移转化的不同层次问题。为促进科研机构在知识产权转移转化，本书提出如下建议。

一是完善知识产权和科技成果转移转化法律制度。要加强转移转化有关法律的协调，法律规定之间不交叉，不重复，不冲突。《科技成果转化法》要坚持市场决定原则，建立面向市场需求转化科技成果的模式，尤其是要建立以企业为主体的科技成果创造和转化模式。要明确政府、高校和科研机构以及国有企业科技成果转化中的责任、义务。要提高法律的规范性，增加法律的规范、限制功能，增加程序性规定和处罚、补救措施。规定对欺骗科技成果行为实行惩罚性赔偿。要修改现有法律中的政策性内容。要及时制定《科技成果转化法》实施细则，明确科技成果转化的程序和救济措施，保证法律的可操作性。

二是构建和完善促进知识产权和科技成果转移转化的政策体系。要系统设计促进技术转移转化的政策。要加大知识产权转移转化和科技成果转化的资金支持力度，科技成果引导基金要将直接投入为引导投入、贷款贴息、担保、资本金注入和后补助，要支持专利池运营企业等新型转移转化中介机构的发展。要对战略性新兴产业实行低增值税税率政策，提高科研机构和大学技术转移收入应缴纳的所得税的起点额度，允许发明人个人在整个研发周期内分摊专利技术转化收入，获得的奖励股权或期权允许除权后缴纳个人所得税。要通过政府引导资金、贷款贴息、保险、担保等方式支持种子资金和风险投资的发展。要加大金融政策对中小微企业的支持，尤其是提高贷款的便利性。要改造现有新产品计划，将对新产品采购作为自主创新产品政府采购政策的替代政策，并加大对绿色产品的采购。

三是完善以企业为知识产权创造运用主体的国家创新体系。"863"计划、支撑计划等技术研发类科技计划和高技术产业化项目应主要由企业牵头，国家支持企业以委托方式由科研机构和高校开展研发活动，支持通过知识产权共享和交易提高产学研合作的效率。专利和科技成果转化项目的立项和验收评审要主要以企业专家为主。

四是推进知识产权转移转化组织机构、人才团队和能力建设。重点理工类大学和技术研发类科研机构，或转移转化收入超过一定数额的机构都应建立技术转移办公室，并支持技术转移、知识产权管理和投资功能三合一。要支持有条件的科技中介机构发展第三方支付和担保功能，提供不同阶段信息和风险的保障手段。要支持组建市场化的知识产权管理公司，以重要科研机构、产业部门、教育部门等为依托单位，建立多元化投资的专业化知识产权管理企业，将分散的知识产权组合打包，以非排他、非可转让许可的方式低价或免费许可给国内企业使用。要支持有条件的科技中介机构以技术标准制定和实施为依托，以专利池或专利组合为基本手段引导组建专利许可经营企业，开展"一站式许可"。要转变技术经纪人培养模式，重点培养集技术评估、专利申请、合同谈判、投资融资人才，加大知识产权和科技成果转化能力建设。

五是应增强知识产权投资能力。国家科技成果转化引导资金要支持科研机构建立多元化知识产权和科技成果转移转化专项资金，专项资金要以转移转化收入为主国家引导资金投入为辅建立，专项资助金通过直接资助和入股等方式引导创投、风投、银行资金和和民间资本支持转移转化。专项资金主要投资于技术处于种子期并符合国家技术和产业政策的未来科技型中小企业创设。成功运转3年后政府引导资金可最高按同期银行贷款利率由其他投资人、股东或管理层收购退出。贷款贴息主要用于对转化知识产权和科技成果的科技型中小企业的政策性与商业性贷款的利息补贴入，贴息比例2%~3%为宜。风险补偿主要用于未能成功转化的金融机构贷款的本金利息损失、担保公司的代偿贷款的本金利息损失，比例不超过损失的2/3。后补助主要用于对成功转化科研机构知识产权和科技成果的企业按其实际转化收益给予一定的财政性后补助，比例不宜超过一半。

六是加大质押和保险政策对知识产权创业环节的支持。完善专利质押贷款模式，发展混合质押贷款模式。制定知识产权和科技成果转化的保险和再保险政策，要鼓励转移双方和中介机构都加入保险。科技成果转化引导资金要加大对保险业务的担保。要减免保险业务的营业税。允许将保险费列入企业研发经费税前150%加计扣除范围。要建立对保险公司的再保险业务。优化地方政府技术转化风险补偿基金使用模式，进一步精算补偿的比例，重点支持成功转化的知识产权和科技成果。

七是建立合理的职务成果转化收益分配制度。要坚持遵循兼顾合同和各方利益平衡的原则，转化收益分配或投资入股权益分配在遵循合同优先原则的同时要兼顾各方利益，单位在与科技人员签订劳动合同时必须告知转化收益分配的方案，在落实收益分配政策时必须兼顾劳动合同，还要建立发明人、设计人获得收益权利的保障机制。为激励各方专利技术转化的积极性，单位、职务发明人和所在部门按各 1/3 比例分配扣除成本后的收入为宜。从长远看，为从根本上激励发明人创造高质量的知识产权和促进知识产权转移转化，要建立职务知识产权按份共有制度，科研机构要根据职务发明人的实际贡献以及国内外实际确定职务发明的权属比例，以建立职务发明人对转化收益的明确预期。

八是引导加强产学研合作中的知识产权管理工作。要明确规定产学研合作各方的责、权、利，明确知识产权组合、共享和交易的方式，提升产学研合作的成效。要进一步明确产学研合作中背景知识产权和前景知识产权的规定，明确知识产权使用和共享的方式、权益的比例、交易的规则等。

九是完善国有资产管理制度。应允许评估价值有一定范围的浮动，而不视为无形资产损失。放弃知识产权的技术也必须经过评估和提前声明，并允许国内企业获得知识产权普通许可权。在取消无形资产转化收支两条线的规定后，要从总体和较长周期考核科研机构和高校无形资产是否实现保值增值，科研机构和高校等在向主管部门备案时应一并将实际知识产权转移转化收入和分配情况备案。主管部门应在备案中核查是否遵循了国内产业优先、中小企业优先的原则。

十是完善科技评价制度。积极推动科技计划项目、产业化项目、企事业单位创新能力评价、人才引进及职称评定等涉及专利技术的考核评价政策和项目，增加知识产权质量和转化运用的指标，如发明专利拥有量、发明专利授权率、发明专利占比、研发投入知识产权产出率、知识产权实施率、知识产权许可合同数量和金额等。

第十二章　科研机构技术标准与知识产权管理

12.1　技术标准

标准是"在一致同意基础上建立的文件，它规定了活动或其结果的规则、指导原则或特征"（ISO，2010）。标准化是指追求组成标准的产品、工艺或程序的一致性，以提高经济活动效率的过程（Tassey，2000）。专利密度与其加入的标准具有非常重要的关系，专利加入使技术标准具有垄断性，也使专利具有价值（Keil，2002）。20世纪80年代以来，随着科学技术的快速发展和知识产权保护力度的加强，许多标准化组织相继提出或修改了知识产权政策，这些政策主要包括专利信息披露政策、专利许可条件披露政策和专利许可政策。尤其是专利许可政策通常采用合理非歧视（Rational and non discrimination，RAND）或者免费（Fair free，FR）原则。在标准制定过程中，为避免专利权人在标准制定前有可能有意无意地将专利权纳入标准中，而在标准采用和广泛引用后再向竞争对手收取许可费从而压制竞争的行为（Skitol，2002），通常要求参加标准制定的专利权人从一开始就正式以FR或RAND原则同意许可（Thomas A. Hemphill，2005）。

目前，许多标准化组织如ITU－T，ITU－R，ISO、IEC采用的是普通的RAND原则，允许成员选择三种许可方式：一是授予免费许可，也可以选择要求回授和保留权利提供给第三方许可，第三方要能按照RAND原则按照其要求许可其专利；二是选择回授条件的统一提供RAND许可；三是不愿意许可（David Rudin，2007）。

而W3C等要求的则是免费许可方式，但实际这种方式很少被采用。收费的方式是最常见的方式，关于专利池专利许可方式主要有成员免费分享和相互支付许可费模式，向第三方被许可人的收益分配模式采用按专利池中专利贡献多少划分（美国最高法院规定），莱恩·法勒（Layne－Farrar，2008）认为许可费的份额由必要专利的数量决定，但莱姆利（Lemley，2007）认为应依据成员披露标准必要专利的先后顺序，按照"逐级递减"的专利许可费分配方法分配。采用必要专利或者必要权利要求是制定技术标准知识产权管理的基础。必要专利是指如果不使用就无法实施标准的专利（Burrone，2010），是指标准中如果不侵权就不可能设计出任何符合标准接口装置的专利，是标准实施必然造成侵权的专利，它有两个基本决定因素，一是专利中技术方案的内在价值，二是专利权人要涉足标准创制，能够开辟影响标准内容到公司专利方向的战略产品空间（Baron，2011）。欧洲电信标准院（ESTI）认为必要专利的"必要"是指考虑了通常的技术实践和制定标准时的可用技术的状态，在技术基础上不可能不侵犯知识产权，而从事符合标准或规范的制造、租赁或处置、维修、使用或者运转设备与方法的行为。中国 2013 年发布的《国家标准涉及专利的处置规则》认为，必要专利是实施标准时，无法通过采用另一个商业上可行的不侵权的实施方式来避免该专利的某一权利要求被侵犯的专利。中国 CMMB 标准认为"必要专利"是指根据授权或公布专利的所在国法律，被最终标准的符合部分不可避免地使用之专利。但一些标准认为用必要权利要求比较好。W3C 认为，必要权利要求是指任何专利或申请中的全部权利要求，它们在世界任何司法程序中处于有效申请时间一年内并在第一次工作稿公开之后，成员（许可人活或许可人，相关人）拥有的，或者其中的成员有权不承担费用支付责任并许可给不相关第三方，将必然被标准建议的实施侵权。中国的一些技术标准也采用必要权利要求的概念，如先进数字视频标准 AVS 也采用"必要权利要求"的概念，它是指根据授权或公布专利的所在国法律，被最终 AVS 标准的符合部分不可避免地侵权的该专利中的某一权利要求，且仅限于该权利要求。

12.2　标准知识产权政策

中国国家标准化管理委员会（中华人民共和国国家标准化管理局）是国务院授权的履行行政管理职能，统一管理全国标准化工作的主管机构。到 2011 年年底，全国发布国家标准达到 26940 项，备案行业标准 44143 项，备案地方标准 19214 项。

我国标准中知识产权政策主要体现在国家标准化管理委员会 2013 年发布的《国家标准涉及专利的处置规则》，本规则规定了国家标准制定和修订过程中专利问题的处置要求和程序，适用于国家标准的制修订工作，行业标准和地方标准的制修订可参照使用。该规则规定的主要内容包括专利信息的披露、有关部门专利信息披露、专利许可和专利处置程序四部分。尤其是专利许可，该规则规定，在进行专利许可时，许可方应填写专利许可声明表，许可方在填写专利许可声明表时，应在以下三种方式中进行选择：（1）合理无歧视免费许可；（2）合理无歧视许可；（3）不同意按照以上两种方式进行许可。

一些标准也规定了知识产权政策。2006 年《IT 标准起草组织知识产权政策模板》规定：（1）参加专利池作为可选的默认许可义务之一；（2）鼓励成员披露更多的信息，包括但不限于许可的具体条件和价格或许可原则；（3）防御性中止许可的权利；（4）除非出现防御性中止许可的情况，RAND 承诺人不得向法院申请禁令组织被许可人因实施标准而实施其必要专利；（5）专利池应采取"一站式"许可方式，并应坚持最大限度吸收包含必要权利要求专利的原则、诚实信用的原则、自愿参与的原则、非排他性原则、非歧视性管理的原则；（6）专利池提供的许可应坚持公平非歧视原则、专利许可模式简单易行原则、有竞争力的许可费原则、保留专利池参加者在专利池之外对其所拥有知识产权独立授权权利的原则。

12.3　标准专利披露政策

首先，中国技术标准要求披露专利信息，并给出专利披露的表格和网上披露数据库，

《国家标准涉及专利处置规则》还规定了多种专利信息披露途径，包括网站、期刊。

中国技术标准的专利信息披露政策要求权利人和相关人披露专利信息。专业标准化技术委员会或归口单位应鼓励所有参与和没有参与标准制修订的单位或个人，在标准制修订过程中，尽早披露与标准有关的已知或可能专利；在披露专利信息时，应填写专利信息披露表，并将专利信息披露表与相关证明材料一起提交至所属的专业标准化技术委员会或归口单位。已授权专利的证明材料为专利证书复印件或扉页，已公开但尚未授权的专利申请的证明材料为专利申请公告，未公开的专利申请的证明材料为专利申请号和申请日期。

该规则还要求有关机构披露专利信息，强调有关部门在专利信息披露中的作用。国家标准化行政主管部门、专业标准化技术委员会或归口单位应通过国家标准化行政主管部门网站、专业标准化技术委员会网站或国家级期刊公布标准中涉及专利的信息。公布的相关信息应至少包括涉及专利的标准草案、已知悉专利的专利清单和专业标准化技术委员会或归口单位的联系方式。

该规则详细规定了在标准制定的不同阶段专利信息披露的要求。预研阶段，标准提案人应尽可能广泛地收集标准提案中涉及的专利信息。立项阶段，标准提案人应按要求披露提案人及其关联者持有的专利；专业标准化技术委员会或归口单位在向国家标准化行政主管部门上报国家标准项目建议书时，应同时报送专利信息披露表、专利清单和已获得的专利许可声明表；国家标准化行政主管部门在公示标准项目时，应同时公布涉及专利的国家标准项目建议书和专利清单。起草阶段，标准制定工作组的所有成员应按要求披露本人、成员所在单位及其关联者持有的专利；不属于标准制定工作组，但向正在制修订的标准提供技术贡献的所有单位或个人应按要求披露本单位或个人持有的与技术贡献有关的专利。征求意见阶段，涉及专利的国家标准在征求意见时，应按要求公布标准相关信息，并注明鼓励社会公众按要求披露所知晓的专利；专业标准化技术委员会的委员应在征求意见截至时间前，按要求披露本人、委员所在单位及其关联者持有的与标准征求意见稿内容有关的专利；征求意见过程中新收到的专利信息披露表、证明材料应按照要求处置；标准制定工作组提交的标准草案送审材料中应包括专利信息披露表和证明材料、专利清单。批准阶段，国家标准化行政主管部门应对专利信息披露表、证明材料、专利清单的完备性，以及处置程序的符合性进行审核；国家标准化行政主管部门应按要求公布标准中涉及专利的信息。

中国先进数字音视频技术标准（Advanced vidio standard, AVS）的知识产权披露政策包括两部分政策。一是知识产权信息披露政策。会员在提出标准有关提案时保留申请专利或公开披露有关信息的权利。但成为会员后，每个会员应该根据诚信原则就可能包含必要权利要求的该会员和其关联者的专利和公布的专利申请及时并持续地向工作组进行披露。披露义务并不是要求会员进行专利检索，会员不得故意对其参与 AVS 标准草案制定的人员隐瞒有关事实以规避本规定的披露义务。

会员必须披露以下最低限度的信息，对于已批准的专利及已公布的专利申请的披露，必须包含专利权人和/或申请人的身份，以及专利号或专利申请号。对于会员或其关联者未负有对第三方的在先保密义务的未公布的专利申请的披露应当说明存在可能包含潜在必要权利要求的专利申请，并且由会员自行决定，可以标明相关的 AVS 标准草案的部分。

在一项已被披露的未公布的专利申请得到公开时，会员必须对与已公布的专利申请相关的其他辨别信息进行披露。采取缺省许可义务的会员还必须在实际知晓的范围内披露该会员或其关联者的可能包含必要权利要求的未公开的专利申请。

二是专利许可条件披露。中国要求在进行专利许可时要披露许可条件，《国家标准涉及专利处置规则》规定，在以下三种方式中进行选择：（1）合理无歧视免费许可；（2）合理无歧视许可；（3）不同意按照以上两种方式进行许可。同时，选择的许可方式一经提交就不可撤销，直到该标准被废止或标准的相关部分由于修订导致被许可的专利不再是该标准的必要专利；只有后提交的许可声明对标准实施者而言更宽松、更优惠时，才可取代在先的许可声明。在专利权转移的情况下，该许可方已经对某一标准做出的许可对于专利权受让人依然有效。

AVS 标准规定首先是仅用于制定标准的目的使用知识产权，"每个会员同意许可所有其他会员和工作组仅限于为了制订 AVS 标准草案的目的而使用该会员提交给工作组的任何提案中包含的该会员及其关联者的任何著作权、专利、商业秘密或其他非专利知识产权。上述许可应当是非排他性的、不可转让的、不可撤销的、免费的和全球性的许可。其次是必要权利要求的许可。每个会员在提交任何提案时，应该做出相应披露，并且书面承诺，对于该会员及其关联者因为该特定提案得到最终 AVS 标准的采纳而获得的与该最终 AVS 标准有关的任何必要权利要求，该会员及其关联者将就该必要权利要求提供符合以下条件的许可：（1）对于中国授予的专利中包含的必要权利要求，按 RAND – RF 条款或通过 AVS 专利池进行许可；（2）对于中国之外授予的专利中包含的必要权利要求，按 RAND RF 条款或 RAND 条款，或通过 AVS 专利池进行许可。

中国 AVS 标准知识产权披露政策还要求披露如专利的有关信息和许可条件，但 AVS 知识产权政策并没有规定知识产权信息披露的途径，如网上数据库、披露表格等，而且没有明确划分必要权利要求的许可对象哪些是成员内部、哪些是标准化组织如专利池运营机构，哪些是第三方。

12.4 标准专利许可政策

专利许可政策是技术标准最重要的知识产权政策。该政策包括两方面的政策，一是知识产权权利人向标准化组织或专利池的许可政策，二是专利权人或标准化组织向成员或第三方的许可政策。

1. 专利许可政策

中国《国家标准涉及专利的处置规则》关于专利许可的政策包括三种方式：（1）合理无歧视免费许可；（2）合理无歧视许可；（3）不同意按照以上两种方式进行许可。并且规定，在起草阶段，专业标准化技术委员会或归口单位应联系必要专利的专利权人，以便获取书面许可声明；专业标准化技术委员会或归口单位应将收到的专利许可声明表及时通知标准制定工作组。在征求意见阶段，新收到的专利许可声明表应按照上述三种许可方式要求处置；标准制定工作组提交的标准草案送审材料中应包括专利清单和必要专利的专利许可声明表。在标准批准之前，专业标准化技术委员会或归口单位如果发现了新的必要专利，应申请终止标准报批稿的批准程序，并对新涉及的专利进行处置，然后再行报批。

AVS 的专利许可政策包括三个方面：（1）专题组采用竞争性提案时将优先考虑没有包含潜在的必要权利要求的提案和有关潜在必要权利要求但适用 RAND – RF 缺省许可义务的提案，将优先考虑承诺专利披露时提供更优惠许可条件的提案。（2）在签署会员协议时，每个会员应对其及其关联者的必要权利要求确定缺省许可义务，除非会员选择了不同于其缺省许可义务的许可承诺。（3）参加专题组的会员可以选择的许可方式包括：合理且非歧视性的条款提供免费许可（RAND – RF）、参加 AVS 专利池、按照合理且非歧视性的条款（RAND）许可。未参加专题组的成员，可以选择的许可方式包括：按照 RAND – RF 条款许可、参与 AVS 专利池、按照 RAND 条款许可、无许可义务（NO LICENSE）。

会员有权自行决定采用与其确定的缺省许可义务等同或更优惠的条款进行许可。最优惠义务为按照 RAND – RF 条款许可或者参加 AVS 专利池，第二优惠义务为按照 RAND 条款许可，最不优惠义务为无许可义务。

根据 AVS 知识产权政策提供专利许可的所有承诺适用于所有会员及其关联者及第三方，许可是非排他性的、不可转让的、不可分许可的、全球性的许可，包括制造、委托仅以被许可人的名义制造、使用、进口、许诺销售、租赁、销售或以其他方式分发。

2. 专利不可获得许可政策

中国《国家标准涉及专利的处置规则》规定了专利不许可的政策。在起草阶段，如果专业标准化技术委员会或归口单位在规定的期限内未收到必要专利的专利权人签署的专利许可声明表，或必要专利的专利权人选择了不许可方式，则标准不应包含基于此项专利技术的条款。《国家标准涉及专利的处置规则》规定，在批准阶段，国家标准化行政主管部门应对专利清单和专利许可声明表的完备性，以及处置程序的符合性进行审核，对不符合报批要求的，应退回专业标准化技术委员会或归口单位，限时解决问题后再行报批。同时还规定，在标准批准之前，专业标准化技术委员会或归口单位如果发现了新的必要专利，应申请终止标准报批稿的批准程序，并对新涉及的专利进行处置，然后后再行报批。

AVS 针对不可获得的许可和不同方式的许可规定，如果该被许可人没有在事实上承诺就自己的必要权利要求按照 RAND – RF，AVS 专利池或者 RAND 的条件向该会员或其关联者提供许可，会员及其关联者没有义务就其必要权利要求向被许可人提供许可。如果许可人选择按照 RAND – RF 或者 AVS 专利池的条件对其必要权利要求提供许可，而被许可人仅仅愿意按照 RAND 的条件许可自己的必要权利要求，那么许可人有义务向被许可人提供其必要权利要求的许可，但是该义务可以通过按照 RAND 的条件提供许可而得到满足。

总体组应当就其已经知晓的该 AVS 标准草案中可能涉及的必要权利要求向第三方专利权人征集其许可意向。如果工作组无法就上述专利权利要求取得合理的许可承诺，工作组应当对该 AVS 标准草案进行相应修改。

12.5　专利池政策

专利池是专利必要权利要求的集合，也是必然是必要专利的集合，是两个或多个权利人相互授权或向第三方授权的协议安排（美国知识产权许可反托拉斯指南，1995），是两个或两个以上的主体将技术集合起来相互或向第三方授权的安排❶。专利池是交叉授权标的的知识产权集合体，不论其是由专利权人直接授权还是通过其他媒介专门管理（Klein，1997）。专利池的主要目的是为了分享技术或专利权（Robert Sharpiro，2001）。专利组合能够使被许可人通过一个合同获得一批专利的许可（Burrone，2010），减少了交易成本并能实现规模经济，是一种最佳的解决方案。

专利池政策主要包括专利池构建的原则，必要专利评估、专利池管理、专利池许可费收取标准等。例如：在 AVS 视频标准制定过程中，工作组共收到各种技术提案 200 多项，最终接受了 42 个提案。与上述 42 项提案相关的 AVS 视频部分相关专利申请和授权专利共有 60 余项，其中有 50 项可经过技术评估作为必要专利进入 AVS 专利池。在这 50 项专利中，约 90% 为国内单位所有，其他为遵守 AVS 知识产权政策的来自其他国家的 AVS 工作组会员拥有。2004 年 9 月，AVS 工作会议制定并发布了《AVS 章程》《AVS 章程细则》《AVS 会员协定》《AVS 知识产权政策》《AVS 专利池管理原则》《AVS 许可纲要》等，成为 AVS 专利池各项政策的依据和行动指南。

AVS 专利池坚持以下原则：（1）包容原则，以开放与包容的态度鼓励潜在核心专利持有者将他们的专利放入 AVS 专利池。（2）诚实信用原则。AVS 标准成员要根据知识产权政策将与其提案相关的在中国的必要专利要求放入 AVS 专利池统一管理或根据 RAND 免费实施许可。（3）自愿原则。AVS 工作组鼓励但并不强求未参加 AVS 标准化过程的专利持有人将他们的必要专利放入 AVS 专利池。（4）非排他授权原则。用户获得 AVS 的专利授权可以有至少两个渠道，可以通过 AVS 专利授权实体进行，也可以单独和所有专利持有成员直接协商获得。

AVS 授权管理实体聘请独立技术专家和独立法律（专利）专家审核提交的技术专利是否为可以放入 AVS 专利池的核心专利；在最初创建专利池的时候，AVS 授权管理实体将邀请潜在必要专利权人至少提交一个专利进行评估，在确认潜在必要专利权人之后，AVS 授权管理实体将就具体许可条款的协商进行协调；每个希望入池的专利必须单独提出申请。AVS 专利池只负责与 AVS 标准相关的专利授权。

AVS 工作组需要选择和委托单一授权管理实体来执行 AVS 专利池的管理。AVS 专利池管理委员会设主任一人，副主任一人，主任和副主任由全体委员会推选，委员每届任期两年，可以连任。AVS 专利池管理委员会由 19 位委员组成，其中 5 位委员是从国家相关部委邀请技术和管理专家，6 位 AVS 用户委员来自采用 AVS 标准的企业，6 位专利许可人委员来自 AVS 专利池许可人。另外，2 位委员是 AVS 工作组的组长和 AVS 专利池管理执行机构的主任。

AVS 授权管理实体作为 AVS 专利池管理的执行机构，为在中国本土注册信誉可靠的非盈利法人实体。可以获得的管理费用包括不高于 10% 的专利授权费。其责任是发现和寻求可能的被授权者和专利池成员，管理专利池成员的资格，为准备和修改专利池许可文件提供帮助，在专利池许可谈判、许可执行和许可管理方面为潜在专利池用户提供协助，按

---

❶ Guidelines on the application of Article 81 of the EC treaty to technology transfer agreements.

照专利池成员同意的协议，收取、汇报和分发专利费，专利池成员提供市场对专利授权项目运行情况的反馈，对专利池成员的专利实施和保护提供可能的帮助。

授权管理实体要对 AVS 的市场有彻底的了解，包括家电、计算机、广播、物理媒体（光盘等）、内容提供商等，要在与标准有关的专利许可方面有成功的市场推广能力，要建立专利授权费的收取和发放运作机制，要能够通过利用内部或外部的法律专家解决专利池运作和许可过程中出现的问题。❶

AVS 专利许可规定只对编解码器收费。AVS 标准的使用者对 AVS 编解码器或包含 AVS 编解码器的终端产品缴纳专利费。AVS 编解码器包括编解码芯片、编解码软件等体现 AVS 标准（即 AVS 视频、音频、系统、DRM，或以上标准的组合）所有特征的完整实现者。对上述编解码器的收费应当只有一次。内容提供商或运营商在应用符合 AVS 标准的技术将内容提供给用户的时候可不缴纳专利费。

AVS 许可采用打包许可或菜单许可的模式，被许可人可以选择采用所有标准涉及的必要专利，也可以选择部分专利。专利池管理机构可以提供视频、音频以及其他部分的标准许可菜单供被许可人选择，其相应的专利许可费为整体打包费的一定百分比，原则上不超过整体打包费 80%。

AVS 许可实行年费封顶。专利池管理机构应考虑根据市场情况就许可费设立相应的封顶上限。包括整体打包许可的年封顶费以及上述单项菜单许可的封顶费。年封顶费原则上为每年一定数额。单项菜单许可的封顶费按总封顶费的相应比例计算。

另外，AVS 提供的许可可按照许可地域确定不同的收费标准。专利池运行的初始阶段专利许可将只在中国进行。原则上在中国为使用 AVS 标准的消费者编解码器提供的专利许可的费用标准为人民币 1 元/台，在中国之外其他国家和地区的许可标准，可由各方在最有竞争力以及公平、公正的原则下另行协商确定。用户可以通过专利池管理机构获得授权，用户也可以通过与专利持有人直接协商获得与 AVS 相关的个别授权。专利池管理机构对与工作组创建的 AVS 标准有关的必要专利要求的专利许可管理 AVS 专利池提供有关专利许可。所有将专利放入 AVS 专利池的专利权人，应与专利池管理机构签订代理协议，专利池管理机构作为其代理人与用户签订许可协议提供许可。专利池管理机构也可以直接取得专利权人的授权，然后以分许可的方式提供许可。❷

12.6　许可收益与收益分配政策

1. 专利池许可收益分配政策

目前，专利许可政策主要包括收费和免费两种方式。专利池许可方式主要有成员免费分享和相互支付许可费两种方式，但向第三方的许可则都采用收费方式，许可费的份额由必要专利的数量决定（Layne‐Farrar，2008），采用按专利池中专利贡献多少划分和"逐级递减"专利许可费分配方法（Lemley，2007），也可以实行特定时间后不主张政策

---

❶　关于 AVS 专利池管理的建议性规定．http：//www．avs．org．cn/．
❷　关于专利池许可的建议性规定．http：//www．avs．org．cn/．

NAAST，即技术提供者承诺在此前特定时间点之后不主张其专利权，但直到该特定时间点前可自由收取许可费，生产者由此可以得到补偿，技术提供者可很快并最终进入标准，将会消除法律上的大量不确定性（Marc Rysman and Timothy Simcoe，2011）。

考察国内外主要标准化组织和重要技术标准的知识产权政策可以发现，技术标准专利许可政策大多是原则性规定。我国《国家标准涉及专利处置规则》没有提出关于专利许可收益和分配的相关政策。AVS 提出的包括免费模式和收费模式尤其是专利池收费模式，要求中国授权的专利进行 RAND－RF 或专利池许可，国外授权的专利可以增加 RAND 许可方式。经过独立评估确认为必要权利要求的第三方专利权人可以加入 AVS 专利池，参与打包许可与专利许可费的分配。AVS 专利池的管理采用"一站式"许可方式，其目的在于坚持最大程度的将所有包含必要权利要求的专利吸收在内，诚实信用、自愿参与、非排他性以及非歧视性的管理原则。AVS 专利池提供的专利许可及其管理遵循公平非歧视性原则、专利许可模式简易可行的原则、有竞争力的许可费用原则。由于 FR 政策会导致一些拥有大量专利成员参加标准的积极性不高，专利许可收费政策缺乏合理性标准，RAND 原则实际操作存在困难，现有专利许可收益分配政策可操作性不足。

2. 技术功效矩阵与技术标准

当前，很多技术标准实施中专利池或专利组合没有取得实质收益，或者收益较低的原因在于技术标准主要采取成员互免许可费的政策，这会导致必要专利多的成员积极性不足，也有可能让弱专利不被无效掉权利要求（Choi，2010），从而可以搭便车。实际上，影响技术标准专利许可政策实施效果的根本问题在于缺乏合理的专利许可收费分配政策或方法。由于缺乏技术标准专利池专利价值评估和收益分配方法，简单按照必要专利数量进行分配的做法不仅会挫伤拥有高专利质量成员的积极性，也会导致低质量专利加入技术标准，影响技术标准的制定和发展。

技术功效矩阵是进行专利分析的一种重要工具，是一种以达成的功效作为横轴，以技术手段作为纵轴，并在其中标明专利数量或专利编号的图或表。技术功效矩阵分析能较好解析专利中较隐晦信息的内容和潜在技术特征，掌握技术重点或空白点，规避技术雷区（陈颖，张晓林，2011）。构建技术功效矩阵的主要步骤包括：拟定技术与功效分类架构，专利文献解读分析，制作专利文献摘要分析表，数据归纳整理，画出技术功效矩阵（高佐良，2011）。张颖、张晓琳（2012）针对目前专利技术功效矩阵结构中技术点、功效点相关词汇界定模糊、词汇来源较为广泛，缺乏系统梳理和定义等问题，定义了一个三维矩阵构建词汇模型，并提出了一种基于特征度指标和矩阵构建词汇模型的矩阵结构生成方法（张颖，张晓琳，2012）。王丽（2013）等构建了一种标引功效矩阵自动化工具 Patent－TEM，通过词库构建、主题标引、功效矩阵、文本提取等步骤对专利文本进行挖掘和分析，自动生成专利功效矩阵图。

由于技术标准制定时往往没有足够的专利文献公开，面向技术标准专利许可政策的技术功效矩阵与普通的技术功效矩阵又有较大的差异。在确定技术分类架构时不仅要运用通常的技术架构分析方法，将自动化技术与专家分析方法相结合，还要根据技术标准本身的特点进行分析确定。首先，可以从现有专利文献的摘要或总体技术方案中根据关键词出现的频率确定主要的特征词，然后结合专家分析进行筛选，专家分析要结合技术标准进行。

一个技术标准是一个技术系统，它包含一系列技术子系统，每个子系统涉及可以独立销售的产品或者独立使用的方法，这些子系统既相互独立，又共同构成一个系统。对于一个产品技术标准来说，技术架构则可按照重要性大小从核心部件、关键部件、重要部件、一般部件和其他部件进行划分，对于工艺类技术标准来说，则可以根据流程或主要功能进行划分。面向技术标准的技术架构不仅应包括各个子系统技术，还应包括总体的系统技术。

在确定功效架构时，可首先从现有检索出的专利文献的优点和有益效果部分计算关键词出现的频率，从而确定主要的特征词。也可以结合阿奇舒勒矩阵的 40 个发明原理确定主要的功效，如提高结构稳定性、降低物质损失、提高适应性、降低装置复杂性等。功效架构分析也应当与专家分析相结合，专家分析也必须结合技术标准进行。一个技术标准是解决现实问题的方案，或者是对落后技术标准的修订，它必然会在提高效益、提高效率、降低成本和提高互操作性方面具有一定的功能和效果。最后，画出结合技术标准的可用于专利许可收益分析的技术功效矩阵图。功效架构不仅包括主要的功效，还要包括总体功效或全部功效。

3. 技术标准中必要专利与必要权利要求

在技术标准专利许可收益分配政策中，影响专利池构建和专利许可收费标准的首要问题是选择表征许可各方贡献大小的对象。而目前的一些技术标准的专利许可收益分配的计算对象是必要专利数量，一些则是必要权利要求数量。

必要专利和必要权利要求是对立统一的概念。首先，二者是一致的。通常情况下，在分析专利侵权时都会具体分析到是否对某个权利要求构成侵权，而可能对其他一些权利要求不构成侵权，但对某专利之某一或某几个权利要求的侵权必然造成对该专利的侵权，所以，有必要权利要求的专利必然是必要专利。同时，对必要专利的侵权也必然是对其某一或某几项权利要求的侵权，如果一项专利是必要专利，它必然有至少一项必要权利要求。

其次，二者又是不同的。必要专利便于从数量上进行核对和分析，而必要权利要求数量计算比较复杂。当与技术标准关联的必要专利较多时，统计必要专利数量，构建专利池，分析各成员贡献，确定专利许可的收益分配政策，相对要简单一些，但必要权利要求与技术标准最相关，但由于必要权利要求数量多，而且授权专利文件与专利申请文件的必要权利要求可能有变化，经过异议和无效程序的专利文件其权利要求的数量和顺序也可能会发生变化，计算必要权利要求的数量或是分析其作用都是非常不容易的事情。

一般情况下，必要专利的总体对应的是技术标准的总体，而某一必要专利或必要权利要求对应的是技术标准的整体或一部分。随着高新技术的快速发展，一项技术标准往往都涉及较多的必要专利，如果采用"必要权利要求"的概念必然对成员和标准化机构提出较高的要求，工作量大，实行难度较大。虽然必要专利的价值大小并不必然和其必要专利权利要求的数量成正相关，但必要权利要求数量多的专利体现更多的技术细节，更能防止他人的改进发明。因此，在制定技术标准专利许可收益分配政策时应当同时考虑必要专利和必要权利要求的数量，并找到有效的计算方法。

4. 专利许可 RAND 原则

目前，只有极少数标准化组织详细规定了 RAND 原则，很多技术标准知识产权政策将 RAND 原则同专利许可收益分配政策和专利池政策混在一起，导致政策不清晰。在专利池或专利组合内部，由于各方贡献并不相同，内部采用 RAND 免费许可政策实际上并不可行，对成员实行统一的免费许可政策有可能降低必要专利多成员的积极性，专利少或没有必要专利的成员就有可能存在搭便车行为。一些免费许可政策还相伴回授等要求，有可能违反不正当竞争法的规定。但要计算各成员的贡献份额和制定收益分配政策必须明确 RAND 原则的基本原则。RAND 原则最重要的是公平合理，在制定专利许可受益分配政策时必须应充分理解 RAND 原则关于公平和合理的含义与特征。

涉及收益分配的 RAND 原则的公平原则体现在以下两个方面。第一个方面是专利权人之间的利益平衡。由于加入标准组织的专利权人所拥有的必要专利或必要权利要求数量不同，必要专利的价值也不一样，简单地采用将全部专利或专利池免费向成员许可的方式并不合理，简单地按照必要专利数量进行许可收益分配的方式也不合理。考虑权利人之间的利益平衡应主要考察以下几个因素，一是必要专利及其必要权利要求数量的多少。二是必要专利对技术标准的贡献和作用大小，如果是覆盖技术标准整个系统或核心部件的专利，其价值相应就较大，覆盖用途或具体部件的专利，其价值可能就较小。

第二个方面是专利权人与第三方之间的利益平衡。技术标准中的知识产权实际上是一个必要专利或包含必要权利要求的专利组成的专利池或专利组合，一揽子专利许可不仅包括对标准组织成员的许可，也包括对非成员第三方的许可。第三方主要是非标准组织成员的制造、销售、使用专利池或专利组合者，他们是技术标准的产品和服务的社会提供者。无论对成员采取的许可政策是什么，一般都不会对第三方采取免费许可政策。在 RAND 原则中，强调在成员和第三方之间的平衡的关键是要合理确定专利池或专利组合对第三方进行许可的合理价格。价格过低，不利于对权利人利益的保护，价格过高，第三方接受许可的积极性就较低，会造成标准产品和服务供给不足。当前，世界主要标准化组织由于专利池中的专利过多，许可费累加造成了许可价格过高，已严重影响了知识产权权利人与第三方之间利益平衡。

涉及收益分配的 RAND 原则的合理原则体现在以下三个方面。第一个方面是专利池必要专利组合的合理。涉及技术标准的专利主要有交叉专利、互补专利、竞争专利、前瞻专利、落后专利五种。第一是专利池要具有合理性，专利池的合理性首先来自于技术标准的合理性，技术标准设计首先是一个整体，然后可以分成可相互独立的组成部分，整体对应的是市场中可以销售的整个产品、系统或服务。而部分对应的是市场中可以独立销售的部件、子系统及部分服务。专利池的合理组合首先是要找到覆盖整个标准和各部分的最低必要专利量及必要权利要求量。面向一个在市场中可独立销售并不可再细分的标准产品或服务需要的必要专利一般是互补专利。第二是交叉专利加入组合。在构成最低数量必要专利的专利池中，如果部分必要专利是改进专利，该改进专利加入专利池必须得到在先专利的许可。专利池必要专利组合实际上是横向必要专利和相关纵向交叉专利的组合。第三是改进专利或前瞻性专利加入专利池。为了技术标准产品或服务的先进性，标准化组织往往并不禁止有关必要专利的后续改进专利和前瞻性专利进入专利池，这有利于技术标准的实施。

第二个方面是专利许可价格的合理。确定专利池价格的主要方法包括重置成本法和收益现值法，也可以参考过去许可价格确定许可价格，或者根据侵权损失赔偿确定专利池许可价格。但专利池涉及专利较多，重置每一项专利的成本并不可能，而且不同企事业单位的创新效率不同，重置成本法用得不多。收益现值法是评估专利池价值和价格较好的方法，将整个标准或子标准（针对某一专利池或专利组合）对应的产品或服务作为项目可行性研究对象，预测其未来生命周期的净现值，可以确定该专利池的许可价格。

第三个方面是专利许可支付方式的合理。在确定专利池的价格后，如何确定专利池的许可费支付方式就是一个重要的问题。在技术标准实施过程中，虽然有必要专利或必要权利要求，但并不一定很容易制造出所谓的标准产品或提供相应的服务。由于技术转移与风险转移的密切相关性和复杂性，为有效促进专利池许可，必须在权利人与被许可方之间寻求平衡，这就需要确定合理的许可费支付方式，如入门费加提成的方式。但这种许可费支付方式的前提是要求有一个合理的收益分配政策，专利权人能通过专利池管理机构获得合理的收益。

5. 专利许可收益分配模式

（1）专利池许可价格。

无论是专利池或是专利组合，要确定各成员和相关人的收益，必须评估技术标准必要专利的专利池的价值或价格。专利池的价值是吸引必要专利或必要权利要求加入和保持技术标准先进性的重要手段，也是保持各权利人利益平衡的重要基础。在利用收益现值法计算专利池许可价格时，由于专利技术必须与其他有形资产有机结合才能实现其价值，在专利池价值分析过程中，通常采用从专利技术运作后企业的总净利润分成的办法进行计算。根据国际上通行的 LSLP 原则，企业获利由资金、组织、劳动和技术这四个因素综合形成，获利比重各占约1/4。专利技术超额利润提成率大小取决于众多具体因素，如产品对该专利池或组合技术的依赖程度、市场上对该专利池技术的需求程度、对使用该专利池或组合技术所施加的限制等等，一般取 16% ~33% 较为合理。

（2）专利许可收益分配方法。

采取技术功效矩阵方法确定专利池或专利组合专利许可费收益分配模式主要包括以下步骤。第一步，按照上述方法画出技术标准的技术功效矩阵。根据中国自主技术标准音视频标准（Audio and Video Standard, AVS）1.0 文本，通过分析确定的编码部分，技术架构可分为帧内预测、帧间预测、量化、变换、熵编码技术等，功效架构可分为减小编码误差、提高解析度、提高编码速率、降低噪声等。如表 12 -1 所示。

表 12 -1 AVS 标准技术功效矩阵

技术架构 ＼ 功效架构	全部功效 （10）	减小编码误差 （5）	提高解析度 （5）	提高编码速率 （4）	降低噪声 （3）	其他 （1）
技术系统（10）	2	2	2	2		
帧内预测（5）		3	2	1	1	
帧间预测（4）		2				
量化（4）		1	3	2	4	
变换（4）		2	1	1	3	
熵编码（4）	1	1		1		
其他（3）						

第二步，设定各技术和功效架构的分值。根据各技术架构和功效架构在技术标准中的地位、作用及其实现的难易程度，赋予各技术和功效架构相应的分值。如在技术架构中，可赋予整个技术系统 10 分，帧内预测技术 5 分，帧间预测技术 4 分，量化技术 4 分，变换技术 4 分，熵编码技术 4 分，其他技术 3 分。在功效架构中，可赋予全部功效 10 分，提高减小编码误差功效 5 分，提高解析度功效 5 分，降低噪声功效 4 分，提高编码速率功效 3 分，其他功效 1 分。

第三步，对必要权利要求进行评估和数据清洗。评估主要是对成员和相关人声明专利及其权利要求是否为必要专利和必要权利要求的评估。首先建立技术标准涉及技术架构的国际专利分类号。然后查看成员和相关人声明的专利的国际专利分类号是否属于本技术标准技术架构涉及的国际专利分类号。如果不是，则初步判断不是必要专利；如果是，则进一步分析技术标准或其一部分涉及的产品或服务是否对该专利造成侵权。确定侵权后再进一步确定侵犯的是哪些权利要求。如果一个专利的独立或从属权利要求必要技术特征覆盖了技术标准的全部主要技术要素，如果一项技术标准或技术标准可独立实施的部分指标、结构、步骤、参数、流程、规定等技术要素体现了一项专利独立权利要求或从属权利要求的全部必要技术特征，是这些专利技术特征的具体化，则该专利就是必要专利，该独立权利要求或从属权利要求就是必要权利要求（宋河发，2009）。如果技术标准没有对一些前瞻专利及其权利要求造成侵权，但前瞻专利对技术标准实施有较大作用，也可以列为必要专利，其权利要求列为必要权利要求。必要权利要求的清洗则是指将成员或相关人声明的专利或权利要求进行去重，减少重复的专利和专利权利要求。

第四步，将各成员及相关人必要专利及其必要权利要求数量放入技术功效矩阵的相应位置。通过必要性分析和数据清洗，可以将包含必要权利要求的必要专利及其必要权利要求放入技术功效矩阵相应的位置。技术功效矩阵图则可以显示每个成员和全部的必要专利及必要权利要求的分布状况。

第五步，计算必要专利的分值。一般情况下，必要权利要求数量多不仅标志着公开更加充分，而且也标志着更有可能阻挡别人申请改进专利。但随着数量的增多，其保护范围会越来越小，每个权利要求的价值会逐渐降低。根据从高到低的顺序赋值，可赋予必要权利要求独立权利要求的得分为 10 分，独立权利要求 2 个的每个 6 分，3 个的每个 5 分，4 个的 4 分。从属权利要求 10 个以内每个 4 分，第 11 个起到 20 个每个 3 分，第 21 到 40 个的每个 2 分，40 个及以上每个得分 1 分。

第六步，计算各成员和专利池中必要专利分值。将各矩阵位置中各成员各必要专利的必要权利要求的加总得分乘以技术架构的分值，然后将该成员对应某一技术架构的上述得分加总并乘以该功效架构的分值，就可得到该成员某一技术架构的总分值，同样可以得到该成员某一功效架构的总分值，之后将各个技术架构和各个功效架构的总分值分别加总得到总的技术和功效分值。最后通过求总的技术和总的功效得分的几何平均数得到该成员必要专利的分值。为求得专利池的分值，可将全部成员的全部必要专利及其权利要求放入技术功效矩阵的相应位置，通过上述方法分别计算总的技术得分和总的功效得分，再通过求几何平均数得到该专利池的分值。经过初步计算，截至 2012 年 10 月，加入 AVS 专利池的必要专利已有 36 个，其总分值为 8753，其中某研究所 15 个必要专利，分值为 3863 分。

第六步，确定各成员在专利池中专利许可收益分配的比例和数额。将拥有必要专利的成员与相关人的必要专利分值除以专利池总分值，即可得到各成员在专利池中专利许可收益分配的比例。如果专利池价格市场价值确定，则可确定各成员在内部需要相互支付费用的额度和专利池向第三方许可的收益分配额。在建立专利池时，达到平均分值的成员既不用向其他成员支付许可费用，也不能获得成员内部支付的许可费用；低于平均分值的应当向专利池或专利组合或其管理机构支付差额的许可费用部分，高于平均分值的成员可以从专利池或其管理机构获得高出平均分值的费用。在向第三方获得许可收益后，各成员根据其在专利池收益分配的比例获得相应的许可收益。运用收益现值法初步计算的 AVS 标准市场价值（财务净现值）约为 120 亿元人民币，其中 8 个成员计算期内实际的市场价值为 20 亿元人民币，取专利贡献份额为 25%，计算后的对第三方许可费收入为 40 亿元人民币，则平均每个成员必要专利及其必要权利要求的市场收益额应为 15 亿元，其中外部 11.43 亿元，内部 2.5 亿元，每个成员可获得外部许可费收入 5 亿元。平均每个分值的价值为 137.1 万元，其中外部价值 114.25 万元，内部价值 2.5 万元，每个分值的许可费收入为 45.7 万元。某研究所 15 个必要专利的实际分值为 3863 分，其所占份额为 44.14%，则其市场收益额应为 52.96 亿元，其可获得的成员内部应支付的许可费收入应为 1.58 亿元，外部许可费收入应为 44.14 亿元。

12.7　小　结

对比中外技术标准中的知识产权政策可以发现，我国一些技术标准知识产权政策对信息披露的规定尤其是必要专利和必要权利要求的信息以及许可方式的披露规定还存在不足。国外标准对于不能得到许可的专利要多次反复向权利人请求得到许可，实在不能得到许可，要求成员书面给出理由，最后仍然不能获得授权许可的则提交大会决定是否寻找替代方案，如果找不到替代方案则不予批准标准。而我国标准没有规定向权利人和相关人再三请求的过程，如果无法得到许可或者停止工作等待，或者对标准草案进行修改找到替代方案，但如果找不到替代解决方案该怎么办，并没有规定。我国对标准专利许可的详细条件和知识产权回授的规定也不很明确。专利池不是一种许可方式，与免费许可和收费许可方式不是并列关系，后两者都可以构建专利池。我国标准知识产权政策要求免费许可，这可能会导致很多成员尤其是拥有大量必要专利的成员参加专利池的积极性不高，从而可能导致标准的必要专利难以获得许可等问题。另外，欧美重要技术标准的专利池都有独立的公司经营，而我国大多数技术标准没有构建专利池，有专利池的也多为非盈利实体。

为促进我国高技术标准的竞争力提升，必须在一些政策上进行调整和完善，加强技术标准知识产权管理。一是强化标准制修订和知识产权战略的协调。技术标准的制定必须充分利用现有自主知识产权，尽量让技术标准的整体或部分技术方案体现为专利的最佳技术方案，这是增强自主知识产权对产业影响力的重要方法。在标准制修订过程中要加强对专利申请的战略布局管理，专利申请不建议急于获得专利权，为使技术标准与专利产生实质性关联，成为必要专利，建议多采取国内优先权的方式，技术标准研发初步成功后可以申请专利，待技术标准最终修改完成后再提交具有国内优先权的修改的专利申请，从而使申请的专利成为技术标准的必要专利。

二是强化知识产权国际战略布局。我国技术标准专项必须高度重视专利的国际布局和保护。对于自主技术标准，要加强对美、欧、日的专利申请，必要的时候鼓励和支持一些科研机构和高校在国外成立知识产权咨询公司，在同一日提交中国与国外申请，从而降低专利申请授权的费用。申请美国专利尤其要注意最佳实施例的公开和保护。对于国际标准化组织的技术标准，要积极参与标准会议、论坛等活动，掌握其修改动向，针对其未来修改适时在有关国家和地区申请相关专利，从而将自主专利变成国际标准化组织技术标准的必要专利。

三是制定反知识产权泛滥用和强制许可政策。我国只对知识产权滥用和强制许可提出了一些原则性规定，可操作性还不足。我国应制定相应政策，对利用优势地位垄断专利池许可获取超过应得份额收益，故意不进行许可或中断许可的行为认定是否是有限制或排除竞争的行为，如果有限制或排除竞争的行为，可以使用反垄断法和反不正当竞争法进行规制，请求给予强制许可。要充分利用专利关于强制许可的规定推动技术标准的实施。要明确充分实施的有关情形，有关行政部门是哪个部门，请求强制许可的程序，强制许可实施的许可费补偿和有关救济措施等。

四是 RAND 原则要考虑竞争性技术方案和入池专利之间的平衡。为促进公平竞争，技术标准组织应当允许竞争性专利权利人自行协商作为标准的一个成员参与专利池许可费分配，协商未果的标准化组织则可采用许可条件最优惠的方案。

五是为防止部分专利权人将非必要专利和非必要权利要求声明为必要专利和必要权利，标准化专利政策应规定成员必须支付相应的专利是否为必要专利或必要权利要求的评估费用。同时，对故意将非必要专利谎称为必要专利的，还要根据数量多少和情节轻重，给予相应处罚。

第十三章　科研机构职务知识产权激励管理

合理的知识产权激励制度是促进科研机构和科研人员高水平创造知识产权和积极转移转化知识产权的重要手段。然而，目前我国与职务知识产权激励有关的法律和政策不仅可操作性不足，而且还存在不一致等问题。为从根本上激励职务发明人和单位积极性，建立长期稳定的收益理性预期，必须建设合理的知识产权权属制度，必须制定兼顾职务发明人和单位利益的激励制度和政策。

13.1　国外知识产权激励政策

知识产权权利归属是知识产权激励制度的核心内容。许多发达国家坚持发明人主义，即职务发明知识产权天然属于发明人，但由于单位最有条件将知识产权转化实施，这些国家要求发明人必须将发明让渡给单位，由单位成为知识产权权利人，并要求单位必须给予发明人合理的奖励。美国专利法规定任何专利都必须由发明人提出申请，美国拜度法案规定，联邦政府资助，或以合同、合作方式支持大学、小企业和非盈利组织产生的知识产权，其所有权归承担单位所有；承担单位有责任以书面形式与教授和技术职工签订协议，要求其披露发明和转让发明给大学、小企业和非盈利组织等，大学等必须与发明人分享发明许可收益。

日本专利法规定，职务发明权利也属于发明人，单位仅享有免费实施权。2004 年日本大学法人化改革后则将职务发明权利授予单位。日本专利法规定了职务发明的定义，属于单位业务范围，雇员由现在或过去职责产生的发明属于职务发明。单位如果要获得职务发明的专利权或者独占实施权，必须通过合同约定而且必须向雇员支付合理的报酬。

法国工业产权法典规定，发明人执行与其职责相关的单位发明任务合同，或从事单位明确赋予的研究开发任务而完成的发明是职务发明，单位拥有将职务发明申请和获得工业产权的权利。对于"利用了本单位物质技术条件"但既非本职工作要求，也不是履行单位本职工作之外分配的任务完成的发明，单位有权利在发明报告给单位后 4 个月内要求获取该发明的专利所有权或者优先许可权，同时给雇员以"合理的"补偿（Baudras，2013）。英国专利法规定，发明人在日常工作中或日常工作之外单位特别分派的任务中完成的发明是职务发明，职务发明归单位所有。

另一些欧洲国家如德国、挪威、芬兰将雇员发明分为职务发明和自由发明。职务发明是发明人在雇佣期间完成单位任务或者主要根据经验或者业务活动完成的发明。职务发明之外为自由发明。德国和日本一样采用了"权利归发明人，单位优先使用"的做法，德国雇员发明法规定，职务发明获得知识产权的权利并不直接属于单位，而是通过申报程序由单位进行选择。单位可以选择对该职务发明拥有无限权利，拥有知识产权，职务发明则转化为自由发明，申请知识产权的权利属于发明人，也可以选择非独占的免费实施权或选择放弃权利。

巴西将发明分为职务发明、自由发明和共有发明三类。除非在合同中明确约定，否则"利用了本单位物质技术条件"的专利权由发明人和单位共同拥有，即分享权利（Baudras，2013）。比利时也将发明分为职务发明、自由发明和混合发明三类，对于"利用了本单位物质技术条件"的发明称为混合发明，但由于是实行判例法，比利时并没有对混合发明的权利归属做出明确规定（Peberdy and Strowel，2009）。

13.2 知识产权激励法律法规

人才是创新的第一要素，实施内在和长期的激励是激发科技创新动力和活力的根本所在。我国 2010 年发布的《国家中长期人才发展规划纲要（2010～2020 年）》是第一部中长期人才发展规划，该规划明确提出要"制定职务技术成果条例，完善科技成果知识产权归属和利益分享机制，保护科技成果创造者的合法权益。明确职务发明人权益，提高主要发明人受益比例"。《专利法》《科技成果转化法》是激励知识产权创造运用最重要的两部法律，然而由于立法体系的惯性，我国法律对职务发明人的激励还十分不足，现有法律之间存在冲突和标准不一致问题，多数法律条文只是原则性规定，缺乏必要的实施细则和配套政策，可操作性不足。现实中忽视甚至侵害发明人知识产权权益的现象还普遍存在，侵害单位知识产权权益的现象也时有存在。

为落实国家中长期人才规划，我国国家知识产权局近年来启动了《专利法》修改工作，科技部启动了《科技成果转化法》修订并开始征求意见。2012 年 11 月，国家知识产权局牵头研究起草《职务发明条例（草案）》也开始向公众征求意见，并进行专家论证。知识产权激励制度主要是对单位职务发明权益的法律规定和对职务发明人知识产权的奖励和报酬规定。

首先是保障单位的职务发明权益，《专利法》第 6 条规定，执行本单位的任务或者主要是利用本单位的物质技术条件所完成的发明创造为职务发明创造。职务发明创造申请专利的权利属于该单位；申请被批准后，该单位为专利权人。《专利法实施细则》规定，职务发明创造是指：（1）在本职工作中作出的发明创造；（2）履行本单位交付的本职工作之外的任务所作出的发明创造；（3）退休、调离原单位后或者劳动、人事关系终止后 1 年内作出的，与其在原单位承担的本职工作或者原单位分配的任务有关的发明创造。《职务发明条例（草案）》还规定，职务发明还包括"主要利用本单位的资金、设备、零部件、原材料或者不对外公开的技术资料等物质技术条件完成的发明，但约定返还资金或者支付使用费，或者仅在完成后利用单位的物质技术条件验证或者测试的除外"。此外，《专利法》和《职务发明条例（草案）》也遵从约定原则，规定"利用本单位的物质技术条件所完成的发明创造，单位与发明人或者设计人订有合同，对申请专利的权利和专利权的归属作出约定的，从其约定"。从《专利法》和《职务发明条例（草案）》规定的条款顺序可以看出，我国法律法规关于职务发明权属的规定要优先于双方约定权属的规定，即使是发明人为所谓的职务发明做出了私人的贡献，但主要利用了单位的物质技术条件完成的发明创造也应当属于职务发明。

第二是对职务发明人的激励制度。激励主要分两种，第一种是激励职务发明的知识产权权利的归属制度。《职务发明条例（草案）》规定的"主要利用单位物质技术条件"的发明属于职务发明，但由于公民个人的物质技术条件有限，利用单位的物质技术条件来完成发明创造本无可厚非，而且应当鼓励，只要不影响单位的正常工作或损害单位合法利益就行，"主要利用本单位的物质条件"但非单位交付任务完成的发明创造，一般应认为是非职务发明创造，对于单位的投入，应当采用合理方式加以补偿（高华，1999）。但问题的焦点在于，该"物质技术条件"并不总是可以获得的，很多发明得以产生的关键物质技术资料具有专属性，是属于单位的技术秘密。因而，职工对于完成发明创造的"主导地位"常常是不存在的。我国《专利法》规定，"执行本单位的任务或者主要是利用本单位的物质技术条件所完成的发明创造为职务发明创造……利用本单位的物质技术条件所完成的发明创造，单位与发明人或者设计人订有合同，对申请专利的权利和专利权的归属作出约定的，从其约定"，区分了"主要利用"和"次要利用"，主要利用的为职务发明创造，次要利用的可按照"约定"处理。由于技术秘密的确定操作难度大，在法律上缺乏确切的定义，专利法不区分技术秘密与一般物质技术条件，不按照是否使用了单位的技术秘密区分职务发明创造。而"主要利用"则可以综合考虑物质技术条件的使用程度等从多方面加以考察。然而，这一规定同样未能从根本上解决难于定义的问题，对于什么样的利用才是"主要利用"，司法实践中存在着举证难和判断标准难以把握的问题，因此，很多学者都这一做法提出了质疑（李晓秋，2006；傅剑清等，2006；李薇薇，2011）。

第二种是职务发明人的知识产权奖励报酬制度，包括知识产权创造的奖励和知识产权实施后的报酬规定。我国《专利法实施细则》第 77 条规定，"被授予专利权的单位未与发明人、设计人约定也未在其依法制定的规章制度中规定《专利法》第 16 条规定的奖励的方式和数额的，应当自专利权公告之日起 3 个月内发给发明人或者设计人奖金。一项发明专利的奖金最低不少于 3000 元；一项实用新型专利或者外观设计专利的奖金最低不少于1000 元"；"由于发明人或者设计人的建议被其所属单位采纳而完成的发明创造，被授予专利权的单位应当从优发给奖金"。第 78 条规定，"被授予专利权的单位未与发明人、设计人约定也未在其依法制定的规章制度中规定《专利法》第 16 条规定的报酬的方式和数额的，在专利权有效期限内，实施发明创造专利后，每年应当从实施该项发明或者实用新型专利的营业利润中提取不低于 2% 或者从实施该项外观设计专利的营业利润中提取不低于 0.2%，作为报酬给予发明人或者设计人，或者参照上述比例，给予发明人或者设计人一次性报酬；被授予专利权的单位许可其他单位或者个人实施其专利的，应当从收取的使用费中提取不低于 10%，作为报酬给予发明人或者设计人。"

正在征求公众意见的《科技成果转化法（草案）》第 44 条规定，"职务科技成果转化后，科技成果完成单位应当对完成该项科技成果及其转化做出重要贡献的人员给予奖励和报酬。科技成果完成单位可以规定或者与科技人员约定奖励和报酬的方式和数额"。第四十五条规定，"科技成果完成单位未规定、也未约定奖励和报酬方式和数额的，应当按照下列标准对职务科技成果完成人和为科技成果转化做出重要贡献的人员给予奖励和报酬：（1）将该项职务科技成果转让、许可给他人实施的，从该项科技成果转让收入或许可收入中提取不低于百分之二十的比例；（2）利用该项职务科技成果作价投资的，从该项科技成果形成的股份或出资比例中提取不低于百分之二十的比例；（3）单位将该项科技成果自行实施或者与他人合作实施的，应当在实施转化成功投产后，连续三至五年从实施该项科技成果的营业利润中提取不低于百分之五的比例"；"国有企业、事业单位根据本法规定对职务科技成果完成人和为科技成果转化做出重要贡献人员给予奖励和报酬的支出计入当年单位工资总额，但不纳入单位工资总额基数"。

比较专利法及其实施细则和《科技成果转化法（草案）》的规定可以发现，对完成科技成果及其转化做出重要贡献人员给予的报酬实际上包括了依照专利法及其实施细则对取得专利权的职务发明创造的发明人和设计人给予的报酬，两部法律关于奖励报酬的类型不同，而且关于奖励报酬的最低比例差异也很大。一是后者没有奖励；二是实施的职务发明人报酬比例不同，两者规定基于职务发明人的最低比例分别为营业利润的2%和5%。三是许可他人实施报酬的比例不一致，两者最低比例分别为10%和20%。四是投资入股报酬比例不同，专利法没有规定，而后者规定最低比例为科技成果股份或出资比例的20%。五是两者同时用营业利润作为计算报酬的依据，但营业利润并不是一个规范的会计科目术语。如表13-1所示。

表13-1 职务发明人奖励报酬比较

奖励报酬	法律法规	专利法与实施细则	科技成果转化法（征求意见稿）	职务发明条例（征求意见稿）
奖励		发明3000元，新型或外观设计1000元		不低于平均在岗月工资的两倍
报酬	转让		不低于转让费的20%	不低于转让或者许可所得净收入的20%
	许可	不低于许可使用费的10%	不低于许可费的20%	不低于转让或者许可所得净收入的20%
	入股		不低于股份或出资额的20%	
	实施	发明或新型不低于营业利润的2%，外观设计不低于0.2%	实施转化成功投产后连续3~5年，不低于营业利润5%	在知识产权有效期内：（1）发明专利或植物品种：不低于营业利润的5%，其他不低于3%。（2）发明专利或植物品种：不低于销售收入的0.5%，其他不低于0.3%。（3）工资的合理倍数。但不超过累计营业利润的50%

进入专家论证和征求公众意见阶段的《职务发明条例》沿用了《专利法》及其实施细则的规定。该条例虽然明确职务发明人享有署名权以及获得奖励和报酬的权利，但仍然

坚持专利法职务发明优先于合同约定的原则，并进一步明确"主要利用"单位物质技术条件的发明为职务发明，但职务发明获得的知识产权应给予发明人奖励和报酬的规定仍很宽泛，甚至还没有专利法实施细则的规定具体。

该条例对未约定的职务发明知识产权的奖励报酬进行了规定，"单位未与发明人约定也未在其依法制定的规章制度中规定职务发明的奖励的，对获得发明专利权或者植物新品种权的职务发明，给予全体发明人的奖金总额最低不少于该单位在岗职工月平均工资的两倍；对获得其他知识产权的职务发明，给予全体发明人的奖金总额最低不少于该单位在岗职工的月平均工资"；"单位未与发明人约定也未在其依法制定的规章制度中规定职务发明的报酬的，单位实施知识产权后，应当向涉及的所有知识产权的全体发明人以下列方式之一支付报酬：（1）在知识产权有效期限内，每年从实施发明专利权或者植物新品种权的营业利润中提取不低于5%；实施其他知识产权的，从其营业利润中提取不低于3%；（2）在知识产权有效期限内，每年从实施发明专利权或者植物新品种权的销售收入中提取不低于0.5%；实施其他知识产权的，从其销售收入中提取不低于0.3%；（3）在知识产权有效期限内，参照前两项计算的数额，根据发明人个人工资的合理倍数确定每年应提取的报酬数额；（4）参照前两项计算的数额的合理倍数，确定一次性给予发明人报酬的数额。上述报酬累计不超过实施该知识产权的累计营业利润的50%"；"单位未与发明人约定也未在其依法制定的规章制度中规定职务发明的报酬的，单位转让或者许可他人实施其知识产权后，应当从转让或者许可所得的净收入中提取不低于20%，作为报酬给予发明人。单位未与发明人约定也未在其依法制定的规章制度中规定奖励、报酬的支付期限的，单位应当在获得知识产权之日起三个月内发放奖金；转让或者许可他人实施职务发明的知识产权的，应当在许可费、转让费到账后三个月内支付报酬；单位自行实施职务发明且以现金形式逐年支付报酬的，应当在每个会计年度结束后三个月内支付报酬。以股权形式支付报酬的，单位应当按法律法规和单位规章制度的规定予以分红"。

比较《职务发明条例（草案）》和专利法及其实施细则的规定可以发现，条例要更具体，也与《科技成果转化法（草案）》规定的最低比例相一致，但条例关于报酬的期限是在知识产权有效期内，而不是"实施转化成功投产后，连续三至五年"，因此也存在不一致问题。

从上述法律法规来看，我国知识产权法律法规都较为注重对单位知识产权权利的维护和激励。在合同约定的情况下，发明人几乎不太可能获得知识产权。也没有建立能同时有效激励职务发明人和单位积极性的合理的知识产权权属制度，对于激励职务发明人的报酬制度也存在不一致的问题。这些问题都影响了实际激励的效果。

13.3　职务发明权属激励制度

《职务发明条例（草案）》征求意见稿内容共分七章四十六条，总则部分规定了立法宗旨、监督管理部门及其职责，条例适用的范围和地域、发明人的定义、单位建立健全知识产权管理制度的义务等。其余各章分别对发明的权利归属、发明的报告与申请知识产权、职务发明的奖励和报酬、促进职务发明知识产权的运用实施、监督检查与法律责任等相关问题作了规定。职务发明权属规定了职务发明的条件和合同约定事项。职务发明报告制度规定了发明人报告知识产权的义务和程序，单位主张权利的期限。职务发明奖励报酬则规定了对职务发明奖励和报酬的不同方式。职务发明运用实施规定了高校和科研机构实施职务发明的责任和义务。

　　制定《职务发明条例（草案）》的目的是为了保护职务发明人和单位的合法权益，充分调动职务发明人与单位的创新积极性，提高创新能力，推动职务发明及其知识产权的运用实施，促进经济社会发展，建设创新型国家和人才强国。从立法目的出发，促进职务发明知识产权转移转化应当是分析目前征求意见稿存在问题和不足的重要出发点。

　　为促进职务知识产权的转移转化，最根本和最核心的是要对职务发明权利归属做出合理的制度安排。创新经济学家熊彼特认为，创新的主体是企业家，因为只有企业家才能将技术与资本、劳动力和土地等资源结合制造出产品，并获得实际经济收益。创新的主体绝对不是职务发明人，因为职务发明人缺乏从事创新的必要条件。因此，将职务发明知识产权归于单位总体上是正确的。美国拜度法案规定承担联邦资助、拨款和合同的项目的大学、小企业和非盈利组织必须要求发明人将发明让渡给单位，日本2004年大学法人化改革后也将发明由个人改为归单位所有。但是创新绝对离不开职务发明人的参与和配合，因为只有职务发明人最了解发明本身，比较了解潜在的市场。由于创新是持续的过程，即使完成了转让和许可的知识产权，后续的研究开发和实施仍然离不开职务发明人的参与与配合，所以，要完成创新活动，提高创新效率，必须同时要将单位和发明人的积极性同时调动起来。另一方面，科研机构和高校与企业性质不同，不具备将技术与资本、劳动力和土地等资源结合制造出产品的条件和能力，将知识产权归于单位不见得就能够有效促进知识产权的转移转化。

　　但目前的《职务发明条例（草案）》征求意见稿和《科技成果转化法（草案）》征求意见稿并没有在权属制度安排上体现出同时调动单位和职务发明人积极性的精神。第一，职务发明优先。《职务发明条例（草案）》规定了职务发明和职务科技成果，除了对"在本职工作中完成的发明"和"履行单位在本职工作之外分配的任务所完成的发明"和"退休、调离原单位后或者劳动、人事关系终止后一年内作出的，与其在原单位承担的本职工作或者原单位分配的任务有关的发明"外，还规定"主要利用本单位的资金、设备、零部件、原材料或者不对外公开的技术资料等物质技术条件完成的发明"也是职务发明。虽然还规定"单位与发明人可以就与单位业务有关的发明申请知识产权、作为技术秘密保护或者公开的权利归属进行约定"，但"未约定的适用本章的规定"，关于职务发明规定要优先于合同约定。当前，我国职务知识产权和科技成果转化率低的原因是多方面的，一个重要原因在于各种法律规定对单位的权利过于偏重，对发明人的权利保障不足，导致发明人积极性不高，影响了重大创新成果的创造。这也是目前存在职务发明人私自转化职务成果现象的主要原因之一。

　　第二，合同约定知识产权权利归属不明确。虽然《职务发明条例（草案）》规定"单位与发明人可以就与单位业务有关的发明申请知识产权、作为技术秘密保护或者公开的权利归属进行约定"，但并没有明确职务发明人的权利归属的比例。实践中，知识产权要么归单位要么归个人，与单位业务有关的知识产权权利归属任何一方则必然会对另一方的实际权益产生不利影响，不利于同时调动单位和发明人的积极性。

第三，职务发明人权益缺乏法律保障。我国《科技成果转化法（草案）》规定，没有合同确定的，可以按至少20%的比例将科技成果转化收益奖励给成果完成人，《专利法》也规定了给予专利权人报酬的比例。与此相同的还有《中关村国家自主创新创新示范区规划纲要（2011～2020年）》，该纲要提出了职务发明人可以拥有职务成果实施的分红权，而且其相关政策还规定园区内的大学、科研机构等可以将不低于20%的科技成果作为出资所获得被投资企业的股权（股份）用于奖励有关人员。2002年9月17日国务院办公厅转发的财政部、科学技术部《关于国有高新技术企业开展股权激励试点工作的指导意见》也提出，试点企业可以采取股权激励方式包括奖励股权（份）、股权（份）出售、技术折股激励创新。另外，许多地方政府也出台激励政策，将对职务发明人奖励报酬的比例提高到50%，有的地方甚至提高到70%～90%。

我国相关法律制度坚持单位优先原则，职务发明原则优先于合同约定原则，可能影响职务发明人转移转化职务知识产权的积极性。另一方面，我国又通过各种政策给予发明人奖励报酬，虽然看似能够促进职务发明转移转化，但这些奖励或者报酬只是政策规定，并不是知识产权权利归属的制度性安排。因为法律规定职务知识产权归单位所有，再对职务发明人进行奖励报酬是真正的国有资流失，所以对职务发明人奖励和给予报酬是不合法的。目前，国内外都通过给予职务发明人一定比例的收益促进职务知识产权的转移转化，也正说明职务发明优先的原则是有问题的，有问题的法律规定和执行不力的政策规定必然导致发明人的理性预期不高且难持续。

科斯定理认为，产权明晰是最有效的制度安排，产权制度安排能够给予相关人明确的理性预期。在明确职务知识产权的单位权属的同时，如果能同时保障职务发明人的权属，则能够从制度安排上调动单位和职务发明人双方的积极性。换句话说，如果根据单位和发明人对职务知识产权或科技成果的贡献将知识产权权利在发明人和单位之间按份共有，或者将"在本职工作中完成的发明"和"履行单位在本职工作之外分配的任务所完成的发明"给予职务发明人一定份额的权利，不仅能将双方的积极性调动起来，有利于促进职务知识产权的转化实施，而且也能够解决目前很多奖励报酬政策不合法的问题。

实行"按份共有"的混合发明制，第一可以兼顾单位与发明人的利益，从而规避"合同优先"还是"奖励优先"的争议，也避免了要么发明人优先或要么雇主优先的二分弊端，实现了双方的权利与利益的平衡。第二，由于兼顾双方利益，既可以充分激励发明人创新的积极性，也有利于发明人与单位共同促进发明创造转化实施。而混合发明作价入股时，双方也可以明确地共享股权收益，从而解决这一长期困扰职务发明和职务科技成果转化的难题。三是可以极大改善发明人不敢利用单位物质技术条件，或利用了单位物质技术条件却将发明私有化的问题。

也有学者对实行专利权共有提出了质疑，认为"由于共有人之间分歧不可避免，共有专利权在取得、实施、许可实施、转让、维持以及司法与行政保护等方面不同程度地存在着风险，因而并不是一种合理的专利权归属形式，更不宜作为一种主要的专利归属形式"（蒋逊明、朱雪忠，2006）。该观点的缺陷在于没有区分民法上"共同共有"和"按份共有"的差异，只有在"共同共有"的情况下，一方对共有专利权的许可、实施才必须得到全体共有人的同意，而"按份共有"则无此要求。美国《专利法》（U. S. C. 262）就规定，在没有做出相反约定的情况下，共有人的任何一方都有权单方决定专利的许可、实施。我国《专利法》第十五条规定，"（1）专利申请权或者专利权的共有人对权利的行使有约定的，从其约定。没有约定的，共有人可以单独实施或者以普通许可方式许可他人实施该专利。许可他人实施该专利的，收取的使用费应当在共有人之间分配。（2）除前款规定的情形外，行使共有的专利申请权或者专利权应当取得全体共有人的同意"。因而，共有人之间虽然可能存在分歧，但是只要双方就权益分配方案进行了约定，那么实行个人与单位之间"混合发明"的专利权共有，与目前实行的个人之间或单位之间专利权共有并没有本质区别，也不必然影响专利的实施、许可和维持。相反，由于实现了发明人与单位之间的权益绑定，双方共同进行后续研发、实现专利技术转化的积极性和转化的可能性将大幅提高。

同时，也有一些人可能担心，如果将知识产权权利在发明人和单位之间按份共有，将会造成国有资产流失，亦即国有知识产权权利流失到发明人个人。从我国知识产权总体情况看，这种担心是没有必要的。根据国家知识产权局的统计数据，我国 2011 年发明专利的平均寿命只有 5.14 年，虽然高校和科研机构每年申请了大量专利，但实际转化实施的专利数量极少，大多数在申请日 5 年后由于没有转化实施而放弃权利，这才是真正的无形资产流失。如果将知识产权权利按份分一部分给发明人，如果能提高职务知识产权的转移转化率，虽然发明人可得到一定比例的权利和收益，但单位会得到更多的收益，这不仅不是无形资产流失，而是真正的无形资产保值增值。

13.4 知识产权激励政策

我国还制定了许多政策激励知识产权创造和运用。《关于国有高新技术企业开展股权激励试点工作指导意见》提出，国有高新技术企业可以开展股权激励试点，股权激励的对象是对试点企业的发展做出突出贡献的科技人员和经营管理人员，试点企业股权激励方式包括奖励股权（份）、股权（份）出售、技术折股。试点企业根据实际情况选择采用上述股权激励方式，用于奖励股权（份）和以价格系数体现的奖励总额之和，不得超过试点企业近 3 年税后利润形成的净资产增值额的 35%，其中奖励股权（份）的数额不得超过奖励总额之和的一半；要根据试点企业的发展统筹安排留有余量，一般在 3～5 年内使用。采用技术折股方式时，可以评估作价入股，也可按该技术成果实施转化成功后为企业创造的新增税后利润折价入股，但折股总额应不超过近 3 年该项技术所创造的税后利润的 35%。但具有突破意义的职务发明人激励政策是知识产权权益的激励，中关村国家自主创新示范区在职务发明激励的权利上进行了先行先试，虽然这种权利并不是法律上的权利概念。中关村国家自主创新示范区根据国务院《关于同意支持中关村科技园区建设国家自主创新示范区的批复》和北京市委市政府《关于建设中关村国家自主创新示范区的若干意见》，在 2009 年制定了《中关村国家自主创新示范区股权激励改革试点单位试点工作指导意见》，该意见提出，"股权激励的范围是示范区内的北京市属高等院校、科研院所、院所转制企业以及国有高新技术企业，可以申请成为股权激励改革的试点单位"；"参加试点的高等院校和科研院所可以采取科技成果入股、科技成果收益分成以及其他激励方式；院所转制企业和国有高新技术企业可以采取科技成果入股、科技成果折股、股权奖励、股权出售、股份期权、分红权、科技成果收益分成以及其他激励方式。采取科技成果入股方式的，可以将不低于20%的科技成果作为出资所获得被投资企业的股权（股份）用于奖励有关人员"；"采取科技成果折股方式的，可以将科技成果评估作价折合为一定数量的本企业股权（份），或按该科技成果实施转化成功后为企业创造的新增税后利润折价为本企业股权（份）。折股总额应不超过近3年该项科技成果创造的税后利润的35%。采取股权奖励和股权出售方式的，可以按照一定的净资产增值额，以股权方式奖励有关人员，或按一定的价格系数将企业股权（份）出售给有关人员；用于奖励股权（份）和以价格系数体现的奖励总额之和，不得超过试点企业近3年税后利润形成的净资产增值额的35%。采取股份期权方式的，可以结合本单位的实际情况，完善股权激励业绩考核体系，设定经营难度系数，科学设置业绩指标和目标水平，切实将股权的授予、行使与激励对象业绩考核结果紧密挂钩，并根据业绩考核结果分档确定不同的股权行使比例，对有关人员实施股份期权激励。采取科技成果收益分成方式的，可以从转让该项职务科技成果所取得的净收入中，提取不低于20%的比例，或者连续3至5年从实施该科技成果新增留利中提取不低于5%的比例，对有关人员给予奖励。采取分红权激励的，可根据职务科技成果对企业净利润的贡献程度，从企业税后利润中提取一定比例对有关人员进行奖励"。

财政部、科技部2010年发布的《中关村国家自主创新示范区企业股权和分红激励实施办法》规定，"辖区内企业可以通过股权奖励、股权出售、股票期权、分红激励四种方式实行股权激励；股权奖励的激励对象，仅限于技术人员，企业用于股权奖励和股权出售的激励总额不得超过近3年税后利润形成的净资产增值额的35%，其中激励总额用于股权奖励的部分不得超过50%；股票期权行权的有效期不得超过5年；分红奖励有四种方式：（1）本企业自行投资实施科技成果产业化的，自产业化项目开始盈利的年度起，在3~5年内，每年从当年投资项目净收益中，提取不低于5%但不高于30%用于激励。（2）向本企业以外的单位或者个人转让科技成果所有权、使用权（含许可使用）的，从转让净收益中，提取不低于20%但不高于50%用于一次性激励。（3）以科技成果作为合作条件与其他单位或者个人共同实施转化的，自合作项目开始盈利的年度起，在3~5年内，每年从当年合作净收益中，提取不低于5%但不高于30%用于激励。（4）以科技成果作价入股其他企业的，自入股企业开始分配利润的年度起，在3~5年内，每年从当年投资收益中，提取不低于5%但不高于30%用于激励"。

国务院2011年批复国家发改委印发的《中关村国家自主创新示范区发展规划纲要（2011~2020年）》在职务发明人权益上做出了突破，纲要提出，"对高等院校、科研院所、院所转制企业及国有高新技术企业的职务科技成果发明和转化中做出突出贡献的科技人员和管理人员，由实施科技成果产业化的企业按规定给予股权、分红等多种形式的激励"；"实施重大科技成果转化和产业化的政府股权投资引导和股权激励政策"。

2014年7月2日，国务院召开常务会议，决定在国家自主创新示范区和自主创新综合试验区选择部分中央级事业单位，开展为期一年的科技成果使用、处置和收益管理改革试点，允许试点单位采取转让、许可、作价入股等方式转移转化科技成果，所得收入全部留归单位自主分配，更多激励对科技成果创造做出重要贡献的机构和人员，进一步调动科技人员创新积极性。

从上述知识产权激励政策的发展可以看出，我国对职务发明人和职务科技成果权利人逐渐由给予奖励报酬向给予权利转变，虽然奖励股权与期权、分红权还不是法律意义上的真正财产权，但毕竟是在向权利归属等基本制度安排上转变，是从政策上向职务发明人倾斜在制度上向职务发明人倾斜转变，体现了从根本上激励职务发明人积极性的趋势。

13.5　科研机构知识产权激励政策

为了激励知识产权创造运用，我国许多科研机构制定了知识产权激励政策。中科院2007年夏季党组会发布的《中国科学院关于进一步加强知识产权工作的指导意见》提出了"完善奖励激励机制"的要求：继续实行并完善知识产权激励政策，加大对植物新品种等知识产权的发明人和团队的激励力度，鼓励各类知识产权创造的科学策划和有机保护，同时加强对各院属单位主持和参与标准制修订工作的支持力度，提升标准与知识产权相结合的水平，促进高质量的知识产权、"专利组合"、"专利池"等的创造产出，进一步发挥科技对我国社会经济发展的支撑引领作用。

该意见提出的主要激励政策有两个方面。一是加大对植物新品种的激励力度。"继续实行院所两级匹配原则对职务发明人与团队予以奖励的制度，加大对植物新品种的激励力度：对每件植物新品种保护、国际登录的新品种（组合）和省级植物新品种审定院奖励1万元；对每件国家级植物新品种审定院奖励3万元。要求院属单位不低于1∶1匹配奖励"。二是加大对标准制修订工作的支持力度。"鼓励院属单位参与国内外技术标准活动，主持或参与制修订国际、国家或行业标准，满足国家科技、经济和产业战略的需求，加强科技对于我国社会经济发展的支撑作用。对于主导（第一起草单位）制修订并批准发布的每项国内技术标准（国家标准、行业标准）的团队奖励2万~3万元；对于主导（第一起草单位）制修订并批准发布的每项国际技术标准（ISO、IEC、ITU）的团队奖励3万~5万元；对于承担全国标准化技术委员会（TC）秘书处工作的挂靠单位每年资助运行补贴10万~15万元；对于承担全国标准化技术委员会分技术委员会（SC）秘书处工作的挂靠单位每年资助运行补贴5万~10万元"。

中国科学院2011年还发布了《中科院研究机构知识产权管理暂行办法》，该办法规定，职务发明创造的知识产权归所在研究机构所有，职务发明人、设计人有在知识产权文件中署名和获得荣誉与奖励的权利，研究机构应依法和按院、研究机构两级匹配原则奖励职务发明人、设计人。研究机构的合作研究或委托研究，应签订合作研究或委托开发合同，并在合同中约定知识产权的归属。

为进一步优化知识产权激励政策，中国科学院2013年开始研究制定《促进知识产权转移转化奖励管理办法（草拟稿）》，该办法初步提出的激励政策有五个方面。一是院属单位应按照国家法律、行政法规规定，在知识产权转移转化获得收益时，对职务发明创造人以及为知识产权转移转化做出重要贡献的人员给予奖励或报酬，奖励与报酬所占比例不得低于国家法律、法规规定的下限。二是院属单位应定期向院知识产权主管部门报告知识产权转移转化和奖励报酬落实情况。院知识产权主管部门负责对院属单位知识产权转移转化奖励、报酬的落实情况进行监督检查，并把落实情况作为知识产权转移转化奖励的依据。三是对知识产权转移转化行为，按下列标准向院属单位进行奖励：（1）年度到账经费总计在 1000 万及以上的，奖励 50 万元；（2）年度到账金额总计在 500~1000 万元的，奖励 30 万元；（3）年度到账金额总计在 100~500 万元的，奖励 15 万元；（4）年度到账金额总计在 50~100 万元的，奖励 5 万元；（5）年度到账金额总计不足 50 万元但发明专利、植物新品种、集成电路布图设计、软件著作权的总转移转化率超过 15% 的，奖励 8 万元。四是对获得授权的下列知识产权，按下列标准向院属单位进行奖励：（1）对进入国际、国家或行业标准的必要专利，每件专利奖励 5 万元；（2）对经过实质审查的国外授权发明专利，每件奖励 1 万元；（3）对每件植物新品种保护、国际登录的新品种（组合）和省级植物新品种审定，奖励 1 万元；对每件国家级植物新品种审定，奖励 3 万元；（4）对获得国家知识产权局专利奖的专利，金奖每件 5 万元；优秀奖每件奖励 2 万元。（5）院属单位对拟放弃维持的专利，需要在权利失效至少 6 个月前，在院知识产权管理部门登记备案，并在院知识产权网上公布相关信息。对上述拟放弃维持的专利，院根据国家法律法规和相关规定，可以委托其他机构或个人转移转化，并由转移转化机构或个人支付院属单位合理的使用费。

中国农业科学院 2013 年发布了《中国农业科学院知识产权管理办法》，要求院及院属各单位和发明人应积极推动知识产权转化和运用。转化知识产权都要事先做好价值评估工作。知识产权转让或作价入股、投资所得收益，按一定比例留归单位用于科学技术研究开发与成果转化工作，分配比例参照国家及院有关规定执行。院及院属各单位要及时给予发明创造人奖励和报酬。

中科院大连化物所先后出台了一系列知识产权激励措施，如《专利奖励实施细则》规定对每件获得授权的中国发明专利，科学院奖励 4000 元，研究所匹配奖励 4000 元，其中所财政承担 2000 元，研究组承担 2000 元；对每件国外专利申请（含 PCT），科学院奖励 3000 元，研究所匹配奖励 3000 元，其中所财政承担 1500 元，研究组承担 1500 元（同族专利最多奖励两个国家）；对每件软件著作权登记、集成电路布图设计登记、新品种登记等，科学院奖励 1000 元，研究所匹配奖励 1000 元，其中所财政承担 500 元，研究组承担 500 元；对每件获得授权的国外专利，科学院奖励 5000 元，研究所匹配奖励 5000 元，其中所财政承担 2500 元，研究组承担 2500 元（同族专利最多奖励两个国家）。《科技成果奖励实施细则》规定，各级部门奖励的奖金按照发放部门的相关规定进行发放，研究所按照收到奖金 1:1 的比例进行匹配奖励；研究所匹配部分中用于奖励个人或集体的奖金（非项目经费）中的 70% 发给研究组，其余 30% 由研究所统一支配。

中科院上海生命科学研究院 2005 年出台了《以技术入股方式进行成果转化的奖励办法》，该办法规定，"成果完成人可享有该项成果所占股份的 50% 的股权，在成果的研究开发中作出主要贡献的科技人员所得不低于该部分股权的 50%；从事转化的人员或相关单位得 10% 的股权，从事转化的为生科院外人员或单位其所得比例原则上根据合同约定。生科院得 40% 的股权，该部分股权的红利收益和股权转让收益原则上生科院得 20% 所属单位得 20%。奖励股权在企业注册登记时即落实到受奖励的个人；具体落实的科技人员及其股权数额由完成该项成果的研究组的负责人决定。从事转化的院内人员及其股权数额的奖励由生科院与相关研究所、中心协商决定；股权奖励必须依照法律法规并得到中科院批准；如未能获得上述批准，则将应奖励部分股权每年所分配的红利收益在扣除相关税收后的净收入奖励给受奖励人员，如这部分股权之全部或部分在未来转让变现则将这部分股权转让所获得的税后净收入奖励给受奖励人员"。2006 年，该院又出台了《知识产权管理办法》，规定"生科院鼓励有市场前景的知识产权以技术入股的形式，按照现代企业制度和生科院相关规定组建高新技术企业；鼓励成果完成人、技术和管理骨干个人持股。生科院鼓励科技人员面向国家战略需求和市场需求，接受国内外单位和自然人的委托，从事合同研究工作，遵循'谁投入、谁受益'原则，成果的分享从其约定。生科院鼓励研究所（中心）、所属企业、国内外科技中介机构和个人依法从事知识产权项目和相关样品的转化，并根据实际贡献获得相应的中介经济收益。生科院在其所属事业法人单位知识产权和相关样品转化的经济收益中享有一定比例的权益"。该院 2006 年出台的《技术转让规定》规定，"上海生科院技术转让收入后所得的净收入原则上按研究组得 50%，生科院得 20%，所属单位得 20%，从事转让的单位或个人得 10%。研究组所得用于个人奖励和研究所进行分配的比例由研究组组长决定，其中用于奖励科技人员的部分用于奖励给主要贡献科技人员的比例不得低于 50%"。

中科院宁波材料技术与工程研究所❶2009 年 2 月出台了《科技成果转化管理暂行办法》，主要目的是鼓励科技人员从事科技成果的转化工作，为科技人员从事应用研究和技术开发提供科研实验条件，对在科技成果转化过程中做出重要贡献的人员给予奖励。2010年 5 月，该所又出台了《中科院宁波材料技术与工程研究所专利奖励办法》，根据该奖励办法，来自地方的专利授权资助按照 1∶2 匹配的形式直接发给发明人及其团队；对实现成果转化的收益，扣除成本后进行分配，项目组成员、事业部及研究所的分配比例一般是 60%∶20%∶20%，由此激励科研人员不断进行科技创新，为研究所提升核心竞争力。

中国科学院地质与地球物理研究所《知识产权管理制度》规定，授权后五年前的知识产权事务费由发明人或设计人自行负担，可由其承担课题支付，但须经研究所知识产权管理部门审核签字后方可报销；五年之后若该专利仍未转化，由发明人（或课题组）继续维持，并承担相关维持费用，专利权人仍为研究所。对申请与获得发明专利或软件著作权的实行中国科学院与研究所两级匹配奖励原则，其具体额度及执行办法按照院与研究所的相关文件规定执行；对进入 PCT 程序的每件国外专利申请，研究所匹配奖励额度为 1 万元；对每件获得授权的外国专利，研究所奖励匹配额度为 2 万元。采取实施、许可他人实施、转让、作价入股等方式推广应用知识产权前，应进行评估，由知识产权管理部门审核和领导批准。研究所承担前五年维持费用的专利，其知识产权转化净收入的 20% 作为一次性奖励发放给发明人，40% 投入到研究所知识产权专项基金，40% 作为职务发明人的后续科研经费，由科研管理部门办理立项手续，并按横向课题管理。五年之后的维持费用由发明人（或课题组）承担的专利，其科技成果转化净收入的 20% 作为一次性奖励发放给发明人，

---

❶ 中科院宁波材料技术与工程研究所知识产权管理工作取得成效。http：//www.nimte.ac.cn/xwzx/ tpxw/201105/ t20110509_ 3129638.html.

30%投入到研究所知识产权专项基金，50%作为职务发明人的后续科研经费，由科研管理部门办理立项手续，并按横向课题管理。研究所所得知识产权收益，全部纳入知识产权专项基金，用于知识产权的维持费用以及知识产权授权后的奖励费用。

国防科工局下属西安近代化学研究所为激发广大科研人员的知识产权创造热情，建立健全考评制度，把知识产权工作开展情况作为科研人员及其所在专业组和部门的业绩指标，并纳入绩效工资考核体系。2009 年颁布了《首席专家和科技带头人管理办法》《专业负责人管理办法》和《关键技能带头人管理办法》，明确将专利、成果及论文论著等知识产权作为首席专家、两级科技带头人和专业负责人等各类科研人员选拔、考核和职称评定的关键指标。2010 年出台的《研究部、专业组分类办法》《科研人员业绩积分评价办法》，进一步将研究部、专业组和科研人员业绩考核中的知识产权指标提高到 30%。该所将《专利管理办法》中规定的发明专利授权奖励额度由 3000 元提高到 4000 元，实用新型和外观设计专利授权奖励额度由 600 元提高到 1000 元。2008 年，该所又出台《科研成果和重大项目奖励办法》，将发明专利授权奖励额度进一步由 4000 元提高到 8000 元❶。

我国许多科研机构虽然都制定了知识产权管理制度，明确了知识产权激励政策，但还存在一些不足。首先是这些知识产权激励政策的奖酬标准不一。一些科研机构按照法律规定的最低标准给予报酬，影响了发明人积极性的发挥，一些地方政策对职务发明人给予报酬的比例过高，又影响了单位积极性的发挥。二是对职务发明知识产权的保护缺乏有力的规定，一些职务发明人侵犯单位权益私自转移转化职务知识产权的行为时常发生。三是奖励报酬规定难以执行落实，由于职务发明人往往处于弱势地位，单位不落实奖励报酬的规定，职务发明人也不敢提出异议，更不敢提起诉讼。我国科研机构知识产权转移转化率低的主要原因之一在于我国缺乏合理有效保障职务发明人和单位权益的知识产权权属制度。

13.6 小　结

本章研究了国外主要国家职务发明权属制度，研究了我国职务发明奖励报酬法律法规和政策的主要问题，针对"主要利用单位物质技术条件"做出的发明创造提出了职务发明知识产权的按份共有制度，并梳理了我国科研机构知识产权奖励报酬政策的特点和存在的问题。

深入实施创新驱动发展战略，需要不断完善科研机构知识产权管理制度，需要加强知识产权归属和知识产权收益分配制度的改革。为从根本上同时调动职务发明人和单位的积极性，一是要建立职务发明收益分配基本制度。为激励职务发明创造，应坚持合同优先与告知收益分配政策平衡的原则，在遵循劳动合同优先原则的同时，要告知职务知识产权转移转化收益分配或投资入股权益分配的政策或方案，在单位向发明人分配知识产权转移转化收益时，要兼顾遵守劳动合同。要建立发明人、设计人获得收益权利的保障制度，尤其是建立纠纷调处机制和诉讼救济机制。

---

❶ 西安近代化学研究所落实知识产权，提升自主创新力。http://news.china.com.cn/live/2012－10/29/content_16883900.htm.

　　二是针对"主要利用单位物质技术条件"做出的发明创造开展按份共有的混合发明制试点。利用了单位物质技术条件做出，又非本职工作或完成单位任务的发明创造为"混合发明"。混合发明知识产权由单位与职务发明人按份拥有，允许双方约定权益的分享比例，任何一方均可在保证其他共有人同等条件优先购买权的情况下，许可他人实施或自行实施该专利技术，并按照约定支付共有方合理的费用。在没有约定的情况下，共有人对专利权或相关利益可享有相同的份额。

　　三是知识产权激励政策要坚持各方利益平衡原则。职务知识产权转移转化收益分配政策制定充分兼顾单位、职务发明人和所在部门积极性，收益分配以扣除成本后收入按各三分之一比例分配为宜。

第十四章 科研机构知识产权保护管理

有效保护科研机构知识产权，维护知识产权权益是科研机构知识产权管理的主要工作。科研机构可以通过行政调处和诉讼保护自主知识产权，但更重要的是日常的自我保护。科研机构知识产权维权保护不仅要求科研机构要建立有效的知识产权保护机制，监视他人的侵权情况，监视职务知识产权流失情况，还要在审查、复审、无效等程序中主动保护自主知识产权，主动通过行政和司法途径应对知识产权侵权和知识产权权属纠纷。

14.1 知识产权权利自我保护

目前，我国科研机构在知识产权自我保护上还存在很多问题和不足。科研机构知识产权保护人才缺乏，大多数科研机构还没有建立一定规模的知识产权管理团队，大多数科研机构知识产权管理人员只有 1 个人，有些还由其他人员兼职。科研机构通过行政和司法途径保护自主知识产权的主动性还不足，通过行政和司法保护自主知识产权的案例还较少。科研机构知识产权保护的能力不高，相当一部分知识产权的代理费过低，保护范围设计不当，质量不高，权利稳定性不足，保护效果不好。

14.1.1 知识产权综合制度保护

目前，很多科研机构采取的是综合性知识产权管理制度保护知识产权。如中国科学院 2011 年发布的《中科院研究机构知识产权管理暂行办法》，代替了 1985 年发布的《中科院知识产权保护规定》，共包括六章 38 条。主要从知识产权创造与归属、知识产权保护和知识产权管理等方面保护自主知识产权权益。

该办法规定的对象包括中国科学院院属研究机构及其工作人员和相关人员，研究机构是指院直属的研究所、学校、台、站、中心等从事科学技术研究的事业单位，工作人员是指研究机构在职人员、聘用人员、客座研究人员、在读研究生及在站博士后以及进修、实习与代培人员等，相关人员是指退职、退休或者调动工作等离开研究机构后不满 1 年的或另有约定的人员。知识产权包括：（1）申请专利的权利、专利申请权和专利权；（2）著作权及与著作权有关的权利；（3）商标专用权；（4）植物新品种权；（5）集成电路布图设计专有权；（6）商业秘密（包括技术秘密）；（7）研究机构名称、徽章及网络域名等标记专有权。

在知识产权创造与归属上，该办法规定，研究机构应实行科研项目知识产权全过程管理，必要时为科研项目配备知识产权专员，负责科研项目立项、执行、验收和后评估等环节的知识产权跟踪、策划工作。知识产权专员应熟悉科技前沿动态、知识产权法律知识和科研项目管理知识，经培训考试获得院颁发的岗位资格证书后上岗。院重大项目的知识产权专员由依托单位推荐，院知识产权主管部门聘任。重要方向性项目的知识产权专员由研究机构聘任，报院知识产权主管部门备案。其他项目由研究机构自行组织、参照执行。该办法规定，发明人、设计人应对符合条件的相关成果报本单位审核批准并申请知识产权保护。研究机构应加强申请或登记前相关科技成果的策划与管理，避免丧失新颖性。职务发明创造的知识产权归所在研究机构所有，职务发明人、设计人有在知识产权文件中署名和获得荣誉与奖励的权利，研究机构应依法和按院、研究机构两级匹配原则奖励职务发明人、设计人。研究机构的合作研究或委托研究，应签订合作研究或委托开发合同，并在合同中约定知识产权的归属。研究机构承担国家、院科技计划项目获得的知识产权归本单位享有，但应采取有效措施依法保护和推广应用知识产权，并提交知识产权保护和推广应用年度报告。研究机构的名称、徽章、网络域名等标识，其所有权属于院属研究机构。以研究机构名义设立机构、签署合同或协议等时，应当获得研究机构的授权。

在具体知识产权保护上，该办法规定，研究机构应采取保密措施，包括订立保密协议、建立保密制度及采取其他合理的措施保护本单位知识产权。工作人员、相关人员不得侵犯本单位、其他组织和个人的知识产权。研究机构应依法积极通过行政和法律诉讼等手段制止侵害本单位知识产权的行为，从调解、仲裁、诉讼中获得的侵权赔偿或者补偿费，扣除调解、仲裁、诉讼等相应成本后的剩余部分，研究机构应作为许可他人实施的收益，并向发明人、设计人分配收益，进行奖励。研究机构需要放弃已获得的知识产权应经本单位审核批准依法办理。该办法规定，禁止工作人员、相关人员剽窃、窃取、篡改、非法占有、假冒、擅自转让、变相转让以及许可使用或者以其他方式侵害由研究机构依法享有的知识产权，禁止任何组织或个人未经中国科学院及研究机构授权或许可，剽窃、窃取、篡改、非法占有、假冒、擅自转让、变相转让以及许可使用或者以其他方式侵害由研究机构依法享有的知识产权。

在知识产权管理上，该办法规定，院建立院级指导、研究机构操作的两级知识产权管理工作体系；院级知识产权管理职能是贯彻落实国家知识产权战略部署，制定院知识产权战略规划与工作计划，指导研究机构知识产权管理；研究机构知识产权管理职能是贯彻落实院知识产权战略部署，制定本单位知识产权战略规划、管理办法和工作计划，组织和推进本单位知识产权创造、运用、保护和管理工作。研究机构原则上应有一名领导分管知识产权工作，建立知识产权管理制度和工作体系，设立或指定专门机构承担本单位的知识产权管理职能。院建立知识产权培训工作体系，对研究机构知识产权工作分管领导、管理骨干和科技人员进行知识产权培训，提高全院知识产权意识和能力。研究机构应规范知识产权档案管理工作，应建立知识产权战略研究机制。在院评价指标体系中建立知识产权工作的专项评价机制，推进研究机构知识产权管理与运营。该办法还规定了研究机构在签订劳动合同、资料管理、人员交流学习、人员离职等活动中保护知识产权的责任。

中国农业科学院 2013 年发布的《中国农业科学院知识产权管理办法》共包括七章34 条。该办法规定，本办法适用于我院和院属各单位及其工作人员与相关人员，院属各单位是指我院直属研究所、研究生院等从事科研教学工作的独立事业法人单位以及出版社等企业法人单位，工作人员是指我院在编人员、合同制聘用人员、在站博士后等，相关人员是指我院客座研究人员、在读研究生、访问学者以及进修、实习与代培人员，退职、离退休或者调动工作、毕业（博士后出站）等离开我院后不满一年的或另有约定的人员。知识产权是指权利人就其智力成果所依法享有的权利，包括与专利、商标、著作权、植物新品种、集成电路布图设计、商业秘密和遗传资源等有关的权利。

该办法规定，知识产权一般归中国农科院或院属各单位所有，发明创造人依法享有在有关技术文件和作品上署名及获得奖励与报酬的权利。职务发明创造范围包括：（1）在本职工作中完成的发明创造；（2）履行单位分配的本职工作之外的任务所完成的发明创造；（3）退职、退休、调离原单位后或者劳动人事关系终止后一年（涉及植物新品种育种的为三年）内做出的，与其在原单位承担的本职工作或者原单位分配的任务有关的发明创造；（4）主要利用本单位的资金或以单位名义获得的经费，以及本单位的条件完成的发明创造，约定返还资金或支付使用费，或者仅在完成后利用单位的物质技术条件验证测试的除外。

该办法规定实行知识产权全程管理，在科研项目的立项、实施、验收和转化等各个阶段，加强知识产权分析诊断、跟踪预警、监督评估和经营策划，将知识产权管理纳入科技创新全过程。院属各单位须建立知识产权信息分析制度，在科研立项或签订技术合同之前，应进行知识产权检索与分析；在研发中及完成之后，应开展知识产权动态跟踪与风险预警，避免重复研究和侵权纠纷。院属各单位须建立知识产权报告制度，发明创造人应在完成发明创造之日起两个月内，向单位管理部门提交知识产权报告；收到报告后，单位管理部门应及时确认并告知是否属于职务发明创造及恰当的保护方式。院属各单位须建立知识产权申请（登记）制度，受理发明创造人的知识产权报告后，对适宜申请知识产权保护的发明创造，须责成有关人员及时办理申请（登记）事宜。院属各单位须建立知识产权评议制度，定期评估知识产权运营情况，适时决定知识产权的维持与放弃；对拟放弃的知识产权，应征求发明创造人意见，经本单位管理部门评价、审核并报领导批准后，依法办理；在决定放弃前一个月内，单位应通知发明创造人，并支持发明创造人优先受让；发明创造人愿意受让的，可以与单位协商，以适当方式获得该知识产权。单位应积极协助办理权利转让手续。此外，办法还规定了院属单位知识产权合同管理、生物遗传资源身份登记管理制度、知识产权保密制度、知识产权档案制度。

该办法规定了知识产权保护义务、责任与罚则。重点涵盖维护本单位知识产权，禁止侵害本单位和其他单位与个人知识产权，在劳动劳务合同中要明确知识产权事项，终止劳动劳务合同时保护知识产权，禁止使用单位名称从事职务活动和使用商业标示进行商业活动等。

中科院大连化物所自中国科学院实施知识创新工程以来，建立了起一套完善知识产权管理制度，主要有《关于保护知识产权的规定》《专利工作管理的有关规定》《离职或退休协议》《关于促进科技成果转化的激励办法》《科学研究论文奖励条例》《科研课题计划的管理规定（合同签订、专利和成果部分）》《档案管理制度（专利和成果部分）》《知识创新工程题目组考评办法（技术转移、专利和成果部分）》等，并且根据国家和申科院的要求，每两年修订一次。从 1998 年开始，大连化物所就开始重视从战略布局高度来指导知识产权工作，围绕知识产权的创造、保护、转化三个环节开展工作。其中，特别注重将专利产生与对研究所重要发展领域的知识跟踪和学科战略布局相结合。在研究所信息中心设立了专门的前沿学科信息组，专门从事相关科研工作的信息跟踪和战略讨论。为提高专利质量，该所先后委托了三家有较强化学化工专业经验的专利代理公司，按学科专业特点分片分领域分别对 50 多个课题组进行专利事务代理服务，还经常邀请国家知识产权局专利审查员、专利代理公司代理人、院知识产权研究与培训中心的专家到所里进行点对面的专利讲课和业务咨询，与深入课题组进行点对点的专利咨询和辅导。大连化物所的发明专利授权量和授权率连续多年在中科院保持前列。2011 年，该所又推出专利工作奖励制度，积极引导发明人和创新团队关注专利申请、授权和实施转化的综合能力建设，提高自主创新能力。

中国科学院地质与地球物理研究所的《知识产权管理制度》规定，申请知识产权保护应首先向知识产权管理部门提交申请表，经审核批准后可自行或委托代理机构办理申请保护，相关材料应及时在科研管理部门进行归档备案；申请人应在每年底向知识产权管理部门提交专利申请状态报告，作为申请知识产权专项基金支持的依据。未经研究所同意，将职务发明创造以个人或其他法人机构为专利权人申请专利的，研究所有权责成其变更专利权人，并保留行政处分和追究其法律责任的权利。在申请专利之前，应对国内外专利文献进行详细检索，在递交专利申请书之前不得以论文、展览等形式对外公开技术方案和内容。研究所与国内外组织或个人进行合作研究或接受委托开发，应签订合作研究或委托开发合同，并在合同中明确约定知识产权的归属。研究所的名称、徽章、网络域名等标识，其所有权属于研究所，任何单位和个人未经研究所授权，不得做商业使用。以研究所名义设立机构、基金或奖学金，签署合同或协议书时，须取得研究所授权。任何组织或个人未经研究所授权或许可，剽窃、窃取、篡改、非法占有、假冒、擅自转让、变相转让以及许可使用或者以其他方式侵害研究所依法享有的知识产权的，研究所有权追究其法律责任。需要放弃或者撤销已获得的知识产权，必须在相应时效到期前两个月内，提出书面申请，经研究所知识产权管理部门审核，报请所领导批准；放弃或撤销后的知识产权，不再折算成相应的 SCI 论文用于岗位晋升或职级评定。

14.1.2　知识产权统一管理保护

目前，中科院、行业科学院和地方科学院多采取两级法人组织结构，知识产权管理分别由具有法人资格的下属研究机构自行管理，院级层面只提供相应的政策支撑和管理服务。这种管理方式实际上比较分散，不利于发挥知识产权管理的人才团队优势和能力优势，但部分科研机构采取了统一的知识产权管理制度保护知识产权，下属研究所不具有自行申请和转移知识产权的权利。

中科院上海生命科学研究院下设 8 个研究所，院知识产权与技术转移中心统一管理全院的知识产权和技术转移工作。该院 2006 年出台了《中国科学院上海生命科学研究院知识产权管理办法》。该办法规定，生科院知识产权与产业化中心（后改为知识产权与技术转移中心）是负责生科院知识产权的申请、保护、转移和管理的服务与管理机构。各研究所（中心）的科研管理部门协助生科院知识产权与产业化中心加强对知识产权和相关样品的保护和管理。除专利、技术和商业秘密、著作权和商标等知识产权外，生科院所有人员主要利用生科院的各种资源得到的各种样品，均属生科院所有，生科院保障知识产权和相关样品完成人的相关权益。生科院对所有的成果依法主张相关知识产权并加以保护和管理。生科院的知识产权和相关样品成功转化取得经济收益后，对该知识产权和相关样品的完成人给予相应的奖酬。任何单位和个人不得以生科院的名义对外进行任何形式的合作和获取任何形式的利益。生科院所拥有的知识产权和相关样品，未经同意，任何单位和个人不得在其本职工作之外使用，不得以任何方式进行处置，不得利用其从生科院以外的其他方获取任何形式的利益。生科院的科技人员按照法律、法规的规定或国际惯例，仅为纯科学研究目的而与生科院外的其他单位科技人员交换相关样品的，应在交换相关样品前由知识产权与产业化中心负责与其他单位签署相关协议。

14.1.3　知识产权分级分类保护

中科院计算所近年来每年申请专利约 150 项，累计申请国内专利 1411 项，累计获得国内专利授权 877 项。该所对于授权专利是否应该维持，维持多长时间，什么专利可以转让，什么专利可以许可，什么专利自己持有等，采取了科学的分级分类管理体系来加强管理和保护。2013 年，该所在国家知识产权局的指导下，将专利技术价值指标体系运用于研发和专利申请维持的全过程。在申请前，通过对技术方案的分析确定技术价值中的先进性，法律价值中的侵权可判定性，根据得分，将其分为 A 级钻石专利，B 级优质专利，C 级普通专利。对于标准相关性专利，则直接确定为 A 级。在申请中根据审查意见对该专利的级别进行调整校正，主要是根据法律价值中的稳定性、不可规避性。如果能获得专利权的权利要求范围很小，轻易可规避，则 A 级变成 C 级，一票否决。在专利授权后，更新技术价值中的先进性，增加经济价值中的市场规模前景，最终确定该专利的级别，并作为该专利是否维持如何转化的重要依据。为保障该体系的实施，该所对指标体系进行了简化，设计了三类表格，首先由发明人通过提交"发明人自评表"来实现，主要评价技术的先进性、侵权可判定性和与标准相关性。然后，由所知识产权办人员填写"审核记录表"来实现，主要评价法律的稳定性和不可规避性，发明人自评的 A 级钻石专利再根据审核记录表审核，没有发现瑕疵的维持 A 级专利，发现瑕疵的则降为 B 级或 C 级。最后，结合当前的技术趋势和市场情况，由专家评审来实现，主要评价技术先进性和市场的规模前景。根据专家评审表，没有发现瑕疵的专利依然是 A 级，发现技术落伍的专利，则根据更新换代程度，降为 B 级或 C 级，技术依然先进的专利，则根据市场前景，维持 A 级或降为 B 级。

中科院大连化物所为提高发明专利申请的撰写质量、提升核心专利应用价值，进一步促进专利技术的转移转化，从 2010 年开始实施"大连化物所专利分级制度"。将发明专利申请分为 A、B、C 三级，研究组在提交专利申报书时需根据项目产业化需求和市场前景选择申报等级，科技处根据项目重要程度对专利申报等级提出建议，明确申请目标和结果，所发生代理费用由研究所和研究组共同支付。为及时掌握专利申请进度，避免年底集中申请影响质量，要求研究组根据科研项目的进度和进展情况，结合自身的科研创新方向，建立专利申请规划，加强专利申请的计划性，建立了一个良性循环的专利分级分类保护体系。2012 年，该所制定了专利申请计划并跟踪实施情况，指导研究组根据项目进度和完成情况及时申请专利保护，有计划地进行专利策划与布局，将落实专利申请计划进行公示、督促，研究组逐渐养成了自觉意识。在专利规划的基础上，根据科研创新的特点，结合专利分级管理制度，该所将资源配置倾向于重点领域、重点专利，逐步提高专利申请的质量，培育了一大批核心专利。

中科院宁波材料技术与工程研究所为了做好知识产权保护和转移转化转化工作，推动科学研究与技术开发，在 2007 年 8 月出台了《知识产权管理暂行规定》，2009 年 2 月该所又出台了《科技成果转化管理暂行办法》。2011 年，该所开始建立研究所内部专利分级管理制度、知识产权专员制度以及知识产权评价机制，目的是实现研究所专利数量与质量共同增长，通过对重大科研项目的知识产权战略布局、前期分析、过程管理、后续跟踪和风险评估等，提升研究所知识产权风险监控与管理水平，通过激励科技人员进行技术转移与许可工作，实现对外投资资产的保值增值。

14.1.4　知识产权绩效考核保护

中科院大连化物所为激励知识产权创造运用出台了一系列知识产权考核奖励政策。一是将课题组申请专利、专利获得授权和专利技术转移活动纳入课题组年度绩效考核项，这些绩效考核项不仅影响课题组的综合排名，也影响到课题组的下年度个人绩效收入。例如，科研活动绩效考核共包括 7 个子指标，第四个子指标为专利申请授权及实施，规定专利申请授权按照不同种类分别计分，PCT 及外国专利申请的分数是国内申请的二倍，专利实施许可合同按照不同的合同额度分级计分。具体是，发明专利申请记 1 分，发明专利授权记 4 分，实用新型专利申请 0.5 分，授权 2 分，国内专利 1 分，国际专利 2 分，专利实施金额大于 500 万元的记 25 分，100 万～500 万元的 15 分，50 万～100 万元的 10 分，低于 50 万元的 6 分。二是要求研究生毕业前必须发表一定数量的论文或专利，把申请专利的重要性等同于发表科技学术论文，促使研究生的工作更多的关注技术创新和技术专利化。

国防科工局西安近代化学研究所为了确保知识产权工作规范有序，对原有知识产权制度文件进行了修订、完善和健全，形成了包括《知识产权管理规定》《专利管理办法》《商标管理办法》《著作权管理办法》《科技成果奖励办法》等在内的系统的知识产权管理和保护制度，有效支撑了研究所知识产权管理工作的规范化、制度化。为激发广大科研人员的知识产权创造热情，该所建立健全考评制度，把知识产权工作开展情况作为科研人员及其所在专业组和部门的业绩指标，并纳入绩效工资考核体系。该所 2009 年颁布了《首席专家和科技带头人管理办法》《专业负责人管理办法》和《关键技能带头人管理办法》，明确将专利、成果及论文论著等知识产权作为首席专家、两级科技带头人和专业负责人等各类科研人员的选拔、考核和职称评定的关键指标。2010 年，该所又出台了《研究部、专业组分类办法》《科研人员业绩积分评价办法》，进一步将研究部、专业组和科研人员业绩考核中的知识产权指标提高到 30%。

14.1.5　知识产权合同管理保护

通过签订知识产权合同保护科研机构知识产权，或者在合同中加入知识产权保护条款是科研机构重要的知识产权保护方式。包含知识产权条款的合同主要是指单位与科研人员签订的劳动合同和保密合同，知识产权合同主要是指在科研合作如委托研发、联合研发、共建实验室、涉外专利申请等过程中对本单位知识产权保护的合同。

1. 劳动合同

劳动合同是约定科研人员保护单位职务发明知识产权的必要手段，多数科研机构在与员工签订劳动合同时没有规定知识产权保护的内容。在签订劳动合同时，科研机构应当明确要求科研人员遵守专利法、著作权法、商标法、反不正当竞争法等知识产权法律规定，尊重单位的职务知识产权，禁止将职务知识产权私自申请为非职务知识产权，禁止私自将职务知识产权进行转让和许可。还应当规定，如果违反合同约定，将职务知识产权私自申请为非职务知识产权的，除了应将职务发明知识产权归还单位外，还应当承担相应的行政、经济责任，如果私自将职务发明知识产权进行转让和许可，除上缴所获收益外，还应给予经济处罚，如果转让或许可的职务发明知识产权明显低于其应有价格的还应承担相应的国有资产流失责任。此外，还应当明确规定，科研机构应根据法律规定和本单位的知识产权政策对职务发明人进行奖励，并支付相应报酬。向职务发明人支付奖励和报酬也是保护职务发明知识产权的重要手段，只有职务发明人获得的实际奖励和报酬与其预期和付出相符，职务发明人私自将职务发明知识产权转让和许可实施的情况才会大大减少。

2. 合作项目知识产权合同

与科研机构、大学或企业开展合作研究是科研机构科研活动的重要方式。在科研合作中涉及大量的知识产权问题，一般应通过知识产权合同进行规范和保护自身知识产权权益。但我国科研机构在科研合作中签订专项知识产权合同的较少，对知识产权的规定还存在不少问题。

合作项目的知识产权合同一般应主要包括序言、定义、组织管理机构、背景知识产权、单方知识产权、合作项目知识产权、研究项目协议、合作项目知识产权保护、商业秘密保护、相关方利益转让、合同修订、合同期限、违约责任等部分。序文应主要写明双方签订合同的目的，以及与本合同相关的备忘录的效力等。定义应主要包括发明、职务发明、知识产权、背景知识产权、前景知识产权、单方知识产权、项目、第三方、交叉许可、项目知识产权等。组织机构应包括指导、领导和监督机构的职责，合作项目或共建实验室负责人及其职责、运作模式以及资金投入等。合作项目知识产权合同应包括以下主要部分：

（1）背景知识产权规定。背景知识产权是指签订合同之前各方所拥有或者获得许可的知识产权，包括专利申请与专利权、商标专用权、软件著作权、集成电路布图设计专有权、植物新品种权、技术秘密专有权。合同一般应规定，每一方均对本方的背景知识产权拥有所有权及处置权，并应提前向对方披露背景知识产权信息，向外披露对方知识产权信息的应得到对方的书面同意。如果背景知识产权用于项目，则接收方只能将背景知识产权用于项目本身，未经披露方事先书面同意不得向任何第三方披露。为了履行项目，合同一般应规定，在合同或任何相关项目协议期限内，每一方都同意授予另一方其背景知识产权的非独占、费用足额缴清、免许可费和可撤销的有限许可。合作的企业一般还会要求获得科研机构背景许可给其下属企业或关联企业的许可。

需要注意的是，由于主要任务是科研，科研机构在科研活动中从事科研和教学活动使用他人知识产权的行为不视为侵权，而且通过商业化使用对方背景知识产权的机会不多，任一方同意授予另一方对其背景知识产权的许可实际上不利于科研机构。

（2）单方项目知识产权规定。合同应规定双方各自的知识产权所有权和许可权。一般应规定，各方对其单方项目知识产权拥有所有权及处置权。为履行合作或项目协议，双方均应授予对方及其关联企业在一定区域范围内披露和使用其单方项目知识产权的非独占、不可撤销、费用足额缴清、免许可费的许可，任何一方对对方单方项目知识产权的任何其他披露和使用，均应当事先获得对方的书面同意。

同样需要注意的是，由于科研机构主要任务是科研，其商业化使用对方单方知识产权的机会不多，双方授予对方及其关联企业在一定区域范围内披露和使用其单方项目知识产权的非独占、不可撤销、费用足额缴清、免许可费的许可也不利于科研机构。

（3）项目知识产权规定。一般应规定合作项目知识产权的所有权与使用权，以及知识产权的转让、合作和商业化等内容。一般情况下，合作项目知识产权应当由合作双方共同拥有，但也可以根据双方的实际贡献确定按份共有。技术秘密等无法确定为专利等知识产权而只能通过合同保护的知识产权，任何一方不得向无保密义务的第三方披露。合作项目知识产权的改进或衍生知识产权，应当作为完成改进或衍生的一方或其关联企业的单方项目知识产权。

合同双方或任一方均应当及早识别合作项目的知识产权，并通过书面描述方式通知另一方。合同双方应对合作项目知识产权是否申请专利等知识产权保护作出决定。如果双方同意确定不申请专利等知识产权保护时，双方须通过签字书面确定或者通过电子邮件确认是否对合作项目知识产权规定披露限制及具体限制内容。对合作项目知识产权的任何非内部披露或使用，均应当取得另一方事先的书面同意。

合同应当规定，每一方均拥有为了商业目的在一定区域范围内披露和使用合作项目知识产权的非独占、不可撤销的许可，并有权利和义务分享合作项目知识产权事先规定比例的转让或许可费收入。有的情况下，合作企业会要求获得科研机构合作项目知识产权，以用于诉讼抗辩，或实施专利交叉许可。在此情况下，每一方均有权查看另一方的合作知识产权产生的转让或许可费收入的账簿和记录。一般情况下，合作企业还会要求获得合作知识产权向其关联企业转让或再许可的权利，以及关联企业再许可的权利。

需要指出的是，我国专利法规定，除约定以外，共有专利权的任何一方可以不经对方同意自行实施。由于科研机构与企业性质不同，确定项目知识产权按份共有的比例不仅仅要考虑双方的贡献，还应当考虑到未来的实施机会和相应的收益，以及企业向关联企业再许可的情况。

（4）项目协议。研究项目协议应主要包括合作项目地址、项目协议模板、项目内容等。项目内容应当包括总体目标、研发领域、预期知识产权类型说明、可交付成果清单、项目进度计划及工作资金来源与金额等。在项目进行过程中，如果需要修正预期的知识产权类型名称的，则双方同意并按照诚信原则考虑再命名并就再命名达成一致。任何一方可终止任何项目，但需要提前在合理的期限，采用书面方式通知对方，否则应当承担相应的责任，赔偿对方的损失。

（5）合作项目知识产权保护。主要包括知识产权申请选择与保护成本分担、国外申请保护、职务知识产权转让等内容。合同双方应当逐项决定是否完善合作项目的知识产权，决定由哪一方负责在国内外申请、登记或注册项目的知识产权。知识产权的保护成本主要包括申请、维持和起诉的费用以及聘请的律师费用，一般由双方共同承担，承担的比例可以根据其在知识产权中的比例分担，当然也可以由一方负担。一方负责知识产权保护的需要获得另一方的同意。

双方可以约定知识产权在某个国家保护成本分担的比例。甚至可以约定，如果一方不同意参加合作项目知识产权的国外保护，或者不同意分担知识产权保护的成本，另一方可自行进行合作项目知识产权的保护，负担全部费用，并享受知识产权的全部权利，在这种情况下，不同意分担的一方在该国家只能获得使用合作项目知识产权发明的免费、非排他的许可。

为使合作项目顺利进行，每一方均应承诺努力促使各方的员工对合作项目改进的新知识产权及其申请、维持、实施给予协助。在合作项目知识产权公开之前，每一方均应当通过签订合同和通过商业秘密保护方式等保护合作项目的知识产权。双方还应当保证，其任何员工依据项目所创造的知识产权为职务知识产权，必要时各方应与其员工签订协议要求其员工转让职务知识产权。

需要注意的是，如果员工创造的知识产权属于非职务知识产权但与合作项目有关，科研机构无法要求其员工转让其非职务知识产权，如果通过劳动合同要求员工转让其非职务知识产权的属于违反合同法的行为。因此，只能通过谈判获得非职务知识产权所有权或许可权，允许合作方及其关联企业使用此类知识产权，但必须支付合理的转让或许可费用。

（6）专有信息。专有信息是指与合同以及研究项目有关的以书面、口头、电子等方式表达的不对外扩散的有价值的文字、图形、数字、图像等信息。一般情况下，任何一方都应当在接收专有信息后一定时间内将所有专有信息保密，不向任何第三方披露。未经明确的书面同意，也不得使用这些专有信息。任何一方在首次接受另一方披露的专有信息时起，如果采用书面形式，要标注保密字样、等级和限制使用的范围，不采用书面形式的一般是从开始就应确认为专有信息。

3. 专利联合申请合同

目前，我国科研机构为了申请国外知识产权保护，或者将与国外机构合作项目知识产权申请国外保护，一般会出让一定比例的知识产权份额，由国外机构负责外国专利的申请和保护，签订专利申请保护或商业化合同。这类合同一般包括序言、定义、发明管理、答复审查意见、成本支出、专利侵权、合同终止、争议处理等部分。此类合同应包括以下主要部分：

（1）序言。一般应写明合作各方及其地址，合作各方签订合同的目的以及合同生效的时间。一些合同会要求合作各方为共同发明人。一些合同会要求各方制定政策，要求每一方的员工将发明的全部权利和利益转让或授予给对方，并要求其员工协助专利申请的准备、诉讼、无效应对和维持。需要注意的是，一些只负责国外专利申请费用和手续的机构也往往会要求成为共同发明人甚至共同专利权人，而这是不符合有关国家法律规定的。另外，序文中还应写明本合同的目的，如保护各方知识产权，通过发明合作和专利权利分配共享知识产权，共担风险，通过专利转移、许可、市场化等途径促进公共利益。

（2）定义。应主要包括发明、合作各方、许可收益、专利支出、专利权等。发明一般包括将获得知识产权的发现、研究成果、技术秘密、数据、设备、信息等。主导方主要指负责管理、保护和商业化发明的一方，一般是国外或境外机构。国内科研机构一般是合作方。许可收入包括费用、特许费、节点付款。净收入则指许可收入扣除成本后的部分。专利支出一般指专利检索、申请、实质审查、复审、应对无效宣告和维持专利权过程中发生的费用。

（3）发明管理。一般是由主导方管理发明，包括专利申请、实审和维持、商业化、许可谈判、商业化协议履行等。合同一般会要求合作方授权主导方对发明和专利权进行谈判和实施排他和非排他的许可。如果合同规定主导方和任何合作方不能向任何第三方转让其发明或知识产权，则对国内取得发明的科研机构是个很大的限制。主导方如果停止履行责任，合作方可以成为主导方。主导方应当为了各方的利益管理专利权及其商业化活动，主导方应及时以书面方式向合作方报告商业化活动，在合作方书面同意前，主导方不能发放任何缴清费用的专利权许可，许可费应包括律师费等。

（4）实质审查。合同一般会要求各方在履行合同期间及时公开任何与本发明有关的新发明、发现、改进发明、专有数据和技术秘密等，主导方应及时向合作方提供国外专利局关于专利申请、审查意见、法律意见等的复印件。合作方应协助主导方，提供有关发明的材料，开具证明等。主导方有权自行决定专利的意见答复、维持和实施，但如果发生的费用超过一定标准，应当通知合作方并获得合作方的同意。但是，如果只有国内科研机构完成了发明，则这对国内科研机构是个很大的限制条款。

（5）成本支出。合同一般应规定各方支付在专利国外申请成本的比例，但也往往会规定按此比例分享专利许可的收益。主导方担负保存许可费收入分配记录的责任，在合同期及合同终止一定年限内，允许合作方或其代表检查和复印许可产品的销售记录，这些记录应包括发票、销售分析报告、价目表、产品目录、财务报表、船运单等。

（6）侵权纠纷。任何一方应及时书面通知他方任何可能的专利侵权行为，主导方有权应对侵权，与合作方合作努力停止侵权行为。各方应承诺通过排他许可协议向被许可方提供授权以应对第三方侵权。无排他许可的应努力找到合适的方式应对侵权。主导方有权联系被控侵权第三方，通过起诉等合理措施说服其停止侵权行为，或者应对专利无效宣告的挑战。如果发起诉讼，有没有合作方或被许可方的参与，都应当将诉讼获得的收益按比例在各参与方中分配。

（7）合同终止。如果主导方在一定时间内没有将专利权许可出去，合作方在书面通知一定时间后可以终止合同。如果主导方在收到合作方书面通知一定时间内没有支付相应份额的许可费，合作方可以书面方式通知他按默认时间交付许可费。除非专利已被许可，任何一方可以在一定时间后以书面方式终止合同，终止合同后每一方都有权许可其专利权。

（8）争议处理。如果发生争议，违反合同或者发生合同有效性问题，各方同意通过一定机构如国际商会的规则处理，如同意在某一国的仲裁机构仲裁争议，或者同意根据某国法律在某一国法院提起诉讼。

科研机构是我国知识产权创造的重要主体，科研机构加强知识产权自我保护的首要工作是要建立知识产权制度。建立知识产权制度是科研机构维护自身知识产权的重要措施。科研机构知识产权制度应涵盖知识产权申请、维持、缴费、保护、收益分配和人员管理等内容。虽然一些科研机构通过综合性制度保护知识产权，一些科研机构通过统一管理保护知识产权，还有一些科研机构建立了专利分级分类制度和绩效考核制度，但仍有相当一部分科研机构知识产权保护的制度措施很简单粗放，可操作性不足，而且落实也不够。

14.2 知识产权申请审查权利保护

1. 专利审查程序权利保护

根据《专利法》规定，发明专利申请的审查主要包括初步审查和实质审查，而实用新型和外观设计专利申请只有初步审查。初步审查主要审查以下内容：（1）申请文件是否齐备且符合规定的格式；（2）发明创造是否明显属于不授予专利权的范围；（3）外国人是否具备申请资格或委托代理机构；（4）是否明显违反单一性原则；（5）是否明显属于重复申请；（6）要求优先权时，先后申请主题是否明显不同。实质审查的内容主要包括：（1）是否符合发明创造的定义；（2）是否属于不授予专利权的范围；（3）是否具备新颖性、创造性和实用性；（4）是否符合禁止重复授权原则；（5）说明书是否公开充分；（6）权利要求书是否以说明书为依据，是否清楚、简要地表述了保护范围；（7）独立权利要求书是否从整体反映了技术方案和技术特征；（8）是否具有单一性；（9）修改是否超范围；（10）分案是否符合要求。在实质审查中，不授予专利权的申请、说明书和权利要求书、创造性的审查是重点，也是科研机构在审查程序中维护自身权利的重点。

科研机构申请专利时，首先要明确专利保护的客体。专利法第 5 条规定，违反国家法律、社会公德或者妨害公共利益的发明创造不授予专利权，第 25 条规定了不授予专利权的客体，如科学发现、智力活动的规则和方法、疾病的诊断和治疗方法、动物和植物品种、原子核变换方法和用该方法获得的物质。但是科学发现基础上的用途发明，既包含智力活动的规则和方法又包含技术特征，用于实施疾病诊断和治疗方法的仪器设备及物质材料，动植物品种生产方法，微生物与微生物方法，为实现核变换方法的各种设备、仪器和零部件属于可授权专利权的客体。

科研机构在专利申请时，要清楚《专利审查指南》对说明书和权利要求书撰写的要求。说明书要清楚、完整，要能够达到所属技术领域的普通技术人员不用花费创造性劳动能够实现。权利要求书要以说明书为依据，说明要求专利保护的范围，要说明发明或实用新型的技术特征，清楚和简要地表述请求保护的范围。在撰写权利要求书时特别需要注意的三个问题。一是权利要求需得到说明书的支持。如果权利要求书是对说明书一个或多个实施方式的概括，则不应当超出说明书公开的范围；用上位概念概括的权利要求不能包含推测的内容，如果某一下位概念或选择方式不能解决发明或者实用新型要解决的技术问题，或者包含功能性限定技术特征的权利要求，如果本领域技术人员认为说明书中未提到的其他方式，或功能性限定中的一种或几种方式并不能解决发明或实用新型要解决的技术问题并达到相同的技术效果，则权利要求书没有得到说明书的支持。需要注意的是，独立权利要求得到说明书支持并不意味着从属权利要求书也必然得到说明书的支持，权利要求书与说明书存在一致性表述并不意味着必然得到说明书的支持。二是必须清楚，每项权利要求的类型和范围都应当清楚，而且构成权利要求书的所有权利要求作为一个整体也应当清楚，即权利要求之间的引用关系应当清楚。三是简要，每项权利要求应当简要，权利要求的数目和表述应当简要，而且构成权利要求书的所有权利要求作为一个整体也应当简要，相同内容的权利要求不必重复。

为保证专利申请的质量，科研机构在专利申请文件撰写和审查时要掌握创造性及其判断方法。创造性审查主要审查该申请同申请日以前已有的技术相比，发明是否具有突出的实质性特点和显著的技术进步，实用新型是否具有实质性特点和技术进步，必须以本领域普通技术人员意想不到作为标准。发明专利申请创造性的判断方式是：（1）确定最接近的现有技术；（2）确定发明的区别技术特征和实际解决的技术问题；（3）判断要求保护的发明对本领域技术人员来说是否是显而易见的。如果技术人员有动机解决现有技术中的技术问题，则为受到技术启示，发明专利申请则是显而易见的，不具有创造性。显著的进步判断包括：（1）与现有技术相比具有更好的技术效果；（2）提供了一种技术构思不同的技术方案；（3）代表某种技术发展趋势；（4）尽管在某些方面有负面效果，但其他方面有明显的积极效果。

科研机构要清楚专利申请修改的方式有哪几种，尤其是主动修改和被动修改。发明专利申请人在提出实质审查请求时和在收到进入实审阶段通知书起的三个月内都可以修改申请文件，但修改不得超出原说明书和权利要求书的范围。而实用新型和外观设计专利申请人可以在申请日起两个月内主动修改申请，但实用新型专利修改不得超出原说明书和权利要求书记载的范围，外观设计专利申请修改不得超出原图片或照片表示的范围，此为主动修改。发明专利申请人可以按照审查意见通知书的要求修改文件，此为被动修改。还有一种是国家知识产权局进行的修改，国家知识产权局专利局可以自行修改申请文件中的文字和符号等明显错误。

在答复审查意见时，科研机构必须注意专利申请修改不能超出原说明书和权利要求书的范围。不允许的修改主要三种情形。一是不允许的增加。主要包括七个方面。（1）将某些不能从原说明书（包括附图）和/或权利要求书中直接明确认定的技术特征写入权利要求和/或说明书。（2）为使公开的发明清楚或者使权利要求完整而补入不能从原说明书（包括附图）和/或权利要求书中直接地、毫无疑义地确定的信息。（3）增加的内容是通过测量附图得出的尺寸参数的技术特征。（4）引入原申请文件中未提及的附加组分，导致出现原申请没有的特殊效果。（5）补入了所属技术领域的技术人员不能直接从原始申请中导出的有益效果。（6）补入实验数据以说明发明的有益效果，和/或补入实施方式和实施例以说明在权利要求请求保护的范围内发明能够实施。（7）增补原说明书中未提及的附图。

二是不允许的改变。（1）改变权利要求中的技术特征，超出了原权利要求书和说明书记载的范围。（2）由不明确的内容改成明确具体的内容而引入原申请文件中没有的新内容。（3）将原申请文件中的几个分离的特征改变成一种新的组合，而原申请文件没有明确提及这些分离的特征彼此间的关联。（4）改变说明书中的某些特征，使得改变后反映的技术内容不同于原申请文件记载的内容，超出了原说明书和权利要求书记载的范围。

三是不允许的删除。（1）从独立权利要求中删除在原申请中明确认定为发明的必要技术特征的那些技术特征，即删除在原说明书中始终作为发明的必要技术特征加以描述的那些技术特征；或者从权利要求中删除一个与说明书记载的技术方案有关的技术术语；或者从权利要求中删除在说明书中明确认定的关于具体应用范围的技术特征。（2）从说明书中删除某些内容而导致修改后的说明书超出了原说明书和权利要求书记载的范围。（3）如果在原说明书和权利要求书中没有记载某特征的原数值范围的其他中间数值，而鉴于对比文件公开的内容影响发明的新颖性和创造性，或者鉴于当该特征取原数值范围的某部分时发明不可能实施，申请人采用具体"放弃"的方式，从上述原数值范围中排除该部分，使得要求保护的技术方案中的数值范围从整体上看来明显不包括该部分，这样的修改超出了原说明书和权利要求书记载的范围，因此除非申请人能够根据申请原始记载的内容证明该特征取被"放弃"的数值时，本发明不可能实施，或者该特征取经"放弃"后的数值时，本发明具有新颖性和创造性，否则这样的删除不能被允许。

专利申请人可以在专利授权之前随时撤回其专利申请，撤回申请应当向专利局提出声明。在有些情况下，主动撤回也是一种保护科研机构自主知识产权的方式，对于那些原理性较强已经申请的专利，如果没有研发出具体技术实施方式，创新性或实用性可能不足而又不想公开技术内容的专利在没有公开之前可以撤回申请，如果在原理基础上研发出了具体的技术实施方式也可以在公开前撤回该专利而申请新的专利，如果在一年之内，在后发明专利或实用新型专利可以享受在先专利申请的本国优先权。但撤回声明的申请如果专利局已作好印刷准备工作的，申请文件仍予公布。

如果专利局经审查没有发现驳回理由的，应作出授予专利权的决定，并通知申请人，申请人应当在收到通知之日起 2 个月内办理登记手续，按期办理登记手续的，专利局授予专利权，颁发专利证书，并予以公告，逾期未办理登记手续的，视为放弃取得专利权的权利，专利权自公告之日起生效。因此，科研机构注意要及时办理专利登记手续。据统计，我国专利权视为放弃的比例高达 2% 以上，很多是因为忘记缴费或超过缴费期限造成的。

在专利申请审查和申请文件修改过程中，科研机构还要特别注意专利申请是否存在技术启示问题和技术结合问题，否则有可能因创造性不足而被驳回。

2. 专利复审程序权利保护

我国专利法规定，专利申请人对专利局做出的驳回决定不服的，可以在收到驳回决定三个月内请求专利复审委员会复审，复审委员会在审理后做出维持或者撤销驳回决定，申请人对复审决定不服的，可以在三个月内向法院起诉。我国科研机构能较好利用复审程序维护自主知识产权，根据对国家知识产权局专利复审委员会的复审决定的检索，截至 2014 年 6 月 10 日，专利复审请求人是"科学院"的复审请求案件有 237 项，其中发明 236 项，是"研究院"的复审案件 286 项，其中发明 282 项，是"研究总院"的复审案件 8 项，其中发明 8 项，是"研究所"的复审请求 478 项，其中发明 464 项，实用新型 13 项。中国科学院提出的复审案件请求复审案件有 158 件，其中发明 157 件。

中国科学院电工研究所于 1991 年 2 月 27 日受理的申请号为 91101072、名称为"钕铁硼永磁和软磁混合磁极电机"的发明专利申请，原申请有 4 个权利要求。其中前两个权利要求为：

（1）一种钕铁硼永磁和软磁混合磁极的交流同步电动机，为多对极闭合径向磁路，每对极中一块是瓦形钕铁硼永磁磁极，另一块是瓦形软磁磁极，永磁磁极极性相同和软磁磁极相互间隔，其特征在于：极对数 P≥2，瓦形钕铁硼永磁磁极的内外两曲面（即凸曲面和凹曲面）的曲率半径相等，瓦形钕铁硼永磁磁极的极弧系数和瓦形软磁磁极的极弧系数不等，软磁磁极和转子磁轭连成一体，在软磁磁极上配置鼠笼导体条，电机定子为三相绕组。

（2）如权利要求 1 所述的钕铁硼永磁和软磁混合磁极的交流同步电动机，其特征是软磁磁极用硅钢片冲片叠装而成，或用纯铁或坡莫合金制成。

原中国专利局于 1994 年 4 月 7 日以该申请不符合中国专利法第 22 条第 3 款的规定为由予以驳回。驳回决定的主要理由是：与专利局审查意见通知书所列举的对比文件相比，尽管权利要求 1 增加了如其特征部分的一些限定，但本专业的普通技术人员根据实际情况及需要相应作出这样一些限定不是困难的，该申请不具有突出的实质性特点和显著的进步，不满足专利法关于创造性的要求。

申请人对上述驳回决定不服，于 1994 年 7 月 4 日向专利复审委员会提出复审请求，其主要理由是：（1）专利局认为从对比文件 1 "不难看出呈曲面形的永磁材料其内外两曲面的曲率半径是相等的"，然而请求人发现对比文件 1 从文字到附图根本无此记载，因此以上述主观推断作为驳回理由是不尽恰当的；（2）本发明是在现有技术基础上提出的一种改进的新结构的电机，根据复审请求时新修改的权利要求书，本发明的永磁磁极和有鼠笼条的软磁磁极混合磁极电机解决了异步启动的同步电动机的自启动和提高效率等问题，获得了巨大的经济效益，具有创造性，不能接受驳回决定中几乎把本发明创造点都说成是惯用技术的观点。

专利复审委员会合议组认真研究了专利局作出的驳回决定及其依据的对比文件 1 - 3 和请求人提交的复审请求书及新修改的权利要求书，经审查，由于请求人于复审请求时提交的新修改的权利要求书未超出原说明书记载的范围（原权利要求 1 和权利要求 2 合并为新权利要求 1，从属于新权利要求 1 的新权利要求 2 摘自原说明书相应内容），因此合议组以请求人于 1994 年 7 月 4 日提交的新权利要求书和申请日提交的说明书及其附图文本作为本复审请求审理的基础，于 1998 年 5 月 29 日做出 FS963 号决定，撤销中国专利局于 1994 年 4 月 7 日作出的驳回决定，以请求人于 1994 年 7 月 4 日提交的权利要求书为依据，由原审查部门继续进行审查程序。

3. 专利无效程序权利保护

根据《专利法》第 45 条、第 46 条和第 47 条，《专利法实施细则》64～71 条的规定，任何人认为专利权的授予不符合法律规定的，在专利局公告授予专利权之日起任何时候可以向专利复审委员会提出无效宣告请求，无效宣告请求的理由主要有四个。一是如果专利独立权利要求与专利说明书出现不一致或者相互矛盾的，权利要求书不能得到说明书的支持；二是如果从属权利要求中包含了本应记载在独立权利要求中的、解决发明技术问题必不可少的技术特征，独立权利要求中记载的技术方案已不完整，不符合"独立权利要求应当从整体上反映发明或者实用新型的技术方案，记载解决技术问题的必要技术特征"的规定；三是如果专利独立权利要求及其从属权利要求中缺少解决发明或实用新型技术问题的必要技术特征，该专利说明书或附图中公开了该必要技术特征，不符合"独立权利要求应当从整体上反映发明或者实用新型的技术方案，记载解决技术问题的必要技术特征"的规定；四是修改超出了原专利独立权利要求保护范围。接到无效宣告请求后，专利复审委员会可以选择无效审查的方式，可以依当事人的请求或依案情需要进行口头审理。在专利复审委员会作出无效决定前，双方可以和解，无效请求人可以撤回请求，双方不和解的，专利复审委员会作出维持专利权有效、宣告专利权无效、宣告部分专利权无效的决定。

根据对国家知识产权局专利复审委员会的无效决定的检索，截至 2014 年 6 月 10 日，专利无效请求人是"科学院"的无效决定 13 项，其中发明 6 项。是"研究院"的无效案件 33 件，其中发明 15 项，实用新型 16 项。是"研究总院"的无效案件 7 件，其中发明 2 项，实用新型 4 项。是"研究所"的无效请求案件 154 项，其中发明 38 项，实用新型 106 项。中国科学院提起无效宣告请求的案件 9 件，其中发明 5 件。作为专利权人，是"科学院"被请求无效的案件有 37 项，其中发明 14 项，是"研究院"的无效案件 42 件，其中发明 13 项，实用新型 27 项，是"研究总院"的无效案件 8 件，其中发明 3 项，实用新型 4 项，是"研究所"的无效请求案件 183 个，其中发明 40 项，实用新型 134 项。中国科学院被请求无效的案件 26 件，其中发明 7 件。不具有创造性是专利权被宣告无效的主要原因。在目前公开的无效审查决定针对专利权人为"研究所"的发明专利无效案件 40 项和实用新型 134 件中，因创造性被宣告无效的发明专利达到 22 件，实用新型 68 件，因新颖性的分别为 12 件和 37 件，因实用性的分别只有 4 件和 7 件。在被宣告无效的中科院 7 件发明专利和 19 件实用新型专利中，创造性案件分别占 6 件和 9 件。而由中科院宣告无效的专利分别只有 5 件和 4 件，其中创造性案件分别为 3 件和 1 件。

中科院大连化学物理研究所在 20 世纪 70 年代开展以金属锰为活性元素的脱氧剂研究，取得了突破性进展，超越了美国以金属铜为活性元素及日本以金属镍为活性元素的脱氧剂研究的成果，在 1991 年 9 月 6 日申请了"一种钯/氧化锰脱氧剂"，1998 年 9 月 2 日申请了"一种高活性脱氧剂及其制备"两项发明专利并获得专利授权。大连化物所以该两项专利果为技术支撑，投资成立"大连圣迈化学有限公司"，占股 7%，系列专利产品已广泛应用于石化、电子、冶金等行业。该公司为高新技术企业，专利作价约 300 万元。但自该公司成立以来，生产销售的多种产品频繁受到假冒专利产品的冲击，为此，圣迈化学公司不得不屡次使用专利诉讼的方式维护权利并获得了赔偿，截至 2010 年，获得侵权赔偿达 300 多万元。中国石化下属企业是圣迈化学公司的产品使用大户。2005 年 10 月 28 日，中石化与下属的北京化工研究院共同申请了改进发明专利"一种锰系脱氧剂及其制备方法和应用"（专利号 ZL200510116710.1），2009 年获得授权。中石化积极组织相关产品在下属单位试生产和工业性试验，并快速抢占市场，圣迈化学公司专利产品的销售收到较大影响。2007 年 10 月，圣迈化学公司利用公众意见程序以大连化物所的名义向国家知识产权局专利局提交了一份发明人张俊香等在 2000 年第一期《低温与特气》杂志发表的论文"气体纯化用脱氧剂和催化剂"。审查员收到对比文件后，发出了审查意见，但仍然授予了该申请专利权。2008 年 5 月 9 日，大连化物所将专利完全转让给了该公司，并将研究所的技术团队也转移到了该公司，对圣迈化学公司进行参股。圣迈化学公司于 2009 年 8 月向国家知识产权局专利复审委员会提出了涉案专利的无效宣告请求，专利复审委 2010 年 1 月 7 日开庭口审，圣迈化学公司引用的对比文主要有四个要件：（1）98114281.8 专利公开说明书；（2）气相色谱实用手册；（3）《催化剂》；（4）91106231.9专利公开说明说明书。主要理由是涉案专利不符合《专利法》22条第2款及3款关于新颖性和创造性的有关规定，请求权利要求1－14无效；对比文件（1）导致该专利权利要求1、3无新颖性，2、4、5、6不具有创造性；对比文件（1）和（3）导致权利要求7、8、9不具有创造性。2010年1月27日，中石化北京化工研究院有限公司邀请中科院大连化物所和圣迈化学公司来京进行和解谈判，经过1天艰苦谈判，拟定了关于专利ZL200510116710.1谅解备忘录（和解协议）圣迈化学公司承诺：（1）于本协议生效之日起10日内向专利复审委员会递交撤回无效宣告请求；（2）在本协议有效期内不再向专利复审委员会提起无效宣告请求；乙方违反本协议在先的情况下除外。中石化北京化工研究院有限公司承诺：（1）在本协议有效期内，不予实施该发明专利，包括但不限于不生产、不销售、不使用该专利产品，不就该专利产品进行销售宣传和参与投标；（2）在本协议有效期内，不将上述专利对任何除甲方之外的第三方给予任何方式的实施许可、转让及合作；（3）在本协议有效期内，不购买、不使用、不试用任何侵犯甲方发明专利（专利号ZL98114281.8）专利权的产品。任何一方违反约定，须向对方给付人民币500万元违约金，违约事实成立之日起10日内全额给付，超过约定，每延迟一日加付千分之三的滞纳金。

2010年2月25日，专利复审委做出复审14515号决定，维持ZL200510116710.1有效。决定指出，如果权利要求保护的技术方案相比请求人提供的在先技术证据公开的方案存在区别技术特征，该区别技术特征导致二者的方案实质上不同，则该权利要求保护技术方案具备新颖性；决定认为请求人提供的现有技术文件中不存在将区别技术特征应用到该最接近的现有技术中以解决实际问题的技术启示，故权利要求具备创造性。

圣迈化学公司不服被告国家知识产权局专利复审委员会作出的14515号无效宣告请求审查决定，于法定期限内向北京第一中级人民法院提起行政诉讼，法院于2010年6月30日受理后依法组成合议庭，并通知中石化和中石化北京化工研究院有限公司作为第三人参加诉讼，该院在2010年10月14日对本案公开进行了审理，2010年12月30日做出判决。法院认为，专利复审委第14515号决定认定事实清楚，适用法律、法规正确，审查程序合法，本院应当予以维持。该院依照《中华人民共和国行政诉讼法》第14条第1款之规定判决如下：维持被告国家知识产权局专利复审委员会作出的第14515号无效宣告请求审查决定。

2010年9月17日，大连化物所代替圣迈化学公司第二次向专利复审委提出无效宣告请求，请求证据有：（1）发明专利授权说明书，专利号98114281.8；（2）《气体纯化》，吴彦敏编，国防工业出版社，1983年6月第一版；（3）《催化剂》，赵骧主编，中国物质出版社，2001年4月第1版；（4）发明专利授权说明书，专利号200310121870.6。由于涉案专利的权利要求1－14与证据1、证据2和证据3相比不具备创造性，不符合专利法第22条第3款的规定，故请求宣告该专利无效。同时，圣迈化学公司还上诉到北京市高级人民法院，要求撤回北京市第一中级人民法院的判决。2011年4月6日，国家知识产权局专利复审委作出16343号决定，认为对所属技术领域普通技术人员而言，如果在最接近的对比文件基础上结合该领域的公知常识得到权利要求请求保护的技术方案是显而易见的，则该权利要求不具有创造性，因此宣告第200510116710.1号发明专利权全部无效。

4. 行政复议程序权利维护

为保护专利权人或申请人的合法权益，国家知识产权局还建立了行政复议制度，申请人、权利人、利害关系人在得知具体行政行为之日起 60 天内可以提出行政复议，由于不可抗力或有正当理由的，期限在障碍消除后继续计算。行政复议的受案范围原则上仅限于具体行政行为而不包括抽象行政行为，包括复审委员会管辖以外的具体行政行为，以国家知识产权局名义作出的具体行政行为，也包括国家知识产权局不作为行为。例如，对专利申请不予受理不服的、对申请日的确定有争议的、对按保密专利申请处理或者不按保密专利申请处理不服的、对专利申请视为撤回不服的、对视为放弃取得专利权的权利不服的、对专利权终止不服的、对权利丧失要求恢复而不予恢复不服的、对分案申请视为未提出不服的、对优先权请求视为未提出不服的、对不予减缓费用不服的、对中止程序不服的、对著录项目变更登记不服的、PCT 申请人根据专利法实施细则第 102 条终止其国际专利申请不服的、对撤销专利代理机构处罚决定不服的、对吊销专利代理人资格证书处罚决定不服的。但专利权人或实施强制许可的被许可人对实施强制许可使用费裁决不服的、布图设计权利人或非自愿许可取得人对非自愿许可报酬的裁决不服的、布图设计权利人或被控侵权人对布图设计专有权侵权纠纷处理决定不服的，不属于专利行政复议的受案范围。

提出行政复议不必使用专用表格，但要附有国家知识产权局作出的有关通知的复印件，复议申请应面交或寄交国家知识产权局法律事务处，提出行政复议申请不必缴纳费用。复议申请人在提出复议时可以一并提出赔偿请求，赔偿请求可以单独向国家知识产权局提出，应在确认违法后的两年内可以提出，在复议时没有提出的，可在提出诉讼时追加提出，不允许单独就赔偿问题起诉到法院，赔偿范围仅限于直接损失。行政复议案件的审限一般情况下为两个月，特殊情况下可以延长一个月，国家知识产权局可以做出撤销决定，可以要求履行决定，也可以变更决定和确认决定，如果复议申请人或者第三人不服复议决定时可以向国务院提出终局裁决，也可以向法院提起诉讼。

14.3　知识产权行政司法权利保护

知识产权案件主要包括知识产权刑事案件、知识产权行政案件和知识产权民事案件三类，而知识产权民事案件又主要包括知识产权权属纠纷、知识产权侵权纠纷、知识产权合同纠纷三大类知识产权纠纷案件。涉及科研机构的知识产权行政调处和诉讼案件主要是知识产权权属纠纷案件、知识产权侵权案件和知识产权合同纠纷案件。由科研机构提起请求要求知识产权行政部门查处知识产权侵权行为，或者向法院提起诉讼请求查处知识产权侵权行为的案件较少。

2001 年 6 月 19 日，最高人民法院审判委员会通过的《最高人民法院关于审理专利纠纷案件适用法律问题的若干规定》，人民法院受理的专利纠纷案件包括专利申请权纠纷案件，专利权权属纠纷案件，专利权、专利申请权转让合同纠纷案件，侵犯专利权纠纷案件，假冒他人专利纠纷案件，发明专利申请公布后、专利权授予前使用费纠纷案件，职务发明创造发明人、设计人奖励、报酬纠纷案件，诉前申请停止侵权、财产保全案件，发明人、设计人资格纠纷案件，不服专利复审委员会维持驳回申请复审决定案件，不服专利复审委员会专利权无效宣告请求决定案件，不服国务院专利行政部门实施强制许可决定案件，不服国务院专利行政部门实施强制许可使用费裁决案件，不服国务院专利行政部门行政复议决定案件，不服管理专利工作的部门行政决定案件等。

如科研机构对专利复审委员会确权的案件不服的可以向北京市第一中级人民法院提起知识产权诉讼，当事人对复审委员会做出的专利复审或无效决定不服的，可在三个月内向人民法院起诉，复审委员会为被告，法院应当通知对方当事人为第三人。宣告无效的专利权视为自始即不存在，对已经执行的侵权判决、行政处理决定和已经履行的合同不具有追溯力，但专利权人恶意造成他人损失的，应当给予赔偿，如不返还使用费或者转让费，明显违反公平原则的，应当返还。

他人将属于科研机构的职务发明成果私自申请知识产权保护，科研机构可以根据《专利法》职务发明的规定提起诉讼，要求法院将知识产权判归科研机构。科研机构发现他人侵犯科研机构知识产权的，也可以向人民法院提起诉讼，要求对方停止侵权，并要求赔偿损失，必要的时候也可以使用诉前禁令，以维护自身的知识产权合法权益。在知识产权转移转让过程中由于对方不履行合同义务，科研机构也可以提起诉讼，要求对方履行义务并赔偿相应的损失。

中科院工程热物理研究所的前身是1956年创立的中国科学院动力研究室，围绕能源、动力、环境这三大领域，逐步凝练了洁净煤炭联产技术、先进燃烧技术、传热传质技术、航空航天热物理和总能系统及可再生能源五个研究领域和方向。该所马人熊研究员1995年就开始进行填埋气的消纳和利用研究，1998年已完成该项技术的总体方案，其中包括低压头多管组合式燃烧器的设计方案。2000年，马人熊研究员承担了国家重大环保设备国产化项目"玉龙坑填埋场封场工程填埋气体发电成套设备研制方案及成套设备"，研究所将这项专有技术作为商业秘密（技术信息）予以保护和利用。该项目共获得4项专利，研发的低压头、多管组合式填埋气焚烧火炬采用了与国外不同的技术路线，具有自主知识产权，不仅性能比国外进口的好，价格还便宜1/2到1/3。火炬为封闭式，外部不见明火，控制系统工作可靠，可无人值守。同时，火炬具有高稳定性、超宽负荷调节比，能适应较宽的流量变化和气体成分的变化。

2006年初原告发现，北京时代桃源环境科技有限公司窃取马人熊课题组关于垃圾填埋气焚烧火炬的相关研发成果，于2004年12月6日向国家知识产权局申请了发明专利，名称是"低压头组合式填埋气焚烧火炬"，申请号是CN200410096759.0，公开日是2006年6月14日。该所遂于2007年2月1日向北京市第一中级人民法院提交起诉书，起诉北京时代桃源环境科技有限公司侵犯专利申请权。

从该申请案的摘要和主权项描述来看，其产品的外形、内部结构和工作原理与工程热物理研究所的封闭式填埋气焚烧火炬完全相同。据查，该公司的主要股东之一为宋某，宋某于1999年9月至2002年12月在原告处读研究生期间，跟随其导师马人熊研究员做填埋气燃烧器实验研究，并参与了马人熊课题组"玉龙坑填埋场封场工程填埋气体发电成套设备研制方案及成套设备"的火炬项目。宋某毕业离所后，于2003年8月到2005年1月又返回研究所，以所里的流动研究人员的身份参与马人熊课题组相关技术的研究与应用工作。在此期间，宋某全面接触和获取了研究所的全部火炬技术及其他技术。因此，宋某用该项技术以其另外三位股东为发明人的名义，于 2004 年 12 月申请发明专利。涉案专利的发明人应为马人熊研究员，而该发明应为职务发明，申请人应为马人熊研究员所在单位。因此请求人民法院依法确认中科院工程热物理研究所拥有"垃圾填埋气焚烧火炬"的专利申请权。

被告针对原告提出的诉讼理由，进行了答辩。原告认为，涉案申请的"低压头组合式填埋气焚烧火炬"发明专利与原告所拥有的"封闭式填埋气焚烧火炬"技术有本质不同。原告诉称被告以不正当手段获取原告技术并申请权利不能成立，涉案专利的申请权应属于被告。

法院查明涉案专利系时代桃源公司于 2004 年 12 月 6 日向国家知识产权局申请的名称为"低压头组合式填埋气焚烧火炬"、申请号为 CN200410096759.0 的发明专利申请，本申请发明人为杨军华、宁显峰、关磊。其独立权利要求为：

1. 一种垃圾填埋气燃烧装置，包括同轴布置的多个圆环管，每个圆环管上设置一定数目的单元燃烧器，构成单元燃烧器组，其特征在于：所述每个圆环管通过和各自相通的 U 形管与对应的填埋气分支管相连，所述填埋气分支管汇集成填埋气总管；所述 U 形管顶端间距和相应圆环管的公称直径相等，U 形管垂直剖面和圆环管水平剖面垂直，且填埋气分支管和 U 形管垂直连接，所述多个圆环管不在同一平面内；还包括电打火的、点火火炬。

法院通过对原告提交的证据（6）以及证据（18～21）与被告申请的专利权利要求所载明的技术方案进行比较，认为该专利申请与原告的火炬技术涉及的是相同技术领域的相同技术问题，"二者均系针对垃圾填埋气设计的焚烧火炬装置，亦都采用了低压头组合式燃烧器的方案"，"该申请权利要求 1 的技术方案在证据（6、19～21）[其中证据（19～21）与本申请的说明书附图 2～5 基本相同] 中都有相应体现"。该申请权利要求 2 的技术方案在证据（6、19、20）[证据（19、20）与本申请的说明书附图 3 相同] 中有相应体现。权利要求 3 的技术方案在证据（6）第 12 页第 4 行中有体现。权利要求 4 的技术方案在证据（6）第 9 页中有体现。权利要求 5、6 的技术方案在证据（6）的火炬系统示意图中有体现。权利要求 7 的技术方案在证据（21）（与本申请的说明书附图 2 大部分相同）中有体现。权利要求 8 的技术方案在证据（18）（与本申请的说明书附图 8 相同）中有体现。

此后，法庭还进行了证据质证。原告主要证据证明被告董事长宋某系在原告处攻读研究生和后续工作期间参与了诉称技术的研发工作，且与原告存在工资报酬等雇佣关系。而被告方则重点就该诉称技术系独立研发进行举证，出示研发过程中的设计图纸与方案。

北京市第一中级人民法院经过庭审，根据查明的事实和当事人的诉、辩认为，被告辩称其为该申请的申请人的抗辩理由不成立。由于原告有足够的证据证明其垃圾填埋气焚烧火炬以及单元燃烧器技术确系为执行本单位的任务，并且主要利用本单位的物质技术条件所完成的发明创造，同时有被告最大出资人、主要股东之一宋某本人签字的设计图纸原件，在证明效力上明显优于被告的相关反证，因此原告有关本申请属于原告职务发明创造、申请权属于原告的主张成立。法院依据《中华人民共和国专利法》第 6 条第 1 款的规定作出判决：发明名称为"低压头组合式填埋气焚烧火炬"、申请号为 CN200410096759.0 的发明专利的申请权属于中国科学院工程热物理研究所。案件受理费人民币 1000 元，由被告北京时代桃源环境科技有限公司负担。

14.4 小 结

本章研究了科研机构知识产权保护的方式，通过案例研究了科研机构自我保护的制度，研究了科研机构在审查、复审和无效程序中维护知识产权权益的做法和需要注意的问题，研究了科研机构知识产权行政司法保护的方式。科研机构知识产权维权保护最主要的还是日常的自我保护。

第一，要完善各类知识产权规章制度。科研机构除了要制定知识产权申请、维持基本规定外，还要制定人员聘用、合作研究、外出学习、出国交流、签订合同等方面的政策，保护职务知识产权。科研机构要加强对本领域国内外知识产权的监测，发现侵权行为或迹象时要及时调查取证，必要时发出警告函。要积极利用知识产权行政和司法保护知识产权，积极应对他人对自主知识产权无效和侵权等挑战，发现侵权行为要及时提起诉讼。

第二，要建立知识产权管理人才团队。具有一定规模的科研机构要逐步建立人才队伍，知识产权管理人员除了要掌握管理知识和技能外，还要掌握知识产权知识和能力，大部分知识产权许可和合同等知识产权管理人员应具有律师资格。

第三，要提升知识产权保护能力。科研机构要重点增强知识产权维权保护的实际能力，尤其是专利文件撰写质量控制能力、答复专利审查意见能力、参与专利复审能力，应对无效宣告挑战的能力和应对专利诉讼的能力，要提升知识产权权利归属、侵权、合同纠纷监控和处理能力以及知识产权合同签订能力。

第十五章　科研机构知识产权法规与政策

知识产权法规和政策是科研机构落实创新驱动发展战略和推动科技创新的制度保障，也是实现科研机构知识产权战略规划目标的重要手段。目前，我国知识产权政策还比较分散，没有构成政策体系，还存在许多与自主创新和创新驱动发展战略实施不相适应的问题。构建面向自主创新和创新驱动发展战略实施的知识产权政策体系，是加强科研机构知识产权管理的现实需要，是提升科研机构知识产权创造和运用能力的必然要求。

15.1　国际知识产权条约

国家知识产权条约、公约、协定已成为影响我国知识产权法律和政策判定的重要依据，从 20 世纪 80 年代起，我国相继参加了主要的知识产权保护国际公约、条约和协定。重要的国际条约有：

1.《世界知识产权组织公约》

世界知识产权组织（World Intellectual Property Organization，简称 WIPO）是联合国 15 个专门机构之一，总部设在瑞士日内瓦。1967 年 7 月在瑞典斯德哥尔摩成立，1979 年 3 月生效，是在保护工业产权巴黎公约和保护文学艺术作品伯尔尼公约两个联盟基础上成立的。它目前管理着涉及知识产权保护的 16 部工业产权条约，7 部版权条约和《建立世界知识产权组织公约》共 24 项条约。截至 2014 年，有 187 个国家加入了世界知识产权组织。其主要任务是协调各国知识产权的立法和程序，为工业产权国际申请提供服务，交流知识产权信息，向发展中国家及其他国家提供法律和技术援助，为解决私人知识产权争端提供便利，利用信息技术和因特网作为存储、查询和使用有价值知识产权信息的工具。我国于 1980 年 6 月正式承认《世界知识产权组织公约》并成为成员国。❶

2.《保护工业产权巴黎公约》

《保护工业产权巴黎公约》（Paris Convention on the Protection of Industrial Property，简称《巴黎公约》），于 1883 年 3 月 20 日在巴黎签订，1884 年 7 月 7 日生效，由世界知识产权组织管理。巴黎公约的保护范围主要是工业产权，包括发明专利权、实用新型、工业品外观设计、商标权、服务标记、厂商名称、产地标记或原产地名称以及制止不正当竞争等。巴黎公约的基本目的是保证每一成员国的工业产权在所有其他成员国都得到保护。它

---

❶ http：//www.wipo.int/portal/index.html.zh.

规定了国民待遇原则、国际优先权原则❶、（国际展览会）临时保护原则、强制许可原则、宽限期原则❷和一些对成员国国内立法的最低要求。到 2012 年 2 月 17 日为止，缔约方总数为 174 个国家。中国 1985 年 3 月 19 日成为该公约成员国。

3.《保护文学艺术作品伯尔尼公约》

《保护文学艺术作品伯尔尼公约》（Berne Convention for the Protection of Literary and Artistic Works，简称《伯尔尼公约》），是关于著作权保护的国际条约，由世界知识产权组织管理。公约保护的作品范围是缔约国国民或在缔约国内首次发表的一切文学艺术作品。"文学艺术作品"包括文学、科学和艺术领域内的一切作品，还包括"演绎作品"，只要不损害原作的著作权，这种改造就得到与原作同等的保护。《伯尔尼公约》生效时保护期未满的作品也给予保护，即有追溯力。伯尔尼公约 1886 年缔结，生效至今进行过 8 次补充和修订，截至 2012 年 3 月 14 日共有 165 个签约国。它规定了国民待遇原则、自动保护原则、独立保护原则（地域保护原则）、最低限度保护原则。公约规定，每个缔约国都应自动保护在伯尔尼联盟所属的其他各国中首先出版的作品和保护其作者是上述其他各国的公民或居民的未出版的作品。联盟各国必须保证使属于其他成员国国民的作者享受该国的法律给予其本国国民的权利。公约将作者列为第一保护主体，保护其包括精神权利和财产权利在内的专有权利，财产权利包括翻译权、复制权、公开表演权、广播权、公开朗诵权、改编权、延续权。为支持发展中国家教育和科学研究的需要，1971 年修订的附件规定，成员国可以按照《公约》规定的范围和程序发放翻译或复制有版权作品的强制许可证。我国 1992 年加入《伯尔尼公约》。

4.《商标国际注册马德里协定》

《商标国际注册马德里协定》（Madrid Agreement for International Registration of Trade Marks，简称《马德里协定》），是简化商标在其他国家注册手续的国际协定。1891 年 4 月 14 日在马德里签订，1892 年 7 月生效。《马德里协定》与 1989 年签署的《商标国际注册马德里协定有关议定书》（简称《马德里议定书》）称为商标国际注册马德里体系。《马德里协定》截至 2010 年 9 月有成员国 85 个。马德里协定保护的对象是商标和服务标志，主要内容包括商标国际注册的申请、效力、续展、收费等。《马德里协定》规定，商标的国际注册程序是协定的成员国国民，或在成员国有住所或有真实、有效营业所的非成员国国民，首先在其所属国居住或没有营业所的成员国取得商标注册，然后通过该国商标主管机构，向设在日内瓦的世界知识产权组织国际局提出商标的国际注册申请。如果申请得到核准，由国际局公布，并通知申请人要求给予保护的有关成员国。这些成员国可以在一年内声明对该项商标不予保护，但需要说明理由；申请人可以向该国主管机关或法院提出申诉。凡在一年内未向国际局提出驳回注册声明的，可以视为已同意了商标注册。经国际局注册的商标享有 20 年有效期，并且可以不限次数地续展。协定还规定，如果取得了国际注册的商标在其取得国际注册之日起 5 年内被本国商标主管机关撤销了其本国注册或宣告本国注册无效，则该商标在协定其他成员国的商标注册也将随之被撤销。只有当取得国际

---

❶ 发明专利和实用新型优先权期为 12 个月，外观设计和商标注册优先权期为 6 个月。

❷ 对于未交专利年费商标续展费被撤销的专利商标给予 6 个月的宽限期。

商标注册届满 5 年之后，该商标在协定各其他成员国的注册才能独立于其本国注册❶。我国于 1989 年加入《马德里协定》，1999 年加入《商标国际注册马德里议定书》。

5.《专利合作条约组织公约》

专利合作条约（Patent Coorperation Treaty，简称为 PCT）是继《保护工业产权巴黎公约》之后专利领域最重要的国际条约，是国际专利制度发展史上的一个重要里程碑。该条约于 1970 年 6 月 19 日由 35 个国家在华盛顿签订，1978 年 6 月 1 日开始实施。由总部设在日内瓦的世界知识产权组织管辖。条约各缔约国的国民或者居民都有权提出国际申请。PCT 申请分为两个阶段：国际阶段和国内阶段。国际阶段主要是受理 PCT 国际专利申请和对申请进行形式审查，进行国际检索，进行国际初步审查。而在国内阶段，相关 PCT 成员国审查决定 PCT 专利申请是否能获得该国的专利。PCT 申请具有的特点，一是程序单一，一份申请可以以一种语言向一个受理局提出，在进入各国家阶段以前可代替多份外国申请；以最小的费用，向外国提出申请的决定可以延迟到自优先权日起 30 个月；在进入国家阶段之前，可以对发明的经济价值及获得专利的可能性进行估计。二是具有较大的灵活性，如需避免更多费用，可以不再进行申请或不进入国家阶段；国际阶段做出的修改对所有的指定国均有效力。我国于 1994 年 1 月 1 日加入 PCT，成为 PCT 的正式成员国，同时国家知识产权局也成为 PCT 的受理局、国际检索单位和国际初审单位。

6.《与贸易有关的知识产权协定》

《与贸易有关的知识产权协定》（Agreement on Trade – Related Aspects of Intellectual Property Rights，简称 TRIPs 或 TRIPs 协议）是世界贸易组织法律框架的组成部分，于 1994 年 WTO 成立时通过。与 WTO 的其他条约一样，批准 TRIPs 的国家或者单独关税区也必须一揽子接受包括《货物贸易多边协定》《服务贸易总协定》等 WTO 法律框架内的其他多边协定。该协定明确了知识产权是一种私权，要求成员国对知识产权给予有力保护。例如著作权保护期必须延长至作者去世后 50 年，而电影与摄影作品固定为 50 年且至少满 25 年；著作权必须自动授予，而非基于登记、续期程序等任何"正式手续"；计算机程序必须被认定为版权法保护下的"文字作品"并获得相应的保护期，著作权的国家豁免必须遵循伯尔尼公约中的三步测试法。除非公共利益需要，专利权必须在所有技术领域中得到认可，且有效期至少为 20 年，专利权人必须有禁止进口侵权产品的权利，政府对专利的强制许可仅限于一定情况；专有权的排除必须得到限制，并依法提供不与之存在冲突的作品与专利一般实施；不允许对计算机程序及专利权持有人的合法利益进行不合理歧视；与专利权有关的第三方之合法利益应当得到重视；TRIPs 同时具备最惠国待遇条款❷。2001 年，我国成为世界贸易组织 TRIPs 协议成员。

除此之外，我国 1995 年还加入了《国际承认用于专利程序微生物保存布达佩斯条约》，1996 年加入了《工业品外观设计国际分类洛伽诺协定》，1997 年加入了《国际专利分类斯特拉斯堡协定》，1999 年加入了《保护植物新品种国际公约》，2007 年加入了《世界知识产权组织版权条约》和《世界知识产权组织表演和录音制品条约》。

---

❶　马德里商标国际注册简介 . http：//www.0571r. com/html/gjsbsw/gjsbzccjwt/202. html.

❷　URUGUAY ROUND AGREEMENT：TRIPS Part II—Standards concerning the availability, scope and use of Intellectual Property Rights Sections 5 and 6。http：//www.wto. org/english/docs_ e/legal_ e/27 – trips_ 04c_e. htm.

15.2 知识产权法规

我国 1982 年制定了《中华人民共和国商标法》、1984 年制定了《中华人民共和国专利法》、1990 年制定了《中华人民共和国著作权法》等，奠定了中国知识产权法律制度的基本框架。近年来，我国知识产权法律法规逐步由适应改革开放需要转向激励和促进创新上。根据加入世界贸易组织的承诺与国际组织与公约的要求，以及我国创新发展的实际需要，我国对知识产权法律进行了不断地修改完善，知识产权立法与世界主要发达国家基本处于同一水平，具备了与世界主要国家一致的知识产权法律制度，符合与贸易有关的知识产权协议（TRIPs）的要求。

1. 专利法规

我国专利法于 1984 年 3 月 12 日由全国人大常委会第四次会议通过，1985 年 1 月 19 日，国务院颁布《中华人民共和国专利法实施细则》，专利法及其实施细则于 1985 年 4 月 1 日起施行。1980 年中国专利局成立，1988 年专利局上升为国务院直属局。党的十一届三中全会后，我国专利法经过多次修改，我国专利法及其实施细则重要的修改有 1992 年、2000 年和 2008 年的三次修改。

我国在《专利法》第三次修改时加强了对创新能力建设的支持，专利法律制度同创新和创新能力建设的协调有了较大进步。这些进步主要表现在：一是在立法目的中增加了"提高创新能力"，体现了知识产权法律制度对"提高自主创新能力，建设创新型国家"的支持。

二是促进知识产权运用。专利法允许共有专利权人在没有约定情况下可以"单独实施或者以普通许可方式许可他人实施该专利"，促进了专利权的实施。三是增加现有技术抗辩原则。在专利侵权纠纷中，被控侵权人有证据证明其实施的技术或者设计属于现有技术或者现有设计的，不构成侵犯专利权。利用现有技术抗辩有利于遏制恶意申请和专利权滥用行为，有利于保障创新活动的顺利进行。四是完善了包括平行进口在内的权利用尽原则，增加了医药行政审批不视为侵犯专利权的情形，进一步保护了专利实施者的权益。五是完善了专利强制许可规定，尤其是明确了授权后未实施的"合理期限"规定，增加了专利权垄断限制和为公共健康目的的强制许可规定。六是进一步明确侵权赔偿数额，"侵犯专利权的赔偿数额按照权利人因被侵权所受到的实际损失、侵权人因侵权所获得的利益或者参照该专利许可使用费的倍数合理确定；权利人的损失、侵权人获得的利益和专利许可使用费均难以确定的，可根据具体情况给予一万元以上一百万元以下的赔偿"。七是增加诉前证据保全措施。八是限制专利权利滥用等。

为适应提高自主创新能力、建设创新型国家的要求，国家知识产权局从 2011 年 11 月开始启动了《中华人民共和国专利法》第四次修改工作。根据国务院 2012 年立法工作计划，国家知识产权局研究起草了《中华人民共和国专利法修改草案（征求意见稿）》。此次修改草案充分发挥行政和司法优势维权，赋予司法机关和行政执法机关调查取证权，解决专利维权"举证难"的问题；增加专利行政管理部门对侵权赔偿额的判定职能，解决专利维权"周期长"的问题；明确无效宣告请求审查决定的生效时间及相关后续程序，解决专利维权"周期长"的问题；增设对故意侵权的惩罚性赔偿制度，解决专利维权"赔偿低"的问题；赋予专利行政管理部门查处和制止恶性侵权行为的职能，解决专利维权"成本高，效果差"的问题。

2. 商标法规

我国《商标法》于 1982 年 8 月 23 日第五届全国人民代表大会常务委员会第 24 次会议通过，后经过 1993 年 2 月 22 日第一次修正、2001 年 10 月 27 日第二次修正和 2013 年 8 月 30 日第三次修正。《商标法实施条例》于 2002 年 8 月 3 日以国务院令第 358 号公布，2014 年 4 月 29 日国务院令第 651 号修订。第三次修改后的《商标法》共有 8 章 73 条，《商标法实施条例》共有 10 章 99 条。

第三次修正后的《商标法》第一章是总则，第二章是商标注册的申请，第三章商标注册的审查和核准，第四章是注册商标的续展、变更、转让和使用许可，第五章是注册商标的无效宣告，第六章是商标使用的管理，第七章是注册商标专用权的保护，第八章是附则。这次修改主要包括以下内容。

一是明确了对驰名商标实行个案认定、被动保护和限制使用。驰名商标制度的本意是在发生商标争议时，对为相关公众所熟知的商标提供特殊保护。为此，商标法规定，驰名商标应当根据当事人的请求，作为处理涉及商标案件需要认定的事实进行认定。新《商标法》还对驰名商标使用增加了限制，"生产、经营者不得将'驰名商标'字样用于商品、商品包装或者容器上，或者用于广告宣传、展览以及其他商业活动中"。

二是方便申请人注册商标。根据实际需要和国际商标领域的发展趋势，新《商标法》首先是增加可以注册的商标要素，"文字、图形、字母、数字、三维标志、颜色组合和声音等，以及上述要素的组合，均可以作为商标申请注册"。明确"一标多类"申请方式，商标注册申请人可以通过一份申请就多个类别的商品申请注册同一商标。

三是完善了商标注册异议制度。新《商标法》规定，商标注册申请初审公告后 3 个月内，任何人均可以任何理由提出异议；商标注册异议首先由商标局审查作出裁定，对商标局的裁定不服可以申请商标评审委员会复审，对复审决定不服的可以提起诉讼。对于提出异议的主体和理由，新《商标法》规定，任何人认为商标注册申请侵犯了其已存在权利的在先权利人或者利害关系人都可提出异议，异议的理为可能损害商标注册申请前已经存在的在先权利，其他人可以依照本法规定在商标获得注册后申请宣告该注册商标无效。商标局对商标注册异议进行审查后可以直接作出准予或者不予注册的决定。对商标局认为异议不成立、准予注册的，异议人可以请求宣告该注册商标无效；对商标局认为异议成立、不予注册的，被异议人可以申请复审。当事人对无效宣告决定或者复审决定不服的，还可以依法提起诉讼。

四是禁止抢注因业务往来等关系明知他人已经在先使用的商标。为了防止将他人已经在先使用的未注册商标抢先进行注册新《商标法》规定，与他人具有合同、业务往来关系或者其他关系明知他人商标存在，而将他人在先使用的商标申请注册的，该他人提出异议的，不予注册。

五是禁止将他人商标用作企业字号。为与反不正当竞争法相衔接，新《商标法》规定，将他人注册商标、未注册的驰名商标作为企业名称中的字号使用，误导公众，构成不正当竞争行为的，依照《中华人民共和国反不正当竞争法》处理。

3. 著作权法

《著作权法》由第七届全国人民代表大会常务委员会第十五次会议于 1990 年 9 月 7 日通过，并于 2001 年、2010 年进行两次修订，共有 6 章 61 条。《著作权法实施条例》由国务院令第 359 号公布于 1991 年 5 月 30 日发布，分别在 2011 年和 2013 年进行了修订，共 38 条。与科研机构著作权管理相关的内容主要有：

第一是作品和著作权。《著作权法》保护的作品包括：（1）文字作品；（2）口述作品；（3）音乐、戏剧、曲艺、舞蹈、杂技艺术作品；（4）美术、建筑作品；（5）摄影作品；（6）电影作品和以类似摄制电影的方法创作的作品；（7）工程设计图、产品设计图、地图、示意图等图形作品和模型作品；（8）计算机软件；（9）法律、行政法规规定的其他作品。

著作权包括人身权，即发表权、署名权、修改权和保护作品完整权，和财产权，即复制权、发行权、出租权、展览权、表演权、放映权、广播权、信息网络发布权。

中国公民、法人或者其他组织的作品，不论是否发表，享有著作权。外国人、无国籍人的作品根据其作者所属国或者经常居住地国同中国签订的协议或者共同参加的国际条约享有的著作权，受法律保护。外国人、无国籍人的作品首先在中国境内出版的，享有著作权。未与中国签订协议或者共同参加国际条约的国家的作者以及无国籍人的作品首次在中国参加的国际条约的成员国出版的，或者在成员国和非成员国同时出版的，受法律保护。

公民为完成法人或者其他组织工作任务所创作的作品是职务作品，除法律规定的以外，著作权由作者享有，但法人或者其他组织有权在其业务范围内优先使用。作品完成两年内，未经单位同意，作者不得许可第三人以与单位使用的相同方式使用该作品。主要是利用法人或者其他组织的物质技术条件创作，并由法人或者其他组织承担责任的工程设计图、产品设计图、地图、计算机软件等职务作品；法律、行政法规规定或者合同约定著作权由法人或者其他组织享有的职务作品，作者享有署名权，著作权的其他权利由法人或者其他组织享有，法人或者其他组织可以给予作者奖励。

著作权属于作者，创作作品的公民是作者；由法人或者其他组织主持，代表法人或者其他组织意志创作，并由法人或者其他组织承担责任的作品，法人或者其他组织视为作者。如无相反证明，在作品上署名的公民、法人或者其他组织为作者。改编、翻译、注释、整理已有作品而产生的作品，其著作权由改编、翻译、注释、整理人享有，但行使著作权时不得侵犯原作品的著作权。两人以上合作创作的作品，著作权由合作作者共同享有。合作作品可以分割使用的，作者对各自创作的部分可以单独享有著作权，但行使著作权时不得侵犯合作作品整体的著作权。

受委托创作的作品，著作权的归属由委托人和受托人通过合同约定。合同未作明确约定或者没有订立合同的，著作权属于受托人。著作权属于公民的，公民死亡后，其财产性权利在法律规定的保护期内，依照继承法的规定转移。

作者的署名权、修改权、保护作品完整权的保护期不受限制。公民的作品，其发表权、本法规定的财产权利的保护期为作者终生及其死亡后 50 年；法人或者其他组织的作品、著作权（署名权除外）由法人或者其他组织享有的职务作品，其发表权、本法规定的财产权利保护期为 50 年，但作品自创作完成后 50 年内未发表的，本法不再保护；电影作品和以类似摄制电影的方法创作的作品、摄影作品，其发表权、本法规定的财产权利的保护期为 50 年，但作品自创作完成后 50 年内未发表的，本法不再保护。

在下列情况下使用作品，可以不经著作权人许可，不向其支付报酬，但应当指明作者姓名、作品名称，并且不得侵犯著作权人依照本法享有的其他权利：（1）为个人学习、研究或者欣赏，使用他人已经发表的作品；（2）为介绍、评论某一作品或者说明某一问题，在作品中适当引用他人已经发表的作品；（3）为报道时事新闻，在报纸、期刊、广播电台、电视台等媒体中不可避免地再现或者引用已经发表的作品；（4）报纸、期刊、广播电台、电视台等媒体刊登或者播放其他报纸、期刊、广播电台、电视台等媒体已经发表的关于政治、经济、宗教问题的时事性文章，但作者声明不许刊登、播放的除外；（5）报纸、期刊、广播电台、电视台等媒体刊登或者播放在公众集会上发表的讲话，但作者声明不许刊登、播放的除外；（6）为学校课堂教学或者科学研究，翻译或者少量复制已经发表的作品，供教学或者科研人员使用，但不得出版发行；（7）国家机关为执行公务在合理范围内使用已经发表的作品；（8）图书馆、档案馆、纪念馆、博物馆、美术馆等为陈列或者保存版本的需要，复制本馆收藏的作品；（9）免费表演已经发表的作品，该表演未向公众收取费用，也未向表演者支付报酬；（10）对设置或者陈列在室外公共场所的艺术作品进行临摹、绘画、摄影、录像；（11）将中国公民、法人或者其他组织已经发表的以汉语言文字创作的作品翻译成少数民族语言文字作品在国内出版发行；（12）将已经发表的作品改成盲文出版。

为实施九年制义务教育和国家教育规划而编写出版教科书，除作者事先声明不许使用的外，可以不经著作权人许可，在教科书中汇编已经发表的作品片段或者短小的文字作品、音乐作品或者单幅的美术作品、摄影作品，但应当按照规定支付报酬，指明作者姓名、作品名称，并且不得侵犯著作权人依照本法享有的其他权利。

图书出版者出版图书应当和著作权人订立出版合同，并支付报酬。图书出版者对著作权人交付出版的作品，按照合同约定享有的专有出版权受法律保护，他人不得出版该作品。著作权人应当按照合同约定期限交付作品。图书出版者应当按照合同约定的出版质量、期限出版图书。图书出版者重印、再版作品的，应当通知著作权人，并支付报酬。图书出版者经作者许可，可以对作品修改、删节；报社、期刊社可以对作品作文字性修改、删节，对内容的修改，应当经作者许可。出版改编、翻译、注释、整理、汇编已有作品而产生的作品，应当取得作品的著作权人和原作品的著作权人许可，并支付报酬。出版者有权许可或者禁止他人使用其出版的图书、期刊的版式设计，权利的保护期为 10 年。

下列行为为侵权行为：（1）未经著作权人许可，发表其作品的；（2）未经合作作者许可，将与他人合作创作的作品当做自己单独创作的作品发表的；（3）没有参加创作，为谋取个人名利，在他人作品上署名的；（4）歪曲、篡改他人作品的；（5）剽窃他人作品的；（6）未经著作权人许可，以展览、摄制电影和以类似摄制电影的方法使用作品，或者以改编、翻译、注释等方式使用作品的；（7）使用他人作品，应当支付报酬而未支付的；（8）未经电影作品和以类似摄制电影的方法创作的作品、计算机软件、录音录像制品的著作权人或者与著作权有关的权利人许可，出租其作品或者录音录像制品的，本法另有规定的除外；（9）未经出版者许可，使用其出版的图书、期刊的版式设计的；（10）未经表演者许可，从现场直播或者公开传送其现场表演，或者录制其表演的；（11）其他侵犯著作权以及与著作权有关的权益的行为，应当根据情况承担停止侵害、消除影响、赔礼道歉、赔偿损失等民事责任。

　　除本法和有关法规另有规定外，下列行为为侵权行为：（1）未经著作权人许可，复制、发行、表演、放映、广播、汇编、通过信息网络向公众传播其作品的；（2）出版他人享有专有出版权的图书的；（3）未经表演者许可，复制、发行录有其表演的录音录像制品，或者通过信息网络向公众传播其表演的；（4）未经录音录像制作者许可，复制、发行、通过信息网络向公众传播其制作的录音录像制品的；（5）未经许可，播放或者复制广播、电视的；（6）未经著作权人或者与著作权有关的权利人许可，故意避开或者破坏权利人为其作品、录音录像制品等采取的保护著作权或者与著作权有关的权利的技术措施的；（7）未经著作权人或者与著作权有关的权利人许可，故意删除或者改变作品、录音录像制品等的权利管理电子信息的；（8）制作、出售假冒他人署名的作品的，应当根据情况承担停止侵害、消除影响、赔礼道歉、赔偿损失等民事责任，构成犯罪的，依法追究刑事责任。

　　侵犯著作权或者与著作权有关的权利的，侵权人应当按照权利人的实际损失给予赔偿；实际损失难以计算的，可以按照侵权人的违法所得给予赔偿。赔偿数额还应当包括权利人为制止侵权行为所支付的合理开支。权利人的实际损失或者侵权人的违法所得不能确定的，由人民法院根据侵权行为的情节，判决给予 50 万元以下的赔偿。

　　4. 集成电路布图设计法规

　　国务院常务会议 2001 年 3 月 28 日审议通过了《集成电路布图设计保护条例》（以下简称《条例》），《条例》共 6 章 36 条，以行政法规单独立法的形式确认了对集成电路布图设计专有权的保护。2001 年 9 月 18 日，国家知识产权局发布了《集成电路布图设计保护条例实施细则》，从程序和手续上保证《条例》规定的基本权利义务实现，共分 6 章 43 条。此外，国家知识产权局还于 2001 年 11 月 28 日发布了《集成电路布图设计行政执法办法》，就国家知识产权行政机关处理侵犯布图设计专有权的纠纷、调解侵犯布图设计专有权的具体程序、办法作了更进一步的阐释。最高人民法院于 2001 年 10 月 30 日发布了《最高人民法院关于开展涉及集成电路布图设计案件审判工作的通知》，就案件的归类、管辖、诉前责令停止有关行为、中止诉讼等实践操作进行了明确。

　　法规所保护的集成电路布图设计，是指集成电路中至少有一个是有源元件的两个以上元件和部分或者全部互联线路的三维配置，或者为制造集成电路而准备的上述三维配置。

　　受保护的布图设计应当具有独创性，即该布图设计是创作者自己的智力劳动成果，并且在其创作时该布图设计在布图设计创作者和集成电路制造者中不是公认的常规设计。

　　布图设计专有权必须经国家知识产权行政部门，即国家知识产权局登记后才受法律保护。申请布图设计登记应提交布图设计登记申请表、布图设计的复制件或者图样等材料。中国单位或个人可以自行提交有关申请，也可以委托专利代理机构办理。国外申请人必须经过国家知识产权局指定的代理机构办理。如果布图设计在世界上任何地方首次商业利用之日起 2 年内没有提出登记申请的，将不再予以登记。

经登记注册后，布图设计权利人享有下列专有权。第一是对受保护的布图设计的全部或者其中任何具有独创性的部分进行复制。第二是将受保护的布图设计、含有该布图设计的集成电路或者含有该集成电路的物品投入商业利用。权利人可以将专有权转让或者许可他人使用其布图设计，也可以依法继承。如权利人发现有侵权行为，有权申请诉前临时禁令，责令侵权人停止有关行为，并进行财产保全。

布图设计专有权的保护期为 10 年，自布图设计登记申请之日或者在世界任何地方首次投入商业利用之日起计算，以较前日期为准。但是，在任何情况下，布图设计自创作完成之日起 15 年后，不再受上述法规保护。

5. 植物新品种保护法规

我国于 1997 年 3 月 20 日发布了《中华人民共和国植物新品种保护条例》，2013 年 1 月 16 日国务院第 231 次常务会议通过了新修改后的条例，我国于 1999 年 4 月 23 日加入了《国际植物新品种保护公约》。我国先后制定了《农业植物新品种保护条例实施细则》《农业部植物新品种复审委员会审理规定》《农业植物新品种权侵权案件处理规定》《农业植物新品种权代理规定》等规章制度。农业和林业部门组建了植物新品种保护办公室和复审委员会，绝大多数省级农、林业行政部门成立了植物新品种保护工作领导小组和办公室；农业部还成立了植物新品种繁殖材料保藏中心，植物新品种保护办公室制定了植物品种《专利审查指南》等。

植物新品种是指经过人工培育的或者对发现的野生植物加以开发，具备新颖性、特异性、一致性和稳定性并有适当命名的植物品种。完成育种的单位或者个人对其授权品种，享有排他的独占权。一个植物新品种只能授予一项品种权。两个以上的申请人分别就同一个植物新品种申请品种权的，品种权授予最先申请的人；同时申请的，品种权授予最先完成该植物新品种育种的人。利用授权品种进行育种及其他科研活动、农民自繁自用授权品种的繁殖材料的可以不经品种权人许可，不向其支付使用费。

申请品种权的植物新品种应当属于国家植物品种保护名录中列举的植物的属或者种。授予品种权的植物新品种应当具备新颖性，新颖性是指申请品种权的植物新品种在申请日前该品种繁殖材料未被销售，或者经育种者许可，在中国境内销售该品种繁殖材料未超过 1 年；在中国境外销售藤本植物、林木、果树和观赏树木品种繁殖材料未超过 6 年，销售其他植物品种繁殖材料未超过 4 年。授予品种权的植物新品种应当具备特异性，特异性是指申请品种权的植物新品种应当明显区别于在递交申请以前已知的植物品种。授予品种权的植物新品种应当具备一致性，一致性是指申请品种权的植物新品种经过繁殖，除可以预见的变异外，其相关的特征或者特性一致。授予品种权的植物新品种应当具备稳定性，稳定性是指申请品种权的植物新品种经过反复繁殖后或者在特定繁殖周期结束时，其相关的特征或者特性保持不变。授予品种权的植物新品种应当具备适当的名称，并与相同或者相近的植物属或者种中已知品种的名称相区别。

申请品种权的，应当向审批机关提交符合规定格式要求的请求书、说明书和该品种的照片。对符合条例规定的品种权申请，审批机关应当予以受理，明确申请日、给予申请号，并自收到申请之日起 1 个月内通知申请人缴纳申请费。对不符合或者经修改仍不符合条例规定的品种权申请，审批机关不予受理，并通知申请人。中国的单位或者个人将国内培育的植物新品种向国外申请品种权的，应当向审批机关登记。

申请人缴纳申请费后，审批机关对品种权申请的下列内容进行初步审查。申请人按照规定缴纳审查费后，审批机关对品种权申请的特异性、一致性和稳定性进行实质审查。对经实质审查符合条例规定的品种权申请，审批机关应当作出授予品种权的决定，颁发品种权证书，并予以登记和公告。审批机关设立植物新品种复审委员会。对审批机关驳回品种权申请的决定不服的，申请人可以自收到通知之日起 3 个月内，向植物新品种复审委员会请求复审。植物新品种复审委员会应当自收到复审请求书之日起 6 个月内作出决定，并通知申请人。申请人对植物新品种复审委员会的决定不服的，可以自接到通知之日起 15 日内向人民法院提起诉讼。

品种权的保护期限，自授权之日起，藤本植物、林木、果树和观赏树木为 20 年，其他植物为 15 年。

未经品种权人许可，以商业目的生产或者销售授权品种的繁殖材料的，品种权人或者利害关系人可以请求省级以上人民政府农业、林业行政部门依据各自的职权进行处理，也可以直接向人民法院提起诉讼。省级以上人民政府农业、林业行政部门依据各自的职权处理品种权侵权案件时，为维护社会公共利益，可以责令侵权人停止侵权行为，没收违法所得和植物品种繁殖材料；货值金额 5 万元以上的，可处货值金额 1 倍以上 5 倍以下的罚款；没有货值金额或者货值金额 5 万元以下的，根据情节轻重，可处 25 万元以下的罚款。假冒授权品种的，由县级以上人民政府农业、林业行政部门依据各自的职权责令停止假冒行为，没收违法所得和植物品种繁殖材料；货值金额 5 万元以上的，处货值金额 1 倍以上 5 倍以下的罚款；没有货值金额或者货值金额 5 万元以下的，根据情节轻重，处 25 万元以下的罚款；情节严重，构成犯罪的，依法追究刑事责任。省级以上人民政府农业、林业行政部门依据各自的职权在查处品种权侵权案件和县级以上人民政府农业、林业行政部门依据各自的职权在查处假冒授权品种案件时，根据需要，可以封存或者扣押与案件有关的植物品种的繁殖材料，查阅、复制或者封存与案件有关的合同、账册及有关文件。销售授权品种未使用其注册登记的名称的，由县级以上人民政府农业、林业行政部门依据各自的职权责令限期改正，可以处 1000 元以下的罚款。

6. 知识产权海关保护法规

《中华人民共和国知识产权海关保护条例》于 1995 年 7 月 5 日发布，新条例于 2010 年 3 月 17 日国务院第 103 次常务会议通过并于 2010 年 4 月 1 日起施行。主要内容有：

知识产权海关保护是指海关对与进出口货物有关并受中华人民共和国法律、行政法规保护的商标专用权、著作权和与著作权有关的权利、专利权（以下统称知识产权）实施的保护。国家禁止侵犯知识产权的货物进出口。进口货物的收货人或者其代理人、出口货物的发货人或者其代理人应当按照国家规定，向海关如实申报与进出口货物有关的知识产权状况，并提交有关证明文件。

知识产权权利人可以依照本条例的规定，将其知识产权向海关总署申请备案；申请备案的，应当提交申请书。海关总署应当自收到全部申请文件之日起 30 个工作日内作出是否准予备案的决定，并书面通知申请人；不予备案的，应当说明理由。知识产权海关保护备案自海关总署准予备案之日起生效，有效期为 10 年。知识产权有效的，知识产权权利人可以在知识产权海关保护备案有效期届满前 6 个月内，向海关总署申请续展备案。每次续展备案的有效期为 10 年。

知识产权权利人发现侵权嫌疑货物即将进出口的，可以向货物进出境地海关提出扣留侵权嫌疑货物的申请。申请人请求海关扣留侵权嫌疑货物的，应当向海关提交与进口货物到岸价格或者出口货物离岸价格等值的担保金。

海关应知识产权权利人申请，决定扣留侵权嫌疑货物的，应当制作海关扣留凭单，送达收货人或者发货人，并书面通知申请人。收货人或者发货人认为其进出口货物未侵犯申请人知识产权的，应当自海关扣留凭单送达之日起 7 日内向海关提出书面说明。收货人或者发货人未提出异议的，海关经调查，有权将被扣留的侵权嫌疑货物按侵权货物处理；提出异议的，海关应当立即书面通知申请人。申请人自条例规定的书面通知送达之日起 15 日内，有权将侵权争议提请知识产权主管部门处理或者向人民法院提起诉讼。

海关发现进出境货物有侵犯在海关备案的知识产权嫌疑的，海关有权予以扣留。收货人或者发货人认为其进出口货物未侵犯申请人知识产权的，在向海关提交相当于进口货物到岸价格或者出口货物离岸价格二倍的担保金后，可以请求海关放行有关货物。海关对被没收的侵权货物，应当区别不同情况按照下列规定处理，对侵犯著作权的货物，予以销毁。对侵犯商标专用权的货物，侵权商标无法消除的，予以销毁；侵权商标能够消除并可以利用有关货物的，消除侵权商标，有关货物只能用于社会公益事业或者依法拍卖给非侵权人自用。

海关决定、知识产权主管部门决定或者人民法院判决裁定生效后，海关应当将有关当事人提交的担保金扣除货物的仓储、保管和处置等有关费用、因申请不当给有关当事人造成损失的赔偿费用后，予以退还。海关接受知识产权保护备案和采取知识产权保护措施的申请后，因知识产权权利人未提供确切情况而未能发现侵权货物、未能及时采取保护措施或者采取保护措施不当的，海关不承担责任，由知识产权权利人自行承担责任。

被扣留的侵权嫌疑货物，经海关调查后认定侵犯知识产权的，由海关予以没收。被没收的侵犯知识产权货物可以用于社会公益事业的，海关应当转交给有关公益机构用于社会公益事业；知识产权权利人有收购意愿的，海关可以有偿转让给知识产权权利人。被没收的侵犯知识产权货物无法用于社会公益事业且知识产权权利人无收购意愿的，海关可以在消除侵权特征后依法拍卖，但对进口假冒商标货物，除特殊情况外，不能仅清除货物上的商标标识即允许其进入商业渠道；侵权特征无法消除的，海关应当予以销毁。

7. 科技进步法

《中华人民共和国科学技术进步法》于 2007 年 12 月 29 日修订通过，自 2008 年 7 月 1 日起施行。科技进步法涉及知识产权的内容主要有以下几个方面。

一是加强知识产权创造。首先是资金投入，国家设立自然科学基金，资助基础研究和科学前沿探索，培养科学技术人才；国家设立科技型中小企业创新基金，资助中小企业开展技术创新；国家在必要时可以设立其他基金，资助科学技术进步活动。第二是权属规定，利用财政性资金设立的科学技术基金项目或者科学技术计划项目所形成的发明专利权、计算机软件著作权、集成电路布图设计专有权和植物新品种权，除涉及国家安全、国家利益和重大社会公共利益的外，授权项目承担者依法取得。并规定项目承担者应当依法实施前款规定的知识产权，同时采取保护措施，并就实施和保护情况向项目管理机构提交年度报告；在合理期限内没有实施的，国家可以无偿实施，也可以许可他人有偿实施或者无偿实施。第三是规定了国家介入权，项目承担者依法取得的本条第 1 款规定的知识产权，国家为了国家安全、国家利益和重大社会公共利益的需要，可以无偿实施，也可以许可他人有偿实施或者无偿实施。第四是税收优惠，从事高新技术产品研究开发、生产的企业；投资于中小型高新技术企业的创业投资企业；法律、行政法规规定的与科学技术进步有关的其他企业按照国家有关规定享受税收优惠。

二是促进知识产权转化。从事技术开发、技术转让、技术咨询、技术服务的，按照国家有关规定享受税收优惠；国家鼓励金融机构开展知识产权质押业务，鼓励和引导金融机构在信贷等方面支持科学技术应用和高新技术产业发展，鼓励保险机构根据高新技术产业发展的需要开发保险品种；政策性金融机构应当在其业务范围内，为科学技术应用和高新技术产业发展优先提供金融服务。国家利用财政性资金设立基金，为企业自主创新与成果产业化贷款提供贴息、担保；政策性金融机构应当在其业务范围内对国家鼓励的企业自主创新项目给予重点支持。国家完善资本市场，建立健全促进自主创新的机制，支持符合条件的高新技术企业利用资本市场推动自身发展；国家鼓励设立创业投资引导基金，引导社会资金流向创业投资企业，对企业的创业发展给予支持。

三是扩大知识产权产品市场需求。对境内公民、法人或者其他组织自主创新的产品、服务或者国家需要重点扶持的产品、服务，在性能、技术等指标能够满足政府采购需求的条件下，政府采购应当购买；首次投放市场的，政府采购应当率先购买。政府采购的产品尚待研究开发的，采购人应当运用招标方式确定科学技术研究开发机构、高等学校或者企业进行研究开发，并予以订购。

四是支持知识产权提升竞争力，推动知识产权与技术标准结合。国家推动科学技术研究开发与产品、服务标准制定相结合，科学技术研究开发与产品设计、制造相结合；引导科学技术研究开发机构、高等学校、企业共同推进国家重大技术创新产品、服务标准的研究、制定和依法采用。

五是还规定了知识产权的使用。国家鼓励利用财政性资金设立的科学技术基金项目或者科学技术计划项目所形成的知识产权首先在境内使用。知识产权向境外的组织或者个人转让或者许可境外的组织或者个人独占实施的，应当经项目管理机构批准。

8. 科技成果转化法

1996 年通过的《中华人民共和国促进科技成果转化法》是专利技术等科技成果转化的综合立法。1999 年，科技部会同教育部、人事部、财政部、中国人民银行、国家税务总局、中国工商行政管理局又联合颁布了《关于促进科技成果转化的若干规定》。为推进科技成果转化工作，我国近年来启动了《促进科技成果转化法》修订工作，重点解决科技成果转化存在的一些制度性问题。目前，《促进科技成果转化法（修订草案）》（以下简称《转化法（修订草案）》）由国务院法制办公开征求意见。该修订草案在改进国有资产管理程序，允许高校、科研机构自主决定科技成果转化，完善税收激励政策，以及构建金融支持体系等方面有了很大的进步。本次修改主要包括的内容有：

一是增加科研机构与高等学校科技成果转化内容。规定了科研机构与高等学校技术转移的义务，明确其在技术转移机构、经费、人员管理等方面的管理职责；规定主管部门对科研机构、高等学校成果转化情况的考核；针对科研机构与高校科技成果对外转让和投资需审批、收益需上缴问题，规定科技成果转让、投资入股采取事后备案制，科技成果转让收入扣除科技人员奖励后留归单位，用于科学研究开发与成果转化工作；保留现行法关于职务成果单位未实施的情况下成果完成人经与单位协商一致可以自行转化的规定。

二是产学研合作。在保留产学研合作转化科技成果等规定的基础上，规定了产学研合作实施财政性科研项目、共建基地与联盟、科研机构和高等学校与企业人员交流等合作形式；对科研机构和高校科技人员兼职和离岗转化科技成果做了规定。

三是科技成果转化服务。规定了科技成果转化服务体系、技术市场、技术工程化与检测以及科技企业孵化等措施；明确了政府可建立公益性公共科技服务平台和科技中介服务机构，对社会力量创办的科技中介机构，政府通过政府采购、税收优惠方式予以支持；规定了科技中介服务机构行业自律措施。

四是财政性资金资助的科技项目成果转化。细化了《科学技术进步法》关于财政性资金资助科技项目成果的权利归属与实施义务的规定，进一步规定项目管理机构和项目承担者应当在项目合同中明确约定转化实施义务；规定了财政性资金资助科技项目成果信息汇交和发布措施；进一步规定了鼓励境内使用及非独占许可的措施；细化了国家指定推广制度。

五是金融支持。在保留现行法关于金融机构给予科技成果转化信贷支持等规定基础上，规定了国家鼓励银行业金融机构在组织形式、管理机制、金融产品和服务等方面进行创新；要求政策性金融机构根据其业务范围支持科技成果转化项目；对科技成果转化中的直接融资、创业投资、保险、信用担保分别做出规定；明确县级以上各级人民政府可以通过设立科技成果转化风险补偿基金等方式，对银行业金融机构、创业投资机构、保险机构、担保机构支持科技成果转化予以一定比例的风险补偿。

六是科技人员激励。考虑到市场经济条件下企业所有制形式多元化，单位对员工可以综合运用工资、奖金等多种激励措施，在明确奖励义务的同时，提出落实奖励的两种途径：一是鼓励单位规定或者与科技人员约定奖励的方式和数额；二是针对单位未规定、也未与科技人员约定奖励方式和数额的，保留适用现行法关于奖励方式和最低比例的规定。

《转化法（修订草案）》仍然是一个供给型和计划型的法律，比较强调现有科技成果的推广应用，而面向满足市场需求不够，比较强调政府的作用，而市场作用发挥不够，所提规定仍没有解决制约科技成果转化的供需矛盾和市场失灵问题与政府失灵问题。此外，该草案仍然是一个可操作性不足的法律，较多条款是原则性规定。

9. 反不正当竞争法

《中华人民共和国反不正当竞争法》于1993年9月2日通过，1993年12月1日起施行。国家工商行政管理总局2008年10月8日提出《反不正当竞争法》（修订稿）（征求意见稿）。反不正当竞争行为涉及知识产权的主要内容有：

一是侵犯商业标示专有权利。不正当竞争行为主要有：（1）擅自使用与他人在先使用的为相关公众所知悉的商标、域名、企业名称、企业简称、字号、姓名相同或者近似的商业标识，造成或者足以造成市场混淆的；（2）擅自使用与知名商品特有的名称、包装、装潢相同或者近似的商业标识，造成或者足以造成市场混淆的；（3）使用在其他国家或者地区注册的含有他人在中国为相关公众知悉的商标或者字号相同或者近似的企业名称，造成或者足以造成市场混淆的；（4）擅自更换他人商品的商业标识，并将更换商业标识后的商品投入市场的。"在商品或者商品包装上伪造或者冒用认证标志、名优标志，伪造产地或者地理标志，对商品的安全标准、使用性能、用途、规格、等级、制作成分和含量、制造方法、生产者、产地、生产日期、有效期限等作虚假或者引人误解的表示"属不正当主要行为。经营者不得生产、销售、储存、展示、运输、出口、进口违反规定的商品。商业标识是指在经济活动中，能够区分经营者和商品来源的标志，包括商标、企业名称、字号、域名、姓名以及商品特有的名称、包装、装潢等标志。

二是侵犯商业秘密专有权利。商业秘密是指不为相关公众所知悉、能为权利人带来经济利益、具有实用性并经权利人采取合理保密措施的技术信息和经营信息。经营者不得采用下列手段侵犯商业秘密：（1）以盗窃、利诱、胁迫或者其他不正当手段获取权利人的商业秘密；（2）披露、使用或者允许他人使用以前项手段获取的权利人的商业秘密；（3）违反约定或者违反权利人有关保守商业秘密的要求，披露、使用或者允许他人使用其所掌握的商业秘密。（4）权利人的职工违反合同约定或者违反权利人保守商业秘密的要求，披露、使用或者允许他人使用其所掌握的权利人的商业秘密。

第三人明知或者应知违法行为，获取、使用或者披露权利人的商业秘密，视为侵犯商业秘密。权利人能证明他人所使用的信息与自己的商业秘密具有一致性或者相同性，同时能证明他人有获取其商业秘密的条件，而他人不能说明其所使用的信息是合法获取或者使用的，视为他人侵犯商业秘密。政府部门不得擅自披露权利人按要求提交的未公开试验数据或者其他数据，但披露这些数据是为保护公共利益或者已采取保护措施防止该数据受到不正当商业利用的除外。

15.3 科技计划知识产权政策

我国科研机构知识产权管理没有单独的立法，科研机构知识产权管理政策主要体现在科技部等政府部门的有关政策中。近年来，我国发布了一系列科研机构知识产权管理政策，为科研机构知识产权管理创造了较好的法律和政策环境。

1.《"863"计划知识产权管理办法（试行）》

我国1994年2月8日发布了《国家高技术研究发展计划知识产权管理办法（试行）》并与4月1日期施行。但该办法一直没有修订。

"863"计划科技成果包括执行计划所完成的、与研究开发目标有关的科学发现、技术发明和其他科技成果。科技成果的知识产权包括专利申请权、专利权、专利实施权、非专利技术的使用权和转让权、著作权（版权）、发现权、发明权和其他科技成果权。

执行"863"计划项目，由国家科技部主管司（中心）或者国家科技部授权的领域专家委员会（组）为委托方，项目承担单位为研究开发方，签订委托技术开发合同，并在合同中依照本办法规定，约定有关知识产权的归属和分享办法。研究开发方是两个或者两个以上单位的，共同研究开发单位之间有关知识产权的分享办法，依其约定办理。第三方对研究开发有重要创造性贡献的，依合同约定分享有关知识产权，但不得影响国家对该项科技成果所拥有的权利。

"863"计划科技成果，除合同另有约定外，专利申请权属于研究开发方。研究开发方应当自技术成果完成后 30 日内，就发明创造申请专利或者按技术秘密处理向领域专家委员会（组）提出报告，并附相关领域科技文献检索资料。领域专家委员会（组）应当自收到报告之日到 30 日内作出审定。逾期未予答复的，视为同意研究开发方处理意见。领域专家委员会（组）同意申请专利的，研究开发方应当在申请并取得专利权后 30 日内向国家科技部主管司（中心）和领域专家委员会（组）备案；领域专家委员会（组）同意按技术秘密处理的，研究开发方应当采取相应保密措施"863"计划科技成果中，研究开发方对不为公众所知悉、能带来经济利益、具有实用性并经采取保密措施的技术秘密，享有非专利技术的使用权和转让权，研究开发方应当规定技术秘密的保密范围和期限，课题组成员和其他了解、接触技术秘密内容的有关人员依据规定，承担保密义务。执行"863"计划项目所完成的工程设计、产品设计图纸及其说明、计算机软件等作品的著作权（版权），属于研究开发方。委托方和研究开发方可以在委托技术开发合同中，约定预留部分研究开发经费作为申请专利和办理其他手续的费用。

研究开发方在取得专利权后，应当按照《专利法实施细则》规定，对完成该项技术成果的课题组成员发给奖金。研究开发方应当从实施或者转让科技成果所获得的收益中提取一定比例作为报酬，支付参加研究开发的课题组成员，实施技术成果的，每年从所得利润纳税后提取 1% ~ 2.5% 支付，或者参照上述比例一次性支付；转让技术成果的，从所获得的使用费中纳税后提取 10% ~ 15% 支付。执行"863"计划所产生的发现权、发明权和其他科技成果权等精神权利，属于对该项发现、发明或者其他科技成果单独作出或者共同作出创造性贡献的个人，发现人、发明人和其他科技成果完成人有在关科技成果文件中写明自己是科技成果完成者的权利和取得荣誉证书、奖励的权利。对于具有商业化价值和产业化前景的"863"计划项目，研究开发方应当从实施或者转让技术成果的收益中提取一定比例返还委托方，用于支持高技术研究开发活动。"863"计划项目的研究开发经费由多方投资的，投资各方和研究开发方可以共同约定技术成果实施或者转让的收益分成比例。

研究开发方应当在技术成果完成后六个月内，向科技部主管司（中心）和领域专家委员会（组）提交技术成果应用实施计划，有效地行使专利权、非专利技术的使用权和转让权，推进科技成果商品化、产业化。科技部有权决定"863"计划科技成果在指定的单位实施。实施单位应当就技术使用费及其支付方式与研究开发方达成书面协议。研究开发方在"863"计划项目结束后五年内，应当将对所完成的科技成果进行后续改进取得新的科技成果的情况向科技部备案。

2.《关于加强与科技有关的知识产权保护和管理工作的若干意见》

科技部 2000 年 12 月 13 日发布了《关于加强与科技有关的知识产权保护和管理工作的若干意见》（以下简称《意见》）国科发政字〔2000〕569 号。《意见》首先指出，加强与科技有关的知识产权保护和管理是促进科研机构和高新技术企业进行体制创新和技术创新的主要途径和重要保证，并提出加强与科技有关的知识产权保护和管理工作是科技管理体制创新的重要内容和主要目标之一。主要内容有：

一是调整科技成果的知识产权归属政策，激励科研机构、高新技术企业和广大科技人员积极参与技术创新活动。第一次提出"承担国家计划项目知识产权归承担单位所有，精神权利归发明人所有"的规定，"除了保证重大国家利益、国家安全和社会公共利益为目的，并由科技计划项目主管部门与承担单位在合同中明确约定外，执行国家科技计划项目所形成科技成果的知识产权，可以由承担单位所有"；"执行国家科技计划项目所产生的发明权、发现权及其他科技成果权等精神权利，属于对项目单独或者共同作出创造性贡献的科技人员"；"承担单位应当依法落实并保障科技成果完成人员取得相应的经济利益"。

二是改革科技计划管理体制，把知识产权管理纳入科技计划管理工作的全过程。第一次提出知识产权全过程管理的规定。"各级科技行政管理部门要结合科技规划、重大专项、专题、课题的立项和进展，制定相应的知识产权战略，进行必要的知识产权状况分析和评估。要充分运用知识产权信息资源，选准高起点，突破国外专利封锁，选择最优化的技术开发及产业化路线，避免低水平重复研究。要从知识产权管理入手，提升科技计划立项的质量和科研目标的准确性。科技计划项目立项应当以独立的知识产权中介服务机构提供该项目技术领域的知识产权状况评估报告为基础，并在项目研究与开发过程中，及时进行知识产权信息分析。要结合研究与开发的具体情况，适时适当地选择知识产权保护方式，使科技成果及时形成知识产权"。

三是改革科技成果管理和鉴定制度，将知识产权管理纳入科技成果管理体系，扩展科技成果的法律内涵和外延。意见提出，"科技行政管理部门及其他科技成果鉴定机构组织科技成果鉴定之前，应当要求科技成果完成者提交完整准确的知识产权报告；对于需要申请专利的，应当要求当事人及时申请专利后再行组织鉴定"。

四是增加各项科技管理工作的知识产权内涵，将知识产权拥有量及其保护和管理制度建设状况作为资格认定、职称评定、奖励评审等项工作的重要指标。各级科技行政管理部门要将拥有知识产权的数量、质量及其保护与管理制度完善与否，作为高新技术企业认定、高技术产品评审、中小企业技术创新基金申请等的重要资格指标和条件；将形成并拥有知识产权的数量及其质量作为评定科研机构、高新技术企业和科技人员科研贡献及能力的重要指标之一。同时，要将知识产权保护和管理工作列入各地方、各部门科技管理工作的重要内容，逐步推行知识产权考核指标体系，并将相关知识产权保护和管理制度建设完备与否、管理水平高低，作为地方党政领导目标责任制和干部考核、晋升的重要内容。

3. 《关于国家科技计划项目成果知识产权管理的若干规定》

国务院办公厅 2002 年 3 月转发科技部和财政部《关于国家科技计划项目成果知识产权管理的若干规定》（国办发［2002］30 号）。该文件明确了国家科研计划项目研究成果的知识产权归属，提出了对计划项目知识产权管理和保护的要求。

除涉及国家安全、国家利益和重大社会公共利益的以外，科研项目研究成果形成的知识产权，国家授予项目承担单位；承担单位可以依法自主决定实施、许可他人实施、转让、作价入股等，并取得相应的收益。

为了确保科研项目成果切实发挥应有的经济、社会效益，国家根据需要，保留对科研项目研究成果无偿使用、开发、使之有效利用和获取收益的权利。对涉及国家安全、国家利益和重大社会公共利益的项目，科技计划归口管理部门应当在立项或验收时予以确认，明确知识产权管理方式，拟定转化和应用方案。

承担单位作为科研项目成果的知识产权权利人，在其无正当理由不实施转化项目成果、影响公众对成果的应用时，政府有权予以干预。国务院有关主管部门和省、自治区、直辖市人民政府可以根据需要，报请国务院批准，决定科研项目研究成果在一定的范围内推广应用，允许指定的单位实施，并区别不同情况，决定实施单位或无偿使用，或由实施单位按照国家有关规定向项目承担单位支付知识产权使用费。

项目承担单位转让科研项目研究成果知识产权时，成果完成人享有同等条件下优先受让的权利。

此外，为了促进科研项目承担单位加强知识产权保护，该规定提出了若干具体措施。包括：科技计划管理部门要将取得知识产权作为下达课题的基本目标要求，把知识产权管理贯穿于立项、执行、验收等科研计划管理的全过程；要求承担单位建立知识产权管理制度，对科研项目成果切实履行知识产权保护责任。同时，为解决项目承担单位支付知识产权申请、维持等费用的困难，文件规定，经财政部门批准，在国家有关科研计划经费中可以开支知识产权事务费，用于补助负担上述费用确有困难的项目承担单位。

4.《关于加强国家科技计划知识产权管理工作的规定》

科技部 2003 年 4 月 4 日发布的《关于加强国家科技计划知识产权管理工作的规定》（国科发政字〔2003〕94 号）主要有以下内容：

一是科技计划项目要实施知识产权战略。国家科技计划项目的申请、立项、执行、验收以及监督管理中全面落实专利战略。

二是编制科技计划指南需要进行知识产权调查。科技行政管理部门编制科技计划项目指南时，对于明确提出技术指标要求的重点领域，应委托有关机构对国内外的知识产权状况进行调查，形成调查分析报告，作为制定发布指南的依据和确定项目研究开发路线的参考，避免研究开发盲目性和重复。知识产权调查和分析报告向项目申请单位公开。

三是将知识产权状况作为项目申请和立项的必要条件。科技计划项目申请单位应当具备完善的知识产权管理制度，有专门的机构或人员负责知识产权事务，有用于知识产权管理和保护工作的专门经费，并为应用开发类申请项目指定专门的知识产权协调员。申请国家科技计划项目应当在项目建议书中写明项目拟达到的知识产权目标。科技行政管理部门应当把知识产权作为独立指标列入科技计划项目评审指标体系。对批准立项的项目，应在项目合同或计划任务书中明确约定项目的知识产权具体目标、任务。科技行政管理部门在下达任务书或签订合同时，对涉及国家安全、国家利益和重大社会公共利益的项目，应当明确约定国家对研究成果拥有的权利，并指定机构负责成果及其知识产权的管理，同时保障研究开发人员根据法律法规和政策应当享有的精神权利、奖励和报酬。

四是项目承担单位应加强相关知识产权管理工作。要指定专人负责项目的知识产权管理工作，并根据需要委托知识产权中介机构代理知识产权申请保护事宜。要对项目执行中形成的资料、数据的保管和使用，专利申请、植物新品种登记、软件登记等保护手续的履行等，承担单位应当作出明确规定。对可能形成专利的科研项目，承担单位要建立论文发表的登记审查制度，以保证科研成果能够符合专利审查条件。要对项目的知识产权权属问题做出详细规定，确保国家科技计划项目成果的知识产权权属清晰。要在项目执行过程中跟踪该领域的知识产权动态，及时调整研究策略和措施。要安排项目参与人员参加知识产权培训，向有关人员说明项目的知识产权管理政策，并就项目的知识产权归属、资料和数据保管与使用、技术秘密的保密义务等签订协议。

五是加强项目执行和验收的知识产权管理情况监督和验收。在中期检查工作中，要对项目承担单位的知识产权工作进行评价。在组织项目验收时，要对项目的知识产权管理和保护情况做出评价。项目承担单位在验收时应当提交项目形成的成果的知识产权清单，包括论文、数据、非专利技术的技术秘密保护情况，专利、植物新品种、软件的知识产权申请、审查、登记或授权的法律文件；对项目研发中与第三方的知识产权关系等做出说明。未能完成合同或计划任务书约定的知识产权目标的，应提交情况说明报告。

六是允许列支知识产权事务费。国家科技计划项目经费中可以列支知识产权事务经费，用于专利申请和维持等费用。经财政部门批准，在国家有关科研计划经费中可以开支知识产权事务费，用于补助负担上述费用确有困难的项目承担单位，和具有抢占国际专利竞争制高点意义的重大专利的国外专利申请和维持费。

七是支持知识产权商业化。明确将国家科技计划项目研究成果及其形成的知识产权授予承担单位。除涉及国家安全、国家利益和重大社会公共利益的以外，国家授予项目知识产权归承担单位，项目承担单位可以依法自主决定实施、许可他人实施、转让、作价入股等，并取得相应的收益。对承担国家科技计划项目获得知识产权的质量和数量较高的单位，给予表彰奖励，并在新项目评审中优先安排；建立和完善计划项目知识产权统计和公报制度，为公众提供计划项目成果知识产权信息平台，促进计划项目成果的扩散和应用。引导项目承担单位以计划项目的研究开发为龙头，以向产业领域应用和转移为目的，与相关产业领域的企业建立知识产权（技术）联盟。各类科技成果产业化计划、科技型中小企业创新基金等，对知识产权联盟的科技创新活动给予重点支持。

5.《国家科技重大专项知识产权管理暂行规定》

科技部、国家发改委、财政部、国家知识产权局制定的《国家科技重大专项知识产权管理暂行规定》于2010年7月1日印发，2010年8月1日起施行。

重大专项牵头组织单位在专项领导小组领导下，全面负责制定符合本重大专项科技创新和产业化特点的知识产权战略。各重大专项实施管理办公室应当设立专门岗位、配备专门人员负责本重大专项知识产权工作。

项目（课题）责任单位要提出项目（课题）知识产权目标，并纳入项目（课题）合同管理；制定项目（课题）知识产权管理工作计划与流程，将知识产权工作融入研究开发、产业化的全过程。

牵头组织单位在编制五年实施计划时，应当组织开展知识产权战略研究，对本重大专项重点领域的国内外知识产权状况进行分析。还应当对拟在研究开发中使用或购买他人的知识产权作出说明。

牵头组织单位应把知识产权作为立项评审的独立评价指标，合理确定其在整个评价指标体系中的权重。

项目（课题）实施过程中，责任单位应密切跟踪相关技术领域的知识产权及技术标准发展动态，据此按照有关程序对项目（课题）的研究策略及知识产权措施及时进行相应调整。

重大专项产生的知识产权，其权利归属按照下列原则分配：涉及国家安全、国家利益和重大社会公共利益的，属于国家，项目（课题）责任单位有免费使用的权利。除上述情况外，授权项目（课题）责任单位依法取得，为了国家安全、国家利益和重大社会公共利益的需要，国家可以无偿实施，也可以许可他人有偿实施或者无偿实施。项目（课题）任务合同书应当根据上述原则对所产生的知识产权归属做出明确约定。

论文、学术报告等发表、发布前，项目（课题）责任单位要进行审查和登记，涉及应当申请专利的技术内容，在提出专利申请前不得发表、公布或向他人泄漏。对作为技术秘密保护的科技成果，项目（课题）责任单位应当明确界定、标识予以保护的技术信息及其载体，采取保密措施，与可能接触该技术秘密的科技人员和其他人员签订保密协议。涉密人员因调离、退休等原因离开单位的，仍负有协议规定的保密义务，离开单位前应当将实验记录、材料、样品、产品、装备和图纸、计算机软件等全部技术资料交所在单位。

权利人拟放弃重大专项产生或购买的知识产权的，应当进行评估，并报牵头组织单位备案。未经评估放弃知识产权或因其他原因导致权利失效的，由重大专项领导小组、牵头组织单位根据各自职责对项目（课题）责任单位及其责任人予以通报批评，并责令其改进知识产权管理工作。

项目（课题）责任单位可以在项目（课题）知识产权事务经费中列支知识产权保护、维护、维权、评估等事务费。项目（课题）验收结题后，项目（课题）责任单位应当根据需要对重大专项产生的知识产权的申请、维持等给予必要的经费支持。

重大专项牵头组织单位、知识产权权利人应积极推动重大专项产生的知识产权的转移和运用，加快知识产权的商品化、产业化。

重大专项产生的知识产权，各项目（课题）责任单位应当首先保证其他项目（课题）责任单位为了重大专项实施目的的使用。相关知识产权权利人应当许可其免费使用；为了重大专项科技成果产业化目的的使用时，相关知识产权权利人应当按照平等、合理、无歧视原则许可其实施。

对重大专项产生和购买的属于项目（课题）责任单位的知识产权，为了国家重大工程建设需要；对产业发展具有共性、关键作用需要推广应用；为了维护公共健康需要推广应用；对国家利益、重大社会公共利益和国家安全具有重大影响需要推广应用。牵头组织单位可以要求项目（课题）责任单位以合理的条件许可他人实施；项目（课题）责任单位无正当理由拒绝许可的，牵头组织单位可以决定在批准的范围内推广使用，允许指定单位一定时期内有偿或者无偿实施；获得指定实施的单位不享有独占的实施权。取得有偿实施许可的，应当与知识产权权利人商定合理的使用费。

国家知识产权局可以根据专利法及其实施细则和《集成电路布图设计保护条例》的相关规定，给予实施重大专项产生的发明专利、实用新型专利和集成电路布图设计的强制许可或者非自愿许可。

15.4 《国家中长期科学和技术发展规划纲要》配套政策

2006 年年初，我国颁布了《国家中长期科学和技术发展规划纲要（2006～2020 年）》

（以下简称《中长期科技规划纲要》），确立了我国今后 15 年的科技工作指导方针："自主创新、重点突破、支撑发展、引领未来"，并确立了我国 2020 年科学技术发展的总体目标："自主创新能力显著增强"、"进入创新型国家行列"。《中长期科技规划纲要》还强调指出，"要把提高自主创新能力摆在全部科技工作的突出位置，必须把提高自主创新能力作为国家战略"。为落实《中长期科技规划纲要》，我国出台了 60 条配套政策。为落实中长期规划纲要和配套政策，国家发改委、科技部等有关部门相继制定出台了 78 项政策实施细则。

1. 科技投入政策

科技投入有 6 条政策，包括大幅度增加科技投入、确保财政科技投入的稳定增长、切实保障重大专项的顺利实施、优化财政科技投入结构、发挥财政资金对激励企业自主创新的引导作用、创新财政科技投入管理机制。

增加科技投入的三大措施：一是中央政府把科技投入作为预算保障的重点，体现法定增长。二是地方政府把科技投入作为预算保障的重点，体现法定增长。三是发挥财政资金对激励企业自主创新的引导作用，引导企业加大科技投入。

中长期规划提出的科技投入政策配套政策共涉及 20 项实施细则，但多数实施细则是对科技计划经费的管理规定。涉及知识产权的主要是创造，尚缺乏对专利等知识产权产业化经费投入的明确规定。"加大对科技型中小企业技术创新基金等的投入力度，鼓励中小企业自主创新"间接与专利产业化有关。

为发挥财政资金对激励自主创新的引导作用，我国发布了《关于改进和加强中央财政科技经费管理若干意见》《中央级公益性科研院所基本科研业务费专项资金管理办法》《公益性行业科研专项经费管理试行办法》《国家重点基础研究发展计划专项经费管理办法》《国家高技术研究开发计划（"863"）专项经费管理办法》《国家科技支撑计划专项经费管理办法》《国家高技术产业发展项目管理暂行办法》《科技型中小企业技术创新基金财务管理暂行办法》《科技型中小企业创业投资引导基金管理暂行办法》等实施细则。

国家发改委制定发布的《国家高技术产业发展项目管理暂行办法》提出，高技术产业发展项目包括国家高技术产业化项目、国家重大技术装备研制和重大产业技术开发项目、国家产业技术创新能力建设项目和国家高技术产业技术升级和结构调整项目。国家发改委还与科技部、商务部、国家知识产权局联合发布了《当前优先发展的高技术产业化重点领域指南》（以下简称《指南》），2007 年度《指南》确定了当前应优先发展的信息、生物、航空航天、新材料、先进能源、现代农业、先进制造、先进环保和资源综合利用、海洋十大产业中的 130 项高技术产业化重点领域。科技部发布的《科技型中小企业技术创新基金财务管理暂行办法》和《科技型中小企业创业投资引导基金管理暂行办法》涉及了专利产业化，但也主要涉及对专利在内的已经实现商业化的中小企业的产业化前期阶段的支持。科技部和财政部的《科技型中小企业技术创新基金财务管理暂行办法》"分别以无偿资助、贷款贴息、资本金投入等方式给予支持。其中，创新基金对每个项目的无偿资助或贷款贴息数额一般不超过 100 万元人民币，个别重大项目不超过 200 万元人民币"。"采用无偿资助方式支持的项目立项后拨付 70%，项目验收合格后再拨付其余资金（第二次拨款）；采用贷款贴息方式支持的项目立项后按企业有效借款合同及付息单据核定的应贴息数额拨付80%，项目验收合格后再拨付其余资金（第二次拨款）。"

目前，科技部国家主要科技和创新计划有以下几种：重大科技专项、科技支撑计划、"863"计划（高技术研究发展计划）、"973"计划（重点基础研究计划）、科技基础条件平台建设；科技部政策引导类科技计划及其他专项工作主要有星火计划、农业科技成果转化资金、火炬计划、科技型中小企业技术创新基金、技术创新引导工程、国家重点新产品计划、国家软科学研究计划、国际科技合作计划、科技基础性工作专项、区域可持续发展专项计划等。

国家发改委创新项目主要有重大科技基础设施建设项目、科学基建项目、国家高技术产业化项目、国家重大技术装备研制项目、国家产业技术创新能力建设项目（包括国家实验室、国家工程实验室、国家工程研究中心、国家认定企业技术中心）、重大产业技术开发项目、国家高技术产业技术升级和结构调整项目、创业风险投资引导基金、知识创新工程、下一代互联网示范工程，以及生物技术、电子信息、高技术服务业等专项等。

工信部创新项目有中小企业专项、产业转型升级专项、重大科技成果转化专项、电子信息发展专项、高档数控机床与基础制造装备专项、物联网发展专项、核高基科技重大专项等。

2. 税收优惠政策

配套政策提出，推进对高新技术企业实行增值税转型改革、继续完善鼓励高新技术产品出口的税收政策、完善高新技术企业计税工资所得税前扣除政策。

在高新技术企业增值税政策方面，配套政策规定，国家高新技术产业开发区内新创办的高新技术企业经严格认定后，自获利年度起两年内免征所得税，两年后减按15%的税率征收企业所得税。科技部等又修改了高新技术企业认定的条件，《高新技术企业认定管理办法》规定了认定的六个条件：（1）近三年内通过自主研发、受让、受赠、并购等方式，或通过5年以上的独占许可方式，对其主要产品（服务）的核心技术拥有自主知识产权；（2）属于《国家重点支持的高新技术领域》规定的范围；（3）具有大学专科以上学历的科技人员占企业当年职工总数的30%以其中研发人员占企业当年职工总数的10%以上；（4）进行了研究开发活动。最近一年销售收入小于5000万元的企业，R&D比例不低于6%；5000万~2亿元的企业，不低于4%；2亿元以上不低于3%。在中国境内发生的R&D总额比例不低于60%；（5）高新技术产品（服务）收入占企业当年总收入的60%以上；（6）企业研究开发组织管理水平、科技成果转化能力、自主知识产权数量、销售与总资产成长性等指标符合《高新技术企业认定管理工作指引》的要求。

《高新技术企业认定管理工作指引》规定，核心自主知识产权包括发明、实用新型、运用科学和工程技术的方法，经过研究与开发过程得到的外观设计、软件著作权、集成电路布图设计专有权、植物新品种；企业科技人员是指在企业从事研发活动和其他技术活动的，累计实际工作时间在183天以上的人员。包括直接科技人员及科技辅助人员；企业销售收入包括技术转让收入、技术承包收入、技术服务收入、接受委托科研收入。知识产权、科技成果转化能力、研究开发的组织管理水平、成长性指标等四项指标采取加权记分方式，须达到70分以上。核心自主知识产权拥有6项或1项发明授权才能获得满分，研发组织管理包括具有制定立项报告、建立研发投入核算体系、开展了产学研合作的研发活动、设有研发机构并具备相应的设施和设备、建立研发人员的绩效考核奖励制度五个条件；成长性指标要求总资产增长率和销售增长率大于等于 35% 才能得到满分。

《关于国有高新技术企业开展股权激励试点工作意见》则提出，开展试点 R&D 投入强度必须达到 5%，R&D 人员占全部职工的比例达到 10%，可以采取奖励股权、出售股权、技术折股开展激励，但要小于净利润形成资产的 35% 和总奖励额的一半。

在企业增值税优惠政策，国务院《关于鼓励软件产业和集成电路产业发展的若干政策》还专门规定，软件集成电路企业实行增值税超过销售收入 3% ~6% 即征即退的政策。

企业所得税优惠政策涉及的细则有《关于企业技术创新有关企业所得税优惠政策的通知》《关于促进创业投资企业发展有关税收政策的通知》《关于调整企业所得税工资支出税前扣除政策的通知》《关于纳税人向科技型中小企业技术创新基金捐赠有关所得税政策问题的通知》。所得税法还规定：科研机构和大学技术转移低于 500 万的不需要交纳所得税。高新区内企事业单位进行技术转让，以及在技术转让中发生的与技术转让有关的技术咨询、技术服务、技术培训所得，年净收入在 30 万元以下的，暂免征收企业所得税。

营业税和房产、土地税收优惠政策涉及的细则有《关于国家大学科技园有关税收问题的通知》《关于科技企业孵化器有关税收政策问题的通知》，但该政策到 2012 年底没有再延续。

进口关税和增值税优惠政策涉及的细则有《科技开发用品免征进口税收暂行规定》《科学研究和教学用品免征进口税收规定》《关于落实国务院加快振兴装备制造业的若干意见有关进口税收政策》的通知。

3. 金融政策

在银行业金融支持政策上，首先是政策性银行的直接支持，第二是商业银行的间接支持，第三是改善银行对中小企业科技创新的金融服务。在资本市场发展上，配套政策主要涉及风险资本、中小企业板和创业板、未上市高新技术企业的股份转让、产权交易市场和公司债。配套政策还提出建立支持自主创新的多层次资本市场的政策。

"加强政策性金融对自主创新的支持"政策对应的实施细则有 3 个：中国银行业监督管理委员会《支持国家重大科技项目政策性金融政策实施细则》、国家开发银行《高新技术领域软贷款实施细则》、中国进出口银行《支持高新技术企业发展特别融资账户实施细则》。国家开发银行《高新技术领域软贷款实施细则》：（1）国家重大科技产业化项目、科技成果转化项目和高新技术产业化项目；（2）《国家中长期科学和技术发展规划纲要》提出的国家重大科技专项项目；（3）国家"863"计划、科技支撑计划、国家科技基础条件平台建设专项提出的重大项目和重点项目；（4）提高产业技术创新能力的国家重大科技基础设施和科技产业环境建设项目；（5）高新技术企业或创业风险投资机构；（6）其他国家明确需要扶持而民间资本和外资又不易或不宜进入的高新技术项目。软贷款占参股企业注册资本或项目资本金总额的比例不得超过 50%；以实物、土地使用权等作价入股比例不得超过项目资本金总额的 20%，自主知识产权可作价入股；列入国家重大科技专项、国家"863"计划、国家科技支撑计划的项目，软贷款的利率可以在规定利率最大下浮幅度基础上再下浮 10%。

"引导商业金融支持自主创新"政策对应的实施细则为中国银行业监督管理委员会

《关于商业银行改善和加强对高新技术企业金融服务的指导意见》。

"改善对中小企业科技创新的金融服务"政策对应的实施细则有 4 个：国家发改委等部门《关于加强中小企业信用担保体系建设意见的通知》、国家开发银行《支持国家重大科技项目政策性金融政策实施细则》、中国银行业监督管理委员会《关于商业银行改善和加强对高新技术企业金融服务的指导意见》、国家发改委等部门《建立和完善知识产权交易市场的指导意见》。

"支持开展对高新技术企业的保险服务"政策对应的细则：中国银行业监督管理委员会《关于加强和改善对高新技术企业保险服务有关问题的通知》、财政部《关于进一步支持出口信用保险为高新技术企业提供服务的通知》、"完善高新技术企业的外汇管理政策"政策对应的细则为财政部《关于进一步支持出口信用保险为高新技术企业提供服务的通知》。

4. 政府采购政策

政府采购政策主要有：（1）建立财政性资金采购自主创新产品制度。对应的实施细则：财政部《国家自主创新产品认定管理办法（试行）》和财政部《自主创新产品政府采购预算管理办法》。（2）改进政府采购评审方法，给予自主创新产品优先待遇。对应的实施细则：财政部的《自主创新产品政府采购评审办法》《自主创新产品政府采购合同管理办法》。（3）建立激励自主创新的政府首购和订购制度。对应的实施细则：财政部《自主创新产品政府首购和订购管理办法》。（4）建立本国货物认定制度和购买外国产品审核制度。对应的实施细则。财政部《政府采购进口产品管理办法》。

《关于开展 2010 年度自主自主创新产品认定工作的通知（征求意见稿）》将认定条件中有关必须具有"自主知识产权"和"自主品牌"的两个要求改为，"依法在我国享有知识产权或知识产权许可权"和"依法在我国拥有产品注册商标专用权或使用权"，2011 年 6 月，在美国的压力下，财政部、科技部和发改委宣布停止执行自主创新产品认定相关政策。按照国务院统一部署，各省市对自主创新产品认定相关政策进行清理。2011 年 6 月，财政部宣布废止上述三项实施细则和《自主创新产品认定办法》。

5. 知识产权政策

知识产权政策的要点有：一是掌握关键技术和重要产品的自主知识产权，二是积极参与制定国际标准，推动以我为主形成技术标准，三是切实保护知识产权，四是缩短发明专利审查周期，主要涉及知识产权管理，五是加强技术性贸易措施体系建设。

在实施细则上，《我国应掌握的自主知识产权的关键技术和产品目录》《我国信息产业拥有自主知识产权的关键技术和重要产品目录》规定"具有自主知识产权的关键技术和产品是指通过自主创新形成的对提高我国综合国力和国际竞争力，促进基础产业、支柱产业和高技术产业发展，保持经济持续增长，改善人民生活质量，保障国家安全起重要作用，并受到知识产权保护的技术和产品"；"自主知识产权是指我国的权利人具有独立支配权或相对控制权的知识产权，即我国的公民、法人或非法人单位，所依法拥有的、可以独立地行使知识产权各项权能的知识产权，或虽然不拥有所有权，但在一个较长的时期内可以独立行使知识产权各项权能，并能不受他人制约地进行集成创新和引进消化吸收再创新的知识产权"；"自主知识产权的来源方式主要包括：自主研发或设计；受让或受赠；企业并购或重组；获得 5 年以上的独占许可"。

国家发改委、科技部、财政部、国家工商总局、国家版权局、国家知识产权局 2007 年联合发布了《建立和完善知识产权交易市场的指导意见》规定：（1）政府采取多种形式促进知识产权交易等市场发展，通过财税政策引导和鼓励交易市场或机构的信息平台与能力建设。（2）建立适应知识产权交易稳妥审慎原则的多元化、多渠道投融资机制。政策性银行按经批准应开展知识产权等的质押贷款业务。鼓励商业银行积极开展以拥有自主知识产权的中小企业为服务对象的信贷业务。支持和引导各类信用担保机构为知识产权交易提供担保服务，探索建立社会化知识产权权益担保机制。研究开展知识产权权益托管服务。（3）加大创业投资对知识产权交易的支持力度。积极发展创业风险投资，发挥政府创业风险投资引导基金作用，引导和鼓励民间资本投入知识产权交易活动，符合规定的可享受创业投资机构的有关优惠政策。（4）积极探索知识产权投融资新模式。拓宽风险（创业）投资退出渠道，经批准在发展较好的知识产权交易市场开展未上市高成长型中小企业股权流通的试点工作。（5）国家鼓励不同形式的知识产权进场交易。政府财政性资金投入和支持的项目所形成的非关系到国家经济安全、国防安全和国家机密的知识产权应进场交易，促进民间资本投入所形成的和自然人所持有的知识产权进场交易。

15.5 知识产权政策与体系

目前，《中长期科技规划纲要》及其配套政策以及有关部门颁布的近 80 项实施细则中，已有许多规定进入了新颁布的《科技进步法》《专利法》《企业所得税法》等法律中。在《中长期科技规划纲要》及其规划配套政策中，政策分类一是按照政策工具进行分类，一是按照科技创新活动进行分类，《中长期科技规划纲要》及其规划配套政策将知识产权作为工具类政策而非科技创新活动类政策。而且，《中长期科技规划纲要》及其配套政策中的知识产权政策没有涵盖知识产权创造、运用、保护和管理的全部环节，而只是涵盖了创造和保护的一部分内容，在知识产权运用方面涵盖得很不够，知识产权创造、运用等政策主要体现在科技投入、税收优惠、政府采购、投融资政策之中。而且，《中长期科技规划纲要》知识产权政策和《国家知识产权战略纲要》提出的政策又多是思路性和原则性的政策，可操作性显得不足。

现有的知识产权政策与其他政策之间既有交叉，又不完整。从知识产权类型来看，现有多数科学政策、技术政策、产业政策、创新政策和贸易政策的核心都是或者大多涉及知识产权创造运用，但这些政策知识产权创造运用的政策又有较多缺失。由于知识产权也是重要的政府职能，随着知识产权与产业创新发展的紧密结合需要，有必要重塑现有科技政策、产业政策和知识产权政策，构建涵盖创造、运用、保护和管理的知识产权政策体系。知识产权一般包括知识产权创造、知识产权申请与审查、知识产权行政与司法保护、知识产权转移转化几个环节，具有自身的逻辑和特点，知识产权政策具有相对的独立性和完整性。如图 15－1 所示。

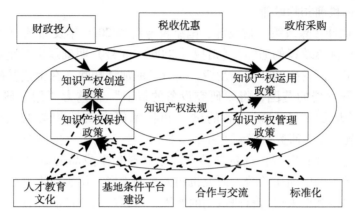

图 15 - 1　知识产权政策体系

15.5.1　知识产权创造政策

知识产权创造是知识产权政策的重要起点，主要包括知识产权研发创造、知识产权权利获取和知识产权保护范围拓展等三个方面。

1. 知识产权研发创造

知识产权创造政策主要包括形成知识产权的经费投入与研究开发政策、知识产权审查授权政策以及知识产权保护范围拓展促进政策。我国知识产权经费投入和研发政策主要依据《科技进步法》，涉及的政策是科技投入政策，包括科技经费投入与经费管理政策。知识产权创造政策主要是以创造知识产权为目标的研究开发投入与研发过程管理政策，而不包括科学基建费、科学事业费等经费管理政策。知识产权创造也涉及研发税收优惠政策，从税收政策工具来看，研究开发经费税前加计扣除政策的主要目标也是为了激励形成知识产权的研究开发创造活动（宋河发，2013）。

知识产权研发创造政策目标不是传统意义上现行的研究开发投入到产出再到知识产权的过程，不是仅仅只重视立项投入和项目结题验收的经费管理政策与项目验收政策，其目标是面向科学前沿和市场需求创造高水平高质量知识产权及知识产权组合的研究开发活动和知识产权创造过程。这是知识产权研发创造政策与科技投入政策最重要的不同点。面向市场需求，通过检索全球科技文献尤其是专利文献，找到研究开发的重点，明确未来的知识产权及其组合尤其是重要技术标准的专利池构建和知识产权归属，实行研究开发全过程知识产权管理（宋河发，2013），将研究开发产出的科技创新成果申请有效知识产权保护，形成有效知识产权组合，有利于改变过去专利申请不足、高质量专利少，绝大多数专利不能成为技术标准必要专利的低效率问题，从而有利于显著提升科技创新的效率，有利于掌握创新的主导权，是自主创新的重要路径。

知识产权创造政策的政策工具主要是研发经费投入、税收优惠政策和人才支持政策。从激励知识产权研发创造方面看，目前主要的研发经费政策工具包括科技项目知识产权费用列支政策（国科发政字［2003］94 号和财教［2011］434 号文件），税收优惠政策工具主要包括研究开发经费税前加计扣除政策。人才支持政策工具主要是人才劳务费用列支政策和教育培训费用税前扣除政策。

（1）研发费加计扣除政策。财政部、国家税务总局 2006 年发布的《关于企业技术创新有关企业所得税优惠政策的通知》（财税〔2006〕88 号）明确规定对企业研究开发新产品、新技术、新工艺所发生的技术开发费，实行税前加计扣除，在上述基础上，该文第一部分扩大了技术开发费的范围，将"研究设备的折旧"调整为"用于研究开发的仪器、设备的折旧"，并增加了"与新产品的试制和技术研究直接相关的其他费用"。财税〔2006〕88 号文规定企业研究开发新产品、新技术、新工艺所发生的技术开发费包括"新产品设计费，工艺规程制定费，设备调整费，原材料和半成品的试制费，技术图书资料费，未纳入国家计划的中间实验费，研究机构人员的工资，用于研究开发的仪器、设备的折旧，委托其他单位和个人进行科研试制的费用，与新产品的试制和技术研究直接相关的其他费用"。

财政部 2007 年发布的《关于企业加强研发费用财务管理的若干意见》（财企〔2007〕194 号）规定，"企业研发费用，指企业在产品、技术、材料、工艺、标准的研究、开发过程中发生的各项费用，包括：①研发活动直接消耗的材料、燃料和动力费用。②企业在职研发人员的工资、奖金、津贴、补贴、社会保险费、住房公积金等人工费用以及外聘研发人员的劳务费用。③用于研发活动的仪器、设备、房屋等固定资产的折旧费或租赁费以及相关固定资产的运行维护、维修等费用。④用于研发活动的软件、专利权、非专利技术等无形资产的摊销费用。⑤用于中间试验和产品试制的模具、工艺装备开发及制造费，设备调整及检验费，样品、样机及一般测试手段购置费，试制产品的检验费等。⑥研发成果的论证、评审、验收、评估以及知识产权的申请费、注册费、代理费等费用。⑦通过外包、合作研发等方式，委托其他单位、个人或者与之合作进行研发而支付的费用。⑧与研发活动直接相关的其他费用，包括技术图书资料费、资料翻译费、会议费、差旅费、办公费、外事费、研发人员培训费、培养费、专家咨询费、高新科技研发保险费用等"。

（2）人才劳务费用列支政策。2006 年，财政部、科技部共同制定了《国家重点基础研究发展计划专项经费管理办法》（财教〔2006〕159 号）、《国家科技支撑计划专项经费管理办法》（财教〔2006〕160 号）、《国家高技术研究发展计划（863 计划）专项经费管理办法》（财教〔2006〕163 号）和《公益性行业科研专项经费管理试行办法》（财教〔2006〕129 号）和《关于改进和加强中央财政科技经费管理若干意见的通知》等文件。2011 年 9 月 29 日，财政部、科技部《关于调整国家科技计划和公益性行业科研专项经费管理办法若干规定的通知》（财教〔2011〕434 号）将课题经费分为直接费用和间接费用。其中，直接费用是指在课题研究开发过程中发生的与之直接相关的费用，主要包括设备费、材料费、测试化验加工费、燃料动力费、差旅费、会议费、国际合作与交流费、出版/文献/信息传播/知识产权事务费、劳务费、专家咨询费和其他支出等。间接费用是指承担课题任务的单位在组织实施课题过程中发生的无法在直接费用中列支的相关费用，主要包括承担课题任务的单位为课题研究提供的现有仪器设备及房屋，水、电、气、暖消耗，有关管理费用的补助支出，以及绩效支出等。其中绩效支出是指承担课题任务的单位为提高科研工作绩效安排的相关支出。

间接费用使用分段超额累退比例法计算并实行总额控制，按照不超过课题经费中直接费用扣除设备购置费后的一定比例核定，具体比例如下：500 万元及以下部分不超过 20%；超过 500 万元至 1000 万元的部分不超过 13%；超过 1000 万元的部分不超过 10%。间接费用中绩效支出不超过直接费用扣除设备购置费后的 5%。

间接费用按课题统一核定，由课题承担单位和课题合作单位根据各自承担的研究任务和经费额度，协商提出分配方案，在课题预算（书）中明确，并分别纳入各自单位财务统一管理，统筹安排使用。其中绩效支出应当在对科研工作进行绩效考核的基础上，结合科研人员实绩，由所在单位根据国家有关规定统筹安排。课题承担单位和课题合作单位不得在核定的间接费用以外再以任何名义在课题经费中重复提取、列支相关费用。

（3）教育培训费用税前扣除政策。《关于企业技术创新有关企业所得税优惠政策的通知》还规定，企业提取的职工教育经费在计税工资总额 2.5% 以内的，可在企业所得税前扣除。

2. 知识产权权利获取

获取知识产权权利是知识产权创造政策的重要内容，除依产生而产生的著作权等知识产权外，专利权、集成电路布图设计专有权、植物新品种权等都是依申请而产生的知识产权。这些类型的知识产权既是研发创造出来的权利，也是国家机关审查确定的权利。知识产权权利获取主要是国家知识产权行政部门经过审查、审批、注册、公告等许可的垄断权利。知识产权权利获取涉及的法律主要有《专利法》及其实施细则、《商标法》及《商标法实施条例》《集成电路布图设计条例》《植物品种保护条例》等部门法律法规。相应的政策措施包括《专利审查指南》《商标审查办法》等知识产权审查和授权规定，还包括为鼓励专利申请或授权的知识产权收费政策、知识产权资助政策，费用减缓政策。

（1）知识产权权属政策

知识产权权属政策主要包括职务发明知识产权的权利归属政策和职务发明人权益政策。在职务发明知识产权归属上，我国法律法规坚持职务发明原则。《科技进步法》第 20 条规定了财政性项目形成的知识产权的归承担单位，《专利法》规定职务发明的三种情形：《职务发明条例（草案）》增加了"主要利用本单位的资金、设备、零部件、原材料、繁殖材料或者不对外公开的技术资料等物质技术条件完成的发明，但约定返还资金或者支付使用费，或者仅在完成后利用单位的物质技术条件验证或者测试的除外"，从而明确了务发明与非职务发明的划分标准及其权利归属。同时，还规定，"对于职务发明，单位享有申请知识产权、作为技术秘密保护或者公开的权利，发明人享有署名权以及获得奖励和报酬的权利"。

相比较而言，《科技进步法》规定的知识产权并不包含技术秘密专有权（含专利申请权）、实用新型和外观设计专利权等，并不包含企事业单位自行设立的科技创新项目形成的知识产权。而《科技成果转化法（草案）》第 10 条规定，"利用财政性资金设立的科研机构、高等学校对其依法取得的科技成果，可以自主决定转让、许可和投资，通过协议定价、在技术市场挂牌交易等方式确定价格"，该法所提出的科技成果除了《科技进步法》规定的知识产权外，实际上还包括技术秘密专有权、实用新型和外观设计专利权，"利用财政性资金设立的科研机构、高等学校"范围也要宽过《科技进步法》规定的两类项目。而且《专利法》和《职务发明条例》所称发明则是"中华人民共和国境内完成的，属于专利权、植物新品种权、集成电路布图设计专有权或者技术秘密保护客体的智力创造成果"，限定在中国境内，而不包括著作权。

关于我国法规知识产权权属规定，如果与成为35USC美国专利法的拜度法案规定相比较，可以发现美国专利法所规定的有几点不同。一是美国只限于联邦层面支持的项目才可以将知识产权授予承包者。二是项目支持方式，只有联邦拨款、资助或合同项目的知识产权才可以将知识产权授予承包者，而其他项目不授予。三是知识产权授予的对象，只有大学、小企业和非盈利组织包括公益科研机构，而不是全部，因为只有大学和非盈利机构具有公益性，只有中小企业才容易产生市场失灵。

（3）知识产权收费政策。我国在颁布专利法及其实施细则时就颁布了专利收费标准，后来在1992和2001年进行了调整。1985～1993年，我国发明专利申请费每件为550元，实用新型为80元，外观设计为80元；1994～2000年，我国发明专利申请费每件为1650元，实用新型为300元，外观设计为250元；2001年开始，三种专利申请阶段费分别提高到3400元、450元和450元。我国专利授权后费用为：1994年以前发明专利平均年费为每件940元，实用新型为100元，外观设计为118.75元，颁证费等100元。1994～2000年，发明专利平均年费为每件2905元，实用新型为940元，外观设计为475元，颁证费等增加到200元。2001～2009年平均年费标准分别提高到4115元、1120元和1120元，2008年后颁证费等调整为255元。

1992年，原国家物价局、财政部发布了《关于商标注册费收费标准及其使用范围的通知》（[1992]价费字325号）。1995年，原国家计划委员会、财政部下发了《关于商标业务收费标准的通知》（计价格[1995]2404号），财政部、国家计委《关于增加商标注册管理收费项目及有关问题的通知》（财综字[1995]88号）将商标申请事务从产品扩展到产品和服务。2008年，国家发改委、财政部发布了《关于网上商标注册收费标准及有关问题的通知》（发改价格[2008]2579号）。目前，我国受理商标注册费1000元（限定本类10个商品。10个以上商品，每超过一个商品，每个商品加收100元）（网上申请800元，每超过一个加收80元），补发商标注册证费1000元（含刊登遗失声明的费用），受理转让注册商标费1000元，受理商标续展注册费2000元，受理续展注册迟延500元，受理商标评审费1500元，商标评审延期费500元，变更费500元，出具商标证明费100元，撤销商标费100元，商标使用许可合同备案费500元。新增商标业务的收费标准核定为：受理集体商标注册费3000元，受理证明商标注册费3000元，商标异议费1000元，撤销商标费1000元，受理驰名商标认定费5000元，商标使用许可合同备案费300元。1995年发布的《关于执行商标业务收费标准具体办法的通知》新增收费规定：申请商品商标或服务商标注册，在同类商品或服务类别上申报10个以内的商品或服务项目，在《商标注册申请书》上填写，并交纳商标规费1000元。如果另增加申报商品或服务项目，应在《商标注册申请书》附页上填写，同时，每增加一个商品或一个服务项目另交纳商标规费100元。原机电部计算机软件登记办公室1992年4月18日发布的计算机软件著作权登记收费项目和标准规定：软件著作权登记申请费250元/件次，如申请登记多种文档，每增加一种文档，增收80元；申请例外交存手续费320元/件次；软件权利转移备案费转让或许可300元/件次；继承200元/件次。软件著作权续展费：550元/件次；软件著作权登记证书、软件权利转移备案证书和软件著作权续展证书费各为 50 元/件；变更或补充登记费150 元/件次。异议请求费：150 元/件次；复审请求费：150 元/件次；软件源程序封存保管费：100 页内 120 元，超过 100 页的，每增加一页增收 2 元。请求延期处理费：第一次100 元/件次；第二次 200 元/件次。

国家发改委、财政部 2003 年 4 月 15 日发布的《关于集成电路布图设计登记费等收费标准及有关事项的通知》公布的集成电路布图设计登记收费项目和标准为：布图设计登记费每件 2000 元，布图设计登记复审请求费每件 300 元，著录事项变更手续费，每件每次100 元，延长期限请求费每件每次 300 元，恢复布图设计登记权利请求费每件 1000 元，非自愿许可使用布图设计请求费每件 300 元，非自愿许可使用布图设计支付报酬裁决费每件300 元。

制定知识产权收费政策的目的主要是为了弥补知识产权审查的成本。近年来，美国、日本、欧洲、韩国等主要国家知识产权局都不断提升了知识产权的费用标准。但我国知识产权收费标准尤其是专利费用政策很多年没有修改，标准一直没有提高，这不仅与知识产权事业发展的新形势不相适应，也不适应提升知识产权质量和促进专利实施的新要求。知识产权费用标准过低不仅会造成审查质量下降问题，也会同时造成审查周期延长等问题。

（4）知识产权资助政策。国家没有发布统一的知识产权资助政策，资助政策主要是各地制定的政策，例如《北京市专利申请资助金管理暂行办法》（京财文〔2006〕3101 号）提出了对专利申请资助的政策。

资助金资助范围包括：①向国内申请的发明专利、实用新型专利和外观设计专利的申请费、实质审查费、附加费；②资助金主管部门认为有必要资助的其他专利费用；③通过PCT 途径或其他途径向外国申请发明专利的部分申请费用。④凡已在政府项目资金中列支专利申请等专利事务经费的，不得重复申报本专利申请资助金。

专利试点单位，每项发明专利申请最高资助标准为申请费 950 元，实质审查费 2500元。发明专利申请的说明书附加费和权利要求附加费，按实际支出金额资助。实用新型和外观设计为 500 元。专利示范单位，发明专利最高资助标准为 5000 元。其中申请费 950元，实质审查费 2500 元。其余部分用于对年费、登记费、维持费、印花税等费用的资助。附加费（说明书附加费和权利要求书附加费）按实际支出资助。实用新型和外观设计为500 元。其他单位和个人，发明申请费最高 950 元，实质审查费 1200 元。附加费按实际支出金额的半数资助。实用新型和外观设计为 150 元人民币。④单位申请人当年发明专利申请量达到 100 件以上（含 100 件）的，从第 101 件申请起，对当年申请的发明专利每项再资助 1000 元人民币；对当年授权的发明专利每项再资助 1500 元人民币。

通过 PCT 途径的，国际阶段资助 1 万元/项，国家阶段 1 万元人民币/国/项。通过其他途径向的，资助 2 万元人民币/国/项。一项专利申请向最多资助向五个国家申请的部分费用。每个单位每年最多获得资助 50 万元人民币。向外国申请专利 10 项以上（含 10项），对其年度内获得授权的发明专利，每项再资助 1 万元人民币。

2013 年，为深入实施创新驱动发展战略，落实国家知识产权局《关于专利资助工作的指导意见》精神，促进北京市知识产权创造运用能力建设，北京市知识产权局启动了《专利资助金的修改》工作，重点转向授权专利、重要专利和能力建设资助。

上海 2012 年新修订的《上海市专利资助办法》将专利资助分为一般资助和专项资助。一般资助是指对资助申请人向中国国家知识产权局，向中国香港、澳门、台湾地区以及国外有关专利审查机构申请专利的相关费用的资助。

对于国内发明专利申请的申请费（包括申请费、申请附加费、公布印刷费和优先权要求费），在专利申请受理后按实际缴纳金额的 80% 资助；实质审查费、授权费（包括专利登记费、公告印刷费和授权当年年费），在授权后按实际缴纳的金额资助；授权后第二年、第三年的年费，按实际缴纳金额的 80% 资助；专利代理费，在授权后按每项不超过人民币 2000 元资助。国内实用新型或外观设计专利申请，申请费（包括申请费、申请附加费、公布印刷费和优先权要求费）和授权费（包括专利登记费、公告印刷费和授权当年年费）在授权后，实用新型按实际缴纳金额的 50% 资助，外观设计按实际缴纳金额的 60% 资助。港澳台地区专利申请，每项专利资助金额不超过人民币 5000 元。对于国外专利申请，每项发明专利资助不超过 5 个国家，每个国家资助金额不超过人民币 3 万元；每项外观设计专利资助不超过 3 个国家，每个国家资助金额不超过人民币 3000 元。

专项资助应当用于以下工作：专利管理标准化建设、专利战略制定与实施、专利数据库、预警平台建设、专利托管、质押、转让和许可、专利人才培训、专利维权等。专利工作试点企事业单位在两年试点期限内每家资助金额不超过人民币 40 万元。专利工作示范企事业单位在两年示范期限内每家资助金额不超过人民币 60 万元。根据被认定的专利工作试点企事业单位或示范企事业单位提交的专利工作计划和资金预算，市知识产权局在 2 个月内作出审核决定，审核通过的由市财政局预拨不超过资助总额 70% 的资金。

为了规范政府资助知识产权工作，指导地方实施导向正确、程序严谨、监督有力的专利资助政策，国家知识产权局 2008 年 1 月 21 日发布了《关于专利资助工作的指导意见》（国知发管字 [2008] 11 号），提出专利资助工作的目标是促进专利质量的提升和促进自主创新成果的知识产权化，申请资助的原则是因地制宜、部分资助、突出重点、避免重复、衔接配套。各项资助的比例一般不超过 70%，实施、向国外申请、重点项目、获得专利金奖、国家或地方知识产权示范企业、中小企业专利申请资助比例可提高到 85%，获得授权发明专利能提供检索报告证明的可提高到 95%。应将资助重点从申请专项保护、实施和信息利用上来。一项专利只能获得一级知识产权局的资助。要避免非正常专利申请获得资助。各级知识产权局应对单位或个人每年申请数量和额度进行适当限制。

2013 年国家知识产权局发布了《关于进一步提升专利申请质量的指导意见》，该指导意见提出了提升专利申请质量的政策导向和建立有利于提升专利申请质量的监管机制，要求优化区域专利评价工作导向，完善专利一般资助政策，推行专利专项资助政策，突出专利奖励政策的质量导向，强化对非正常专利申请的查处、严肃处理套取专利资助和奖励资金行为、进一步规范专利代理行为，各地要完善地方专利申请资助政策并将结果上报国家知识产权局。

根据上述要求，科研机构和地方政府在修改完善专利资助资金政策时，应当坚持"诚信申报、质量优先、加强引导、促进运用"的原则，重点完善以下几个方面的内容。

一是优化资助标准。重点对专利试点、示范单位的发明专利进行资助，资助金额原则上不得超过实际支出金额；实用新型和外观设计专利获得资助的必须是授权后而且要提供独立的专利权评价报告，资助金额原则上不得超过实际支出金额。重点资助维持时间较长的发明专利，资助金额不宜超过每年实际缴纳年费的一半。一项专利申请向多个国家提出时，资助国家的数量不宜过多，主要资助向有关专利审查机构缴纳的官方规定费用和向国内代理机构支付的服务费用。还应规定，单位申请人和个人申请人年度最高资助的金额，如不超过100万元和10万元人民币。

二是重点资助企事业单位提升专利创造和运用能力。对制定中长期专利战略或规划的单位，战略规划通过专家评审的；对开展科研项目立项和验收专利检索分析，提供完整检索分析报告，并通过专家评审的；对实施国家知识产权管理标准的单位，经专家评审达到标准要求的；对开展入股、转让、许可、质押的专利，获得实际收益的；对采取有效措施积极开展专利维权并通过维权获得收益或有效保护本单位专利权的单位，可以根据实际情况给予一定的资助。

三是支持企事业单位创造和运用对产业创新发展具有关键核心作用的专利。对于进入国际标准、国家标准或行业标准，并加入专利池或专利组合的必要专利，经专家评审，可给予一定的资助。对于加入自主必要专利并提交标准发布机构的技术标准，可给予每项技术标准一定的资助。

四是支持专利服务机构高服务质量，提高服务能力。可每年选择一批服务质量高的专利代理机构、管理咨询机构等，给予服务能力建设资助。

五是支持知识产权复合型管理人才团队建设。要鼓励和支持企事业单位建立内部技术转移办公室管理专利等知识产权，配备包括专利、许可、合同、投资等专门管理人才团队，对于符合条件并经过评审的单位，可以连续给予专利管理能力建设资助。

六是支持技术转移中介机构转型和专利运营公司的发展。对于结合产业重大技术标准或者关键核心技术，通过召集必要专利构建专利池或专利组合，或者通过其他国际通行的方式集中管理和运营专利的单位，可以连续给予商业模式创新资助。

（5）知识产权费用减缓政策。国家知识产权局2006年颁布的《专利费用减缓办法》规定了以下内容：①申请减缓条件。申请人或者专利权人缴纳有关专利费用确有困难的。应当提交费用减缓请求书，必要时还应附具有关证明文件。费用减缓请求书应当由全体申请人或专利权人签字或者盖章。请求减缓费用，个人需在费用减缓请求书中如实填写本人的年收入情况，单位需填写经济困难情况，个人必要时应提供市级以上人民政府管理专利工作的部门出具的关于其经济困难情况的证明，单位的需要附具经济困难情况证明。②减缓范围：申请费（其中公布印刷费、申请附加费不予减缓）；发明专利申请审查费；年费（自授予专利权当年起三年内的年费）；发明专利申请维持费；复审费。③减缓政策。申请人或者专利权人为个人的，可以请求减缓缴纳85%的申请费、发明专利申请审查费和年费及80%的发明专利申请维持费和复审费。申请人或者专利权人为单位的，可以请求减缓缴纳70%的申请费、发明专利申请审查费和年费及60%的发明专利申请维持费和复审费。两个或者两个以上的个人或者个人与单位共同申请专利的，可以请求减缓缴纳70%的申请费、发明专利申请审查费和年费及60%的发明专利申请维持费和复审费。两个或者两个以上的单位共同申请专利的，不予减缓专利费用。④补交减缓费用。申请人或者专利权人应当在其发明创造取得经济收益后，补缴所减缓的各项专利费用。

我国专利费用减缓政策在减轻申请人负担激励申请人积极申请专利上发挥了积极作用，但随着我国专利申请数量的快速增长，费用减缓政策在一定程度上激励了低质量的专利申请，因此有必要审视专利费用减缓政策的正面和负面作用，要优化减缓政策，要严格经济困难证明的审查。另外，专利费用减缓政策必须有利于促进专利实施，但我国的专利费用减缓政策不利于专利的实施，专利实施后还要补交减缓的费用，没有实施的不用补交，而德国正好相反，凡是实施或者签订了实施许可合同的专利才可以减缓。

3. 知识产权权利范围拓展

知识产权政策还涉及知识产权国外权利获取，及知识产权权利范围拓展。国际申请和保护国家越多，产生或创造的知识产权权利就越多。知识产权保护范围拓展反映了国内外知识产权的布局和情况，平均每项专利申请获得专利权的国家数量越多，表明知识产权的覆盖的范围就越大，获取的垄断势力和可能的收益就越大（宋河发，2013）。为支持国内申请人积极向国外申请专利，保护自主创新成果，中央财政从2009年起设立资助向国外申请专利专项资金，并制定了《资助向国外申请专利专项资金管理暂行办法》（财建〔2009〕567号）。2012年又对该办法做了修改。该办法所称"国内申请人"限于符合国家法律法规规定的国内中小企业、事业单位及科研机构。

专项资金主要用于资助国内申请人向国外申请专利时向有关专利审查机构缴纳的在申请阶段和授予专利权当年起三年内的官方规定费用、向专利检索机构支付的检索费用，以及向代理机构支付的服务费等。专项资金重点支持符合国家知识产权战略需求导向，有助于提升自主创新能力，支撑我国高技术产业与新兴产业发展的技术领域。专项资金重点资助保护类型与我国发明专利相同的向国外申请专利项目；向国外申请专利项目应是委托国内代理机构办理的向国外专利申请，并有助于国内申请人构建专利池、获取核心专利技术、参与国际技术标准制定等。专项资金实行事后资助；向国外申请专利项目在外国国家（地区）完成国家公布阶段和正式获得授权后分两次给予资助。每件专利项目最多支持向5个国家（地区）申请，两个阶段的资助总额为每个国家（地区）不超过10万元。向国外申请专利项目已经完成国家（地区）公布的，应当具有新颖性、创造性和实用性等条件；已经正式获得授权的，应当具有相对稳定的法律状态。

我国对国外专利申请进行资助极大地促进了我国知识产权的国际保护，也较好地保护了我国的国际贸易。我国不但不应取消国外专利申请资助政策，还应当加大资助的范围，优化资助的结构，加大资助的力度。为了提升专利质量，各地在优化专利资助金政策时候，如果取消该政策，我国企事业单位拓展知识产权权利范围的动力和能力将会大大下降，对我国企业走出去战略和国际贸易可能会带来很大的不利影响。

15.5.2 知识产权运用政策

知识产权运用的目标主要是利用知识产权制度强化创新管理和提高竞争力和将知识产权转化为生产力。知识产权运用政策包括知识产权强化创新能力与竞争力政策，和知识产权商业化政策。前者主要是将专利与技术标准结合的政策，后者又包括知识产权转移扩散政策、知识产权创业政策和知识产权产业化政策三个主要方面政策。当前，除《科技进步法》《专利法》等法律法规有明确规定外，我国促进知识产权扩散的政策主要有技术市场政策、产权交易所政策、技术转移中心政策、工程（技术）研究中心政策等。促进知识产权创业的政策主要有知识产权评估政策知识产权质押贷款政策、科技型中小企业创新基金和创业引导基金、科技成果转化引导基金政策。促进产业化的政策主要有科技成果产业化及火炬计划政策、高技术产业化项目与基地政策、专利产业化项目与基地政策、产业结构优化升级项目政策、技术标准创新基地政策以及投融资政策等。

构建结合技术标准的专利池或专利组合是有效运用知识产权制度提升产业自主创新能力和竞争力的有效途径，专利池是专利许可实施的重要途径，专利与技术标准结合是专利对产生产业影响力以至控制力的重要手段。我国的技术标准政策主要是国家技术标准战略中提出的政策，而专利池政策主要是一些重大技术标准和标准化组织的专利池许可的政策。专利池构建涉及的主要法律是《反不正当竞争法》和《合同法》，政策主要是科技部《关于推动产业技术创新战略联盟构建的指导意见》和《关于推动产业技术创新战略联盟构建与发展的实施办法》等，但这些政策规定还不深入。

知识产权商业化运用的政策工具主要是财政投入、税收优惠、投融资政策和政府采购。从激励知识产权运用来看，目前主要的财政投入政策是知识产权商业化和产业化的无偿资助政策。主要的税收优惠是企业所得税、增值税和营业税优惠政策。主要的金融政策是促进知识产权商业化运用的种子资金、风险投资、引导基金、银行贷款以及保险政策。主要的政府采购政策是政府对自主创新产品和服务的采购政策。

知识产权商业化运用的基础是必须拥有一批有效的知识产权。有效的知识产权是最重要和最有价值的部分，有效知识产权还是知识产权运用的前提。目前，影响专利有效性和维持率的主要因素是专利的质量和组合问题，但政策也会产生重要影响，如考核政策和专利收费政策、专利费用减缓政策、专利申请资助政策等。

1. 知识产权评估政策

资产评估政策主要有国务院 1991 年 11 月 16 日颁布的《国有资产评估管理办法》；原国家国有资产管理局 1992 年 07 月 18 日发布的《国有资产评估管理办法施行细则》；国务院国有资产监督管理委员会 2005 年 8 月 25 日发布的《企业国有资产评估管理暂行办法》；财政部 2001 年 12 月 31 日发布的《国有资产评估管理若干问题的规定》，财政部等 2010 年 8 月 12 日发布的《关于加强知识产权质押融资与评估管理支持中小企业发展的通知》，原国家国有资产管理局和中国专利局 1996 年 10 月 18 日发布的《关于加强专利资产评估管理工作若干问题的通知》，原国家国有资产管理局和中国专利局 1997 年 4 月 20 日发布的《专利资产评估管理暂行办法》，财政部和国家知识产权局 2006 年 4 月 19 日发布的《关于加强知识产权资产评估管理工作若干问题的通知》，中评协 2008 年年 11 月 28 日发布的《资产评估准则－无形资产》和《专利资产评估指导意见》，中评协 2010 年 12 月 18 日发布的《著作权资产评估指导意见》和 2011 年 12 月 30 日发布的《商标资产评估指导意见》。

主要的知识产权资产评估政策是《专利资产评估管理暂行办法》。根据原国家国有资产管理局、中国专利局《关于加强专利资产评估管理工作若干问题的通知》的精神，原中国专利局 1997 年 4 月 20 日发布了《专利资产评估管理暂行办法》。该办法规定，从事专利资产评估业务的评估机构应当将评估结果报送中国专利局备案。从事专利资产评估业务的评估机构报送评估结果备案的，应当提交：（1）专利资产评估结果备案报告；（2）加盖评估机构公章的专利资产评估合同复印件；（3）专利资产确权通知书复印件；（4）有直接从事该项评估工作的符合《通知》第五条规定并取得专利资产评估人员考核合格证书的评估人员签署的专利资产评估结果报告书；（5）国有资产管理行政主管部门下达的评估结果确认通知书复印件。

国家知识产权局 2009 年发布的《专利资产评估指导意见》提出，注册资产评估师执行专利资产评估业务，应当收集有关资料，展开调查：（1）专利资产的权利人及实施企业基本情况；（2）专利证书、最近一期的专利缴费凭证；（3）专利权利要求书、专利说明书及其附图；（4）专利技术的研发过程、技术实验报告，专利资产所属技术领域的发展状况、技术水平、技术成熟度、同类技术竞争状况、技术更新速度等有关信息、资料；如果技术效果需检测，还应当收集相关产品检测报告；（5）与分析专利产品的适用范围、市场需求、市场前景及市场寿命、相关行业政策发展状况、宏观经济、同类产品的竞争状况、专利产品的获利能力等相关的信息、资料；（6）以往的评估和交易情况，包括专利权转让合同、实施许可合同及其他交易情况。

意见要求委托方明确专利资产的基本状况、法律状态、专利使用权具体形式、财务数据；分析专利技术对专利资产价值的影响：专利权利要求书、专利说明书及其附图的内容；专利权利要求书所记载的专利技术产品与其实施企业所生产产品的对应性。分析的因素包括（1）专利法律因素：权利属性及权利限制、专利类别、专利的法律状态、专利剩余法定保护期限、专利的保护范围；（2）专利技术因素：替代性、先进性、创新性、成熟度、实用性、防御性、垄断性等；（3）专利经济因素：专利资产的取得成本、获利能力、许可费、类似资产的交易价格等。

2. 知识产权质押融资政策

知识产权质押贷款政策主要有国务院 2009 年 9 月 19 日颁布的《关于进一步促进中小企业发展的若干意见》；财政部等部门 2010 年 8 月 12 日发布的《关于加强知识产权质押融资与评估管理支持中小企业发展的通知》；国家知识产权局 2010 年 8 月 26 日发布的《专利权质押登记办法》。

国家知识产权局 2010 年发布的《专利权质押登记办法（草案）》规定，国家知识产权局负责专利权质押登记和撤销工作。申请专利权质押登记的，出质人和质权人共同向国家知识产权局提交质押登记申请。专利权质押登记申请经审查合格的，国家知识产权局在专利登记簿上予以登记，并向当事人颁发《专利权质押登记通知书》。质权自国家知识产权局登记时设立。专利权经过资产评估的，申请人还应当提交资产评估报告。专利权质押期间，未经质权人同意，出质人不得转让或者许可他人实施出质的专利权。经质权人同意出质人转让或者许可他人实施出质的专利权的，出质人所得的转让费、许可费应当向质权人提前清偿债务或者提存。

因为债务人按期履行债务或者出质人提前清偿所担保的债务，质权已经实现，质权人放弃质权，或者因主合同无效、被撤销致使质押合同无效、被撤销，当事人应当向国家知识产权局办理质押登记注销手续，国家知识产权局向当事人发出《专利权质押登记注销通知书》。专利权质押登记的效力自通知书发出之日起终止。

3. 税收优惠政策

（1）增值税政策。

知识产权运用涉及的增值税重要政策主要有《中华人民共和国增值税暂行条例》（国务院令第 538 号，2008 年修改）；《中华人民共和国增值税暂行条例实施细则》（财政部、国家税务总局令第 65 号，2008、2011 年修改）；《关于印发〈营业税改征增值税试点方案〉的通知》（财税 [2011] 110 号，财政部，国家税务总局 2011 年 11 月 16 日）；《交通运输业和部分现代服务业营业税改征增值税试点实施办法》（财税 [2011] 111 号）。

修改后的《中华人民共和国增值税暂行条例》规定，在中华人民共和国境内销售货物或者提供加工、修理修配劳务以及进口货物的单位和个人，为增值税的纳税人，应当依照本条例缴纳增值税。纳税人销售或者进口货物，增值税税率为 17%。粮食、食用植物油、自来水、暖气、冷气、热水、煤气、石油液化气、天然气、沼气、居民用煤炭制品，图书、报纸、杂志，饲料、化肥、农药、农机、农膜国务院规定的其他货物税率为 13%；纳税人出口货物，税率为零；但是，国务院另有规定的除外；纳税人提供加工、修理修配劳务税率为 17%。农业生产者销售的自产农产品，避孕药品和用具，古旧图书，直接用于科学研究，科学试验和教学的进口仪器、设备，外国政府、国际组织无偿援助的进口物资和设备，由残疾人的组织直接进口供残疾人专用的物品，销售的自己使用过的物品的项目免征增值税。纳税人销售货物或者提供应税劳务应纳税额为当期销项税额抵扣当期进项税额后的余额。销项税额计算公式为销项税额＝销售额×税率。小规模纳税人销售货物或者应税劳务，实行按照销售额和征收率计算应纳税额的简易办法，并不得抵扣进项税额。应纳税额计算公式为应纳税额＝销售额×征收率，小规模纳税人增值税征收率为 3%。

《营业税改征增值税试点方案》提出试点的主要税制安排包括：在现行增值税 17% 标准税率和 13% 低税率基础上，新增 11% 和 6% 两档低税率。租赁有形动产等适用 17% 税率，交通运输业、建筑业等适用 11% 税率，其他部分现代服务业适用 6% 税率。交通运输业、建筑业、邮电通信业、现代服务业、文化体育业、销售不动产和转让无形资产，原则上适用增值税一般计税方法。金融保险业和生活性服务业，原则上适用增值税简易计税方法。纳税人计税依据原则上为发生应税交易取得的全部收入；对一些存在大量代收转付或代垫资金的行业，其代收代垫金额可予以合理扣除。服务贸易进口在国内环节征收增值税，出口实行零税率或免税制度。

《交通运输业和部分现代服务业营业税改征增值税试点实施办法》规定，应税服务包括研发和技术服务、信息技术服务、文化创意服务、鉴证咨询服务。提供现代服务业服务（有形动产租赁服务除外），税率为 6%。用于适用简易计税方法计税项目、非增值税应税项目、免征增值税项目、集体福利或者个人消费的购进货物、接受加工修理修配劳务或者应税服务；其中涉及的固定资产、专利技术、非专利技术、商誉、商标、著作权、有形动产租赁，仅指专用于上述项目的固定资产、专利技术、非专利技术、商誉、商标、著作权、有形动产租赁项目的进项税额不得从销项税额中抵扣。

（2）所得税政策。

知识产权运用涉及的所得税政策主要有《中长期科技规划纲要》配套政策与实施细则、《中华人民共和国企业所得税法》和《中华人民共和国企业所得税法实施条例》

（2007 年 3 月 16 日颁布，2008 年 1 月 1 日施行）。《中长期科技规划纲要》配套政策的实施细则主要有《关于企业所得税若干优惠政策的通知》《国家税务总局关于技术转让所得减免企业所得税有关问题的通知》（国税函［2009］212 号，2009 年 4 月 24 日印发）、《关于企业技术创新有关企业所得税优惠政策的通知》《关于促进创业投资企业发展有关税收政策的通知》；《关于调整企业所得税工资支出税前扣除政策的通知》《关于纳税人向科技型中小企业技术创新基金捐赠有关所得税政策问题的通知》。这些政策后来写入《中华人民共和国企业所得税法》和《中华人民共和国企业所得税法实施条例》中。

《中华人民共和国企业所得税法》规定，企业所得税的税率为 25%。非居民企业适用税率为 20%。企业以货币形式和非货币形式从各种来源取得的收入，包括销售货物收入、提供劳务收入、转让财产收入、股息红利等权益性投资收益、利息收入、租金收入、特许权使用费收入、接受捐赠收入等；财政拨款；依法收取并纳入财政管理的行政事业性收费、政府性基金等为不征税收入。在计算应纳税所得额时，企业按照规定计算的无形资产摊销费用，准予扣除，但自行开发的支出已在计算应纳税所得额时扣除的无形资产，自创商誉等不得计算摊销费用扣除。符合条件的小型微利企业减按 20% 的税率征收企业所得税。国家需要重点扶持的高新技术企业减按 15% 的税率征收企业所得税。企业的开发新技术、新产品、新工艺发生的研究开发费用等支出可以在计算应纳税所得额时加计扣除。企业的固定资产由于技术进步等原因确需加速折旧的，可以缩短折旧年限或者采取加速折旧的方法。

《中华人民共和国企业所得税法实施条例》规定，无形资产是指企业为生产产品、提供劳务、出租或者经营管理而持有的、没有实物形态的非货币性长期资产，包括专利权、商标权、著作权、土地使用权、非专利技术、商誉等。无形资产按照以下方法确定计税基础：外购的无形资产，以购买价款和支付的相关税费以及直接归属于使该资产达到预定用途发生的其他支出为计税基础；自行开发的无形资产，以开发过程中该资产符合资本化条件后至达到预定用途前发生的支出为计税基础，通过捐赠、投资、非货币性资产交换、债务重组等方式取得的无形资产，以该资产的公允价值和支付的相关税费为计税基础。企业所得税法所称研究开发费用的加计扣除，是指企业为开发新技术、新产品、新工艺发生的研究开发费用，未形成无形资产计入当期损益的，在按照规定据实扣除的基础上，按照研究开发费用的 50% 加计扣除；形成无形资产的，按照无形资产成本的 150% 摊销。无形资产按照直线法计算的摊销费用，准予扣除，无形资产的摊销年限不得低于 10 年。

企业所得税法所称符合条件的技术转让所得免征、减征企业所得税，是指一个纳税年度内，居民企业技术转让所得不超过 500 万元的部分，免征企业所得税；超过 500 万元的部分，减半征收企业所得税。

应纳税所得额是指创业投资企业采取股权投资方式投资于未上市的中小高新技术企业 2 年以上的，可以按照其投资额的 70% 在股权持有满 2 年的当年抵扣该创业投资企业的应纳税所得额；当年不足抵扣的，可以在以后纳税年度结转抵扣。

除国务院财政、税务主管部门另有规定外，企业发生的职工教育经费支出，不超过工资薪金总额 2.5% 的部分，准予扣除；超过部分，准予在以后纳税年度结转扣除。

固定资产计算折旧的最低年限：房屋、建筑物为 20 年；飞机、火车、轮船、机器、机械和其他生产设备为 10 年；与生产经营活动有关的器具、工具、家具等为 5 年；飞机、火车、轮船以外的运输工具为 4 年；电子设备，为 3 年。可以采取缩短折旧年限或者采取加速折旧的方法的固定资产，包括由于技术进步，产品更新换代较快的固定资产；采取缩短折旧年限方法的，最低折旧年限不得低于规定折旧年限的 60%；采取加速折旧方法的，可以采取双倍余额递减法或者年数总和法。

（3）其他税收政策。

除上述政策外，营业税和房产、土地税收优惠政策涉及的实施细则有《关于国家大学科技园有关税收政策问题的通知》《关于科技企业孵化器有关税收政策问题的通知》。政策规定，对符合条件的科技企业孵化器、国家大学科技园自认定之日起，一定期限内免征营业税、所得税、房产税和城镇土地使用税。但这两项政策在 2012 年后没有再延续。

进口关税和增值税优惠政策涉及的有《科技开发用品免征进口税收暂行规定》《科学研究和教学用品免征进口税收规定》和《关于落实国务院加快振兴装备制造业的若干意见有关进口税收政策的通知》。政策提出，对符合国家规定条件的企业技术中心、国家工程（技术研究）中心等，进口规定范围内的科学研究和技术开发用品，免征进口关税和进口环节增值税；对承担国家重大科技专项、国家科技计划重点项目、国家重大技术装备研究开发项目和重大引进技术消化吸收再创新项目的企业进口国内不能生产的关键设备、原材料及零部件免征进口关税和进口环节增值税。

（4）政府采购政策。

《中长期科技规划纲要》配套政策对政府采购涉及的全部基本环节进行了明确规定，包括自主创新产品认定、政府采购评审办法、采购合同管理、政府首购和订购、本国货物认定与外国产品审核，以及国防采购自主创新产品等。为落实上述配套政策，国家财政部、科技部、发改委等有关部门制定和发布了《自主创新产品政府采购预算管理办法》《自主创新产品政府采购合同管理办法》《自主创新产品政府采购评审办法》《关于实施促进自主创新政府采购政策的若干意见》《政府采购进口产品管理办法》《关于开展 2010 年度自主自主创新产品任定工作的通知（征求意见稿）》，国务院办公厅还颁发了《关于进一步加强政府采购管理工作的意见》，实施细则数量达到 6 个。

在自主创新产品认定制度方面，2006 年科技部、发改委和财政部三部门联合出台《国家自主创新产品的认定管理办法（试行）》，2008 年三部门在国家科技计划项目成果形成的产品、高新技术企业、创新型企业中组织开展了自主创新产品认定试点工作。在试点工作基础上，三部门于 2009 年 10 月联合发布了《关于开展 2009 年国家自主创新产品认定工作的通知》，正式启动国家自主创新产品认定工作。在综合考虑中外各方意见的基础上，三部门于 2010 年 4 月 9 日发布了《关于开展 2010 年国家自主创新产品认定工作的通知（征求意见稿）》，对引起外方争议的部分条款进行了修改，并广泛征询和吸纳各方意见。

在政府首购和订购制度方面，2007 年财政部制定出台《自主创新产品政府首购和订购管理办法》，对"首购"和"订购"的含义作出了界定，明确了首购订购需满足的条件，同时提出了首购订购的监督检查要求。有关部门还制定出台了鼓励使用国产首台（套）装备的政策文件——《首台（套）重大技术装备试验、示范项目管理办法》（发改工业〔2008〕224 号），对经认定的首台（套）重大技术装备试验、示范项目给予优先安排用地审查、优先安排环保评估、优先纳入科技支撑计划、对用户给予装备价格一定比例的风险补助等政策支持。

在国货认定制度和购买进口产品制度方面，2007 年财政部出台了《政府采购进口产品管理办法》，2008 年财政部发布了《关于政府采购进口产品管理有关问题的通知》。两个文件的出台，明确了在关境和海关监管区域产品的认定和已流通产品的认定管理。

在政府采购制度方面，2007 年财政部出台了《自主创新产品政府采购预算管理办法》《自主创新产品政府采购评审办法》和《自主创新产品政府采购合同管理办法》3 个文件。2010 年 10 月，财政部发布《政府采购代理机构资格认定办法》（财政部第 61 号），规范政府采购代理机构资格认定工作，加强政府采购代理机构资格管理。

在上述政策发布后，美国联邦贸易委员会即于 2009 年发布了《中国知识产权侵权、自主创新政策及其对美国经济的影响》报告，依据美国驻华使馆对在华 5000 多家企业的调查，对中国的自主创新政策提出了批评。美中贸易委员会在 2010 年 5 月还公开发布了对我国《关于开展 2010 年度自主自主创新产品认定工作的通知（征求意见稿）》的修改建议，重点对"自主知识产权"要求、"进口替代""价格优惠"等提出了不同意见。在发达国家的压力下，科技部和财政部 2011 年 6 月宣布停止执行《国家自主创新产品的认定管理办法（试行）》和上述三个文件，并要求各省市对自主创新产品认定政策进行了全面清理，我国自主创新产品政府采购政策处于停止状态。

（5）创新联盟政策。

产业技术创新战略联盟（简称创新联盟）是指由企业、大学、科研机构或其他组织机构，以企业的发展需求和各方的共同利益为基础，以提升产业技术创新能力为目标，以具有法律约束力的契约为保障，形成的联合开发、优势互补、利益共享、风险共担的技术创新合作组织。创新联盟的核心是技术联盟，关键是专利联盟。科技部 2008 年发布了《关于推动产业技术创新战略联盟构建的指导意见》，2009 年发布了《关于推动产业技术创新战略联盟构建与发展的实施办法》。办法提出，选择一批产业技术创新战略联盟开展试点工作，积极探索联盟运行及产学研合作的新机制和新模式。在国家科技计划积极探索无偿资助、贷款贴息、后补助等方式支持联盟的发展。经科技部审核并开展试点的联盟，可作为项目组织单位参与国家科技计划项目的组织实施。支持组建国家重点实验室。创业投资机构对联盟企业的投资符合条件的可在科技型中小企业创业投资引导基金中优先支持。联盟承担国家科技计划项目形成的知识产权，由承担单位依法取得。申报国家科技计划项目，应依据联盟协议在项目申请书和任务书中约定成果和知识产权的权利归属、许可实施以及利益分配，以及联盟解散或成员退出的知识产权处理方案。对于知识产权约定不明确的项目不予立项。违反成果和知识产权权益分配约定的项目参与单位，5 年内不得参与国家科技计划组织实施。联盟对承担国家科技计划项目形成的知识产权，有向国内其他单位有偿或无偿许可实施的义务。

当前，制约我国知识产权运用的根本问题在于知识产权的体制机制。一是知识产权多部门管理，将知识产权创造运用割裂，创造不能面向运用。二是组织机构建设，我国仍然大力支持中介机构的发展，而国际经验和事实证明，简单的中介模式是不可能成功的。三是知识产权法律法规之间交叉重复，法律规定之间有很多矛盾，而关于促进知识产权运用的规定却不多，力度不大。四是政策支持重点偏离，我国目前的知识产权运用政策缺乏对知识产权创业阶段的支持，缺乏对知识产权组合尤其是专利池的支持，知识产权与产业发展尤其是技术标准不能结合，知识产权不可能运用好。

15.5.3　知识产权保护政策

知识产权保护是国家司法机关和行政机关根据法律规定对知识产权权利人的合法权利进行的保护，主要包括知识产权司法保护和行政执法保护两个方面。知识产权保护政策主要分三类。

（1）知识产权保护的法律主要有专利法及其实施细则、商标法及其实施条例、著作权法及其实施细则、《反不正当竞争法》和《科技进步法》《专利代理条例》《知识产权海关保护条例》《植物新品种保护条例》《集成电路布图设计保护条例》等。

（2）知识产权司法解释和行政保护规章。最高人民法院知识产权保护司法解释主要包括专利、商标和著作权三类，专利司法保护政策涉及申请权纠纷，案件管辖与法律适用，诉前禁令与财产保全、证据保全等；商标司法保护政策涉及案件管辖与法律适用，诉前禁令和财产保全、证据保全，损害赔偿计算等；著作权司法保护政策涉及著作权集体管理、网络著作权纠纷等。

最高人民法院 2007 年发布的《最高人民法院关于审理侵犯知识产权纠纷案件应用法律若干问题的解释》还就办理侵犯知识产权刑事案件具体应用法律问题进行了解释。最高人民法院 2009 年 3 月 30 日还发布了《关于贯彻实施国家知识产权战略若干问题的意见》，2009 年 4 月 21 日发布了《关于当前经济形势下知识产权审判服务大局若干问题的意见》，2009 年 12 月 21 日公布了《关于审理侵犯专利权纠纷案件应用法律若干问题的解释》，2010 年 6 月 29 日发布了《关于为加快经济发展方式转变提供司法保障和服务的若干意见》。

2012 年 8 月 14 日，国家工商行政管理总局负责起草的《关于知识产权领域反垄断执法的指南》公布，知识产权领域反垄断主要是反"利用知识产权排除、限制相关市场竞争"，涉及包括滥用市场地位的情形、许可中违背交易人意愿的附加交易条件、搭售行为等，但对欺骗性许可限制规定还不充分。

知识产权行政执法保护政策主要是《专利行政执法办法》《驰名商标认定和保护规定》《商标印制管理办法》《著作权行政处罚实施办法》等。

（3）知识产权保护专项行动。知识产权保护专项行动主要指有关部门发起的知识产权雷电行动、"天网"行动、"反盗版天天行动"、"打击假冒，保护名优"活动、打击利用互联网侵犯知识产权专项行动等政策。

目前我国知识产权保护最大的问题是知识产权保护水平还不能适应自主创新和创新驱动发展战略实施的要求。主要表现在《专利法》等主要知识产权法律坚持的侵权"填平原则"而不是惩罚性赔偿原则。第二是在实际司法审判中，侵权赔偿额度过低，据统计我国专利侵权赔偿平均只有 5 万~20 万元。过低的司法赔偿标准会严重挫伤知识产权创造和运用的积极性。我国知识产权质量不高、知识产权转移转化率低、中介机构找不到盈利的商业模式并出现欺骗行为等均与保护力度较低有关。三是具有中国特色的行政执法力度较小，《专利行政执法办法》缺乏专利行政执法部门对专利侵权假冒行为处罚和罚款的规定，地方在专利行政部门缺乏对侵权赔偿额的判定职能，缺乏查处和制止恶性侵权行为的职能。

15.5.4　知识产权管理政策

除了知识产权创造、运用和保护政策外，知识产权管理政策主要包括国家和地方政府的知识产权行政管理政策和企事业单位自身知识产权管理政策两个方面。

国家级政府部门知识产权管理的职能主要包括知识产权发展规划、知识产权审查、知识产权行政执法、知识产权国际协调保护、知识产权产业化等。因此，除了知识产权审查、产业化和知识产权行政保护政策分属知识产权创造、运用和保护政策外，国家知识产权管理政策主要包括知识产权发展计划管理政策、知识产权中介机构管理的政策、知识产权人才教育培养政策、知识产权国际交流合作政策等。

1. 知识产权发展计划管理政策

知识产权发展计划管理政策主要包括《中长期专利事业发展规划》《关于贯彻落实〈国家知识产权战略纲要〉大力推进商标战略实施的意见》《知识产权事业发展"十二五"规划》以及每年度的《知识产权战略推进计划》和《知识产权保护行动计划》等。知识产权中介机构管理政策主要指知识产权代理、咨询服务机构管理政策。专利代理机构管理政策有《专利代理机构年检办法》《专利代理条例》《专利代理管理办法》《专利代理惩戒规则》和《专利代理人资格考试实施办法》《专利代理人资格考试违纪行为处理办法》等。知识产权人才管理政策有《知识产权人才"十二五"规划》《专利代理人执业培训办法（试行）》等。地方的知识产权管理政策主要是制定落实国家知识产权发展计划管理政策、知识产权中介机构管理政策、知识产权人才教育培养政策、知识产权国际交流合作政策。

2. 国家自主创新能力建设"十二五"规划

该规划部署了科技基础能力、产业创新能力、创新机构核心能力、创新文化环境、社会事业创新能力和区域创新能力建设任务，其中创造应用知识产权部分主要包括以下内容。

一是加强知识产权服务能力建设。构建国家知识产权数据中心为核心，区域和行业知识产权信息服务中心为支撑，知识产权中介服务机构和维权援助机构为补充的知识产权信息服务体系，重点建设国家专利数据中心、重要区域专利信息服务中心和地方专利信息服务中心，强化知识产权信息公共服务能力。加强知识产权专业服务机构、知识产权维权援助机构能力建设，建立正版产品流通示范体系，构建公益服务和商业服务相互支持、协同发展的知识产权中介服务体系。

二是提升有效知识产权创造能力。加强产业政策、区域政策、科技政策、贸易政策与知识产权政策的衔接，强化知识产权对经济社会发展的支撑能力。以提升国内知识产权质量和国际知识产权数量为重点，调整中央和地方激励知识产权创造有关政策。强化国家科技重大专项和国家科技计划知识产权前瞻布局，开展重大科技项目知识产权全过程管理试点，提高知识产权创造水平。推动建立重大经济活动知识产权评议机制，完善知识产权分析预警机制，提高知识产权创造和布局针对性。

三是增强知识产权运用能力。提升知识产权价值创造能力，重点推进战略性新兴产业知识产权创造及产业化。完善科技成果管理制度，推进创新成果的产权化。制定鼓励个人和企业进行知识产权转让和许可的税收优惠政策。规范知识产权资产评估，加快建立质押贷款、风险投资、证券化等多渠道的知识产权融资体系。支持企业主导的、以专利为核心的知识产权联盟。深入开展企事业单位试点示范工作、实施中小企业知识产权战略推进工程、实施知识产权优势企业培育工程，提高企事业单位运用知识产权制度的能力。

3. 国家知识产权事业发展"十二五"规划

该规划把促进知识产权与经济融合作为主攻方向，把服务经济发展方式转变作为出发点和落脚点，把全面推进知识产权保护作为重要基础，把加强知识产权能力建设作为关键环节，把统筹兼顾、共享发展作为基本方法。规划明确了完善知识产权法律制度、健全知识产权政策体系、强化知识产权保护和管理机制、促进知识产权创造和运用、推进知识产权服务业创新发展、深化和拓展对外交流与合作、培育知识产权文化等"十二五"时期知识产权工作的七项重点任务。

该规划提出了十项重大工程包括：知识产权执法保护能力建设；知识产权运营促进；知识产权优势企业培育；知识产权审查及登记能力推进；知识产权信息公共服务；知识产权服务业培育；知识产权惠农；知识产权人才建设；知识产权文化建设；传统知识、遗传资源和民间文艺保护与价值开发促进。

该规划设置"专项工作"一章，突出专利、商标、版权、植物新品种等知识产权工作，以增强规划的可操作性。

4. 专利工作"十二五"规划

该规划把促进专利与经济融合作为主攻方向，把专利运用和保护作为重要突破口，把专利工作各项能力建设作为发展基础，把政府推动、市场调节作为根本方法。提出了健全专利政策体系，完善专利法律制度；优化专利审查体系，提升审查综合能力；夯实信息传播体系，推动专利资源运用；构建专利服务体系，促进专利交易流转；强化执法援助体系，提高专利保护水平；加强行政管理体系，推进体制机制创新；发展培训教育体系，加强人才队伍建设；建设文化宣传体系，培育知识产权文化等八项重点任务。提出了知识产权引领工程、知识产权优势企业培育工程、专利执法能力建设工程、专利市场化促进工程、专利审查综合能力推进工程、专利信息服务推进工程、专利服务业培育工程、知识产权人才建设工程等八大工程。

5. 企事业单位知识产权管理政策

企事业单位知识产权管理政策主要包括知识产权管理制度与战略制定、知识产权组织机构建设与人员配置、科技创新活动的知识产权管理、知识产权自我保护管理等。知识产权管理政策可以是政府出台的指导性管理政策，也可以是企事业单位自己制定的管理政策。加强企事业单位知识产权管理的指导性政策如国家知识产权局制定的《企业专利工作办法》《企业专利工作管理办法》《企业专利管理办法》《企业知识产权管理办法》《企业专利工作交流试行办法》《关于进一步加强企业知识产权工作的若干意见》《关于实施中小企业知识产权战略推进工程的通知》《关于深入实施知识产权战略加强知识产权管理的若干意见》等。

企事业单位知识产权管理政策主要是政府部门指导企事业单位制定知识产权管理制度与战略，建立知识产权组织机构建设和配置人员，推进知识产权管理与科技项目管理紧密结合。这些政策在知识产权管理制度与战略上，主要包括知识产权信息检索、档案管理、教育培训、转移转化、发明人奖励激励等内容；在知识产权组织机构与人员配置管理上，主要包括知识产权披露、申请、评估、转移转化、产业化和管理人员、知识产权实务人员培训等内容。在科技创新项目知识产权管理上，主要包括知识产权检索分析、权利分析、战略布局、专利池与标准分析、价值评估、实施许可等内容；在知识产权自我保护管理上，主要是在人员聘用、合作研究、外出学习、出国交流、权利归属等方面对知识产权侵权的监测、调查和采取保护的措施，以及与知识产权司法和行政执法部门进行合作应对侵权的措施。

近年来，我国出台了很多战略规划和计划，但我国较为重视制定战略规划而较忽视战略规划和计划的落实，我国的战略和规划目标都定的非常远大，但实际落实还存在不少问题，也对国外造成了不必要的恐慌。我国出台的很多企事业单位知识产权管理政策多是倡导性政策，缺乏实质性和可操作性的措施，尤其是缺乏有效的财税政策手段。

15.6 科研机构知识产权政策体系

科研机构知识产权政策体系主要包括知识产权创造政策体系、知识产权运用政策体系、知识产权保护政策体系、知识产权管理政策体系。

15.6.1 知识产权创造政策体系

1. 知识产权研发创造政策

第一，制定科技创新活动知识产权有效组合政策。首先要制定支持科技创新活动知识产权有效组合的政策。一是制定科技创新项目知识产权组合布局政策，推动开展科技创新项目知识产权战略布局分析，指导企事业单位运用多种方法明确知识产权战略布局的方向和重点，引导研发投入的方向和重点，科研经费要支持可授权、可实施和可组合为有竞争力的新产品新服务知识产权的研究开发创造。二是要制定科技创新项目知识产权全过程管理政策，重大科技专项、重要和重大科技创新项目立项、项目验收和实施后三年三个阶段必须提供独立的知识产权分析报告，对科技创新项目是否能立项和结题提出独立评价意见，还要将项目知识产权转化实施情况作为单位未来能否承担新项目的重要依据。三是修改完善自主知识产权认定标准。自主知识产权必须是主要经过自身研究开发活动形成的以专利、软件著作权或技术秘密专有权、植物新品种权等主要类型知识产权为客体的具有数量或价值绝对多数或相对多数的知识产权。外购取得的知识产权并且拥有知识产权所有权或五年以上独占许可权，只有获得绝对或相对主导收益的知识产权产品与服务才能成为自主知识产权产品与服务，才能纳入自主创新产品目录。四是支持面向产业发展前沿和市场需求的以自主知识产权为基础，以企业为主体，以技术标准为纽带的创新联盟发展，创造必要专利等知识产权，构建专利池或专利组合，以价值链整合产业链与创新链，培育和引导知识产权和创新集群发展，推进产学研合作。

第二，要制定科技创新项目立项、验收知识产权高质量创造政策。一是建立知识产权考核指标体系，积极推动适用于各类科技创新项目、产业化项目、企事业单位创新能力评价、人才引进及职称评审等知识产权高质量创造的考核评价指标，如发明专利拥有量、专利授权率、研发投入发明专利产出比、实施率、专利被引用率、发明专利申请占比等。二是国家高技术研究发展计划、国家科技支撑计划等要加大授权量、有效量和知识产权质量的考核。高技术产业化、高技术特色产业、专利产业化、产业结构优化升级等项目等要加大有效知识产权和知识产权实施收益的权重，而且把这些指标作为承担单位今后承担新科技创新计划项目的重要依据。三是高新技术企业认定、创新型企业认定等各类认定项目要增加知识产权与企业主营业务的关系、知识产权实施收益对主营业务的贡献份额等指标。

第三，要制定需求导向的知识产权创造政策。一是面向国家战略需求和产业创新发展需要，以重大科技专项、科技先导专项、高技术发展研究计划等项目为载体，制定《核心专利培育工作指南》，探索引导培育产业核心专利。二是建立适应国家发展需求的知识产权考核政策，改革各类评价评比、考核指标体系中只查知识产权数量的粗放型做法，引进同行评价制度，引导各类评价机构、企事业单位面向单位发展需要建立有效发明专利数、专利许可数、平均许可专利收益等指标体系。

第四，要制定产学研合作知识产权政策。一是各类科技创新计划项目尤其是应用开发类项目必须以企业为牵头单位，高新技术研发项目要规定企业尤其是行业龙头企业的实质性参与。二是制定产学研合作项目知识产权协议合同模板，引导产学研合作各方建立知识产权组合尤其是专利池或专利组合，根据各合作方贡献的背景必要专利和合作期间形成的必要专利确定合作各方的权益份额，由此确定项目经费支持额度和份额交易的主要原则。三是制定产学研合作知识产权信息共享、知识产权交易和反垄断的基本规则和程序，推动产学研合作活动的顺利开展。

第五，要完善科技创新经费管理政策。一是改革我国科技经费管理政策中允许列支知识产权事务费的政策，支持和推动企事业单位建立知识产权集中管理机构，课题组不能自行全部在课题经费中列支专利申请和代理费、年费等知识产权事务费。单位知识产权管理部门和课题组应各负担一部分此类知识产权事务费，只有单位管理部门不愿支付费用的才允许课题组自行申请专利，但不允许自行全部列支此类知识产权事务费。二是优化知识产权事务费科目，除专利申请和代理、年费不允许列支外，允许课题列支知识产权分析、知识产权咨询服务等费用。

第六，要强化税收政策对知识产权创造的激励。一是要扩大目前技术开发费加计扣除政策的范围。应允许各类科技创新项目发生的知识产权费用在税前列入成本，允许将形成的各种知识产权有关费用无论是否形成无形资产一次性列入管理费的当期费用，并实行150%所得税税前加计扣除，降低企业知识产权创造的负担，促进知识产权与研究开发的结合。当然也可以允许企业尤其是上市企业和国有企业为绩效考核选择分年摊销。二是研究推动专利产品等自主知识产权优势企业所得税优惠政策，推动通过自主创新形成自主知识产权优势的企业享受高新技术企业所得税15%税率优惠政策，引导建立我国知识产权产品统计制度，促进我国知识产权产业快速发展。

第七，要完善人员的激励政策。一是发布全国通用的各类科技创新项目预算科目管理指导意见。借鉴国际通行规则和我国实际，发布各类科技创新项目预算科目的名称、内容、比例等指导性意见，如直接费用包括设备、材料、劳务、差旅、会议、专家咨询等费用，间接费用包括单位管理、税收、科研人员绩效、审计管理费等，改变我国目前各单位经费科目混乱的状况。二是完善科技创新经费管理政策。允许全部科技创新项目列支人员绩效费，并提高劳务费标准上限，应用类和开发类科研项目人员劳务费不超过30%，基础类、软科学类科研项目人员劳务费不超过50%。三是发布科技创新项目各类人员费年度指导意见。根据科技创新发展需要和通货膨胀因素，每年发布一次专家咨询费、科研人员绩效和没有正式工作人员劳务费的标准。目前重要的是要大幅度提高不能与时俱进的专家咨询费标准，理顺无标准的科研人员绩效和没有正式工作人员劳务费的标准。四是改革经费管理方式。要坚决废除经费管理中的监管思想和不信任思维，鼓励承担单位节约科技创新经费，对结余经费实行奖励制度，提高科技创新经费使用效率。科技创新经费管理要把政府资金购买合格的研发服务作为基本的对价原则，由目前的监管向不再限制承担单位的经费使用用途转变，应对竞争制的科技创新项目全部推行科研创新项目招标制和后采购制度。

2. 知识产权授权创造政策

（1）将提升发明专利质量纳入法制化建设轨道。制定我国的《专利质量手册》，明确专利质量管理的组织机构和程序。进一步明确专利法规涉及专利质量的有关问题，明确专利审查中对专利质量控制的原则和方法。尤其要明确对专利创造性三步法中的"技术问题"和"技术效果""普通技术人员"等概念的内涵，给出必要的举例；要对权利要求"清楚、简要"的要求进行详细规定，给出充分的举例。《专利法》及其实施细则应规定申请人必须对专利申请的实用性进行客观判断，并提供真实声明，判断不准确、声明不诚实的可以作为驳回的理由。

（2）大力引导提升专利撰写质量。加强专利代理服务能力建设，建立专利代理质量评价指标体系，开展专利代理服务质量评价，促进专利代理机构提高专利申请文件撰写水平。探索制定专利代理机构内部管理规范，全面推行《专利代理服务指导标准》，鼓励和支持专利代理机构提升机构内部管理和质量控制水平。强化专利代理人的资格考试，进一步加强代理人考前培训力度，重点加强实际技能的考察，增加外语交流能力的考察。建立代理人业务实践制度，尤其是强化专利局审查和法院诉讼实践，并作为代理人报考的必要条件。建立终身学习培训制度、专业技术分类制度和职称晋升制度，强化对代理人的内在激励。

（3）提高知识产权审查质量。完善专利法规，专利申请人和审查员有责任有义务将检索到的参考文献写入专利文件现有技术之中并进行分类，专利局应将将检索报告向全社会公开。加强与美日欧韩专利局的合作，推动建立自动翻译系统，提升审查员专利文献和科学文献的检索能力和效率。加强审查员业务培训，完善专利交流工作站制度，建立审查员与科研人员双向交流任职或挂职制度。引入任何第三方授权前现有技术抗辩原则。进一步完善专利质量抽样制度，完善客户满意度调查体系。建立专利质量委员会，建立专利质量专家组，建立专利质量监测指标体系。并将审查质量与审查绩效挂钩。

（4）加大知识产权国外布局的引导和支持。完善海外知识产权资助办法，要加大知识产权海外专项资助资金力度，而不是简单地取消资助政策。一是支持重点产业知识产权。在 WTO 框架下，支持我国企事业单位通过 PCT、马德里等途径在海外布局知识产权，抢占制高点，尤其是高技术产业和战略性新兴产业知识产权。二是要完善知识产权海外专项资助资金的支持方式，重点支持授权专利和国内已经实施的专利。三是拓宽海外知识产权资助范围。要扩大专项资金的支持范围，允许对驰名商标、重要植物新品种、重大软件著作权的国际申请和年费也应给予一定比例的资助。四是加强国际协调保护。要向我国驻主要国家使馆派驻知识产权专员，向主要国家知识产权局派驻知识产权联络员，协调对我国知识产权的审查和保护。

15.6.2　知识产权运用政策体系

我国应将知识产权运用尤其是商业化作为未来一段时期的政策重点，通过完善和优化知识产权运用政策，解决目前的各种突出问题。

1. 建立和发展知识产权运用机构

（1）组建市场化的知识产权管理公司。以中科院、教育部和行业院所等为主要依托，引入民间资本，建立多元化投资的专业化知识产权管理企业，如信息通信、新能源知识产权管理公司，将分散的国有企事业单位的知识产权组合打包，以非排他、非可转让许可方式低价或免费许可给国内企业，应对跨国企业、专利许可公司、专利钓饵公司的竞争与打压。

（2）鼓励和支持建立专利池或专利组合经营企业。发挥行业协会和国家技术转移中心的作用，以技术标准制定和实施为依托，以专利池或专利组合为基本手段引导组建专利许可经营企业。通过引导企业制定合理的专利池、专利组合政策与收费政策，促进技术标准研究开发的针对性和知识产权的实施。

（3）完善知识产权管理和技术转移机构建设。抛弃第三方技术转移模式，推进国家技术转移机构转制为市场独立经营企业如知识产权许可公司或直接进入高校和研究机构内部，促进知识产权管理与技术转移和科技创新的紧密集合。重点大学和国立科研机构都要建立知识产权管理机构或技术转移办公室，设置相应岗位，建立专门的人才队伍，特别是知识产权协调员或许可专员，并建立科学家、知识产权律师、MBA 商务人才共同组成的工作团队。对现有技术转移机构实行资格认证制度和全面清理，严厉打击以转移技术和专利实施为幌子的欺骗行为。

（4）建立一批区域知识产权交易中心，以现有专利展示交易中心、技术交易所、产权交易所为依托，建立知识产权网上实时评估系统和竞价系统，增加其技术交易类似支付宝等担保工具，促进知识产权的转移转化。

2. 优化知识产权收费结构

（1）优化专利费用减免政策。提高专利各项收费标准尤其是专利审查和年费标准，形成申请阶段费用标准较低，授权后维持阶段费用标准开始较低往后较快增高的费用结构，对权利要求书超项如 20 项实行渐进增加的额外收费标准。将授权后三年年费减免期限延长到 5 年。

（2）建立知识产权费用转移支付制度。支持地方政府完善专利资助资金，各地专项资金应根据当地专利申请数量和产业发展需要，资助重要专利和国际专利申请的费用，重点资助知识产权能力建设和知识产权转移转化，以 3 ~ 5 年为周期，中央转移支付不超过地方专项资金总额的 50%，并以银行平均利率退出，评估合格和优秀的可以继续给予支付。三是加大对专利实施的支持力度。完善专利费用实行减缓政策，加强经济困难证明的审核。

（3）提高专利实施的标准要求。在说明书发明有益效果和特点部分增加专利实施描述的要求，要对专利实时的可能性、实施条件、实施程度、实施可能存在问题等进行客观说明。要重点加强对最佳实施例的审查。

（4）实行专利收费优惠政策。在提高专利收费标准尤其是年费标准的基础上，要对符合财政资助条件、规模较小、国家重点发展产业等的国内大学、科研机构和中小高技术产业、战略性新兴产业企业试行专利收费优惠政策而非减缓政策，收费标准优惠的比例为现行标准的 50% ~ 60%。对已签订许可合同或已实施的专利再给予 10% ~ 20% 的费用优惠。

3. 完善各类知识产权运用投入政策

（1）完善科技型中小企业创新和创业引导基金制度。扩大科技型中小企业基金规模，提高资助额度，将引导资金重点向经过自主创新的具有自主知识产权的创新成果及其集成、工程化和创业环节倾斜，贷款贴息向产业化阶段倾斜。在主要高校、科研机构和地方政府建立一批国家扶持，地方投资为主，民间参与的科技成果转化或知识产权创业引导基金，实行投资额度累进所得税抵扣优惠政策，支持风投、创投公司投资知识产权转化和创业，如投资规模 1 亿元的其投资额的 50% 可抵扣所得税，投资规模 5000 万元的可按 30% 抵扣。

（2）改革和发展知识产权质押融资制度。支持国家开发银行和各类商业银行开展专利等知识产权质押融资业务，扩大规模。创新担保模式，除支持企业互保、企业与银行建立长期合作关系外，支持开展"银企保"互保模式，贷款企业将知识产权向银行质押，同时将贷款企业法人代表的股权或其他财产质押给银行作为联保。

4. 完善知识产权运用的税收政策

（1）扩大对自主知识产权优势产业的增值税税收优惠覆盖面，对高技术企业、战略新兴产业、高技术服务业企业都允许实行按销售收入 3% ~ 6% 简易办法或更低税率计征增值税的政策，规模低于 500 万元的自主知识产权高技术企业可以享受免前五年增值税的政策。加快营业税改增值税进程，要根据实际税负测算降低增值税税率，允许高技术服务业、知识产权服务业、研发服务业、设计服务业实行最低税率。

（2）减免企事业单位知识产权技术转让的税收。不再征收知识产权和技术转移的营业税或增值税。

（3）对开展知识产权质押贷款业务的商业银行、对开展知识产权商业化保险业务的保险公司实行最低营业税或增值税税收优惠政策，营业税税率可下调 1 ~ 2 个百分点。

（4）鼓励非职务知识产权交易和商业化，对知识产权转让所得允许减除合理成本，并允许其在知识产权创造的整个时间段内按月计算应税所得额和缴纳个人所得税。

5. 深化保险政策对知识产权商业化的支持政策

首先要确定欲转让知识产权或专利组合的合适保险费率，以实现知识产权1到3年是否实现商业化的企业为保险对象，推动各类保险公司开展针对知识产权转化的保险和再保险业务试点。加大政府的支持力度，政府担保资金要开展知识产权商业化的担保，要减免保险公司知识产权保险产品的营业税，应允许知识产权商业化保险费列入150%加计扣除范围。也可以选择以知识产权许可转让费为投保额，降低保险费的额度。要支持保险企业开辟对银行科技贷款和知识产权质押贷款的保险业务，支持保险企业降低促进知识产权商业化贷款的风险。由于知识产权商业化成功的概率较低，要鼓励知识产权供需双方和中介机构都加入保险，政府科技成果专项基金、科技成果转化引导基金、科技型中小企业创新基金和引导基金都应对保险给予适度的补贴，还要建立对保险公司的再保险业务（宋河发，2013）。

6. 大力发展知识产权投融资政策

（1）加快和完善创业板发展。要放开对利用知识产权上市创业板的限制，通过加强监管促进创业板的健康发展。要加强中小企业上市辅导，大力支持具有或掌握知识产权尤其是专利组合的自主知识产权优势企业通过资本市场直接上市融资。建立创业板和中小企业板上市企业知识产权考核指标体系，强化知识产权审核和披露制度建设，发挥上市企业知识产权的核心关键作用。探索资本市场知识产权证券化模式和规则。

（2）发展促进知识产权商业化的股权、债权市场。依托现有技术市场、产权市场和资本市场等，大力推进知识产权为核心的企业股权、债权交易。完善产权市场的交易系统，建立风险投资退出机制，促进知识产权风险资本健康发展。

（3）要发挥金融政策对知识产权运用的支撑作用。发展和完善政府科技贷款和金融借贷市场，大力支持发展风险资本，鼓励社会资本对知识产权运用和产业化的支持。大力发展担保市场，降低金融资本和风险资本支持知识产权运用的风险。

（4）发展地方知识产权转化风险投资、引导基金和风险投资，建立国家和省、市共同投资的、多方参与的多元化创投体系，发展各类基于知识产权的信托公司。

7. 合理界定知识产权权属政策促进运用

应明确规定国家为公共健康、国家安全等条件下免费使用知识产权、实行强制知识产权许可的部门为国务院相关知识产权主管行政部门，如果不服行政决定的可以提起诉讼。《专利法》及其实施细则、《科技成果转化法》《职务发明条例》都应增加规定，单位不支付职务发明人奖励报酬的，职务发明人和利益相关人可以提起诉讼。应将职务发明人、职务成果完成人奖励股权和分红权政策向全国推广，尤其是具有自主知识产权的企业。长期还是应建立职务发明制度。要根据贡献确定职务发明人拥有知识产权和收益权的比例，在技术入股比例不超过35%条件下，根据合同约定职务发明人拥有知识产权和实施许可纯收益比例以1/3为宜。

8. 加强政府采购对知识产权运用的激励

（1）优化自主创新产品认定政策。为避免国外的质疑，应将"自主创新产品"改为"创新产品"，应将现有自主创新产品的认定条件改为"拥有专利等（技术类）知识产权或使用权"和"拥有商品注册商标专有权或使用权"。即使"拥有国外专利和商标等知识产权或使用权"的产品也可以被我国认定为创新产品，即使获得普通许可使用权的创新产品也可以纳入我国政府采购范围，这有利于引进先进技术，有利于促进本国本地就业和经济增长。

（2）改造新产品政策。优化自主创新产品认定标准仍然是不够的。国家和省级重点新产品计划关于新产品的规定与自主创新产品认定很相近，但还存在一定差异。新产品应具有知识产权，新产品必须在国内或区域内首次开发成功并生产，并且质量要合格。而自主创新则是全球范围内具有创新性，但不一定属于首次开发成功。首次开发成功和生产是促进科技成果产业化，以及促进就业与经济发展的必要条件。因此，可借鉴新产品首次开发成功的要求，并将新产品认定标准改为在国内或区域内首次开发成功并具有全球新颖性和创造性。新产品必须符合国家产业、技术等政策，符合国家技术标准。国家产业和技术政策是指导产业创新发展的主要政策工具，技术标准是规制技术发展和促进自主创新的重要规范。用新产品认定政策代替自主创新产品认定政策有利于保护本国产业创新。随着科技的迅速发展，新产品生命周期不断缩短，不可能都达到发明专利 20 年的长度。政府采购支持的新产品认定期限不宜过长，一般 5 年为宜。

（3）恢复中小企业创新产品政府采购政策。原有自主创新产品认定条件改为新产品认定条件后，应恢复废止的政策文件中对中小企业自主创新产品在投标、合同评审、预算等方面的优惠政策，中小企业创新产品符合完善后的国家和地方新产品认定条件的应当优先采购。

（4）完善首购和订购政策。首台首套产品是政府采购促进大中型企业自主创新的重要政策。一方面，政府首购可以有效降低企业研究开发的风险，另一方面，对企业大型装备新产品首次进入市场有着重大需求拉动作用和示范作用。完善目前的首购和订购政府采购政策，重点是将首台首购和订购政府采购政策的认定条件改为"国家和地方新产品"。为充分发挥对首台首套产品的激励作用，应当在符合《补贴与反补贴协议》情况下，允许实行普惠的后补偿式研发采购政策，即根据首台首套设备的研发成本补贴其一定比例的研发经费。

（5）建立绿色产品采购制度。我国应编制《环境标志产品政府采购清单》和《节能产品政府采购清单》，对纳入清单的节能产品和环境标志产品实行优先采购，对部分节能效果、性能等达到要求的节能产品，实行强制采购。应分别给予绿色产品不同程度的加分或价格扣除，凡采用最低评标价法评审的采购项目，给与其一定幅度的价格扣除。凡采用综合评分法评审的采购项目，在价格评标项中，分别给予价格评标和技术评标总分值一定比例的加分。凡采用性价比法评审的采购项目，可增加科技进步、节能环保评分因素和给予一定比例的价格扣除。还要积极组织实施战略性新兴产业示范工程，加大对绿色产品的政府采购力度。

（6）制定自主技术标准。为推进自主创新政府采购政策发展，必须高度重视自主技术标准的作用，政府采购必须把新产品符合技术标准作为必要条件之一。一方面应指导企业将专利等自主知识产权纳入技术标准中，一方面还要根据各类国内外技术标准规定的指标、参数等有意识地布局进行研究开发并获取专利权（宋河发，2014）。

15.6.3　知识产权保护政策体系

1. 建立高效一致的知识产权司法保护体系

在北京、上海、广州知识产权中级法院试点基础建立北京知识产权高级法院，北京中级法院负责审理知识产权侵权一审案件和不服知识产权复审、无效的起诉案件，北京知识产权高级法院经审理二审案件和重大知识产权侵权条件的一审。将知识产权无效纳入知识产权法院审判范围。加强知识产权司法解释制定工作，尽快制定和出台全国统一的专利侵权判定标准，要制定中国的专利创造性判断标准，必要时举出足够的案例。加强知识产权司法与行政执法人才队伍建设，建设高素质知识产权司法与行政执法人才队伍，尤其是知识产权审判庭长、院长必须具有知识产权法或竞争法知识和科学技术能力，地方知识产权局长必须具备专业背景和知识产权工作经历。

2. 加快知识产权行政保护职能转型

应将专利侵权处理行政职能与知识产权司法保护职能机衔接，加强知识产权法院与复审无效部门之间的结合，加快侵权案件中知识产权有效性案件的判定，提高知识产权侵权纠纷案件确权效率。将知识产权执法保护常态化，要发动社会力量保护知识产权，尤其是建立知识产权侵权假冒举报网络，奖励举报人，加大知识产权侵权假冒打击力度。还要加大对电商企业的指导力度，加强网络知识产权保护的维权的力度。

3. 加强知识产权政策与其他政策协调

建立重大经济活动知识产权分析评议制度，加强外商投资、合资合作活动中自主知识产权和产业安全的审查，增加兼并收购与合资合作过程中知识产权和自主创新能力的评估和审批环节。对关系国家安全和国家重大经济利益，具有较好知识产权创造基础或者具有较好知识产权基础的高技术产业骨干和龙头企业，不能放弃控股权，不能造成知识产权流失。制定反知识产权滥用垄断的标准和具体措施，防止知识产权滥用，防止知识产权流失影响产业安全和国家安全。

4. 增强知识产权保护对自主创新的支撑

建立知识产权保护水平监测指标体系，根据我国产业创新能力建设需要调整知识产权保护水平，专利保护水平重要应产业发展需要。尤其是要提高知识产权司法保护水平，通过一批知名知识产权司法案件推动对知识产权的全社会保护。要坚决打击和取缔商标、著作权等知识产权恶意侵权、重复侵权和团伙侵权违法和犯罪行为，加大对利用互联网直接侵权和间接侵权行为的惩处力度。要将知识产权执法保护行动常态化、主动化、责任化，要在专利、商标、著作权法及其实施细则中进一步明确行政执法责任，行政机关不是可以而是必须依职权查处知识产权假冒侵权行为。要建立包含知识产权的全国区域发展环境评价指标体系，并逐步列入国民经济和社会发展规划考核指标体系中，地方政府要将知识产权侵权假冒案件查处列入政府年度考核目标。

15.6.4　知识产权管理政策体系

1. 通过调整优化政府职能，提高知识产权的公共服务能力

要赋予地方政府传播专利技术信息、组织知识产权分析、提供知识产权许可交易和促

进专利技术创业与产业化等支撑经济社会发展职能建设，一些地方要突出加强市场监管职能建设，加强公共服务和文化建设等职能建设。要建立全国性网络化和全文本的知识产权信息检索分析和公共服务平台，支持地方建立提高企事业单位知识产权管理能力的专项资金，增强地方知识产权部门服务知识产权转化实施和产业化的能力。

2. 要推进企事业单位知识产权管理标准化

加强对企业事业单位知识产权工作的指导，通过派出知识产权特派员，或者建立企事业单位与研究人员、审查员或高水平企业结对关系等方式帮助制定企事业单位制定知识产权战略，建立知识产权制度，优化知识产权组织体系，应对知识产权管理问题，推进知识产权管理标准化、规范化，全面提升企事业单位知识产权能力。要着力加强企事业单位知识产权检索分析能力、知识产权战略布局能力，知识产权对科技创新项目的引导能力建设。

3. 推进科技创新项目的知识产权管理

制定统一规范的国家科技创新计划知识产权管理规定，适时制定科技进步法实施细则。引导企业、高校和科研机构强化科技创新活动的知识产权全过程管理，通过知识产权分析引导科技投入和优化科技资源布局，提高知识产权质量，提高科技创新投入针对性和创新效率。强化研究开发整个过程的知识产权管理，所有研究开发项目要进行前中后期的知识产权检索分析。科技计划项目要长期连续支持知识产权创造和运用，尤其是支持知识产权技术的工程化开发与组合集成。

4. 加强知识产权中介机构管理

建立知识产权代理机构质量和信誉档案，引导知识产权中介机构优胜劣汰。引进国外代理机构，允许建立合资事务所，促进知识产权中介机构高水平竞争。坚决查处黑代理、无证代理等现象，对低质量和低水平代理要及时曝光，引导建立公平有序的知识产权中介服务体系。强化代理人审查和诉讼环节的实践和国际化能力型培训，加快知识产权在职学历教育。建立代理人专业技术职称制度，提升中介服务机构的能力。

5. 增强全社会知识产权意识

制定知识产权保护社会宣传教育计划，广泛开展知识产权培训，提升全社会知识产权保护意识和能力。推进知识产权学历教育，强化知识产权管理实务课程教育。在大中小学设立知识产权教育公共课程，工科院校要全部设立知识产权核心课程。加强知识产权的宣传，树立知识产权保护典型，深入推进知识产权文化建设。

15.7 小 结

深入实施创新驱动发展战略，推进自主创新，最根本的是要加强知识产权保护，必须从国家战略的高度认识知识产权保护的作用，真正下大力气提升知识产权保护水平，构建符合知识产权规律的以知识产权创造运用为主体的知识产权政策体系，并改革现有的财政政策、税收优惠政策、政府采购政策、投融资政策和各类考核评估验收政策。

一是必须加大对自主知识产权研发创造的投入，要努力提高研发投入强度和消化吸收强度。研发经费要重点向以专利池和专利组合为目标的专利研发创造倾斜，提高知识产权创造的针对性、有效性和未来竞争力。要充分发挥高技术企业认定、高新区认定等政策的倒逼机制和动力机制，大幅度提高知识产权研究开发创造投入强度。

二是要建立以自主知识产权创造和运用为核心的知识产权政策体系。尤其是要改革现有的财政投入政策、税收优惠政策和各类考核验收政策，需要改变过去线性政策思维模式下的僵化思路，建立完善的以转化实施和产业化为目标的知识产权创造运用政策，尤其是面向需求的研发创造政策和知识产权运用的组织机构建设政策、税收政策。需要强化知识产权保护政策尤其是知识产权司法保护政策，完善行政执法保护政策，发挥市场机制的作用，减少对知识产权活动的不必要和不正当干预。要适应政府职能调整和体制机制改革的需要，建立以引导为主的知识产权管理政策，制定企事业单位知识产权管理的指导性政策。

三是完善知识产权运用政策。要扩大增值税改革覆盖面和优惠幅度，支持高新技术产业知识产权运用。要将知识产权费用纳入研发经费所得税 150% 税抵扣范围，并允许在当期抵扣，提高人力资源投入的税前抵扣比例，提交企业职工教育经费占工资总额的比例，加大对技术转移等高技术服务业的增值税或营业税优惠力度。降低创投、风投企业投资额所得税门槛，建立促进知识产权运用的保险政策和担保政策。推进市场化改革，推进高校和科研机构建立内部知识产权管理和技术转移机构，并建立合理的利益分配机制。推动建设以专利池或专利组合为主营业务的中介型知识产权转移转化机构，支持中介机构发展担保功能。以自主知识产权创造运用为重点，完善自主创新产品认定标准。建立以自主知识产权为基础的首台首套高技术装备首次采购政策。完善各类考核指标体系，考核重点向知识产权质量和运用效益转移。进一步提高对知识产权创造运用的政策激励力度，尤其推行职务发明按份先后制度和对非职务发明的补偿式采购制度。

四是建设集中统一的知识产权审查和专业化的知识产权司法体制，提高知识产权制度的效率。建立与（工业）知识产权审查管理与技术和产业紧密结合的体制机制，增强知识产权制度对自主创新的激励保障作用，整合知识产权法规、科技创新法规、产业创新法规，建立有效促进知识产权创造和运用的完善知识产权法律制度。修改《专利法》关于侵权赔偿标准规定，建立惩罚性赔偿制度，规定最低赔偿标准，放开赔偿上限。

五是改革外资政策。转变单纯引进的观念，以是否有利于我国自主创新和产业安全为标准，以真正的利用为主，严格管理外资对产业骨干和龙头企业的兼并收购行为。控制一些重要行业的股权，推进体制机制改革，大力提升国有及国有控股企业的自主创新能力。

六是加强自主创新和知识产权人才队伍建设。要推动建立全民社会保障制度，取消不合理政策限制，强化企业对人才的引进和使用，各类项目计划要向企业倾斜，应用开发类科技创新项目应主要以企业牵头。强化知识产权中介服务能力建设，加快市场化改革，以服务能力建设为重点，严格准入门槛，完善退出机制，增强创新服务能力。

参考文献

[1] Albert N. Link, Donald S. Siegel, David D. Van Fleet. Public science and public innovation: Assessing the relationship between patenting at U. S. National Laboratories and the Bayh – Dole Act [J]. Research Policy, 2011 (40): 1094 – 1099.

[2] Arrow, K. J. Economic welfare and the allocation of resources for invention [J]. In: Nelson, R. R. (Ed.), the Rate and Direction of Inventive Activity [M]. Princeton University Press, 1962.

[3] Association of University Technology Managers press. December 17, 1998.

[4] BarzelY. Optimal timing of innovation [J]. Review of Economics and Statistics, 1968 (50): 348 – 355.

[5] Baudras e. The Delicate Issue of Employee Inventor Compensation [J]. 2013. http: //www. consulegis. com/wp – content/uploads/2013/11/The – Delicate – Issue – of – Employee – Inventor – Compensation. pdf.

[6] Beth Young, Nola Hewitt – Dundas, Stephen Roper. Intellectual Property management in publicly funded R&D centres—A comparison of university – based and company – based research centres [J]. Technovation, 2008 (28): 473 – 484.

[7] Blind, K. , Thumm, N. Interrelation between patenting and standardization strategies: empirical evidence and policy implications [J]. Research Policy, 2004 (33): 1583 – 1598.

[8] Burke, P. , Reitzig, M. , 2007. — Measuring patent assessment quality – Analyzing the degree and kind of (in) consistency in patent offices'decision making [J]. Research Policy, 2007 (36) : 1404 – 1430.

[9] Burrone, E. Consultant, SMEs Division. Standards, Intellectual Property Rights (IPRs) and Standards – setting Process. http: //www. wipo. int/sme/en/documents/ip_ standards. htm#P4_ 83.

[10] Business Concepts and Patent System Reform [J]. Berkeley Technology Law Journal, 1999 (14): 577 – 615.

[11] Cheng T. Y. A New Method of Creating Technology /Function Matrix for Systematic Innovation without Expert [J]. Journal of Technology Management & Innovation, 2012 (7): 18 – 27.

[12] Choi, J P. Patent Pools and Cross – Licensing in the Shadow of Litigation [J]. International Economic Review 2010 (51): 441 – 460.

[13] Christian Helmers. Economic and Scientific Advisory Board Workshop on Patent Quality [R]. Munich. 7 May 2012.

[14] Cogr. The bayh – Dole Act: A Guide to the Law and Implementing Regulations [R]. 1999.

[15] Damodoran, A. Damodoran on Valuation [R]. Wiley, New York. 1994.

[16] Dan prod'homme. Measuring, Explaining and Addressing Patent Quality Issues in China [J]. Intellectual Asset Management, 2013 (3/4): 41 – 47.

[17] Dasgupta, P. , Stiglitz, J. E. Uncertainty, industrial structure and the speed of R&D [J]. Bell Journal of Economics, 1980 (11): 1 – 28.

[18] David C. Mowery, Arvids A. ZiedonisAcademic patent quality and quantity before and after the Bayh – Dole

act in the United States [J]. Research Policy, 2002 (31): 399 –418.

[19] David Rudin. Patent Licensing Assurances in Standards Organizations [R]. Fundamentals, Intellectual Property, Standards, 2007. http: //standardslaw. com/? p = 36.

[20] Ernst H. Patent information for strategic technology management [J]. World Patent Information, 2003 (25): 233 –242.

[21] Ernst, H. Patent information for strategic technology management [J]. World Patent Information, 2003 (25): 233 –242.

[22] European Chamber. Dulling the Cutting – Edge: How Patent – Related Policies and Practices Hamper Innovation in China [R]. 2012.

[23] Giuseppe Scellato, Mario Calderini Federico Caviggioli, Chiara Franzoni; Elisa Ughetto, Evisa Kica1, Victor Rodriguez. Study on the quality of the patent system in Europe [J]. Tender MARKT/2009/11/D Contract Notice in the Official Journal of the European Union 2009/S 147 – 214675 of 04/08/2009, March 2011.

[24] Goldscheider, R. , & Gordon, A. H. Licensing best practices: Strategic, territorial, and technology issues [M]. Wiley & Sons. Inc. , 2006.

[25] Gollin, M. A. Driving Innovation: Intellectual Property Strategies for a Dynamic World [M]. Cambridge University Press, 2008: 11 –21.

[26] Graf, S. W. Improving Patent Quality through Identification of Relevant Prior Art: Approaches to Increase Information Flow to the Patent Office [J]. Lewis & Clark Law Review, 2007 (11): 495 –519.

[27] Grindley, P. , Teece, D. Managing intellectual capital: licensing and cross – licensing in semiconductors and electron – ics [J]. California Management Review, 1997 (2): 841.

[28] Grindley, P. , Teece, D. Managing intellectual capital: licensing and cross – licensing in semiconductors and electron – ics [J]. California Management Review , 1997 (2): 841.

[29] Hall B. H. , Thoma G. , Torrisi S. The Market Value of Patent and R&D: Evidence from European Firms [J]. NBER Working Paper 13426, 2007.

[30] Hall, B. H. and Harhoff, D. Post – Grant Reviews in the US Patent System – Design Choices and Expected Impact [J]. Berkeley Technology Law Journal, 2004 (19): 989 –91.

[31] Hanel P. Intellectual property rights business management practices: A survey of the literature [J]. Technovation, 2006 (26): 895 –931.

[32] Henderson, A. B. Jaffe and M. Trajtenberg, Universities as a source of commercial technology: a detailed analysis of university patenting, 1965 –1988 [J]. Review of Economics and Statistics 1998 (80): 119 –127.

[33] Hicks D. , Breitzman T. , Olivastro D. and Hamilton K. The changing composition of innovative activity in the US – a portrait based on patent analysis [J], Research. Policy, 2001 (30): 681 –703.

[34] http: //www. antitrustinstitute. org/recent2/188. cfm.

[35] Jack M. Holl . Argonne National Laboratory1946 –96 [J] . University of Illinois press, 1997.

[36] Jain K, Sharma V. Intellectual property management system: An organizational perspective [J]. Journal of Intellectual Property Rights, 2006 (11): 330 –333.

[37] James Bessen, Michael, J. Meurer . The Costs and Benefits of Patents to Innovators [R]. Posted On Patently – O Blog, Mar 17, 2008.

[38] James E. Malackowski and Jonathan A. Barney What Is Patent Quality? A Merchant Banc's Perspective [J]. les Nouvelles, 2008: 123 –134.

[39] Jun S. , Park S. S. , Jang D. S. Technology Forecasting Using Matrix Map and Patent Clustering [J]. In-

dustrial Management &Data Systems, 2012 (112) 5: 786 – 807.

[40] Keiln, T. De – facto standardization through alliances – lessons from Bluetooth [J]. Telecommunications Policy, 2002 (26): 205 – 213.

[41] Keiln, T. De – facto standardization through alliances – lessons from Bluetooth [J]. Telecomm – unications Policy, 2002, 26 (3/4): 205 – 213.

[42] Lanjouw J. O. And Schankeman M. Patent Quality and Research Productivity: Measuring Innovation with Multiple Indicators [J]. Ecnomic Journal, 2004: 114 – 465.

[43] Layne – Farrar A. Innovative or Indefensible? An Empirical Assessment of Patenting within Standard Setting [R]. Working paper 2008.

[44] Lemley, M. A. Ten things to do about patent holdup of standards (and one not to) [J]. Boston College Law Review, 2007, 48 (1): 149 – 168.

[45] Loury, G. L. , 1979. Market structure and innovation. Quarterly. Journal of Economics 93, 395 – 410.

[46] MariagraziaSquicciarini. Measuring patent quality and radicalnes s [R]. new indicators OECD Expert Workshop, 10 – 11 May 2012.

[47] Mariani M. and RomaneliM. "Stacking" and "Picking" Innovation: The Patent Behavior of European Inventers [J]. Research Policy, 2007 (36): 128 – 1142.

[48] Mark Hirschey, Vernon J. Richardson. Are scientific indicators of patent quality useful to investors? [J] Journal of Empirical Finance, 2004 (11): 91 – 107.

[49] Matthis de Saint – Georgesa, Bruno van Pottelsberghe de la Potterie. A quality index for patent systems [J]. Research Policy, 2013 (42): 704 – 719.

[50] McCarthy J T, Schechter R E, Franklyn D J. McCarthy's desk encyclopedia of intellectual property [M]. Bureau of National Affairs, 1991.

[51] Mcdonald L, Capart G, Bohlander B, et al. Management of intellectual property in publicly – funded research organisations: Towards European Guidelines [J]. Office for Official Publications of the European Communities. 2004.

[52] Meade, B. Eight Species of Patent Strategy – Part 3: How Intellectual Property Management Develops from Level 3 to Level 4 [M]. http: //basicip. wordpress. com/tag/eight – species – of – patent – strategy – part – 2 – how – intellectual – property – management – develops/ (May 20, 2012).

[53] Merges R. P. Commercial success and patent standards: economic perspectives on innovation [J]. California Law Review, 1988 (76): 805 – 876.

[54] Merges, R. P. As Many as Six Impossible Patents Before Breakfast: Property Rights for. Business Concepts and Patent System Reform. Sep. 6, 1999. http: //papers. ssrn. com/.

[55] Merrill S A, Mazza A M. Managing university intellectual property in the public interest [M]. National Academies Press, 2010.

[56] Mowery, D. C. Ziedonis, A. A. , Numbers, quality and entry: how has the Bayh – Dole Act affected US university patenting and licensing? [J] In: Jaffe, A. B. , Lerner, J. , Stern, S. (Eds.), Innovation Policy and theEconomy [M]. MIT Press for the National Bureau of EconomicResearch, 2001.

[57] Mowery, D. C. , et al. The growth of patenting and licensing by US universities: an assessment of the effects of the Bayh – Dole Act of 1980 [J]. Research Policy, 2001 (30): 99 – 119.

[58] Mueller, W. F. The origins of the basic inventions underlying DuPont's major product and process innovations [J]. In: Nelson, R. R. (Ed.), the Rate and Direction of Inventive Activity [M]. Princeton University Press, NBER, 1962.

［59］ NaowaratCheeptham, PanuwanChantawannakul. Intellectual property management and awareness at the university level in the biotechnology era: a Thai perspective ［J］. World Patent Information, 2001 (23): 373 –378.

［60］ Narayanan V K. Managing technology and innovation for competitive advantage ［M］. Prentice Hall, 2000.

［61］ Nordhaus, W. D. , Invention, Growth, and Welfare. A Theoretical Treatment of Technological Change ［M］. MIT Press, 1962.

［62］ Oliver Gassmann, Nicole Ziegler, FraukeRuether, Martin A. Bader. The role of IT for managing intellectual property – An empirical analysis ［J］. World Patent Information, 2012 (34): 216 –223.

［63］ Palfrey J. Intellectuall Property Strategy ［M］. MIT Press, 2012: 4, 87 –100.

［64］ Patent Factor Index. Pantros IP. www. pantrosip. com.

［65］ Peberdy M, Strowel A. Employee's rights to compensation for inventions – A European Perspective. PLC Life sciences handbook 2009/10 ［J］. 2013.

［66］ Pedro Osona, 欧洲专利局（EPO）及欧洲专利体系介绍 ［R］. SIPO – OHIM – EPO 欧洲专利及外观设计国际研讨会, 2008 年 9 月 16 –17 日.

［67］ Pitkethly R. H. Intellectual property strategy in Japanese and UK companies: patent licensing decisions and learning opportunities ［J］. Research Policy, 2001 (30): 425 –442.

［68］ Razgaitis, R. Technology valuation ［J］. In: Goldscheider, R. (Ed.). Licensing Best Practices ［M］. Wiley, 2002.

［69］ Reitzig M. How executives can enhance IP strategy and performance ［J］. MIT Sloan management review, 2007 (49): 37 –43.

［70］ Reitzig, M.. Strategic management of intellectual property. ［J］ MIT Sloan Management Review, Spring, 2004 (45): 35 –40.

［71］ Rysman, M and Simcoe, T. A NAASTy alternative to RAND pricing commitments ［J］. Telecommunications Policy, 2011 (35): 1010 –1017.

［72］ SchankermanM. Pakes. A Estimates of the value of patent rights in European countries during the post – 1950 period. Economic Journal, 1986 (97): 1 –25. 转引自李清海、刘洋等. 专利价值评价指标概述及层次分析 ［J］. 科学学研究. 2007 (2): 281 –286.

［73］ Scheier R. IBM fees take bite out of PC vendors' profits ［J］. PC Week 9 , 1992 (20): 195.

［74］ Scherer F. M . Nordhaus's theory of optimal patent life: a geometric reinterpretation. American Economic Review, 1972 (62): 422 –427.

［75］ Schettino F. Sterlacchini A. and Venturini F. Inventive Productivity and Patent Quality: Evidence from Italian Inventers ［J］. MPRA Paper No. 7872, 2008.

［76］ Scotchmer S, Green J. Novelty and disclosure in patent law ［J］. RAND Journal of Economics, 1990 (21): 131 –146.

［77］ Shapiro, C. Navigating the Patent Thicket: Cross Licenses, Patents Pools, and Standard Setting. In: A Jaffe, J Lerner et S, Stern (Eds), Innovation Policy and the Economy, vol. 1. MIT Press, 2001.

［78］ Shearer, R. Business power: Creating new wealth from IP assets ［M］. USA: John Wiley & Sons, Inc. (2007).

［79］ Skitol RA. What should we call the new antitrust? ［R］ San Francisco Economic Roundtable; June 29, 2002.

［80］ Smith, G. V. , Parr, R. L. , Valuation of Intellectual Property and Intangible Assets, third ed. ［M］. Wiley, 1998.

［81］ Strickland T. J. andGmbleJ. E. Crafting and Executing Strategy14th ed ［M］. New York: MacGraw – Hill Irwin, 2005.

[82] Suzanne Andersen Scotchmer. Patent Quality, Patent Design, and Patent Politics [R]. Remarks prepared as a member of the Economic Advisory Group, European Patent Office. Munich. December 10, 2004.

[83] Tak – Wing Liu, Kwai – Sang Chin. Development of audit system for intellectual property management. Excellence Expert Systems with Applications [J]., 2010 (37): 4504 – 4518.

[84] Tassey G. Standardization in technology – based markets [J]. Research Policy, 2000 (29) 587 – 602.

[85] The Patent Scorecard 2004. Technology Review. 2004 (107): 4.

[86] Thomas A. Hemphill. Technology standards development, patent ambush, and US antitrust policy [J]. Technology in Society, 2005 (27): 55 – 67.

[87] Thomas J. The responsibility of the rule maker: comparative approaches to patent administration reform [J]. Berkeley Technology Law Journal, 2002 (17): 728 – 761.

[88] Tugrul U. DaimGuillermo Rueda, Hilary Martin, PisekGerdsri. Forecasting emergingtechnologies: Use of bibliometrics andpatent analysis. Technological Forecasting & Social Change, 2006 (73) : 981 – 1012.

[89] United States International Trade Commission. China: Effects of Intellectual Property Infringement and Indigenous Innovation Policies on the U. S. Economy: Investigation No. 332 – 519 [R]. March, 2010.

[90] Van Pottelsberghe, B. The Quality Factor in Patent Systems [J] Industrial and Corporate Change, 2011 (20): 1755 – 1793.

[91] Wagner R. P. The patent quality index [R]. January 2006.

[92] Wagner, R. P. Understanding Patent – Quality Mechanisms [J]. University of Pennsylvania Law Review, 2009 (157): 2135 – 73.

[93] Wang W. M., Cheung C. F. A Semantic – based Intellectual Property Management System (SIPMS) for supporting patent analysis [J]. Engineering Applications of Artificial Intelligence, 2011 (24): 1510 – 1520.

[94] Website of Argonne National Laboratory. www. anl. gov/Administration/index. html.

[95] Yu – Shan Chen and Ke – ChiunChang. The relationship between a firm's patent quality and its market value—The case of US pharmaceutical industry [J]. Technological Forecasting and Social Change, 2010, 77 (1): 20 – 33.

[96] Zipper, S. TI's patent blitz: keeping the wolf from the door [J]. Electronic News, 1990 (36): 1 – 2.

[97] 包海波. 大学和研究机构技术转移活动的激励机制分析 – 政府资助研究的知识产权管理制度创新 [J]. 科技与经济, 2005 (6): 38.

[98] 陈杰、闵锐武. 文化产业政策与法规 [M]. 青岛: 中国海洋大学出版社, 2006: 18 – 19.

[99] 陈静、冯国境. 中国公共事业管理体制改革研究仁 [M]. 沈阳: 东北大学出版社, 2003.

[100] 陈颖、张晓林. 专利技术功效矩阵构建词汇模型研究 [J]. 情报科学, 2012 (30): 1704 – 1719.

[101] 陈颖、张晓林. 专利技术功效矩阵构建研究进展 [J]. 现代图书情报技术, 2011 (11): 1 – 8.

[102] 成思危. 中国事业单位改革 – 模式选择与分类引导 [M]. 北京: 民主与建设出版社, 2000.

[103] 董涛. Ocean Tomo300~TM 专利指数评析 [J]. 电子知识产权, 2008 (5): 40 – 43.

[104] 范晓波. 中国知识产权管理报告 [M]. 北京: 中国时代经济出版社, 2009.

[105] 冯晓青. 企业知识产权战略 [M]. 北京: 知识产权出版社, 2001.

[106] 符颖. 试论国家重点实验室的知识产权管理 [J]. 实验技术与管理. 2006 (11): 132 – 134.

[107] 傅剑清、李艺虹. 我国专利法对职务发明规定之不足与完善——由一起专利纠纷案引发的思考 [J]. 知识产权, 2006 (5): 50 – 55.

[108] 高华. 职务发明创造及专利权归属探析 [J]. 科研管理, 1999 (20): 46 – 50.

[109] 高山行、郭华涛. 中国专利权质量估计及分析 [J]. 管理工程学报, 2002 (3): 66 – 68.

[110] 高佐良．专利资料检索与应用［EB/OL］．［2011－09－28］. http：//www. wendang365/view/469301.

[111] 葛仁良．我国专利综合评价指标体系的设计与构建［J］．统计与决策，2006（15）：55－56.

[112] 顾金亮．国家科技计划知识产权管理的中美比较［J］．中国软科学．2004（4）：12－17.

[113] 关永宏．论专利产业化与专利产业化基地建设［J］．黑龙江社会科学．2009（1）：77－80.

[114] 关永宏．论专利产业化与专利产业化基地建设［J］．黑龙江社会科学．2009（1）：77－80.

[115] 郭利平．知识产权经济的特征及其测度指标体系研究［J］．中原工学院学报，2007（18）：11－15.

[116] 郭郓．农业科研单位知识产权管理的难点浅析［J］．农业科技管理．2006（5）：51－52.

[117] 国家知识产权局知识产权发展研究中心．2012年全国专利实力状况报告［R］．2013.

[118] 国家知识产权战略制定工作领导小组办公室．挑战与应对－国家知识产权战略论文集．北京：知识产权出版社．2007：50－62.

[119] 杭州市发展研究中心课题组．国内外促进科研机构发展的政策调研［R］．杭州科技，2003（1）．

[120] 黄安心．物业管理原理［M］．重庆：重庆大学出版社，2009.

[121] 黄庆、曹津燕、瞿卫军、刘洋、石昱、肖云鹏．专利评价指标体系（一）——专利评价指标体系的设计和构建［J］．知识产权，2004（9）：26.

[122] 黄微．基于专利质量测度的企业专利产出效率研究［D］．吉林大学博士论文．2008.

[123] 黄秀英、俞小英．知识产权无形财富：浅变科研机构知识产权意识薄弱的几种表现［J］．广东科技，1994（6）：5－6.

[124] 黄迎燕等．专利信息检索与利用［M］．北京：知识产权出版社，2007.

[125] 蒋坡．知识产权管理［M］．北京：知识产权出版社，2007.

[126] 蒋逊明、朱雪忠．专利权共有的风险及其防范对策研究［J］．研究与发展管理，2006（18）：97－100.

[127] 金德林．科研院所怎样保护知识产权—谈谈我院的防范措施与对策［J］．今日科技，2003（10）：23.

[128] 金泽俭等．从无效程序审视发明专利质量［R］．国家知识产权局研究报告，2012.

[129] 柯涛、林葵：知识产权管理［M］．北京：高等教育出版社，2004.

[130] 雷星晖、莫凡．基于FMEA方法的知识产权流程管理模式构建［J］．科技管理研究．2010（4）：202－204.

[131] 李春燕、石荣．专利质量指标评价探索［J］．现代情报，2008（2）：146－149.

[132] 李立．知识产权的保护与运作：理论·实务·战略［M］．济南：山东人民出版社，2001.

[133] 李薇薇．中国企业模仿创新中的专利权属制度研究［J］．中国软科学，2011（1）：142－153.

[134] 李文波．鼓励科研机构技术转移的知识产权问题［J］．2003（4）：61－64.

[135] 李文鹏、梅姝娥、谢刚．以竞争优势为目标的企业知识产权管理［J］．科技管理研究，2008（28）：224－227.

[136] 李晓轩．德国科研机构的评价实践与启示［J］．中国科学院院刊，2004（4）：12－15.

[137] 刘佳．基于流程管理的企业知识产权管理［D］．江苏大学硕士学位论文．2009.

[138] 刘亚非．我国公益类科研机构发展探究［D］．东北大学博士论文．2006：22.

[139] 刘洋．中国专利质量状况与影响因素研究［D］．中科院博士论文．2011年.

[140] 路甬祥．WTO背景下中国技术发展的机遇与挑战［J］．中国软科学．2002（1）：4.

[141] 罗国轩．知识产权管理概论［M］．北京：知识产权出版社，2007.

[142] 吕薇．日本的知识产权战略与管理［R］．国务院发展研究中心调查研究报告第95号，2003年7月16日.

[143] 马海群．现代知识产权管理［M］．北京：科学出版社．2009.

[144] 马静．基于知识转移的知识产权管理机制的研究［D］吉林大学硕士学位论文，2010.

[145] 毛昊、孙莹、刘洋. 韩资企业专利行为与其跨国母体专利战略问题研究——以韩国 LG 在华所属乐金公司为例. 科学学研究. 2009（4）：554 – 562.

[146] 潘正琼. 高校知识产权管理过程中的利益平衡问题研究［D］. 中南民族大学学位论文，2007.

[147] 斯蒂芬·罗宾斯，玛丽·库尔特. Management［M］. 北京：中国人民大学出版社，1997.

[148] 宋河发、李玉光、曲婉. 知识产权能力测度指标体系与方法及实证研究——以某国立科研机构为例［J］. 科学学研究，2013，12：1826 – 1834 + 1825.

[149] 宋河发、穆荣平、陈芳. 专利质量及其测度方法与测度指标体系研究［J］. 科学学与科学技术管理，2011（4）：.

[150] 宋河发、穆荣平、任中保. 自主创新与创新自主性测度［J］. 中国软科学. 2006（5）：48.

[151] 宋河发、曲婉、王婷. 国外主要科研机构和高校知识产权管理及其对我国的启示［J］. 中国科学院院刊. 2013（7）：448 – 460.

[152] 宋河发. 技术标准与知识产权关联及其检验方法研究. 科学学研究，2009，27（2）：234 – 239.2.

[153] 宋河发. 知识产权垄断与知识产权垄断对我国技术引进的影响［J］. 科技与法律. 2006（1）：.

[154] 宋河发. 自主创新能力建设与知识产权发展［M］. 知识产权出版社，2013.
宋河发. 自主创新政府采购政策体系与发展研究［J］. 科学与研究，2014（9）.

[155] 宋伟. 知识产权管理［M］. 合肥：中国科技大学出版社. 2010.

[156] 谭志松、胡国元. 知识经济与高校知识产权的保护及运用［J］. 湖北民族学院学报：哲学社会科学版，1999（17）：76 – 78.

[157] 陶鑫良、袁真富. 专利申请权与专利权归属及职务发明创造完成人奖酬制度［A］. 国家知识产权局条法司《专利法》及《专利法实施细则》第三次修改专题研究报告（中卷）. 北京：知识产权出版社，2006.

[158] 陶遵菊、陶遵丽、贺传庆. 谈加强科研院所的知识产权保护科技情报开发与经济［J］. 2005（15）：182 – 184.

[159] 陶遵丽、谷维龙、蒋志文. 加强科研项目管理中的知识产权保护［J］. 山东水利，2003（1）：37.

[160] 田文锦. 知识产权管理基础［M］. 北京：中国财政经济出版社，2009.

[161] 万小丽. 专利质量指标研究［M］. 北京：知识产权出版社，2013.

[162] 汪琦鹰、杨岩合. 企业知识产权管理实务［M］. 北京：中国法制出版社，2009.

[163] 王琛、赵连勇. 基于价值链的知识产权管理研究［J］. 现代经济信息，2011（19）：240.

[164] 王凤桐、张青. 论科研院所知识产权人才培养［J］. 中国石化，2004（6）12 – 13.

[165] 王涵. 国家科技重大专项的知识产权全过程管理模式研究［J］. 科学学与科学技术管理，2008（10）：29 – 34.

[166] 王丽、张冬荣、张晓辉、杨小薇、吴鸣. 利用主题自动标引生成技术功效矩阵［J］. 现代图书情报技术，2013（5）：80 – 86.

[167] 王明明、程蕾. 国家科技计划中的知识产权管理研究［J］. 标准化研究，2006：38.

[168] 王维伟、吴亮东、尤琪. 知识产权全过程管理体系的构建［J］. 舰船科学技术，2011（33）：192 – 196.

[169] 王正志. 中国知识产权指数报告 2011［R］. 北京：知识产权出版社，2011.

[170] 魏雪君. 用科学发展观构建新的专利评价指标体系［J］. 科技管理研究，2006（7）：172.

[171] 吴汉东. 中国企业知识产权的战略框架［J］. 法人，2008（2）：40 – 41.

[172] 许庆瑞、郑刚、陈劲. 全面创新管理：创新管理新范式初探［J］. 管理学报，2006（3）：135 – 142.

[173] 薛韬. 提高专利效益一个迫待解决的问题［J］. 重庆改革，2001（9）：24 – 26.

[174] 杨晓慧. 浅谈加强科研院所知识产权的保护［J］. 中华医院管理杂志，2002（18）：150 – 152.

[175] 杨志安. 知识产权简明教程 [M]. 沈阳：辽宁大学出版社. 2008.

[176] 伊辉勇、游静. 企业资源计划 [M]. 北京：石油工业出版社，2008.

[177] 袁真富. 论国家科技计划的知识产权管理政策挑战与应对 [M]. 国家知识产权战略论文集. 知识产权出版社. 2007：63 – 71.

[178] 斋藤优（日）著，谢燮正译. 发明专利经济学 [M]. 北京：专利文献出版社，1990.

[179] 翟东升、陈晨、张杰、黄鲁成、阮平南. 专利信息的技术功效与应用图挖掘研究[J]. 情报分析与研究，2012：96 – 102.

[180] 张圣怡. 财团法人研究机构运用创业投资制度之探讨 [J]. 证管杂志，2001（9）：1 – 11.

[181] 张轩. 美国国家实验室的技术转让政策与机制 [J]. 国际科技交流，1992：17 – 20.

[182] 张云球. 科研单位实现知识产权战略的探讨 [J]. 2006（8）：57 – 58.

[183] 赵祖康. 加强科技管理　保护知识产权 [J]. 科技进步与对策，1997，04：70.

[184] 郑成思. 知识产权论 [M]. 北京：社会科学文献出版社，2006.

[185] 中国技术交易所. 专利价值分析体系与操作手册 [M]. 北京：知识产权出版社，2011.

[186] 中华人民共和国国家知识产权局. 审查指南 2010. 北京：知识产权出版社，2011.

[187] 中科院创新发展研究中心. 2009 中国创新发展报告 [M]. 北京：科学出版社，2010.

[188] 周勇涛、朱雪忠、文家春. 专利战略变化：内涵，时空范围与类型化 [J]. 科学学与科学技术管理，2009（12）：22 – 24.

[189] 朱妙春、张立廷. 商标法修改的十项重要内容 [J]. 中国商标，2001（12）：16 – 18.

[190] 朱清平. 知识产权管理学科初探 [J]. 发明与创造新，2003（4）：36 ~ 37.

[191] 朱显国、杨晨. 企业知识产权管理实务 [M]. 北京：知识产权出版社，2010.

[192] 朱雪忠. 知识产权管理 [M]. 北京：高等教育出版社，2010.

[193] 朱宇、黄志臻、唐恒著. 企业知识产权管理规范培训教材 [M]. 北京：知识产权出版社，2011.

致 谢

本书是近几年中国科学院知识产权培训班课程讲义的总结，也是中科院《科研项目知识产权全过程管理理论与方法研究》，国家知识产权局《中国发明专利质量统计分析》《激励自主创新的知识产权政策与体系研究》等资助项目形成的成果总结，特此向中科院科技促进发展局、条件保障与财务局、战略研究中心和国家知识产权局办公室、发展规划司、专利管理司、保护协调司等资助单位表示感谢。

本书同时得到了中科院计算技术研究所、中科院大连化学物理研究所、中科院上海生命科学研究院、中科院宁波材料与工程研究所、中国农科院、钢铁研究总院、湖南农业科学院、山东省科学院等科研机构的大力支持，他们为本书提供了丰富的素材，也一并感谢。

感谢参加中科院知识产权培训班各期科研和管理人员的支持，我在每次讲课过程中得到很多新的启发，能够不断思考，对本书进行不断完善。

特别感谢中科院科技政策与管理科学研究所所长穆荣平研究员长期以来对我的热情鼓励和对本书出版的大力支持。感谢中科院科技政策与管理科学研究所刘海波、段异兵、李锡玲、肖尤丹、曲婉、樊永刚、吕旭宁、贺宁馨等同事的大力支持，本书借鉴了他们的部分研究成果。感谢硕士研究生张思重、李振兴积极参与本书有关内容的研究编写和校对工作。

特别感谢知识产权出版社编辑李潇老师，她在百忙之中挤出时间研究本书的设计、版式，认真校对每一个文字，终于使本书能与读者见面。

由于科研机构知识产权管理是个新的和复杂的研究课题，更由于本人水平有限，本书定有很多不足和疏漏之处，敬请专家学者和广大读者不吝赐教。

作 者
2014 年 9 月 30 日